国学新解丛书

庄 子 新 解

张 景◎注译

人民出版社

目　录

杂　篇

前　言

　　庄子名周，战国中期宋国蒙城人，大约生于公元前369年，卒于前286年，与孟子基本同时。

　　庄子早年曾在漆园当过地方官员，大概不久就辞职而去，从此再无入仕记载。庄子一生贫困，但从未放弃学术研究，这一经历使他在学术方面取得极大成就，成为继老子之后的又一位道家代表人物。

　　在哲学方面，庄子同老子一样，把道作为自己的最高哲学概念。所谓道，就是规律、真理、原则等等。在庄子思想体系中，道的地位超过了上帝鬼神和天地万物："道有情有信，无为无形……自本自根，未有天地，自古以固存；神鬼神帝，生天生地。"（《大宗师》）可以说，道是包括人在内的万物的行为依据，是我们必须遵循的规律。在重道的基础上，庄子提出一系列对后世具有重大影响的哲学命题，如精神自由、万物一齐、生死循环、人生如梦、得意忘言、无用之用等。

　　在政治观方面，庄子对当时的社会政治深恶痛绝，向往质朴宁静的远古时代。《庄子》多次描述理想社会的生活情况："故至德之世，其行填填，其视颠颠。当是时也，山无蹊隧，泽无舟梁，万物群生，连属其乡，禽兽成群，草木遂长。是故禽兽可系羁而游，鸟鹊之巢可攀援而窥。夫至德之世，同与禽兽居，族与万物并，恶乎知君子小人哉！"（《马蹄》）在美好的社会里，没有等级差别，没有礼制法度，无须提倡仁义，更没有尔虞我诈。那时，不仅人与人之间的关系平等和谐，就连人与鸟兽之间也能亲密无间。特别是庄子提出的"山无蹊隧，泽无舟梁"、"藏金于山，藏珠于渊"（《天地》）的主张，对于今天的生态保护，具有极大启发意义。

　　庄子不仅有自己的政治理想，而且还提出了许多具体政治措施，如顺应自然，无为而治，反对独裁，正己用人，君无为而臣有为等。

《庄子》在文学方面也取得了常人所难以企及的成就，主要表现在：第一，想象奇特丰富，意境灵动开阔，具有意出尘外的浪漫主义色彩。第二，善于使用寓言、故事、比喻来说明道理，化深奥的抽象哲理为生动可感的艺术形象。第三，语言生动，刻画准确。可以说，庄子是一位杰出的语言大师，他所创造出来的一些词语，如鲲鹏、朝三暮四、运斤成风、吐故纳新、邯郸学步、贻笑大方、每况愈下、望洋兴叹等等，至今还活跃在人们的语言中。

正因为《庄子》在哲学、文学等方面取得的巨大成就，使它对后世产生了极大影响。比如在魏晋玄学、道教、禅宗那里，都可以看到庄子的思想痕迹，而对文人和文学的影响，则更为明显。历史上的著名文学家，如屈原、宋玉、贾谊、李白、白居易、苏轼等等，无不从《庄子》中汲取创作营养。

《庄子》共三十三篇，分为《内篇》（七篇）、《外篇》（十五篇）、《杂篇》（十一篇）三个部分。传统意见认为，《内篇》为庄子所著，《外篇》和《杂篇》为庄子后学所著。本书中的《庄子》原文，主要依据中华书局出版的郭庆藩《庄子集释》。

《庄子》思想博大精深，是一座思想宝库，在哲学、政治、宗教、文学、心理学诸多方面，都为我们提供了借鉴，值得我们反复咀嚼。但由于庄子思维的反常，行文的跳跃，更由于作者学识所限，本书解读有许多不当之处，期盼读者指正。

内　篇

逍遥游第一

【题解】

逍遥，自由貌。游，生活于世。本篇通过大鹏与小鸟、圣人与世人的比较，说明圣人在做到"无己""无功""无名"之后，达到自由境界。

【原文】

北冥有鱼①，其名为鲲。鲲之大，不知其几千里也；化而为鸟，其名为鹏。鹏之背，不知其几千里也。怒而飞②，其翼若垂天之云③。是鸟也，海运则将徙于南冥④。南冥者，天池也。

【注释】

① 冥（míng）：通"溟"。海。

② 怒：奋起。

③ 垂天：挂在天上。一说"垂天"即天边。垂，通"陲"，边。

④ 海运：海水动荡。运，动。因北海动荡，故大鹏需要迁徙。一说"海运"是沿海运行。

【译文】

北海有鱼，其名叫鲲。鲲的巨大，不知有几千里。它变为一只鸟，其名叫鹏。鹏的脊背，也不知有几千里。它奋起而飞，翅膀就像天上的云。这只鸟，因北海动荡而迁往南海。南海，是天然的大池塘。

【原文】

《齐谐》者①，志怪者也，《谐》之言曰："鹏之徒于南冥也，水击三千里，抟扶摇而上者九万里②，去以六月息者也③。"野马也④，尘埃也，生物之以息相吹也。天之苍苍，其正色邪⑤？其远而无所至极邪？其视下也，亦若是则已矣⑥。

【注释】

① 《齐谐》：书名。一说为人名。

② 抟（tuán）：拍击。扶摇：旋风名。

③ 去：离开。息：停下。

④ 野马：尘土飞扬如野马奔腾。大鹏俯视人间见此景象。

⑤ 正色：本色。邪（yé）：疑问语气词。

⑥ 若是：如此。是，代指"苍苍"。大鹏俯视大地也为深蓝色。

【译文】

《齐谐》，是记载各种怪事的书。《齐谐》说："大鹏飞往南海时，击起三千里海水，翅膀拍击着旋风上飞九万里，离开北海而飞了六个月才停下来。"它看到下面尘土飞扬如野马奔腾，这是由尘埃形成的，而尘埃则是被生物的气息吹向空中。天是深蓝色的，这是天的本色呢？还是因为天高得无边无际才呈现出这种颜色呢？大鹏俯视大地，也是这般颜色而已。

【原文】

且夫水之积也不厚，则其负大舟也无力①。覆杯水于坳堂之上②，则芥为之舟③，置杯焉则胶④，水浅而舟大也。风之积也不厚，则其负大翼也无力，故九万里则风斯在下矣⑤。而后乃今培风⑥，背负青天而莫之夭阏者⑦，而后乃今将图南。

【注释】

① 负：载负。本段解释大鹏上飞九万里的原因。

②覆：倒。坳（ào）堂：厅堂地面的凹处。坳，凹。

③芥：小草。

④胶：粘在地上。

⑤斯：就。

⑥而后乃今：然后。培（píng）：通"凭"。凭借。

⑦背负青天：背对青天。莫之天阏（è）：即"莫天阏之"。没东西阻碍它。天阏，阻碍。

【译文】

再说水积得不深，它就没有载负大船的力量。倒杯水在厅堂的凹地里，小草可当它的船；放只杯子就会粘在地上，因为水太浅而船太大了。风积得不厚，它就没有载负巨大翅膀的力量，因此大鹏要上飞九万里，而深厚的风就在它的下面。然后凭借风力，背对青天而不会有任何东西阻碍它，然后向南飞去。

【原文】

蜩与学鸠笑之曰①："我决起而飞②，抢榆枋③，时则不至，而控于地而已矣④，奚以之九万里而南为⑤？"适莽苍者⑥，三飡而反⑦，腹犹果然⑧；适百里者，宿舂粮⑨；适千里者，三月聚粮。之二虫又何知⑩！小知不及大知⑪，小年不及大年⑫。奚以知其然也⑬？朝菌不知晦朔⑭，蟪蛄不知春秋⑮，此小年也。楚之南有冥灵者⑯，以五百岁为春，五百岁为秋；上古有大椿者⑰，以八千岁为春，八千岁为秋，此大年也。而彭祖乃今以久特闻⑱，众人匹之⑲，不亦悲乎？

【注释】

①蜩（tiáo）：蝉。学鸠：小鸟名。

②决（xuè）起：快速而努力地起飞。

③抢（qiāng）：飞上。榆枋（fāng）：两种树名。

④控：落。

⑤ 奚以：凭什么。之：飞到。为：语气词。

⑥ 适：到。莽苍：远望郊野时的迷蒙景象。代指郊野。

⑦ 三飧：三餐。反：通"返"。

⑧ 果然：饱的样子。

⑨ 宿：一夜，代指一天。舂粮：舂米。准备粮食。

⑩ 之：那。二虫：指蜩与学鸠。

⑪ 知：通"智"。

⑫ 年：寿命。

⑬ 然：这样。

⑭ 朝（zhāo）菌：一种朝生暮死的菌类植物。晦朔：每月第一天叫朔，最后一天叫晦。代指一个月。

⑮ 蟪蛄（huì gū）：寒蝉。寒蝉春生夏死，夏生秋死。春秋：代指一年。

⑯ 冥灵：海龟。灵，龙、凤、麒麟、龟合称"四灵"。

⑰ 大椿：树名。

⑱ 彭祖：人名。据说活了八百岁。乃今：至今。久：长寿。

⑲ 匹：比。

【译文】

蜩与学鸠嘲笑大鹏说："我们努力快速起飞，本想飞上榆树或枋树，有时还飞不上去，只好落回地上。它凭什么飞升九万里而后南迁呢？"到城郊的人，只需三餐，回来时还饱饱的；到百里之外的人，需提前一天准备粮食；到千里之外的人，需三个月准备粮食。那两只小虫如何懂得这一道理！小智比不上大智，短寿比不上长寿。为何知道是这样？朝菌不知何为一月，蟪蛄不知何为一年，这些属于短寿。楚国南边有一种海龟，以五百年为一个春季，以五百年为一个秋季；远古有一种大椿树，以八千年为一个春季，以八千年为一个秋季，这些属于长寿。彭祖至今因长寿闻名，众人与他攀比，不是很可悲吗？

【原文】

汤之问棘也是已①：穷发之北②，有冥海者，天池也。有鱼焉，其广数千里，未有知其修者③，其名为鲲。有鸟焉，其名为鹏，背若太山④，翼若垂天之云，抟扶摇、羊角而上者九万里⑤，绝云气⑥，负青天，然后图南，且适南冥也。斥鴳笑之曰⑦："彼且奚适也？我腾跃而上，不过数仞而下⑧，翱翔蓬蒿之间⑨，此亦飞之至也，而彼且奚适也？"此小大之辩也⑩。

【注释】

① 汤：商汤。棘（jí）：博学之人，商汤以他为师。是：代指鹏鸟之事。已，通"矣"。

② 穷发：荒漠。穷，没有。发，指草木。草木为地之毛发。

③ 修：长。

④ 太山：即泰山。

⑤ 羊角：龙卷风。因其盘旋如羊角状，故名。

⑥ 绝：穿过。

⑦ 斥：小池泽。鴳（yàn）：小鸟名。

⑧ 仞（rèn）：七尺或八尺为一仞。

⑨ 蓬蒿：两种野草名。

⑩ 辩：通"辨"。差别。

【译文】

商汤向棘询问的即此事：荒漠之地的北边，有一大海，是个天然大池塘。那里有条鱼，其宽数千里，没人知道它的长度，其名叫鲲。那里有只鸟，其名叫鹏，其背大如泰山，翅膀犹如天上之云，它拍击旋风上飞九万里，穿过云层，背对青天，然后向南飞翔，将到南海去。斥鴳嘲笑大鹏说："它往哪里飞呀？我奋力向上飞，不过几丈高就落了下来，平时翱翔于野草丛中，这是飞翔的最高度了，而它能往哪里飞呢？"这即大与小的差别呀！

【原文】

故夫知效一官①，行比一乡②，德合一君，而征一国者③，其自视也，亦若此矣④。

【注释】

① 知：通"智"。效：有成效；胜任。

② 行：品行。比：团结。

③ 而（néng）：通"能"。能力。征：取得信任。

④ 若此：像斥鴳一样。斥鴳只能飞几丈高，却自视甚高；官员境界低下，却像斥鴳那样自以为了不起。

【译文】

因此那些智慧胜任一个官职，行为能够团结一乡，品德合乎一位君主心意，能力可取得一国信任的人，他们评价自己，也像斥鴳一样啊。

【原文】

而宋荣子犹然笑之①。且举世而誉之而不加劝②，举世而非之而不加沮③，定乎内外之分④，辩乎荣辱之境⑤，斯已矣⑥。彼其于世未数数然也⑦。虽然，犹有未树也⑧。

【注释】

① 宋荣子：宋国思想家。犹然：嘲笑貌。

② 举：整个。誉：赞美。劝：努力。

③ 非：非议。沮：沮丧。

④ 定乎句：确定内心与外界的区别。即内心不受外界影响。

⑤ 辩：通"辨"。明白。境：界线。

⑥ 斯已：如此而已。斯，此。

⑦ 彼其：指宋荣子。数数（shuò）然：多的样子。

⑧ 犹有未树：还有更高境界没有建树起来。

【译文】

宋荣子嘲笑他们。即使世人都去赞美他也不会因此更加劝勉，即使世人都去批评他也不会因此变得沮丧，他能确定内心与外物的区别，明白荣耀与耻辱的标准，但也不过如此而已。他这样的人，世上已经不多了。虽然如此，他还有更高境界没有建树起来。

【原文】

夫列子御风而行①，泠然善也②，旬有五日而后反③。彼于致福者④，未数数然也。此虽免乎行，犹有所待者也⑤。

【注释】

① 列子：郑人，名御寇。道家学者。御风：乘风。

② 泠（líng）然：轻盈貌。

③ 旬：十天。有：古人在整数与零数之间加"有"或"又"。

④ 致：获得。

⑤ 所待：有所依赖。列子飞行依赖风，没做到绝对自由。

【译文】

列子乘风飞行，轻盈美妙，连续飞行十五天然后返回。像他获得如此幸福的人，世上很少见。他虽免于行走，但还有所依赖。

【原文】

若夫乘天地之正①，而御六气之辩②，以游无穷者③，彼且恶乎待哉④！故曰：至人无己⑤，神人无功⑥，圣人无名⑦。

【注释】

① 乘：顺应。正：本性。

② 御：遵循。六气：指阴、阳、风、雨、晦（夜）、明（昼）。代指大自然。辩：通"变"。

③ 无穷：无穷的时空。一说指无穷的精神境界。

④ 彼：指圣人。恶（wū）乎待：即"待乎恶"。恶，什么。

⑤ 至人：境界最高的人。与下文"神人""圣人"同义。无己：没有个人成心。成心，指一个人因各种原因形成的固定见解。

⑥ 无功：圣人不求立功，立功后也不居功。

⑦ 无名：不追求名声。

【译文】

至于顺应天地本性，遵循自然变化，遨游于无穷境界的人，还依赖什么！因此说：至人消除个人成心，神人不去建功居功，圣人不要美名。

【原文】

尧让天下于许由①，曰："日月出矣②，而爝火不息③，其于光也，不亦难乎！时雨降矣，而犹浸灌④，其于泽也⑤，不亦劳乎！夫子立而天下治⑥，而我犹尸之⑦，吾自视缺然⑧，请致天下。"许由曰："子治天下，天下既已治也，而我犹代子，吾将为名乎？名者，实之宾也⑨，吾将为宾乎？鹪鹩巢于深林⑩，不过一枝；偃鼠饮河⑪，不过满腹。归休乎君，予无所用天下为！庖人虽不治庖⑫，尸祝不越樽俎而代之矣⑬。"

【注释】

① 尧：远古圣君。许由：隐士。本段说明上文的"圣人无名"。

② 日月：比喻许由。

③ 爝（jué）火：火把。比喻尧自己。

④ 浸灌：人工浇灌。

⑤ 泽：润泽庄稼。

⑥ 夫子：先生。对许由的尊称。立：立为天子。治：安定。

⑦ 尸之：白占住天子位置。尸，主持。

⑧ 缺然：有缺点的样子。

⑨ 实：实际或实物。宾：次要东西。

⑩ 鹪鹩 (jiāo liáo)：鸟名。巢：筑巢。

⑪ 偃 (yǎn) 鼠：野鼠名。河：黄河。

⑫ 庖 (páo) 人：厨师。此指做祭品的厨师。

⑬ 尸：祭祀时代表死者受祭的人。祝：祷告的人。樽俎 (zūn zǔ)：祭祀用的酒器和肉器。"越俎代庖"一词出于此。

【译文】

尧想把天下让给许由，说："日月升起了，而火把不熄，它想显示光明，不也很难吗！及时雨降下了，还搞人工浇灌，如此润泽庄稼，不也徒劳吗！您当天子而天下就会安定，而我还白占其位，我觉得自己缺点太多，请把天下交给您！"许由说："您治理天下，天下已经安定了，而我还去替代您，我将求名吗？'名'是'实'的从属品，我将追求从属品吗？鹪鹩在森林筑巢，所需仅一个树枝；偃鼠到黄河喝水，不过喝满肚子而已。君主您回去吧，别再说了！我用不着天下！厨师即使不做祭品，尸祝也不会走过祭器代替他。"

【原文】

肩吾问于连叔曰①："吾闻言于接舆②，大而无当，往而不返③。吾惊怖其言，犹河汉而无极也④，大有径庭⑤，不近人情焉。"连叔曰："其言谓何哉？""曰：'藐姑射之山⑥，有神人居焉，肌肤若冰雪，绰约若处子⑦；不食五谷，吸风饮露；乘云气，御飞龙，而游乎四海之外；其神凝，使物不疵疠而年谷熟⑧。'吾以是狂而不信也⑨。"

【注释】

① 肩吾、连叔：假设人物。本段说明上文的"神人无功"。

② 接舆：楚国隐士。

③ 往而不返：话说开就收不回来。指讲话夸张，无法验证。

④ 河汉：银河。无极：漫无边际。

⑤ 径：野外小路。庭：院子。径与庭相距较远，形容接舆的话与现实差距很大。

⑥ 藐姑射（yè）：山名。一说"藐"为遥远义，"姑射"为山名。

⑦ 绰约：身姿柔美貌。处子：处女。

⑧ 疵疠（cī lì）：疾病。

⑨ 是：代指接舆的话。狂：同"诳"，假。信：真实。

【译文】

肩吾问连叔："我听接舆讲的话，夸张而不恰当，说开去就收不回来。我对他的话感到吃惊，如天河般不着边际，不切实际，不近人情。"连叔问："他说些什么？""他说：'藐姑射山上，住着一些神人，肌肤如冰雪洁白，身姿像处女柔美；不吃五谷，吸风饮露；乘着云气，驾着飞龙，而遨游于四海之外；他们精神专一，使万物没有任何病害而年年粮食丰收。'我认为他的话虚假而不真实。"

【原文】

连叔曰："然，瞽者无以与乎文章之观①，聋者无以与乎钟鼓之声。岂唯形骸有聋盲哉？夫知亦有之②。是其言也，犹时女也③。之人也④，之德也，将旁礴万物以为一⑤，世蕲乎乱⑥，孰弊弊焉以天下为事⑦！之人也，物莫之伤⑧，大浸稽天而不溺⑨，大旱金石流、土山焦而不热。是其尘垢秕糠⑩，将犹陶铸尧舜者也⑪。孰肯以物为事！

【注释】

① 瞽（gǔ）者：盲人。无以：没办法。与：参与。文章：美丽的花纹。观：景象。

② 知：通"智"。

③ 时女：妙龄少女。形容美好。

④ 之人：那些人。指神人。

⑤ 旁礴万物：混同万物。以为一：视为一体。

⑥ 蕲（qí）：祈求。乱：安定。古代的"乱"兼有"混乱"和"安定"正反二义。

⑦ 弊弊焉：辛苦貌。

⑧ 物莫之伤：即"物莫伤之"。没有任何事物能伤害他们。

⑨ 大浸：大水。稽：至。

⑩ 是其：指神人。

⑪ 陶铸：造就。

【译文】

连叔说："是啊，盲人无法欣赏美丽花纹，聋子无法欣赏钟鼓乐声。难道仅仅肉体有聋瞎吗？智慧上也有瞎聋。接舆的话，如少女一样美妙。那些神人，那些神人的境界，将混同万物为一体，世人祈求安定，而神人怎肯辛辛苦苦地去治国理政呢！那些神人，没有任何事物能伤害他们，洪水滔天不会使他们溺毙，天旱得使金石熔化、土山枯焦，他们也不会感到灼热。用他们身上的尘垢秕糠，也能造就出尧舜来。他们怎肯从事世俗之事！

【原文】

"宋人资章甫而适诸越①，越人断发文身②，无所用之。

【注释】

① 宋：诸侯国名。在今河南商丘一带。资：购买。章甫：礼帽。适：到。诸：相当于"之于"。越：诸侯国名。在今浙江一带。

② 文身：纹身。本段应为错简，一是它打断了一个完整的故事，二是它讲的是"至人无己"的道理。

【译文】

"有位宋国人买了一批礼帽去越国贩卖，而越国人断发纹身，从不戴帽子。

【原文】

"尧治天下之民，平海内之政，往见四子藐姑射之山①，汾水之阳②，窅然丧其天下焉③。"

【注释】

① 四子：指藐姑射山上的四位神人。

② 汾水：河名。阳：河北岸。

③ 窅（yǎo）然：忘却貌。丧：忘。本段说明上文"神人无功"。

【译文】

"尧治理好天下百姓，安顿好国家政事，到汾水之北的藐姑射山上拜谒四位神人，使他忘掉了自己的天下。"

【原文】

惠子谓庄子曰①："魏王贻我大瓠之种②，我树之成而实五石③；以盛水浆，其坚不能自举也④；剖之以为瓢，则瓠落无所容⑤。非不呺然大也⑥，吾为其无用而掊之⑦。"庄子曰："夫子固拙于用大矣！宋人有善为不龟手之药者⑧，世世以洴澼絖为事⑨。客闻之⑩，请买其方百金⑪。聚族而谋曰：'我世世为洴澼絖，不过数金，今一朝而鬻技百金⑫，请与之。'客得之，以说吴王⑬。越有难⑭，吴王使之将，冬与越人水战，大败越人，裂地而封之⑮。能不龟手一也，或以封⑯，或不免于洴澼絖，则所用之异也。今子有五石之瓠，何不虑以为大樽而浮乎江湖⑰？而忧其瓠落无所容，则夫子犹有蓬之心也夫⑱！"

【注释】

① 惠子：即惠施。名家代表人物，庄子好友，曾任魏相。

② 贻（yí）：送。瓠（hù）：葫芦。

③ 树：栽种。实：即葫芦。五石：指葫芦可装五石粮食。石，十斗为石。

④ 自举：自立。

⑤ 瓠落：大的样子。

⑥ 嚣 (xiāo) 然：大而无用貌。

⑦ 掊 (pǒu)：砸碎。

⑧ 为：制造。不龟 (jūn) 手：使手不皲裂。龟，通"皲"。

⑨ 洴澼 (píng pì)：漂洗。统 (kuàng)：丝絮。

⑩ 客：外地人。

⑪ 金：一镒黄金为一金，二十两为镒，一说二十四两为镒。

⑫ 一朝：一下子。鬻 (yù)：卖。

⑬ 说 (shuì)：游说。吴：国名。在今长江下游一带。

⑭ 难：发难。指军事进攻。

⑮ 裂：划分出。

⑯ 或：有人。以：凭借。

⑰ 樽：酒器名。此指形似酒器、拴在腰间以助漂浮的游泳工具，又称"腰舟"。

⑱ 蓬之心：茅塞不通之心。本段说明"至人无己"。

【译文】

惠子对庄子说："魏王送我大葫芦种子，我栽种成功，结出的大葫芦有五石容量；用它装水浆，其坚固度无法承受；把它剖开做瓢，又太大无处可放。岂不白白长这么大吗！我因它没用就把它砸了。"庄子说："您确实不善使用大东西！宋国有人善于制造防治手皲裂的药，世代以漂洗丝絮为职业。有位外地人听说此事，请求出一百金购买他的药方。宋人召集全家商议：'我们世代漂洗丝絮，所挣总共不过数金，现在一下子能卖一百金，卖给他吧！'外地人拿到药方，凭此药方游说吴王。越国进攻吴国，吴王让他统率军队，冬季与越人水战，大败越人，吴王就划出一块土地封给他。防治手皲裂的能力一样，有人凭它封得土地，有人却只能用它漂洗丝绵，这是因为他们的用法不同。如今您有五石容量的大葫芦，何不考虑把它当作腰舟而畅游江湖呢？而您却发愁它太大无处可放，那么说明您还有颗茅塞不通的心啊！"

【原文】

惠子谓庄子曰："吾有大树，人谓之樗①。其大本拥肿而不中绳墨②，其小枝卷曲而不中规矩③，立之涂④，匠者不顾⑤。今子之言，大而无用，众所同去也⑥。"庄子曰："子独不见狸狌乎⑦？卑身而伏⑧，以候敖者⑨。东西跳梁⑩，不避高下，中于机辟⑪，死于罔罟⑫。今夫斄牛⑬，其大若垂天之云，此能为大矣，而不能执鼠。今子有大树，患其无用，何不树之于无何有之乡⑭，广莫之野⑮，彷徨乎无为其侧⑯，逍遥乎寝卧其下。不夭斤斧⑰，物无害者。无所可用，安所困苦哉！"

【注释】

① 樗（chū）：臭椿树。

② 大本：主干。拥肿：即臃肿。绳墨：木工画直线的工具。

③ 规：圆规。矩：画方的曲尺。

④ 涂：通"途"。

⑤ 匠者：木匠。顾：看。

⑥ 去：抛弃。

⑦ 独：难道。狸：野猫。狌（shēng）：鼬鼠，俗称黄鼠狼。

⑧ 卑：低。

⑨ 敖：通"遨"。遨游。

⑩ 跳梁：跳跃。狸狌为利所诱惑，故东西跳梁。

⑪ 中：撞上。机辟：捕兽器的机关。

⑫ 罔罟（gǔ）：捕兽的网。罔，通"网"。罟，网。

⑬ 斄（lí）牛：即犛牛，也称牦牛。牦牛逍遥于野，此为大用。

⑭ 无何有：什么也没有。乡：地方。

⑮ 广莫：开阔。莫，通"漠"。

⑯ 彷徨：徘徊。

⑰ 夭：夭折。斤：大斧头。本段依然解释"至人无己"。

【译文】

惠子对庄子说:"我有棵大树,人们叫它臭椿树,其主干臃肿而不合墨线,小枝弯曲而不合规矩,长在路边,木匠看也不看。如今您的言论,大而无用,大家都不需要。"庄子说:"您难道没看到野猫和黄鼠狼吗?它们低下身体埋伏起来,等着捕捉出游的小动物。东西跳跃,不管高低,一旦碰到捕兽器的机关,就会死在网里。那些牦牛,身体大得就像天上的云,它们有大作用,却无捕鼠的小本领。如今您有棵大树,发愁它没用,何不把它栽在空阔的地方、开阔的原野,悠闲自得地在它旁边散散步,或自由自在地躺卧在它下面休息。这树不会被斧头砍伐,没人伤害它。没有用处,又怎会受伤害呢!"

齐物论第二

【题解】

齐物论,即论齐物。论述万物一齐思想。庄子通过泯灭万物个性、夸大其共性等办法,从而达到万物等齐的目的。

【原文】

南郭子綦隐机而坐①,仰天而嘘②,荅焉似丧其耦③。颜成子游立侍乎前④,曰:"何居乎⑤?形固可使如槁木,而心固可使如死灰乎?今之隐机者非昔之隐机者也⑥。"子綦曰:"偃⑦,不亦善乎,而问之也⑧。今者吾丧我,汝知之乎?汝闻人籁⑨,而未闻地籁⑩;汝闻地籁,而未闻天籁夫⑪!"

【注释】

① 南郭子綦(qí):楚人。隐:靠。机:几案。

② 嘘：慢慢地长出口气。

③ 苔 (tà) 焉：忘却貌。丧：忘掉。耦 (ǒu)：对偶。指自己身体。肉体是精神对偶。

④ 颜成子游：子綦弟子。立侍：陪老师站着。

⑤ 何居：处于何种状态。

⑥ 今之隐机者：指目前靠几而坐的子綦。昔之隐机者：指往日靠几而坐的子綦。

⑦ 偃：即颜成子游。子游名偃。

⑧ 而：你。

⑨ 人籁：箫。这里指吹箫的声音。

⑩ 地籁：指风吹大地上各种孔窍发出的声音。

⑪ 天籁：指各种事物自然发出的声音。

【译文】

南郭子綦身靠几案坐着，仰面朝天缓缓呼了口气，一副物我两忘的样子。颜成子游站在旁边，问："您处于何种状态呀？形体固然能使它如枯木一样，精神难道也可使它像死灰一般？今天靠着几案的您不同于往日靠着几案的您。"子綦说："偃，你问得很好。现在我忘了自我，你知道吗？你听说过人籁，但没听说过地籁；你听说过地籁，但没听说过天籁。"

【原文】

子游曰："敢问其方①。"子綦曰："夫大块噫气②，其名为风。是唯无作③，作则万窍怒呺。而独不闻之翏翏乎④？山林之畏佳⑤，大木百围之窍穴，似鼻，似口，似耳，似枅⑥，似圈⑦，似臼，似洼者，似污者⑧。激者⑨，謞者⑩，叱者，吸者，叫者，譹者，宎者⑪，咬者⑫。前者唱于⑬，而随者唱喁⑭，泠风则小和⑮，飘风则大和⑯。厉风济⑰，则众窍为虚。而独不见之调调之刁刁乎⑱？"

【注释】

① 敢：谦辞。方：含义。

② 大块：大地。块，土块。噫（ài）气：呼吸。

③ 是：代指风。

④ 而：你。独：难道。翏翏（liù）：呼啸的风声。

⑤ 山林：山陵。林，通"陵"。畏佳（cuī）：通"崔嵬"。山高貌。

⑥ 枅（jī）：柱头插横木的方孔。

⑦ 圈：栅栏。

⑧ 污：水坑。

⑨ 激：急流声。

⑩ 谪（xiào）：飞箭声。

⑪ 実（yāo）：沉吟声。

⑫ 咬（jiāo）：鸟叫声。

⑬ 于：形容风声。

⑭ 喁（yú）：形容风声。

⑮ 泠（líng）风：轻风。小和：指窍穴发出小的和声。

⑯ 飘风：大风。

⑰ 厉风：暴风。济：停止。

⑱ 调调、刁刁：形容草木在风中摇摆貌。"刁刁"一作"刀刀"。

【译文】

子游说："请问其含义。"子綦说："大地呼出的气，名叫风。风不发作则已，一旦发作就会使万千孔窍怒号起来，你难道没听过呼呼的风声吗？高峻的山陵，百围大树上的孔窍，有的像鼻孔，有的像嘴巴，有的像耳朵，有的像插横木的方孔，有的像栅栏，有的像臼窝，有的像洼地，有的像水坑。（它们发出声音）有的像激流，有的像飞箭，有的像呵叱，有的像呼吸，有的像喊叫，有的像嚎哭，有的像低吟，有的像鸟叫，前面发出'于'声，后面跟着发出'喁'声，风小就有小的和声，风大就有大的和声。暴风停止，孔窍全都沉寂下来。你难道没看到草木在风中摇摆的模样吗？"

【原文】

子游曰："地籁则众窍是已①，人籁则比竹是已②，敢问天籁？"子綦曰："夫吹万不同，而使其自己也③，咸其自取④，怒者其谁邪⑤？"

【注释】

① 是：这样。已：同"矣"。

② 比竹：即排箫。排箫用多支竹管并列制成，故称"比竹"。比，并列。

③ 使其自己：使它们形成各自的声音。

④ 咸：都。自取：自身造成。

⑤ 怒：发动。声音虽不相同，但都是由形状不同的孔窍自然发出的，因此各种声音都是"天籁"。

【译文】

子游问："地籁是众多孔窍发出的声音，人籁是排箫发出的声音，请问天籁？"子綦说："风吹孔窍之声虽万千不同，但使其形成各自声音的，都是自身造成，发动者会是谁呢？"

【原文】

大知闲闲①，小知间间②；大言炎炎③，小言詹詹④。其寐也魂交⑤，其觉也形开⑥。与接为构⑦，日以心斗：缦者⑧，窖者⑨，密者⑩，小恐惴惴⑪，大恐缦缦⑫。其发若机栝⑬，其司是非之谓也⑭；其留如诅盟⑮，其守胜之谓也⑯；其杀若秋冬⑰，以言其日消也；其溺之所为之⑱，不可使复之也⑲；其厌也如缄⑳，以言其老洫也㉑；近死之心，莫使复阳也㉒。喜怒哀乐，虑叹变熟㉓，姚佚启态㉔，乐出虚㉕，蒸成菌㉖，日夜相代乎前㉗，而莫知其所萌㉘。已乎！已乎！旦暮得此㉙，其所由以生乎㉚！

【注释】

① 知：通"智"。闲闲：豁达悠闲貌。

②　间间：斤斤计较貌。

③　炎炎：盛美貌。

④　詹詹（zhān）：琐碎貌。

⑤　其：指世人。寐：睡觉。魂交：灵魂与外物交往，即做梦。

⑥　形开：形体展开活动。指为名利奔波。

⑦　与接为构：与人、物接触而周旋。构，周旋。

⑧　缦（màn）：缓慢。指周旋时从容不迫。

⑨　窖（jiào）：深藏不露。

⑩　密：保密。

⑪　惴惴（zhuì）：恐惧不安貌。

⑫　缦缦：失魂落魄貌。

⑬　发：发言。机栝（kuò）：射箭。机，弩上发箭机关。栝，箭尾扣弦的部位。

⑭　司：主宰。

⑮　留：把想法藏在心中。诅（zǔ）盟：发誓。

⑯　守胜：以守取胜。

⑰　杀：衰败。

⑱　溺之：沉溺于所作所为。

⑲　复之：恢复正常状态。

⑳　厌（yā）：闭塞。缄（jiān）：用绳索捆缚。

㉑　老洫（xù）：衰老。

㉒　复阳：恢复生机。阴主杀，阳主生。

㉓　慹（zhí）：恐惧。

㉔　姚：轻浮。佚（yì）：放纵。启：放荡。态：作态。

㉕　乐出虚：以上行为就好像音乐从乐器的空虚处发出一样。

㉖　蒸成菌：好像各种菌类在地气的蒸腾中生长出来一样。

㉗　相代：交替出现。

㉘　所萌：产生的原因。

㉙　旦暮：一旦。此：指各种现象产生的根源，即指道，庄子认为万物皆

由道所生。

　　㉚ 所由以生：所产生的原因。由，从。以，而。

【译文】

　　大智之人豁达悠闲，小智之人斤斤计较；伟大言论盛美，卑微言论琐碎。世人睡时因心乱而做梦，醒后为名利而奔波。与外界接触周旋，整天钩心斗角：有的从容不迫，有的深藏不露，有的小心保密，小恐惧使他们提心吊胆，大恐惧使他们失魂落魄。他们有时说话如发箭般迅猛，因为他们想主宰是非；有时像发誓那样把意见留在心中，因为他们想以守取胜；他们衰败如秋冬草木，可以说一天天消亡；他们沉溺于自己的所作所为，无法恢复常态；他们闭塞固执如被捆缚一般，可说是衰老了；他们的心已接近死亡，无法使其恢复生机。他们欣喜、愤怒、悲哀、快乐、忧虑、叹息、多变、恐惧、轻浮、纵逸、放荡、作态，这一切都像音乐从乐器空虚处发出、菌类因地气蒸发而产生一样，不分昼夜交替出现在面前，而没人知道它们产生的根源。算了，算了，一旦掌握道，就明白这一切形成的原因。

【原文】

　　非彼无我①，非我无所取②，是亦近矣③，而不知其所为使④。若有真宰⑤，而特不得其眹⑥。可行已信⑦，而不见其形，有情而无形⑧。

【注释】

　　① 非彼无我：没客观事物就没我。彼，指与"我"相对的客观事物，即上述种种情况。

　　② 非我句：没有我也就没人对这些客观事物进行取用和认识。

　　③ 是：指客观事物与自己。近：密切。

　　④ 所为使：由谁主使。

　　⑤ 宰：主宰。即道。

　　⑥ 特：只是。眹（zhèn）：通"朕"。形象。道是无形无象的。

　　⑦ 可行已信：可以遵循它行事，其存在也可证实。信，实。

⑧ 情：真实。

【译文】

　　没客观事物就没我，没我也就没人去使用与认识客观事物。我和客观事物的关系密切，但不知这由谁安排。好像有真正主宰者，只是看不见它的形象。可以遵循它做事，其存在也已证实，而看不见其形体，它真实存在而没有形体。

【原文】

　　百骸、九窍、六藏①，赅而存焉②，吾谁与为亲？汝皆说之乎③？其有私焉？如是皆有为臣妾乎④？其臣妾不足以相治乎？其递相为君臣乎？其有真君存焉？如求得其情与不得，无益损乎其真⑤。

【注释】

　　① 百骸（hái）：上百节骨骸。九窍：指双眼、双耳、双鼻孔、口、生殖器、肛门。六藏（zàng）：即六脏。心、肝、脾、肺、左肾、右肾。藏，通"脏"。

　　② 赅（gāi）：全部。

　　③ 说（yuè）：通"悦"，喜欢。

　　④ 臣妾：奴隶。指被支配者。

　　⑤ 益损：增加和减少。庄子用各种器官比喻芸芸万物，器官和万物能够相对和谐地生存在一起，肯定有一个真君安排这一切，这个真君就是大道。

【译文】

　　上百骨骸、九窍、六脏，都存在我身上，我对谁更亲近？你都喜欢它们吗？还是有所偏私？它们都当臣妾吗？都当臣妾就无法相互管理吧？它们轮流当君臣吗？还是有位真正君主存在呢？无论是否掌握这位真君的实情，对它都毫无影响。

【原文】

一受其成形①，不亡以待尽②。与物相刃相靡③，其行尽如驰而莫之能止④，不亦悲乎！终身役役而不见其成功⑤，苶然疲役而不知其所归⑥，可不哀邪？人谓之不死，奚益！其形化⑦，其心与之然⑧，可不谓大哀乎！人之生也，固若是芒乎⑨？其我独芒，而人亦有不芒者乎？

【注释】

① 一受其成形：一旦禀受于道而形成身体。

② 待尽：等死。

③ 相刃相靡（mó）：互相斗争、冲突。靡，通"摩"。摩擦。

④ 行尽：走向死亡。

⑤ 役役：劳苦貌。

⑥ 苶（nié）然：疲惫貌。

⑦ 形化：形体化为他物。即死亡。

⑧ 心：灵魂。与之然：与形体一起死亡。

⑨ 芒：糊涂。

【译文】

世人一旦禀受于道而形成身体，没死也不过是在等死。他们与外物争斗、冲突，如快马奔驰般走向死亡而没人能阻止，不很可悲吗！终身劳苦而看不到成功，一生疲惫却不知归宿，能不悲哀吗！虽说这些人还没死，有何益处！他们形体死了，他们精神与形体一起消亡，能说不是最大悲哀吗！人生在世，真的如此糊涂吗？仅我一人糊涂，还有不糊涂的人吗？

【原文】

夫随其成心而师之①，谁独且无师乎？奚必知代而心自取者有之②？愚者与有焉。未成乎心而有是非③，是今日适越而昔至也④，是以无有为有。无有为有，虽有神禹且不能知，吾独且奈何哉？

【注释】

① 成心：因生活环境形成的个人成见。师：效法。

② 奚必：何必。代：变化。心自取：有个人主见。

③ 未成乎心：没有成心。

④ 是今日句：这好像今天动身去越国而昨天就到达一样。比喻不可能的事。

【译文】

把个人成心作为是非标准，那么谁没标准呢？何必懂得事物变化而有主见的人才有？愚人也有。没有成心而有是非之分，这就像今天动身去越国而昨天就已到达一样，这是把不存在的事硬说成存在。把不存在的事说成存在，就连圣明的禹也无法理解，我又有何办法呢？

【原文】

夫言非吹也，言者有言，其所言者特未定也①，果有言邪？其未尝有言邪？其以为异于鷇音②，亦有辩乎③？其无辩乎？道恶乎隐而有真伪④？言恶乎隐而有是非？道恶乎往而不存？言恶乎存而不可？道隐于小成⑤，言隐于荣华⑥，故有儒、墨之是非，以是其所非而非其所是⑦。欲是其所非而非其所是，则莫若以明⑧。

【注释】

① 其所言句：他所讲的事物还没稳定下来。

② 鷇（kòu）音：幼鸟叫声。形容没意义的言语。鷇，幼鸟。

③ 辩：通"辨"。区别。

④ 恶（wū）：什么。隐：遮蔽。

⑤ 小成：小成功。有人取得小成功，就以为自己已得道，而实际上离道甚远。

⑥ 荣华：鲜花。比喻华丽辞藻。

⑦ 以是其句：把对方认为错误的看作正确，而把对方认为正确的看作

错误。是，认为……正确。其，指对方。

⑧ 明：得道后的明净之心。

【译文】

言谈并非风吹，谈论者讲话，而所讲事物并未稳定，他算是讲过什么？还是没讲过什么？他认为自己的话异于幼鸟叫声，真有区别？还是没有区别？道受什么遮蔽才有了真假？语言受什么遮蔽才有了是非？道在哪里不存在？语言怎么讲不可以？道被小成功遮蔽了，语言被华丽辞藻遮蔽了，因此有了儒、墨的是非，他们肯定对方否定的东西，而否定对方肯定的东西。想肯定对方否定的而否定对方肯定的，不如用明净之心去关照一切。

【原文】

物无非彼，物无非是①。自彼则不见，自知则知之②。故曰：彼出于是，是亦因彼③，彼是方生之说也④。虽然，方生方死⑤，方死方生；方可方不可⑥，方不可方可；因是因非，因非因是⑦，是以圣人不由而照之于天⑧，亦因是也⑨。是亦彼也⑩，彼亦是也。彼亦一是非，此亦一是非⑪，果且有彼是乎哉？果且无彼是乎哉？彼是莫得其偶⑫，谓之道枢⑬，枢始得其环中⑭，以应无穷⑮。是亦一无穷⑯，非亦一无穷也。故曰：莫若以明。

【注释】

① 物无非彼二句：任何事物都可以作为彼方存在，也都可以作为此方存在。是，此。

② 自知则知之：疑为"自是则知之"，与上句对应。

③ 彼出二句：彼相对于此而存在，此也依赖于彼而存在。因，依赖。庄子认为，无此即无彼，无彼也无此，彼与此相对立而显现。

④ 方生：同时产生。方，同时。

⑤ 方生方死：一个事物出生就意味着另一事物的死亡。比如一个事物既可以是此，又可以是彼，当它作为"此"出现时，而作为"彼"的身份就消失了，反之亦然。

⑥ 方可句：当肯定它是某种事物时，同时也否定了它不是另一种事物。比如当肯定它是圆的同时，也就否定它是方的。可，肯定。

⑦ 因是二句：正确因错误而出现，错误因正确而产生。是，正确。

⑧ 不由：不走（是非辩论之路）。由，通过。天：本来模样。

⑨ 因：顺应。是：代指事物的本来模样。

⑩ 是亦彼：此就是彼。既然事物可以以"此"的身份出现，也可以以"彼"的身份出现，那么"此"与"彼"就没有区别了。

⑪ 彼亦二句：彼与此的是非是一样的。一，一样。

⑫ 偶：对立。

⑬ 道枢：道的关键。庄子认为，道的关键就是消除各种差别与对立，视万物为一。

⑭ 环中：环中空虚处。比喻内心虚静，没有成心。

⑮ 无穷：指万物的无穷变化。

⑯ 是亦一无穷：有关正确标准的争论没有穷尽。

【译文】

任何事物都可以作为彼方存在，也可以作为此方存在。从彼方就不能了解此方，从此方观察自我就能有所认识。因此说：彼方产生于此方，此方也依赖于彼方，彼和此同时相对出现。虽然如此，产生的同时正在消亡，消亡的同时又正在产生；肯定的同时在否定，否定的同时又在肯定；正确因错误而出现，错误因正确而产生。因此圣人不走是非分辨之路而去观察事物本来情况，顺应着事物的本来情况。此就是彼，彼就是此，彼和此的是非是一样的，果真有彼此之分？还是没有彼此之分？取消彼此之间的对立，就掌握了道的关键。掌握道的关键就会有虚净心态，可以应付万物的无穷变化。有关正确标准的争论没有穷尽，有关错误标准的争论也没有穷尽。因此说，最好以明净之心去观照万物。

【原文】

以指喻指之非指①，不若以非指喻指之非指也②。以马喻马之非马，不若以非马喻马之非马也。天地一指也，万物一马也。

【注释】

① 喻：说。非指，不是手指。《庄子·至乐》认为所有物体都是假借各种物质凑合而成，本质上不过就是一堆尘土而已。因此，手指与其他事物一样，也是尘土而已。

② 不若句：不如用其他事物说明手指不是手指。庄子认为，如果承认手指是手指，脚趾是脚趾，就等于承认万物不齐。要想齐物，必须抽去万物的个性，只看万物的共性。手指与其他事物都属于"物"，而且都是道的产物，从这些共性看，它们是齐同的。

【译文】

用手指本身去说明手指不是手指，不如用其他事物去说明手指不是手指；用马去说明马不是马，不如用其他事物去说明马不是马。天地与手指是一样的，万物与马是一样的。

【原文】

可乎可，不可乎不可①。道行之而成，物谓之而然②，恶乎然③？然于然④。恶乎不然？不然于不然。物固有所然⑤，物固有所可，无物不然，无物不可⑥。故为是举莛与楹⑦，厉与西施⑧，恢恑憰怪⑨，道通为一⑩。

【注释】

① 可乎可二句：肯定它是因为它有值得肯定之处，否定它是因为它有应该否定之处。任何事物都有两面性，庄子有意强调事物之间的相同面，而忽略其不同面，以此齐同万物。

② 谓：认为。然：正确。

③ 恶（wū）乎然：为何说它正确？恶，为何。

④ 然于然：认为它正确是因为它有正确一面。第一个"然"是动词，认为……正确。

⑤ 所然：正确之处。

⑥ 无物不然二句：任何事物都正确，任何事物都值得肯定。

⑦ 莛（tíng）：小草茎。楹（yíng）：大柱子。

⑧ 厉：通"疠"。恶疮。代指丑人。西施：春秋时美女。

⑨ 恢：宽宏。恑（guǐ）：通"诡"。狡猾。憰（jué）：通"谲"。欺诈。
怪：怪异。这四个字代表世间千奇百怪的事。

⑩ 道通为一：从道的角度看，万物一样。

【译文】

肯定它是因为它有值得肯定之处，否定它是因为它有应该否定之处。
路是人们行走形成的，事物是人们认为它正确才正确。为何认为它正确？认
为它正确是因为它有正确一面。为何认为它不正确？认为它不正确是因为它
有不正确一面。任何事物本来都有正确的一面，都有值得肯定的一面，因此
没有事物不是正确的，没有事物不是可以肯定的。因此小草茎与大柱子，丑
人与西施，宽宏、狡猾、欺诈、怪诞，从道的角度看都是一样。

【原文】

其分也，成也①；其成也，毁也。凡物无成与毁，复通为一。唯达者知
通为一②，为是不用而寓诸庸③。庸也者，用也；用也者，通也④；通也者，
得也⑤。适得而几矣⑥，因是已⑦。已而不知其然谓之道⑧。劳神明为一而
不知其同也⑨，谓之"朝三"。何谓"朝三"？狙公赋芧⑩，曰："朝三而暮
四。"众狙皆怒。曰："然则朝四而暮三。"众狙皆悦。名实未亏而喜怒为
用⑪，亦因是也⑫。是以圣人和之以是非而休乎天钧⑬，是之谓两行⑭。

【注释】

① 其分也二句：一事物消解，另一事物就形成。分，消解。

② 达者：明白道的人。

③ 为是：因此。不用：不去分辨万物差异。寓：站在。庸：永恒之理。
即道。

④ 通：顺利。

⑤ 得：得道。

⑥ 适：达到。几：差不多。

⑦ 因：顺应。是：代指齐物原则。已：通"矣"。

⑧ 已：已经。指万物已经形成。然：代指原因。

⑨ 劳神明为一：用心费神去追求万物同一。

⑩ 狙（jū）公：养猴老人。狙，猴子。赋：分发。芧（xù）：橡果。

⑪ 名实未亏句：名和实都无变化，而猴子的喜怒却被老人所左右。亏，减少；变化。为用，被老人所用，即被老人所左右。

⑫ 因是：因为不懂万物齐一的原因。是，代指原因。

⑬ 和：调和。天钧：天然的均衡、齐同。钧，同"均"。一说"天钧"指道。

⑭ 两行：物我各得其所。万物齐同，能和谐相处；人泯灭是非，能心境平和。所以说物我各得其所。

【译文】

　　一事物消解，另一事物就形成；一事物形成，另一事物就消解。因此事物就没有形成与消解之别，都是一样。只有懂道的人才懂得形成与消解一样，因此他不去理睬万物差异而站在道的角度看待万物。永恒的道，是有用的；掌握这种用处，思想就通达；思想通达，也就得道了。达到得道的境界就可以了，就能按照齐物原则办事。事物形成而不知其原因，这就是道。用心费神去追求万物齐一的道理而不知万物本来就是一样的，这叫"朝三"。什么叫"朝三"？养猴老人给猴子分发橡果，说："每只猴早上给三颗，晚上给四颗。"众猴生气了。老人改口说："每只猴早上给四颗，晚上给三颗。"众猴听了很高兴。名与实都没改变而猴子的喜怒却被老人所左右，这是因为猴子不懂万物齐一。因此圣人泯灭是非而齐同万物，这样可以说是物我各得其所。

【原文】

古之人，其知有所至矣①。恶乎至②？有以为未始有物者③，至矣，尽矣，不可以加矣。其次以为有物矣，而未始有封也④。其次以为有封焉，而未始有是非也。是非之彰也⑤，道之所以亏也⑥。道之所以亏，爱之所以成⑦。

【注释】

① 知：通"智"。至：最高境界。

② 恶（wū）乎至：达到何等最高境界？

③ 未始有物：不曾有物。类似佛教的万法皆空。

④ 封：界线；区别。

⑤ 彰：明白。

⑥ 亏：亏损。

⑦ 爱：偏爱。

【译文】

古时的人，其智慧达到最高境界。什么最高境界？有人认为从来就不曾存在万物，这即最高境界，尽善尽美，无以复加了。其次认为存在事物，但事物之间没有区别。其次认为事物之间有区别，但未有是非。是非被分辨清楚了，这就是道受到亏损的原因。道受到亏损的原因，也即偏私形成的原因。

【原文】

果且有成与亏乎哉？果且无成与亏乎哉？有成与亏，故昭氏之鼓琴也①；无成与亏，故昭氏之不鼓琴也。昭文之鼓琴也，师旷之枝策也②，惠子之据梧也③，三子之知几乎皆其盛者也④，故载之末年⑤。唯其好之也，以异于彼⑥；其好之也，欲以明之彼⑦。非所明而明之⑧，故以坚白之昧终⑨。而其子又以文之纶终⑩，终身无成。若是而可谓成乎，虽我亦成也；若是而不可谓成乎，物与我无成也。是故滑疑之耀⑪，圣人之所图也⑫。为是不用而寓诸庸，此之谓"以明"。

【注释】

① 有成与亏二句：这两句语序应理解为"故昭氏之鼓琴也，有成与亏"。昭氏弹琴时，弹奏出一部分音乐，也遗失另一部分音乐。比喻人一旦有了是非，就有偏私，偏爱一部分事物，势必会轻视另一部分事物，就不能做到齐同万物。昭氏，姓昭名文。

② 师旷：春秋晋国著名乐师。枝策：鼓槌。这里指敲鼓。

③ 惠子：惠施。据梧：靠着梧桐树高谈阔论。

④ 三子：指昭氏、师旷、惠子三位先生。知：通"智"。

⑤ 载之末年：晚年时被载入史册。

⑥ 以异于彼：不同于他人。

⑦ 明之彼：让别人也懂得自己的技艺学问。

⑧ 非所明而明之：不是别人应该明白的事却硬要让人明白。

⑨ 故以坚白句：所以惠子坚持"坚白"的糊涂观点一直到死。坚白，指坚硬的白色石头。"坚白"是战国时著名的论题，惠子观点不详，公孙龙认为石头的"坚"和"白"两种属性可以分离，而墨家认为不可分离。

⑩ 文之纶：文章之事。纶，绪；事。终：终生。

⑪ 滑（gǔ）疑之耀：混乱而令人迷惑的炫耀。滑，乱。疑，迷惑。

⑫ 图：排除。

【译文】

真有形成与亏损？还是没有形成与亏损？昭文一旦弹琴，就有了形成与亏损；昭文不弹琴，就没有形成与亏损。昭文在弹琴方面，师旷在击鼓方面，惠子在背靠桐树高谈阔论方面，三位先生的智慧基本都达到高妙之境，因此晚年时都被载入史册。因为他们爱好各自技艺，所以异于他人；也因为他们爱好各自技艺，所以想让别人也懂得这些技艺。不是别人应该懂得的硬要让别人懂得，所以惠子坚持"坚白"的糊涂观点一直到死。而他的儿子也以文章辩论为终身事业，结果终生无成。像这样的事如果叫做成功，那么我也成功了；如果这样的事不能叫做成功，那么万物与我都没有成功。因此那些混乱而使人迷惑的技艺炫耀，是圣人所要排除的。因此不要理睬万物的差异而与道同在，这就叫以明净的心去观照万物。

【原文】

今且有言于此①，不知其与是类乎②？其与是不类乎？类与不类，相与为类，则与彼无以异矣。虽然，请尝言之：有始也者③，有未始有始也者④，有未始有夫未始有始也者⑤；有有也者⑥，有无也者⑦，有未始有无也者⑧，有未始有夫未始有无也者⑨。俄而有无矣⑩，而未知有无之果孰有孰无也。今我则已有谓矣⑪，而未知吾所谓之其果有谓乎？其果无谓乎？

【注释】

① 今且：表示假设。

② 与是类：与齐物论相同。是，代指齐物言论。类，一样。

③ 有始：世界有一个开端。

④ 未始有始：不曾有这个开端。

⑤ 有未始有句：有一个连"不曾有这个开端"也没有的时候。

⑥ 有：第二个"有"指万物存在。

⑦ 无：虚无。没有万物存在。

⑧ 未始有无：不曾有"虚无"。

⑨ 有未始有句：有一个连"不曾有虚无"也没有的时候。

⑩ 俄而：不久。

⑪ 谓：讲话。

【译文】

假如我有一番言论，不知它与齐物论是相同？还是与齐物论不相同？无论同与不同，都是一样，那么与他人言论就没有不同了。即使如此，还是请让我试着谈谈这一问题：世界有一个开始的时候，有一个不曾有这个开始的时候，还有一个连"不曾有这个开始"也没有的时候；有事物存在的时候，有空无的时候，有不曾有空无的时候，有连"不曾有空无"也没有的时候。不久有了事物和空无，但不知事物和空无究竟谁是真的存在谁是真的空无。如今我已讲了话，但不知我讲的话算是真的讲了？还是没有讲？

【原文】

天下莫大于秋豪之末①，而大山为小②；莫寿于殇子③，而彭祖为夭④。天地与我并生，而万物与我为一。既已为一矣，且得有言乎？既已谓之一矣，且得无言乎？一与言为二，二与一为三。自此以往，巧历不能得⑤，而况其凡乎⑥！故自无适有⑦，以至于三⑧，而况自有适有乎！无适焉，因是已⑨。

【注释】

① 秋豪：秋天刚长的兽毛。豪，通"毫"。

② 大（tài）山：即泰山。大，通"太"。

③ 殇（shāng）子：夭折的孩子。

④ 彭祖：长寿之人，据说活了八百年。夭：夭折。既然万物齐同，那么毫毛不算小，泰山不算大；殇子不算短命，彭祖不算长寿。

⑤ 巧历：善于计算者。历，计算。不能得：不能算出最终数字。

⑥ 凡：普通人。

⑦ 自无适有：从无发展到有。适，到。

⑧ 三：泛指很多。

⑨ 因是已：按照齐物原则办事吧。因，按照。是，代指齐物原则。已，通"矣"。

【译文】

天下没有比秋毫更大的东西，而泰山是微小的；没有比夭折的孩子更长寿的人，而彭祖是短命的。天地与我同生，万物与我一体。既然已成为一体，还能说什么呢？既然已经说成为一体了，还能讲没说什么吗？物我一体加上语言就是"二"，"二"加上我说的"成为一体"就是"三"。从此发展下去，连善算之人也算不出最终数字，更何况普通人！因此从无到有，以至于发展到了很多的地步，更何况从有到有！不要发展了，按照齐物原则办事吧！

【原文】

夫道未始有封①，言未始有常②，为是而有畛也③。请言其畛：有左有右，有伦有义④，有分有辩⑤，有竞有争，此之谓八德⑥。六合之外⑦，圣人存而不论；六合之内，圣人论而不议⑧，春秋经世⑨，先王之志，圣人议而不辩⑩。故分也者，有不分也⑪；辩也者，有不辩也。曰："何也?"圣人怀之⑫，众人辩之以相示也⑬。故曰：辩也者，有不见也。

【注释】

① 封：区分。

② 常：固定准则。

③ 为是：因不能齐物。畛（zhěn）：界线。

④ 伦：秩序。义：通"仪"。等级。

⑤ 辩：通"辨"。区别。

⑥ 八德：八种具体表现。

⑦ 六合：指东、南、西、北四方和天、地。

⑧ 议：评议。

⑨ 春秋经世：史书记载治国之事。春秋，史书。经世，治国。

⑩ 辩：争辩。

⑪ 故分也二句：有人分别事物，有人不分别事物。分别的是众人，不分别的是圣人。

⑫ 怀之：胸藏万物。

⑬ 相示：互相夸示。

【译文】

大道不曾区分万物，言语没有固定标准，由于不能齐物而产生了事物分别。请让我谈谈这些分别：有左有右，有秩序有等级，有区分有差别，有竞赛有争夺，这就是八种表现。天地四方之外的事，圣人存而不论；天地四方之内的事，圣人论述而不评议；史书记载治国之事，体现了古圣王的意志，圣人对事物只评议而不争论。所以说有人分别事物，有人不分别事物；

有人注重争辩，有人不去争辩。问："为何会这样？"因为圣人胸藏万物，而众人争辩万物以相夸示。因此说：喜欢争辩的人，往往看不清楚一些问题。

【原文】

夫大道不称①，大辩不言，大仁不仁②，大廉不嗛③，大勇不忮④；道昭而不道⑤，言辩而不及⑥，仁常而不成⑦，廉清而不信⑧，勇忮而不成。五者圆而几向方矣⑨。故知止其所不知⑩，至矣。孰知不言之辩、不道之道⑪？若有能知，此之谓天府⑫。注焉而不满⑬，酌焉而不竭⑭，而不知其所由来⑮，此之谓葆光⑯。

【注释】

① 大道不称：大道无法用言语表达。称，说明。

② 大仁不仁：大仁不会有所偏爱。有所爱必有所不爱，大仁主张物我同体、一视同仁。

③ 廉：不贪求名利。嗛（qiān）：谦让。

④ 忮（zhì）：伤害。

⑤ 道昭而不道：能讲清楚的道就不是大道。昭，清楚。

⑥ 不及：表达不到之处。

⑦ 仁常：仁爱固定在某些对象上。

⑧ 信：真实。

⑨ 圆而几向方：比喻事与愿违，本来是追求圆的，结果却几乎变成了方形。

⑩ 知：第一个"知"通"智"。

⑪ 不道：不可言说。

⑫ 天府：天然府库。比喻包容天地、混同万物的博大胸怀。

⑬ 注焉：增加它。注，注入。焉，代指博大胸怀。

⑭ 酌：取出。

⑮ 所由来：从何而来。

⑯ 葆（bǎo）：隐藏。光：光芒。比喻才华。

【译文】

大道无法说清，雄辩不用语言，大仁不偏爱，大廉不谦让，大勇不伤人。能说清的道不是大道，用语言辩论总有表达不到之处，仁爱固定于某处就不是大仁，太廉洁反而不真实，勇猛伤人不是真正的勇敢。这五种情况都适得其反。因此智慧应停留在不能知道的地方，这最为明智。谁懂得不用言语的雄辩、不可言说的大道？如果有人懂得，这可以说具有包容天地、混同万物的博大胸怀。无论如何添加它也不会满溢，无论如何酌取它也不会枯竭，然而却不知道其来源，这就叫含而不露的大智。

【原文】

故昔者尧问于舜曰："我欲伐宗、脍、胥敖①，南面而不释然②，其故何也？"舜曰："夫三子者③，犹存乎蓬艾之间④。若不释然何哉⑤？昔者十日并出⑥，万物皆照，而况德之进乎日者乎⑦！"

【注释】

① 宗、脍（kuài）、胥敖（ào）：三个小国名。

② 南面：临朝听政。帝王听政时坐北朝南。释然：轻松貌。

③ 三子：指上述三国君主。

④ 犹存句：就像生存于野草丛中一样。形容国土狭小、地处荒僻。蓬艾，两种野草名。

⑤ 若：你。

⑥ 十日：传说曾有十个太阳同时出现。

⑦ 进乎日：超过太阳。是说尧的品德超过太阳，更应包容万物，不可有爱有憎。

【译文】

从前尧问舜："我想讨伐宗、脍、胥敖三国，每次听政时总觉心绪不宁，这是何原因？"舜说："那三位国君，就像生存于野草丛中一样，您又为何因此心绪不宁呢？从前十个太阳一同升起，无私地普照万物，更何况品德超过太阳的人呢!"

【原文】

啮缺问乎王倪曰①:"子知物之所同是乎②?"曰:"吾恶乎知之!""子知子之所不知邪?"曰:"吾恶乎知之!""然则物无知邪?"曰:"吾恶乎知之!虽然,尝试言之:庸诅知吾所谓知之非不知邪③?庸诅知吾所谓不知之非知邪?且吾尝试问乎女④:民湿寝则腰疾偏死⑤,鳅然乎哉⑥?木处则惴慄恂惧⑦,猨猴然乎哉?三者孰知正处⑧?民食刍豢⑨,麋鹿食荐⑩,蝍蛆甘带⑪,鸱鸦耆鼠⑫,四者孰知正味⑬?猨,猵狙以为雌⑭,麋与鹿交,鳅与鱼游,毛嫱、丽姬⑮,人之所美也,鱼见之深入,鸟见之高飞,麋鹿见之决骤⑯,四者孰知天下之正色哉⑰?自我观之,仁义之端⑱,是非之涂⑲,樊然殽乱⑳,吾恶能知其辩㉑!"

【注释】

① 啮(niè)缺、王倪:虚构人物。

② 所同是:公认的真理。是,正确。

③ 庸诅:怎么。

④ 女(rǔ):通"汝"。你。

⑤ 民:人。湿寝:睡在潮湿处。偏死:偏瘫。

⑥ 鳅然乎哉:泥鳅是这样吗?然,这样。

⑦ 木处:住在树上。惴慄恂(lìxún)惧:四字都是恐惧义。

⑧ 正处:正确住所。

⑨ 刍豢(chú huàn):用草豢养的牛羊等。泛指肉类。刍,草。

⑩ 麋:一种鹿类动物。荐:美草。

⑪ 蝍蛆(jí jū):蜈蚣。甘带:喜欢吃蛇。带,蛇。

⑫ 鸱(chī):猫头鹰。鸦:乌鸦。耆:通"嗜"。嗜好。

⑬ 正味:甜美食物。

⑭ 猵狙(biān jū):一种猴子。雌:雌性配偶。

⑮ 毛嫱(qiáng)、丽姬:春秋时两位美女。

⑯ 决（xuè）骤：快速逃跑。

⑰ 正色：漂亮容貌。

⑱ 端：事端；事情。

⑲ 涂：途径。引申为标准。

⑳ 樊然：混乱貌。殽（xiáo）：杂乱。

㉑ 辩：通"辨"。区别。指仁与不仁、是与非之间的区别。

【译文】

啮缺问王倪："您知道万物公认的真理吗？"王倪说："我怎会知道！""您知道您不知道的原因吗？"王倪说："我怎会知道！""那么万物都无知吗？"王倪说："我怎会知道！虽说如此，我还是试着谈谈这个问题：你怎么知道我说的'知道'不是不知道？你怎么知道我说的'不知道'不是知道？我还要问你：人睡在潮湿处就会腰疼偏瘫，泥鳅是这样吗？人住在树上就会恐惧，猿猴是这样吗？人、泥鳅、猿猴这三种动物究竟谁最懂得正确住所？人爱吃肉，鹿爱吃草，蜈蚣爱吃蛇，猫头鹰和乌鸦爱吃老鼠，人、鹿、蜈蚣、猫头鹰和乌鸦这些动物究竟谁懂得真正美味？猿猴与猵狙互为配偶，麋和鹿交配，泥鳅和鱼交游，毛嫱、丽姬，人人认为很美，而鱼见了她们就害怕得深潜水中，鸟见了她们就害怕得高飞远走，麋鹿见了她们就害怕得快速逃跑，人、鱼、鸟、麋鹿这四种动物究竟谁懂得天下真正美色？依我看来，仁义的事情，是非的标准，混乱不堪，我怎能知道它们的分别！"

【原文】

啮缺曰："子不知利害，则至人固不知利害乎？"王倪曰："至人神矣！大泽焚而不能热，河汉冱而不能寒①，疾雷破山、飘风振海而不能惊②。若然者，乘云气，骑日月，而游乎四海之外，死生无变于己③，而况利害之端乎！"

【注释】

① 河汉：黄河与汉水。一说指天上银河。冱（hù）：冻结。

② 飘风：飓风。

③ 无变于己：不能改变他的平静心境。

【译文】

啮缺问："您不知利和害，至人也真的不知利和害吗？"王倪说："至人太神奇了，连大泽都燃起烈火而不能使他感到热，黄河和汉水冻结了不能使他感到冷，迅猛的雷霆劈开山峰、飓风掀起大海不能使他感到吃惊。这样的人，驾御云气，乘坐日月，畅游于人世之外，即使生死大事也无法改变他的平静心境，更何况利害这类小事情！"

【原文】

瞿鹊子问乎长梧子曰①："吾闻诸夫子②：圣人不从事于务，不就利③，不违害④，不喜求，不缘道⑤，无谓有谓，有谓无谓⑥，而游乎尘垢之外⑦。夫子以为孟浪之言⑧，而我以为妙道之行也。吾子以为奚若⑨？"

【注释】

① 瞿（qú）鹊子、长梧子：两个人名。

② 夫子：老师。指孔子。

③ 就：追求。

④ 违：回避。

⑤ 不缘道：不有意地去遵循大道。类似于孔子的"从心所欲，不逾矩"。缘，因循。

⑥ 无谓有谓二句：没说等于说了，说了等于没说。谓，说。

⑦ 尘垢：尘世。

⑧ 孟浪：荒唐。

⑨ 吾子：对对方的尊称。奚若：如何。

【译文】

瞿鹊子问长梧子："我听老师孔子说：圣人不从事世务，不追求利益，不回避灾害，不喜欢贪求，也不有意地去因循大道，没说等于说了，说了等于没说，畅游于尘世之外。老师认为这都是荒唐之言，而我认为这些都是符合神妙大道的言行。您以为如何？"

【原文】

长梧子曰："是黄帝之所听荧也①，而丘也何足以知之②！且女亦大早计③，见卵而求时夜④，见弹而求鸮炙⑤。予尝为女妄言之⑥，女以妄听之。奚旁日月、挟宇宙⑦？为其吻合⑧，置其滑涽⑨，以隶相尊⑩。众人役役⑪，圣人愚芚⑫，参万岁而一成纯⑬，万物尽然⑭，而以是相蕴⑮。

【注释】

① 听荧（yíng）：听后不理解。荧，迷惑。

② 丘：孔子。孔子名丘，字仲尼。

③ 女（rǔ）：通"汝"。你。大（tài）早计：求之过急。大，通"太"。意思是，你把这些就视为"妙道之行"，还为时过早。

④ 卵：鸡蛋。时夜：司夜。公鸡夜里报时，故称"时夜"。

⑤ 弹：弹丸。鸮（xiāo）：鸟名。炙：烤肉。

⑥ 妄言：随便谈谈。

⑦ 奚：为何。旁：与……为伴。挟宇宙：胸怀宇宙。

⑧ 为其吻合：为了同自然融为一体。其，代指日月宇宙。

⑨ 置其滑涽（gǔ hūn）：置各种混乱不齐于不顾。置，放弃。滑涽，混乱。

⑩ 以隶相尊：视奴仆为尊贵。即把卑贱与尊贵等同起来。

⑪ 役役：忙碌貌。

⑫ 愚芚（tún）：混沌。愚，大智若愚。

⑬ 参万岁句：糅合千万年的万事万物而成为一个混沌体。参，糅合。纯，混沌。

⑭ 尽然：都是各自模样。然，代指各自模样。

⑮ 以是相蕴：用齐物胸怀去包容它们。是，指齐物原则。

【译文】

长梧子说："这些话连黄帝听了都难理解，而孔丘又怎能理解！再说你也求之过急，看到鸡蛋就想要报晓公鸡，看到弹丸就想吃烤鸟肉。我为你随便谈谈这个问题，你也随便听听。我们何不与日月为伴、与宇宙同体呢？为了能同自然融为一体，就应置混乱不齐的物象于不顾，把卑贱与尊贵等同起来。众人忙忙碌碌，圣人却似混沌无知，糅合千万年的万事万物而成为一个混沌体。万物都具有各自模样，而圣人用齐物的胸怀把它们包容起来。

【原文】

"予恶乎知说生之非惑邪①？予恶乎知恶死之非弱丧而不知归者邪②？丽之姬③，艾封人之子也④，晋国之始得之也⑤，涕泣沾襟⑥。及其至于王所⑦，与王同筐床⑧，食刍豢，而后悔其泣也。予恶乎知夫死者不悔其始之蕲生乎⑨？

【注释】

① 恶（wū）乎：怎么。说（yuè）生：贪生。说，通"悦"。

② 予恶（wū）乎知恶（wù）死句：我怎知厌恶死亡不是像幼年流落他乡而长大后不知归家呢？恶死，讨厌死亡。弱，幼年。丧，离开故乡。庄子认为人的故乡是大自然，人脱离自然到世间生活，犹如流浪他乡，死后回归自然就是回归故乡，不愿死亡就是不愿回归故乡。

③ 丽之姬：即丽姬，丽戎人。晋献公征伐丽戎国，把丽姬俘虏到晋国，后来丽姬成为献公夫人。

④ 艾：地名。封：边疆。

⑤ 晋：国名。在今山西、河北南部和陕西中部一带。

⑥ 沾：浸湿。

⑦ 王所：晋献公的住所。

⑧ 筐床：方正舒适的大床。

⑨ 蕲（qí）生：贪生。蕲，求。

【译文】

"我怎知贪生不是糊涂事呢？我怎知怕死不像幼年流落他乡而长大不知返归故乡呢？丽姬，是艾地守边人的女儿，晋国刚俘虏她时，其泪水浸透了衣襟。到了王宫，与国君同睡一床、享受美味时，她后悔当初不该哭泣。我又怎知那些死后的人不会后悔当初汲汲求生呢？

【原文】

"梦饮酒者，旦而哭泣；梦哭泣者，旦而田猎①。方其梦也，不知其梦也，梦之中又占其梦焉，觉而后知其梦也。且有大觉而后知此其大梦也②，而愚者自以为觉，窃窃然知之③。君乎牧乎④，固哉⑤！丘也与女皆梦也，予谓女梦，亦梦也。是其言也，其名为吊诡⑥。万世之后而一遇大圣知其解者⑦，是旦暮遇之也⑧。

【注释】

① 田：打猎。

② 此其：指人生。

③ 窃窃然：自以为是貌。

④ 牧：放牧人。代指卑贱者。

⑤ 固：浅薄固陋。

⑥ 吊诡：怪异。

⑦ 解：含义。

⑧ 旦暮：早晚。比喻很快。

【译文】

"梦中饮酒作乐的人，第二天可能会痛哭流涕；梦中痛哭流涕的人，第二天可能会打猎作乐。正做梦时，不知自己在做梦，梦中还为另一个梦占卜，醒后方知是梦。大彻大悟后才知整个人生也不过是场大梦而已。而愚人自以为活得清醒，自以为懂得一切。从君主到奴隶，都很浅薄固陋！孔丘和你都在梦中，我说你们在梦中，其实我也在梦中。这些话，可以叫作怪异。

万世以后能遇上一位懂得这一道理的大圣人，已经算是很快了。

【原文】

"既使我与若辩矣①，若胜我，我不若胜②，若果是也？我果非也邪？我胜若，若不吾胜，我果是也？而果非也邪③？其或是也④？其或非也邪？其俱是也？其俱非也邪？我与若不能相知也。则人固受其黮闇⑤，吾谁使正之⑥？使同乎若者正之，既与若同矣，恶能正之？使同乎我者正之，既同乎我矣，恶能正之？使异乎我与若者正之，既异乎我与若矣，恶能正之？使同乎我与若者正之，既同乎我与若矣，恶能正之？然而我与若与人俱不能相知也，而待彼也邪？

【注释】

① 若：你。

② 我不若胜：即"我不胜若"。

③ 而：你。果：果真。

④ 或：有人。指论辩的一方。

⑤ 黮闇（tǎn àn）：愚昧。

⑥ 谁使：使谁。正之：评判这个问题。

【译文】

"假如我与你辩论，你胜我，我没胜你，你真的对了？我真的错了？我胜你，你没胜我，我真的对了？你真的错了？还是一方正确？一方错误？还是我们都对？或者都错？我和你都无法判定。而人们确实都很愚昧，我们让谁来评判它？让观点与你相同的人来评判吧，既然观点已经与你一样，他怎能作出公正评判？让观点与我相同的人来评判吧，既然观点已经与我一样，他怎能作出公正评判？让观点与你我都不同的人来评判吧，既然观点已经不同于你我，他怎能作出公正评判？让观点与你我都相同的人来评判吧，既然观点已经与你我相同，他怎能作出公正评判？那么就说明我、你和别人都无法进行评判，那又何必等他人来评判？

【原文】

"何谓和之以天倪①？曰：是不是②，然不然③。是若果是也，则是之异乎不是也亦无辩④；然若果然也，则然之异乎不然也亦无辩。化声之相待⑤，若其不相待。和之以天倪，因之以曼衍⑥，所以穷年也⑦。忘年忘义⑧，振于无竟⑨，故寓诸无竟⑩。"

【注释】

① 和之：齐同万物。和，混同。天倪：天然标准。即道。

② 是不是：把错误视为正确。第一个"是"为"认为正确"义。

③ 然不然：把否定看作肯定。然，肯定。

④ 辩：通"辨"。区别。

⑤ 化声：变化着不同的内容和声调。相待：互相对立、争辩。

⑥ 因：顺应。之：代指万物。曼衍：变化。

⑦ 穷：过完。年：寿命。

⑧ 忘年：忘掉年龄。忘义：忘掉是非。义，是非界线。

⑨ 振：兴起。引申为立身、生活。竟：尽。

⑩ 寓诸无竟：与无穷的精神境界融为一体。

【译文】

"什么叫用道去齐同万物？答：视错误为正确，视否定为肯定。正确即使真正确，那么正确与错误也没有差别；肯定即使真肯定，那么肯定与否定也没有不同。人们变化着不同内容和声调去相互争论，这与不争论一样。用道齐同万物，顺应万物变化，用这种态度度过一生。忘掉年龄，忘掉是非，生活于无穷的精神境界，就能同这种境界融为一体了。"

【原文】

罔两问景曰①："曩子行②，今子止；曩子坐，今子起。何其无特操与③？"景曰："吾有待而然者邪④？吾所待又有待而然者邪⑤？吾待蛇蚹蜩翼邪⑥？恶识所以然？恶识所以不然？"

【注释】

① 罔两：影子周边的微影。景（yǐng）：通"影"。

② 曩（nǎng）：刚才。

③ 特操：独特的操守。与：通"欤"。疑问词。

④ 有待而然：有所依赖才这样。影子依赖物体。

⑤ 吾所待句：我所依赖的物体又有所依赖才这样吧。影子依赖形体，而形体又依赖其他事物，因此都无法自主。

⑥ 蚹（fù）：腹鳞。蜩：知了。本段说明许多现象无法探索其起因，最好置之不理。

【译文】

微影问影子："刚才您行走，现在又停下；刚才您坐着，现在又站立。怎么如此无操守？"影子说："因为我有所依赖才这样吧？因为我所依赖的东西又有所依赖才这样的吧？我依赖蛇的腹鳞和蜩的翅膀吗？我怎知为何使我如此？我又怎知为何使我不如此？"

【原文】

昔者庄周梦为胡蝶，栩栩然胡蝶也①。自喻适志与②，不知周也。俄然觉③，则蘧蘧然周也④。不知周之梦为胡蝶与？胡蝶之梦为周与？周与胡蝶则必有分矣，此之谓"物化⑤"。

【注释】

① 栩（xǔ）栩然：鲜活貌。一说是怡然自得貌。

② 自喻：自我感觉。适志：适意。与，通"欤"。

③ 俄然：不一会儿。

④ 蘧（qú）蘧然：安然貌。一说是吃惊貌，一说是僵卧貌。

⑤ 物化：事物之间相互转化。比如人死后身体可能会变为鼠肝或虫臂，鼠肝、虫臂也可以转化为他物。详见《大宗师》。

【译文】

从前庄周梦中变成了蝴蝶，活生生的一只蝴蝶！自我感觉很适意，不知庄周的存在。不一会儿醒了，又变成了安然而卧的庄周。不知是庄周刚才做梦变成了蝴蝶呢？还是那只蝴蝶正在做梦变成了庄周呢？庄周与蝴蝶之间必定不同，这就叫"事物相互转化"。

养生主第三

【题解】

养生主，养生的主要原则。庄子养生原则就是形神兼养，以神为主。这对后来的养生思想影响很大。

【原文】

吾生也有涯①，而知也无涯。以有涯随无涯②，殆已③！已而为知者④，殆而已矣。为善无近名⑤，为恶无近刑，缘督以为经⑥，可以保身，可以全生，可以养亲⑦，可以尽年⑧。

【注释】

① 涯：边际。

② 随：追求。

③ 殆（dài）：陷入困顿。已：通"矣"。

③ 已：已经（知道这个道理）。为：追求。

⑤ 为善无近名：做好事但不要出名。名声大了会召来麻烦。

⑥ 缘：遵循。督：人背部正中的经脉，比喻既不求名、也不犯法的中间路线。经：原则。

⑦ 亲：父母。

⑧ 尽年：享尽天年。本段首先提醒人们不要拿有限的生命去追求无限的知识，以免耗费精力，这是养神；接着告诫人们，为了保全生命，要远离美名和刑法，这是养形。

【译文】

我生命有限，而知识无限。用有限生命去追求无限知识，将陷入困顿！知道这个道理却还去追求无限知识，只落个困顿而已！做好事不要出名，干坏事不要犯法，把遵循中间路线作为生活原则，可以保护自身，可以保全生命，可以赡养父母，可以享尽天年。

【原文】

庖丁为文惠君解牛①，手之所触，肩之所倚②，足之所履③，膝之所踦④，砉然向然⑤，奏刀騞然⑥，莫不中音⑦。合于《桑林》之舞⑧，乃中《经首》之会⑨。

【注释】

① 庖（páo）丁：名叫"丁"的厨师。庖，厨师。文惠君：旧说指梁惠王。解牛：宰牛。

② 倚：靠。

③ 履：踩。

④ 踦（yǐ）：通"倚"。顶着。

⑤ 砉（huà）然向然：都指宰牛声音。向，通"响"。

⑥ 奏刀：进刀。騞（huō）然：进刀的声音。

⑦ 中（zhòng）音：合乎音乐节奏。中，合乎。

⑧ 《桑林》：商汤时的乐曲。

⑨ 《经首》：尧时的乐曲。会：节奏。

【译文】

庖丁为文惠君宰牛，手接触的地方，肩靠着的地方，脚踩着的地方，膝顶着的地方，都发出"刷刷"声，进刀时发出的"哗啦哗啦"声，无不合于音乐节奏。既符合《桑林》的舞拍，又符合《经首》的旋律。

【原文】

文惠君曰："嘻①，善哉！技盖至此乎②？"庖丁释刀对曰③："臣之所好者道也，进乎技矣④。始臣之解牛之时，所见无非全牛者⑤；三年之后，未尝见全牛也⑥；方今之时，臣以神遇而不以目视⑦，官知止而神欲行⑧。依乎天理⑨，批大郤⑩，导大窾⑪，因其固然⑫。技经肯綮之未尝⑬，而况大軱乎⑭！良庖岁更刀⑮，割也；族庖月更刀⑯，折也⑰；今臣之刀十九年矣，所解数千牛矣，而刀刃若新发于硎⑱。彼节者有间⑲，而刀刃者无厚⑳，以无厚入有间，恢恢乎其于游刃必有余地矣㉑。是以十九年而刀刃若新发于硎。虽然，每至于族㉒，吾见其难为㉓，怵然为戒㉔，视为止㉕，行为迟㉖，动刀甚微，謋然已解㉗，如土委地㉘。提刀而立，为之四顾，为之踌躇满志㉙，善刀而藏之㉚。"

文惠君曰："善哉！吾闻庖丁之言，得养生焉。"

【注释】

① 嘻：惊叹声。

② 盖（hé）：通"盍"。何。

③ 释：放下。

④ 进：超过。

⑤ 全牛：整体的牛。

⑥ 未尝见全牛也：不曾看到整体的牛。宰牛三年后，对牛体非常熟习，牛在庖丁眼里不再是一个整体，而是一块块肌肉和骨头的堆积品。

⑦ 以神遇：凭意识宰牛。

⑧ 官知止句：感官停止活动而意识在起作用。官知，感觉器官。神欲，意识。庖丁熟能生巧，不用眼看，仅凭意识就能宰牛。如善于编织的妇女，

她们一边看电视、聊天，一边织出带有各种花纹的毛衣。

⑨ 依：按照。天理：天然结构。

⑩ 批：劈砍。大郤（xì）：筋骨间的大空隙。

⑪ 导：进刀。大窾（kuǎn）：筋骨间的大空隙。

⑫ 因：顺。其：代指牛体。固然：本来模样。

⑬ 技（zhī）：通"枝"。枝脉。经：经脉。肯：附骨肉。綮（qìng）：筋骨联结处。尝：碰。

⑭ 大軱（gū）：大骨。

⑮ 更：更换。

⑯ 族庖：普通厨师。族，众多。

⑰ 折：砍断。这里指乱砍。

⑱ 发：磨。硎（xíng）：磨刀石。

⑲ 彼节者有间：那些骨节之间有空隙。

⑳ 无厚：薄得没厚度。

㉑ 恢恢乎：宽宽绰绰貌。游刃：游动的刀刃。

㉒ 族：骨头与筋腱聚结之处。

㉓ 为：宰割。

㉔ 怵（chù）然：谨慎貌。为戒：为此提高警惕。

㉕ 视为止：目光为此而专注起来。止，专注。

㉖ 行为迟：动作为此而缓慢。

㉗ 謋（huò）然：牛体解开的声音。

㉘ 委：堆积。

㉙ 踌躇（chóu chú）：得意貌。满志：满意。

㉚ 善刀：把刀收拾好。一说"善"通"拭"，擦。这个故事告诉人们要顺应生存环境以保护自身安全，属于养形。

【译文】

文惠君说："啊，真妙呀！技术怎么达到如此境界？"庖丁放下刀说："我所好的是道，超过了普通技术。我刚宰牛时，看到的都是完整的牛；三年以后，就不曾看到整体的牛了；现在，我凭意识宰牛而不必用眼睛看，感官停止了活动而意识在继续起着作用。顺着牛体的天然结构，劈开筋骨间的隙缝，把刀插向筋骨间的空处，依照牛体的本来结构去宰割。我连经脉聚结、骨肉相接处都不去碰，更何况大骨！优秀厨师每年换把刀，因为他们乱割；普通厨师每月要换把刀，因为他们乱砍；如今我的刀用了十九年，所宰的牛有数千头，而刀刃却像刚在磨刀石上磨过一样。骨节之间有空隙，而刀刃薄得没有厚度。把没有厚度的刀刃插入骨节间的空隙，这些空隙对于游动的刀刃还宽宽绰绰地剩有空间，因此我的刀用了十九年而刀刃还像刚在磨刀石上磨过一样。虽然如此，每当遇到筋骨聚结处，我知道它难割，为此谨慎起来，目光为此专注，动作为此缓慢，稍微一动刀，牛体便'哗啦'一声分解开来，像一堆土掉在地上。我提刀站立，为此环顾四周，为此踌躇满志，然后把刀收拾好收藏起来。"

文惠君说："妙啊！我听了庖丁这番话，领悟了养生道理。"

【原文】

公文轩见右师而惊曰①："是何人也？恶乎介也②？天与③？其人与？"曰："天也，非人也。天之生是使独也④。人之貌有与也⑤，以是知其天也，非人也。"

【注释】

①公文轩：宋国人。姓公文，名轩。右师：官名。指一位担任右师的人。

②恶（wū）乎：怎么。介：一只脚。右师因犯法被砍掉一只脚。

③天与：是天造成的？与，通"欤"。

④是：代指右师的脚。

⑤有与：有所赋予。指人的外貌是上天赋予、决定的。这个故事提醒人们，把自己的一切遭遇都归于天命，就不会去怨恨人，就能保持心境平和。即《周易·系辞上》说的"乐天知命，故不忧"。这是为了养神。

【译文】

公文轩看见右师，吃惊地问：“这是什么人啊？怎么只有一只脚？是天造成的？还是人造成的？”右师说：“是天造成的，不是人造成的。上天造就我的脚就使它只有一只。人的外貌是上天赋予的，因此我知道是天造成的，不是人造成的。”

【原文】

泽雉十步一啄①，百步一饮，不蕲畜乎樊中②。神虽王③，不善也。

【注释】

① 泽：湿地。雉：野鸡。

② 蕲（qí）：求；希望。樊：笼子。

③ 神：精力。王（wàng）：通“旺”。本段说明庄子追求形体自由。这个故事讲养形。

【译文】

大泽的野鸡走上十步才能啄到一口食，走上百步才能喝到一口水，但不愿被人养在笼子里。（养在笼子里）即使精力旺盛，也不快乐。

【原文】

老聃死①，秦失吊之②，三号而出。弟子曰：“非夫子之友邪？”曰：“然。”“然则吊焉若此可乎？”曰：“然。始也吾以为其人也，而今非也。向吾入而吊焉③，有老者哭之，如哭其子；少者哭之，如哭其母。彼其所以会之④，必有不蕲言而言⑤，不蕲哭而哭者。是遁天倍情⑥，忘其所受⑦，古者谓之遁天之刑⑧。适来⑨，夫子时也；适去，夫子顺也。安时而处顺，哀乐不能入也，古者谓是帝之县解⑩。”

【注释】

① 老聃（dān）：老子。老子姓李名耳，字聃。

② 秦失（yì）：老聃的朋友。

③ 向：刚才。

④ 彼其：指上述老者、少者。会：聚集。之：指老子的死。

⑤ 蕲（qí）：希望；想。

⑥ 遁天：违背天理。遁，违背。倍：通"背"。违背。情：真实情况。

⑦ 所受：受自自然。生命来自自然，死亡是回归自然，因此不应为死亡伤心。

⑧ 遁天之刑：违背自然之理所受的惩罚。遁，背离。

⑨ 适来：偶然来到世上。

⑩ 帝之县（xuán）解：上帝的惩罚被解除了。县，同"悬"。悬挂；束缚。看不破生死，就像被上帝悬挂起来一样；看破生死，上帝对自己的悬挂就被解脱了。本段要求看破生死，因为恐惧死亡不利于养生。本段是讲养神。

【译文】

老聃去世，秦失吊唁他，哭了三声就出来了。老聃弟子问："您不是我们老师的朋友？"秦失说："是。""那么这样吊唁可以吗？"秦失说："可以。开始我以为他是普通人，后来感到他不是普通人。刚才我进去吊唁，看见有老人哭他，就像哭自己孩子；有少年哭他，就像哭自己母亲。他们之所以悲伤地聚在一起，一定有不想诉说却又情不自禁地诉说、不想痛哭却又情不自禁地痛哭的原因。这样做违背了天理和实情，忘记自己来自自然，古人称之为违背自然所受的惩罚。碰巧来到世上，是你们老师遇到出生时机；偶然离开人世，是你们老师顺应自然。接受出生时机，顺应自然变化，哀乐不入心中，古人称之为上帝惩罚被解脱了。"

【原文】

指穷于为薪①，火传也②，不知其尽也。

【注释】

① 指穷于为薪：即"指为薪可穷"。用油脂做的蜡烛是会燃尽的。指，通"脂"。油脂。薪，灯捻。用蜡烛比喻肉体，用蜡烛烧尽比喻肉体总要死亡。

② 火传：火种可以永远传递下去。用火比喻灵魂。本段总结说明精神重于肉体。

【译文】

用油脂做的蜡烛是会燃尽的，而火却可以传递下去，永不熄灭。

人间世第四

【题解】

人间世，即人世间。本篇分两大层次：从开始到"可不慎邪"为第一层次，包括三个故事，讲如何在官场生活。其余为第二层次，讲最好离开官场，做一个无用之人。

【原文】

颜回见仲尼，请行。曰："奚之①？"曰："将之卫。"曰："奚为焉②？"曰："回闻卫君，其年壮，其行独，轻用其国而不见其过③；轻用民死，死者以国量乎④，泽若蕉⑤。民其无如矣⑥！回尝闻之夫子曰：'治国去之，乱国就之⑦。医门多疾。'愿以所闻思其则，庶几其国有瘳乎⑧！"

【注释】

① 奚之：去哪里？奚，哪里。之，到。

② 奚为焉：为什么？奚，什么。

③ 轻用其国：轻易使用国力。过：过错。

④ 以国量：以国为单位计量。极言百姓快死完了。

⑤ 泽若蕉：大泽成了焦土。极言卫国破坏严重。蕉，通"焦"。

⑥ 无如：无路可走。如，往。

⑦ 就：到。

⑧ 庶几：也许。瘳（chōu）：病愈。指把卫国治理好。

【译文】

颜回见孔子，请求远行。孔子问："去哪里？"颜回说："去卫国。"孔子问："干什么？"颜回说："我听说卫君年纪很轻，办事独断，轻率处理国事而看不到自己错误；不重视百姓生命，死亡的百姓恐怕要以国为单位计量了，连大泽都变成焦土。百姓走投无路了！我曾听您讲：'离开安定的国家，到混乱的国家去。医家门前病人多。'我想凭自己学的知识思考出治国办法，也许能把卫国治理好！"

【原文】

仲尼曰："嘻，若殆往而刑耳①！夫道不欲杂，杂则多②，多则扰③，扰则忧，忧而不救。古之至人，先存诸己而后存诸人④。所存于己者未定，何暇至于暴人之所行！

【注释】

① 若：你。殆：大概。刑：受刑。

② 多：多事。

③ 扰：混乱。

④ 先存诸句：先保护好自己，然后再去拯救别人。

【译文】

孔子说："唉，你去了大概会被杀害！道的内容不能杂，杂了就会多事，事多就会混乱，混乱就会出现忧患之事，出现忧患之事就难以挽救。古代圣人，先保护好自己然后再去拯救别人，如果连自我保护的办法都没找到，哪里顾得上去纠正暴君行为呢！

【原文】

"且若亦知夫德之所荡而知之所为出乎哉①？德荡乎名，知出乎争。名也者，相轧也；知也者，争之器也。二者凶器，非所以尽行也②。

【注释】

① 若：你。荡：败坏。知：通"智"。智慧。

② 尽行：行为尽善尽美。

【译文】

"再说你知道品德败坏和智慧产生的原因吗？品德坏于求名，智慧生于争夺。名声，是相互倾轧的手段；智慧，是彼此争夺的工具。这两种东西都是凶器，不能使自己品行尽善尽美。

【原文】

"且德厚信矼①，未达人气②；名闻不争，未达人心。而强以仁义绳墨之言术暴人之前者③，是以人恶有其美也④，命之曰菑人⑤。菑人者，人必反菑之。若殆为人菑夫！

【注释】

① 信：诚实。矼（qiāng）：憨厚。

② 达：理解。人气：人心。

③ 绳墨：画直线的工具，引申为法度。术：通"述"。论述。暴人：暴君。

④ 恶（wù）：讨厌。

⑤ 命之曰菑（zāi）人：把你的做法叫做害人。命，叫做。菑，同

"灾"。伤害。

【译文】

"再说虽然你品德高尚诚实，但别人并未理解；虽然你不争名声，但别人并不相信。你此时在暴君面前勉强地大讲仁义、法则，别人会因此讨厌你的美德，认为你这样做是在害人。害人的人，别人一定会反过来害他。你大概会被人所害吧！

【原文】

"且苟为悦贤而恶不肖①，恶用而求有以异②？若唯无诏③，王公必将乘人而斗其捷④，而目将荧之⑤，而色将平之⑥，口将营之⑦，容将形之⑧，心且成之⑨。是以火救火⑩，以水救水，名之曰益多，顺始无穷⑪。若殆以不信厚言⑫，必死于暴人之前矣！

【注释】

① 苟：如果。恶（wù）：讨厌。不肖：坏人。本句主语是卫君。

② 而：你。有以异：标新立异。意思是，如果卫君爱贤人，卫国就有，根本用不上你。

③ 若唯无诏：你要么不讲话。若，你。诏，讲话。

④ 王公：指卫君。乘人：趁你讲话之时。斗：争论。捷：巧辩。

⑤ 而：你。荧（yíng）：迷惑。

⑥ 色：面色。平：平和。指颜回被巧辩迷惑，逐渐消除对卫君的不满。

⑦ 营：营救；自我辩护。

⑧ 容：表情。形：表现。

⑨ 成：妥协。

⑩ 以火救火：比喻受迷惑后，颜回会用自己的错误帮助卫君继续犯错误。

⑪ 顺始无穷：一旦开始顺从卫君，就会无休止地顺从下去。

⑫ 不信：不被信任。厚：深刻。言：谏诤。

【译文】

"如果卫君真喜欢贤人、讨厌坏人，哪里还需重用你以标新立异？你要么不说话，（一说话）卫君就会乘机凭着他的巧辩与你争论。你目光会变得迷惑，面色会变得平和，嘴巴会自我辩护，容貌会表现顺从，心里会与他妥协。这就是以火救火，以水救水，可称之为错上加错。开始顺从卫君就会无休地顺从下去。你也许会在未被信任时深刻谏诤，那么你必定会死在暴君面前！

【原文】

"且昔者桀杀关龙逢①，纣杀王子比干②，是皆修其身以下伛拊人之民③，以下拂其上者也④，故其君因其修以挤之⑤。是好名者也。昔者尧攻丛枝、胥敖⑥，禹攻有扈⑦，国为虚厉⑧，身为刑戮⑨。其用兵不止，其求实无已⑩。是皆求名实者也，而独不闻之乎⑪？名实者，圣人之所不能胜也⑫，而况若乎！虽然，若必有以也⑬，尝以语我来。"

【注释】

① 桀：夏朝亡国暴君。关龙逢（páng）：桀的贤臣，因直谏被杀。

② 纣：商朝亡国暴君。王子比干：纣的叔父，因直谏被杀。

③ 是：代指关龙逢和王子比干。以下：以臣下身份。伛拊（yǔ fǔ）：爱护。人之民：君主的百姓。两位贤臣爱护百姓，有与君争民的嫌疑。

④ 拂：冒犯。

⑤ 修：美德。挤：排挤。

⑥ 丛枝、胥敖：两个国名。

⑦ 有扈（hù）：国名。

⑧ 虚：通"墟"。废墟。厉：厉鬼。死后没人祭祀会变厉鬼。

⑨ 身：自身。指三国君主。

⑩ 其：代指尧和禹。实：实利。

⑪ 而：你。独：难道。

⑫ 胜：抵制住。

⑬ 有以：有些办法。

【译文】

"从前夏桀杀关龙逢，纣王杀王子比干，这两位贤臣都修身养德并以臣下身份爱护君主百姓，这就是以臣下身份冒犯自己君主，因此他们君主因为他们有美德而排挤他们。两位贤臣都是好名之人。从前尧攻打丛枝、胥敖，禹攻打有扈，这三国变成废墟，百姓成为厉鬼，君主也被杀掉。尧、禹仍然不停用兵，不停地追求实利。这些贤臣圣君都是追求名利之人，你难道没听说这些事？名利，连圣人都挡不住其诱惑，何况你呢！虽然这样说，你一定有些办法，试着讲给我听听。"

【原文】

颜回曰："端而虚①，勉而一②，则可乎？"曰："恶③！恶可！夫以阳为充孔扬④，采色不定⑤，常人之所不违⑥，因案人之所感⑦，以求容与其心⑧，名之曰日渐之德不成⑨，而况大德乎！将执而不化⑩，外合而内不訾⑪，其庸讵可乎⑫！"

【注释】

① 端：正直。虚：谦虚。

② 勉而一：勤勉而专一。

③ 恶（wū）：表否定的语词。

④ 以阳为充：阳刚之气充满内心。勤奋是阳刚的表现。孔：很。扬：张扬。

⑤ 采色：表情。不定：喜怒无常。

⑥ 不违：不许违背你。

⑦ 案：压制。

⑧ 容与：舒畅。其心：指颜回的心情。

⑨ 日渐之德：品德每天有所长进。

⑩ 执而不化：固执己见而不能顺物而变。

⑪ 外合：外表好像恰当。内不訾（zǐ）：没消除成心。訾，消除。

⑫ 庸讵（jù）：怎么。

【译文】

颜回说："正直而谦虚，勤奋而专一，可以吗？"孔子说："不可！这怎么可以！阳刚之气充满内心就会非常张扬，表情会喜怒无常，不许常人违背你，因此你会压制别人情感，以求自心舒畅。这样做可以说是连每天稍有进步都做不到，更何况大德！你将固执己见而不能顺物变化，外表看似恰当而内心没有消除成见，这怎么可以！"

【原文】

"然则我内直而外曲①，成而上比②。内直者，与天为徒③。与天为徒者，知天子之与己，皆天之所子④，而独以己言蕲乎而人善之⑤，蕲乎而人不善之邪？若然者，人谓之童子，是之谓与天为徒。外曲者，与人之为徒也。擎跽曲拳⑥，人臣之礼也，人皆为之，吾敢不为邪？为人之所为者，人亦无疵焉⑦。是之谓与人为徒。成而上比者，与古为徒。其言虽教谪之实也⑧，古之有也⑨，非吾有也。若然者，虽直而不病⑩，是之谓与古为徒。若是则可乎？"

【注释】

① 内直而外曲：内心正直而外表随众。类似"内方外圆"原则。

② 成而上比：引用成言并比附古人。成，古人的成言。上，古人。意思是，进谏时，引用古人的话，自己不表态，以此远害。

③ 与天为徒：给上天当弟子。即效法自然。徒，弟子。

④ 子：养育。

⑤ 蕲（qí）：希望。善之：赞美自己言论。

⑥ 擎（qíng）：举着笏。跽（jì）：挺直身跪在地上。曲：弯腰鞠躬。拳：抱拳作揖。

⑦ 疵（cī）：批评。

⑧ 教谪：教育指责。谪，指责。

⑨ 古之有：古人讲的话。

⑩ 病：忧患。指受卫君伤害。

【译文】

"那么我内心正直而外表随众，引用成言而比附古人。内心正直，是以天为师。以天为师的人，知道天子和我，都被天养育，我又何必要求别人赞成我的言论？或计较别人不赞成我的言论？这样的人，人们称之为天真儿童，这叫以天为师。外表随众，是以人为师。拿着手板，长跪在地，弯腰鞠躬，抱拳作揖，这是臣子礼节。别人都这么做，我怎敢不做？做别人做的事，别人就不会批评我，这叫以人为师。引用成言而比附古人，是以古为师。我的话虽有教育、指责卫君的内容，但这话是引用古人的，不是我的话。这样，我坚持正直而不会受到迫害，这叫以古为师。这样可以吗？"

【原文】

仲尼曰："恶！恶可！大多政法而不谍①，虽固亦无罪②。虽然，止是耳矣③，夫胡可以及化④！犹师心者也⑤。"

【注释】

① 大（tài）：通"太"。政法：法则。谍（xiè）：通"渫"。通达。

② 虽固亦无罪：虽然固执但不会获罪。

③ 止是：止于此。是，代指"固亦无罪"。

④ 胡：怎么。及化：达到顺物而化的境界。

⑤ 师心：效法成心。这个成心即"内直而外曲，成而上比"。

【译文】

孔子说："不行！这怎么可以！你的方法太多而不够通达，这样做虽然固执己见也不会获罪。虽说如此，你只能止于此而已，怎能达到顺物而化的境界！你还在效法成心啊。"

【原文】

颜回曰："吾无以进矣①，敢问其方？"仲尼曰："斋②，吾将语若。有心而为之③，其易邪？易之者，皞天不宜④。"颜回曰："回之家贫，唯不饮酒不茹荤者数月矣⑤，如此则可以为斋乎？"曰："是祭祀之斋，非心斋也。"

【注释】

① 无以：没有办法。进：更好。

② 斋：孔子讲的"斋"指内心虚静，无丝毫成心。

③ 有心：带着成心。为之：做事。具体指劝谏卫君。

④ 皞（hào）天：上天。宜：恰当。

⑤ 茹：吃。荤：肉食。

【译文】

颜回说："我没有更好办法了。请问怎么办？"孔子说："斋，我将告诉你。怀着成心去劝谏卫君，此事容易吗？如果认为容易，上天都认为你不对。"颜回说："我家很穷，已经几个月没饮酒吃肉了，这可以叫做斋吗？"孔子说："这是祭祀前的斋戒，不是心斋。"

【原文】

回曰："敢问心斋？"仲尼曰："若一志①，无听之以耳而听之以心②，无听之以心而听之以气③。听止于耳④，心止于符⑤，气者也，虚而待物者也⑥。唯道集虚⑦，虚者，心斋也。"

【注释】

① 若：你。一志：思想专一。

② 听之以心：用心去领悟。

③ 气：万物形成前的物质状态。这里的"气"指一种无思无虑、毫无成心的空净状态。

④ 听止于耳：应为"耳止于听"。耳朵只能听到声音。

⑤ 符：符合；应对。

⑥ 虚而待物：以空净心态去顺应万物。

⑦ 唯道集虚：道会来到空净的心中。消除成心才能领悟大道。

【译文】

颜回说："请问心斋？"孔子说："你思想专一，不仅要用耳朵听，更要用心领悟；不仅要用心领悟，更要用空净心态去顺应万物。耳朵只能聆听，心只能应对万物。所谓'气'，就是以空净心态去顺应万物。道就汇聚在空净的心中。空净的心，就是心斋。"

【原文】

颜回曰："回之未始得使①，实自回也；得使之也，未始有回也②。可谓虚乎？"夫子曰："尽矣③！吾语若：若能入游其樊而无感其名④，入则鸣⑤，不入则止。无门无毒⑥，一宅而寓于不得已⑦，则几矣⑧。绝迹易，无行地难⑨。为人使易以伪，为天使难以伪⑩。闻以有翼飞者矣，未闻以无翼飞者也；闻以有知知者矣⑪，未闻以无知知者也。瞻彼阒者⑫，虚室生白⑬，吉祥止止⑭。夫且不止，是之谓'坐驰'⑮。夫徇耳目内通而外于心知⑯，鬼神将来舍，而况人乎！是万物之化也⑰，禹、舜之所纽也⑱，伏戏、几蘧之所行终⑲，而况散焉者乎⑳！"

【注释】

① 未始：不曾。得使：能够。指做到心斋。

② 未始有回：不再感到我颜回存在。即达到"无己"境界。

③ 尽：透彻。指颜回把心斋概括得很透彻。

④ 樊：樊篱。这里指卫国国界。无感其名：不为名所动。

⑤ 入则鸣：卫君能接受你就讲。入，采纳意见。鸣，讲话。

⑥ 无门无毒：没有哪种原则没有副作用。门，门户，引申为个人原则。

⑦ 一：全部。宅：处于。

⑧ 几：差不多了。

⑨ 绝迹易二句：消除足迹容易，不在地上行走很难。比喻不做事不行，做事不留后遗症还能办到。

⑩ 为人使二句：受人驱使容易作假，受自己天性驱使就难以作假。这是要求颜回通过修养，把"心斋"化为自己的天性。

⑪ 知：第一个"知"通"智"。智慧。

⑫ 阕（què）者：空净的心。阕，空净。

⑬ 虚室：空房。比喻没有任何成见的心境。白：纯净。

⑭ 止止：第一个"止"是到来义。第二个"止"是句尾助词。

⑮ 坐驰：端坐而奔驰。比喻不可能的事。

⑯ 徇：通"循"。顺着。外：排除。知：通"智"。指俗智。

⑰ 是万物之化也：这就是顺应万物变化。

⑱ 纽：关键。

⑲ 伏戏：即伏羲。几蘧（qú）：传说中的圣君。行终：终生准则。

⑳ 散焉者：普通人。散，疏散无用。

【译文】

颜回说："我没做到心斋时，确实感到自我存在；做到心斋时，就不再感到自我存在了。这叫空净心境吗？"孔子说："说得很透彻！我告诉你：你去卫国后不要为名利所动，卫君能接受就劝谏，不能接受马上闭口。没有哪种原则没有副作用，因此一切言行都要出于不得已，那就基本可以了。清除足迹容易，不在地上行走很难。受别人驱使容易作假，受天性驱使就难以作假。听说有翅膀才能飞，没听说没翅膀也能飞；听说有智慧可以了解事物，没听说没智慧也可以了解事物。看看那空净的心，空净的心能产生一种纯净境界，吉祥事就会到来。如果做到空净而吉祥事不会到来，那就像'端坐而奔驰'一样不可能。把视听引向内心而排除世俗智巧，鬼神都会来归附，更何况人！这种境界就是顺应万物变化，是禹、舜成功的关键，是伏戏、几蘧终身奉行的准则，更何况普通人！"

【原文】

叶公子高将使于齐①，问于仲尼曰："王使诸梁也甚重②，齐之待使者，盖将甚敬而不急。匹夫犹未可动，而况诸侯乎！吾甚慄之③。子尝语诸梁也曰：'凡事若小若大④，寡不道以欢成⑤。事若不成，则必有人道之患⑥；事若成，则必有阴阳之患⑦。若成若不成而后无患者，唯有德者能之。'吾食也执粗而不臧⑧，爨无欲清之人⑨。今吾朝受命而夕饮冰，我其内热与⑩！吾未至乎事之情⑪，而既有阴阳之患矣；事若不成，必有人道之患。是两也⑫，为人臣者不足以任之。子其有以语我来！"

【注释】

① 叶（shè）公子高：楚庄王后代，封于叶，名诸梁，字子高。

② 甚重：任务很重。

③ 慄（lì）之：担心此事。慄，担心。

④ 若小若大：或小或大。

⑤ 寡：少。不道：不合正道。欢成：欣喜的成功。

⑥ 人道之患：人为灾难。指君主惩罚。

⑦ 阴阳之患：因喜怒无常引起阴阳不调的灾难。即生病。

⑧ 执粗而不臧：用粗粮而不求美食。比喻只求完成任务而不求建立大功。臧，美。

⑨ 爨（cuàn）无欲清之人：做厨师就不求当贪图凉爽的人。比喻当使者就不贪图安逸。爨，烧火做饭。清，凉爽。

⑩ 内热：内热病。因着急担忧而心急火燎。

⑪ 事之情：出使的实际事务。

⑫ 是两：这两种灾难。指"人道之患"和"阴阳之患"。

【译文】

叶公子高将出使齐国，问孔子："楚王派我出使的任务很重，齐国对待来使，态度很恭敬而不急于办事。常人习惯尚不易改变，何况诸侯！我非常担心此事。您曾对我说：'事情无论大小，很少不合正道而有好的结果。事如不成功，一定会受君主惩罚；事如成功，一定会因喜怒无常、阴阳不调而生病。无论成败都无后患，只有道德高尚者才能做到。'我出使只求完成任务而不求建立大功，当了使者也不贪图安逸。可现在我早上接受使命而晚上就要喝冰水，我大概得了内热病！我还没做出使的实际事务，就得了阴阳不调的病；事如不成功，肯定会被国君治罪。这两种灾难，当臣下的都难以承受。您大概有好办法告诉我吧！"

【原文】

仲尼曰："天下有大戒二①：其一，命也；其一，义也。子之爱亲，命也，不可解于心；臣之事君，义也，无适而非君也②，无所逃于天地之间。是之谓大戒。是以夫事其亲者，不择地而安之③，孝之至也；夫事其君者，不择事而安之，忠之盛也；自事其心者④，哀乐不易施乎前⑤，知其不可奈何而安之若命，德之至也。为人臣子者，固有所不得已，行事之情而忘其身⑥，何暇至于悦生而恶死！夫子其行可矣！

【注释】

① 戒：原则。

② 无适而非君也：无论到哪儿都不可能没有君主。适，到。

③ 安之：安心侍奉父母。

④ 自事其心者：自我调节心境的人。

⑤ 易施（yí）：改变。前：指目前的平静心境。

⑥ 行事之情：按照实际情况办事。情，实际情况。

【译文】

孔子说："天下有两大原则：一是天命，一是道义。儿女爱父母，这是天命，这种感情无法从内心解除；臣下事奉君主，这是道义，无论到哪儿都有君主，在天地间就无法逃避。这叫大原则。因此那些侍奉父母的人，无论在任何地方都要安心孝敬父母，这是最高的孝；那些事奉君主的人，无论做任何事情都要安心忠于君主，这是最高的忠；自我调节心态的人，不让悲欢之事改变目前的平和心态，知道许多事无可奈何，因此就视为命定而保持内心平静，这是最高精神境界。做臣下和子女的人，确实有些不得已的事，那就按照实际情况办事而忘掉自我，哪里还顾得上贪生怕死！先生只管出使去吧！

【原文】

"丘请复以所闻：凡交近则必相靡以信①，远则必忠之以言。言必或传之②，夫传两喜两怒之言③，天下之难者也。夫两喜必多溢美之言，两怒必多溢恶之言。凡溢之类妄④，妄则其信之也莫⑤，莫则传言者殃。故《法言》曰⑥：'传其常情，无传其溢言，则几乎全。'

【注释】

① 交近：与邻近国家交往。靡（mó）：通"摩"。爱抚。

② 或：有人。

③ 两喜两怒：双方君主或喜或怒。

④ 类妄：类似谎言。

⑤ 莫：同"漠"。淡薄。

⑥ 《法言》：书名。一说为格言。

【译文】

"让我再谈谈听到的道理：凡与邻国交往一定要用诚信保持亲密关系，与远方国家交往一定要用语言表达彼此忠诚。语言一定要人传递，传递两国君主或喜或怒的言辞，是天下难事。两国君主高兴时一定会讲溢美之词，两国君主愤怒时一定会讲过分憎恨的话。大凡过分的话都类似谎言，类似谎言而君主就不太相信，君主不相信而传话的使者就要遭殃。所以《法言》说：'传递真实意图，不要传递过分言辞，基本可以保全自己。'

【原文】

"且以巧斗力者，始乎阳①，常卒乎阴②，泰至则多奇巧③；以礼饮酒者，始乎治④，常卒乎乱，泰至则多奇乐。凡事亦然，始乎谅⑤，常卒乎鄙；其作始也简，其将毕也必巨⑥。

【注释】

① 阳：光明正大。

② 卒：最后。阴：阴谋诡计。

③ 泰至：极点。泰，通"太"。奇巧：奸诈手段。

④ 治：井然有序。

⑤ 谅：诚实。

⑥ 巨：复杂严重。

【译文】

"凭技巧角力的人，开始光明正大，往往最后就使用阴谋，达到极点时就大耍诡计；按礼节饮酒的人，开始秩序井然，往往最后一片混乱，达到极点时就会放纵取乐。凡事都如此，开始诚实，到了后来就经常欺诈；开始简单，快结束时就复杂严重了。

【原文】

"言者，风波也；行者，实丧也①。夫风波易以动，实丧易以危。故忿设无由②，巧言偏辞。兽死不择音③，气息茀然④，于是并生心厉⑤。剋核大至⑥，则必有不肖之心应之而不知其然也⑦。苟为不知其然也，孰知其所终⑧！故《法言》曰：'无迁令⑨，无劝成⑩。过度益也⑪。'迁令劝成殆事⑫，美成在久，恶成不及改，可不慎与！且夫乘物以游心⑬，托不得已以养中⑭，至矣！何作为报也？莫若为致命⑮，此其难者？"

【注释】

① 实丧：实际会有失误。一旦做事，总有顾及不到之处，因此会有损失。

② 设：发生。无由：没别的理由。

③ 不择音：狂吼乱叫。

④ 茀（bó）然：急促貌。

⑤ 心厉：恶意。即害人之心。

⑥ 剋（kè）核：逼迫。大：通"太"。

⑦ 不肖之心：坏念头；害人之心。应之：应对你。

⑧ 所终：结局。以上讲出使时言行要谨慎，不要催逼对方，否则会出现严重后果。

⑨ 迁：改变。

⑩ 无劝成：不要督促对方达成协议。劝，敦促。

⑪ 益：通"溢"。水多而流了出来，比喻事情过分了不好。

⑫ 殆事：把事情办坏。

⑬ 乘：顺应。游：逍遥自由。

⑭ 养中：调养心情。中，心。

⑮ 致命：如实传达君主意见。

【译文】

"言语，像风吹水波；行动，常有失误。风吹水波就容易改变，行动失误就容易危险。有时愤怒发作没别的原因，就是由巧言和偏激的话引起的。野兽快被逼死时狂吼乱叫，呼吸急促，于是产生害人之心。逼迫太紧，一定会有害人念头而又说不清它产生的原因。如不知产生的原因，又怎知其结局！因此《法言》说：'不改变君主命令，不催逼对方达成协议。事情过分就不好了。'改变君主命令与催逼对方达成协议，都会坏事。成就好事要花较长时间，坏事一旦形成就来不及改正，能不谨慎吗！顺应万物使精神自由逍遥，托身不得已以调养心情，是最好办法。如何向君主汇报？最好是如实传达两国君主意见，这难道很难吗？"

【原文】

颜阖将傅卫灵公大子①，而问于蘧伯玉曰②："有人于此，其德天杀。与之为无方则危吾国③，与之为有方则危吾身。其知适足以知人之过④，而不知其所以过。若然者，吾奈之何？"

【注释】

① 颜阖（hé）：鲁国贤人。傅：当师傅。卫灵公：卫国君主。大（tài）子：太子。

② 蘧（qú）伯玉：卫国贤大夫。

③ 无方：无道。即坏事。

④ 知：第一个"知"通"智"。智慧。

【译文】

颜阖将要当卫灵公太子的老师，向蘧伯玉请教："假如有个人，其品行天生残酷好杀，与他一起做坏事会危害我们国家，与他一起做好事会危害我自身。其智慧足以知道别人犯错，而不知别人为何会犯错。这样的人，我该怎么办？"

【原文】

蘧伯玉曰："善哉问乎！戒之，慎之，正女身也哉①！形莫若就②，心莫若和③。虽然，之二者有患。就不欲入④，和不欲出⑤。形就而入，且为颠为灭⑥，为崩为蹶⑦；心和而出，且为声为名，为妖为孽⑧。彼且为婴儿，亦与之为婴儿；彼且为无町畦⑨，亦与之为无町畦；彼且为无崖⑩，亦与之为无崖。达之入于无疵⑪。

【注释】

① 女（rǔ）：通"汝"。你。

② 形莫若就：外表最好与他亲近。就，亲近。

③ 和：坚持正确原则，不附和别人。《论语·子路》："君子和而不同，小人同而不和。"无原则地附和别人叫"同"，赞成别人的正确意见、批评别人的错误叫"和"。

④ 入：陷进去；同流合污。

⑤ 出：表现出来。

⑥ 颠：倒；垮台。

⑦ 蹶（jué）：跌倒；失败。

⑧ 为妖为孽：带来凶险。如果批评太子，为自己赢得美名，会遭到太子迫害。

⑨ 无町畦（tǐng qí）：无约束。"町"指田界，"畦"指田中小区域，都引申为约束。

⑩ 无崖：不受约束。崖，界限。

⑪ 达：引导。疵：毛病。先消除对方戒心，然后在不知不觉之中把他引向正路。

【译文】

蘧伯玉说："问得好！要警惕，要谨慎，要端正你品行！外表最好与他亲近，内心最好要有主见。即使如此，这两种做法仍会惹来灾祸。外表亲近但不要同流合污，心有主见但不要说出。外表亲近且同流合污，会导致毁灭，造成失败；心有主见而把它说出，会获取名声，从而招来灾难。他像个无知儿童，你也与他一样像个无知儿童；他随心所欲，你也与他一样随心所欲；他不自我约束，你也与他一样不自我约束。然后在不知不觉之中把他引上正路。

【原文】

"汝不知夫螳螂乎？怒其臂以当车辙①，不知其不胜任也，是其才之美者也②。戒之，慎之，积伐而美者以犯之③，几矣④！

【注释】

① 怒：奋力。车辙：车轮痕迹，这里指车轮。

② 是：自以为是。

③ 积：多次；不断。伐：夸耀。而：你。

④ 几：危险。

【译文】

"你不知那些螳螂吗？奋力举起臂膀去阻挡车轮，不知自己根本无法胜任，还自以为才美力大。警惕呀，谨慎呀！不断夸耀你的美德去冒犯他，就危险了！

【原文】

"汝不知夫养虎者乎？不敢以生物与之，为其杀之之怒也；不敢以全物与之①，为其决之之怒也②。时其饥饱③，达其怒心。虎之与人异类，而媚养己者，顺也；故其杀者，逆也。

【注释】

① 全物：整体动物。

② 决：撕开。

③ 时：看准时机。

【译文】

"你不知那些养虎人吗？不敢拿活的动物给老虎，担心老虎扑杀动物时发怒；不敢拿整体动物给老虎，担心老虎撕裂动物时发怒。养虎人知道老虎饥饱时间，了解老虎发怒原因。虎与人虽是异类，却喜欢饲养自己的人，因养虎人顺从它们；老虎伤人，因人们触犯它们。

【原文】

"夫爱马者，以筐盛矢①，以蜄盛溺②，适有蚊虻仆缘③，而拊之不时④，则缺衔、毁首、碎胸⑤。意有所至而爱有所亡⑥，可不慎邪！"

【注释】

① 矢：屎。

② 以蜄（shèn）盛溺（niào）：用蛤壳接马尿。蜄，大蛤。溺，尿。

③ 适：偶然。仆缘：攀爬。指蚊虻趴在马身上叮咬。

④ 拊之不时：拍击的时机不对。拊，拍击。

⑤ 缺：挣断。衔：勒口。养马人出于爱心拍击蚊虻，因马没心理准备，反而受惊跳起伤害了养马人。比喻对君主的爱护行为，因误解反而招来惩罚。

⑥ 意有句：对马的爱意备至，但爱马行为却带来了损失。亡，损失。以上故事说明官场危机四伏，处处陷阱，于是就自然转入下一层次，还是当无用的百姓更安全。

【译文】

"爱马人，用筐子接马粪，用蛤壳接马尿。偶有蚊虻叮咬马，如在不当之时一掌拍去，马会受惊而挣断勒口，撞伤人的脑袋和胸膛。爱马心意备至，而爱马行为反而招来损失，能不谨慎吗！"

【原文】

匠石之齐①，至于曲辕，见栎社树②。其大蔽数千牛，絜之百围③，其高临山十仞而后有枝④，其可以为舟者旁十数⑤。观者如市⑥，匠伯不顾⑦，遂行不辍⑧。

【注释】

① 匠石：名字叫石的木匠。之：去。

② 栎（lì）社树：当作土神象征的栎树。栎，树名。社，土神。古人封土为台以祭祀土神，并种植树木，作为土神的象征。

③ 絜（xié）：用绳子计量物体粗细。围：直径一尺为一围。

④ 临：居高临下。引申为超出。仞：七尺或八尺为一仞。

⑤ 旁：通"方"。将。十数：以十为单位计数，指数十条船。

⑥ 市：集市。形容观赏栎社树的人如同赶集的人一样多。

⑦ 匠伯：即匠石。伯，工匠之长。一说为尊称。顾：看。

⑧ 辍：停下。

【译文】

匠石去齐国，走到曲辕，看到一棵被当作土神象征的栎树。栎树大得可以遮蔽数千头牛，用绳子量一下，树干有上百尺那么粗，高出山顶数丈处才长有树枝，可以做数十条大船。前来观赏者多如赶集，而匠石看也不看，继续向前走去。

【原文】

弟子厌观之①，走及匠石，曰："自吾执斧斤以随夫子，未尝见材如此其美也。先生不肯视，行不辍，何邪？"曰："已矣，勿言之矣！散木也②。以为舟则沉，以为棺椁则速腐，以为器则速毁，以为门户则液樠③，以为柱则蠹④，是不材之木也。无所可用，故能若是之寿。"

【注释】

① 厌观：看足看够。

② 散木：没用的树。

③ 门户：门。液樠（mán）：像樠树那样流出汁液。樠，树名。这种树常有汁液流出。

④ 蠹（dù）：蛀蚀。

【译文】

徒弟把这棵树看足看够，跑着赶上匠石，说："自我拿着斧头跟师傅学艺，从未见过如此美好的树。师傅看也不看，不停往前走，为什么？"匠石说："算了，别讲这棵树了！是棵没用的树。用它做船会沉没，用它做棺材会很快腐烂，用它做器具会很快坏掉，用它做门会流出汁液，用它做柱子会被蛀蚀，这是棵没用的树。因为没用，故能如此长寿。"

【原文】

匠石归，栎社见梦曰①："女将恶乎比予哉？若将比予于文木邪②？夫柤、梨、橘、柚、果蓏之属③，实熟则剥④，剥则辱，大枝折，小枝泄⑤。

此以其能苦其生者也，故不终其天年而中道夭，自掊击于世俗者也⑥。物莫不若是。且予求无所可用久矣，几死⑦，乃今得之⑧，为予大用。使予也而有用，且得有此大也邪？且也若与予也皆物也，奈何哉其相物也⑨？而几死之散人⑩，又恶知散木！"

【注释】

① 见（xiàn）梦：托梦。

② 若：你。文木：有用的树。

③ 柤（zhā）：通"楂"。山楂。果蓏（luǒ）：木本植物的果实叫"果"，草本植物的果实叫"蓏"。属：类。

④ 剥（pū）：敲击。

⑤ 泄（yè）：通"抴"。用力牵拉。

⑥ 自掊（pǒu）击：自讨打击。掊，打。

⑦ 几：差一点。

⑧ 乃今：至今。之：代指以无用求生的愿望。

⑨ 奈何：怎么。相：观察，评论。

⑩ 而：你。几死：将死。散人：无用的人。

【译文】

匠石回家后，栎社树托梦说："你将拿什么同我相比？你将把我同那些有用的树相比吗？那些山楂、梨、橘、柚一类的树，果实成熟就会遭到敲打，敲打就是侮辱，大枝被折断，小枝被拽弯。这些树就是因自己的才能而苦了一生，所以不能享尽天年而中道夭折，它们自讨世人打击啊。万物莫不如此。再说我追求无用已经很久，差一点被砍死，如今才算实现了愿望，无用成了我的大用。假如我有用，我还能长如此高大吗？何况你和我都是一种物，你怎有能力去评判别的物？你不过是个快死的无用之人，又怎能懂得无用之树呢！"

【原文】

匠石觉而诊其梦①，弟子曰："趣取无用②，则为社何邪？"曰："密③！若无言！彼亦直寄焉④，以为不知己者诟厉也⑤。不为社者，且几有翦乎⑥！且也彼其所保与众异⑦，而以义喻之⑧，不亦远乎⑨！"

【注释】

①诊：告诉。

②趣（cù）：通"促"。迫切。

③密：沉默；别讲话。

④直寄焉：仅仅托身社神。直，仅仅。栎树作社神象征是为了托身保命，绝非追求有用。

⑤以：因此。为：被。诟厉：责备。

⑥翦（jiǎn）：砍伐。

⑦所保：所追求的。保，追求。一说指用来保命的办法。

⑧以义喻之：用常理来分析它。义，常理。喻，分析。之，代指栎社树的用意。

⑨远：指用常理分析的结论与栎社树的用意相去太远。

【译文】

匠石醒后把梦告诉徒弟，徒弟说："既然迫切追求无用，为何去当社树？"匠石说："闭嘴！你别讲了！它不过是托身社神而已，为此被那些不理解自己的人责备。如不当社树，恐怕也会被砍掉！再说它追求的与常人不同，你用常理去分析其用心，岂不是相差太远了！"

【原文】

南伯子綦游乎商之丘①，见大木焉，有异，结驷千乘②，隐将芘其所藾③。子綦曰："此何木也哉？此必有异材夫！"仰而视其细枝，则拳曲而不可以为栋梁④；俯而视其大根⑤，则轴解而不可以为棺椁⑥；咶其叶⑦，则口烂而为伤；嗅之，则使人狂酲⑧，三日而不已。子綦曰："此果不材之木也，以至于此其大也。嗟乎，神人以此不材。"

【注释】

① 南伯子綦（qí）：一说即南郭子綦。商之丘：即商丘。

② 结：集合。驷（sì）：一辆由四匹马拉的车。乘（shèng）：辆。

③ 芘（bì）：通"庇"。遮盖。籁（lài）：树荫。

④ 拳曲：弯曲。

⑤ 大根：主干。

⑥ 轴解：从中心向外裂开。轴，本指车轮中心的圆柱，这里借指树干中心。

⑦ 咶（shì）：同"舐"。舔。

⑧ 狂酲（chéng）：发酒疯。狂，发疯。酲，醉酒。

【译文】

南伯子綦在商丘游玩，看见一棵大树，长得很奇异，集结千辆四匹马拉的车，都能被遮蔽在这棵树的树荫下。子綦说："这是什么树啊？它必有奇异才能！"抬头看看它的枝条，弯弯曲曲的不能做栋梁；低头看看它的主干，主干从树心向外裂开而无法做棺材；舔一舔树叶，口舌就会溃烂；闻一闻气味，就使人像发酒疯一样，三天也醒不了。子綦说："这真是棵没用的树，因此才能长这么大。唉，圣人因此也要做无用之人。"

【原文】

宋有荆氏者①，宜楸、柏、桑。其拱把而上者②，求狙猴之杙者斩之③；三围四围者，求高名之丽者斩之④；七围八围，贵人、富商之家求樿傍者斩之⑤。故未终其天年而中道之夭于斧斤，此材之患也。故解之以牛之白颡者⑥，与豚之亢鼻者⑦，与人有痔病者，不可以适河⑧。此皆巫祝以知之矣，所以为不祥也，此乃神人之所以为大祥也。

【注释】

① 荆氏：地名。

② 拱把：两手合握叫"拱"，一手所握叫"把"。

③ 狙（jū）：猴子的一种。杙（yì）：小木桩。用来拴猴子。

④ 高名之丽：高大的屋栋。名，大。丽，栋梁。

⑤ 椫（shàn）傍：独板做成的棺木左右扇。

⑥ 解：禳灾。颡（sǎng）：额头。

⑦ 豚（tún）：猪。亢：高。

⑧ 适河：沉入黄河以祭祀河神。适，往。

【译文】

宋国的荆氏，适宜楸树、柏树、桑树生长。这些树长到一两把粗以后，那些需要拴猴木桩的人把它们砍了；长到三四围粗的树，需要高大栋梁的人把它们砍了；长到七八围粗的树，那些需要独副棺木板的贵人富商把它们砍了。所以这些树从未享尽天年而半途被斧头砍死，这就是才能带来的灾难。祭神禳灾的人都认为白额头的牛、高鼻子的猪，和患痔疮的人，是不可用作祭品沉入黄河祭祀河神的。这一点巫师都知道，认为他们是不祥之物，而圣人认为这些缺陷对他们来说是一种最大吉祥。

【原文】

支离疏者①，颐隐于脐②，肩高于顶，会撮指天③，五管在上④，两髀为胁⑤。挫针治繲⑥，足以餬口；鼓策播精⑦，足以食十人。上征武士，则支离攘臂而游于其间⑧；上有大役，则支离以有常疾不受功⑨；上与病者粟，则受三钟与十束薪⑩。夫支离其形者，犹足以养其身，终其天年，又况支离其德者乎⑪！

【注释】

① 支离疏：假设人名。含有形体支离破碎之义。

② 颐（yí）：面颊。脐：肚脐。因驼背而头弯了下去，所以面颊陷在肚

脐里。

③ 会（kuò）撮指天：发髻直指天空。因脊背弯曲，所以脑后发髻指向天空。

④ 五管：五脏的腧穴位，处于背部脊椎。

⑤ 两髀（bì）为胁：两条大腿与胁部连在一起。髀，大腿。胁，腋下肋骨部分。

⑥ 挫针：缝衣。挫，拿。治：从事。繲（xiè）：洗衣。

⑦ 鼓策播精：敲击竹简为人占卜。鼓，敲击。策，竹简。敲击竹简是为了招揽顾客。播，撒。精，精米。求卜人送精米给占卜人，占卜人把米散置于神位前以祭神求问吉凶。

⑧ 攘臂：捋起袖子，伸着胳膊。其间：征兵人之间。支离疏因残疾而不担心被抓去当兵。

⑨ 常疾：终身残疾。不受功：不被分派劳役。功，劳役。

⑩ 钟：粮食计量单位。六斛四斗为一钟。

⑪ 支离其德：使才能残缺无用。德，主要指才能。

【译文】

支离疏，其面颊陷进肚脐，肩膀高于头顶，发髻指向天空，五脏腧穴朝上，两条大腿同两胁连在一起。为人缝补洗衣，足以糊口；敲着竹简为人占卜挣的粮食，足以养十人。国家征兵时，他捋起袖子、伸着臂膀在征兵人面前走来走去而没有被征的顾虑；国家有大的劳役，他因终身残疾而不被分派任何任务；国家给残疾病人发放救济粮时，他能领到三钟粮食和十捆柴草。形体残缺无用的人，还能养活自身，享尽天年，何况才能残缺无用的人！

【原文】

孔子适楚，楚狂接舆游其门曰①："凤兮凤兮②，何如德之衰也③！来世不可待，往世不可追也。天下有道，圣人成焉；天下无道，圣人生焉；方今之时，仅免刑焉！福轻乎羽，莫之知载④；祸重乎地，莫之知避。已乎已乎！临人以德⑤。殆乎殆乎！画地而趋⑥。迷阳迷阳⑦，无伤吾行！吾行郤曲⑧，无伤吾足！"

【注释】

① 楚狂接舆：楚国隐士。姓陆名通字接舆，号为"狂人"。

② 凤：比喻孔子。

③ 何如句：面对道德衰败的世人又能如何呢。一说是责备孔子品德衰败。

④ 莫之知载：即"莫知载之"。载，获取。

⑤ 临人以德：向人宣扬美德。上句"已乎已乎"是要求孔子停止"临人以德"行为，表示对社会不抱希望。

⑥ 画地而趋：在地上画出路线让人行走。比喻制定行为规范。

⑦ 迷阳：一种多刺的草。泛指荆棘。比喻险恶世道。

⑧ 郤（xì）曲：弯曲。

【译文】

孔子来到楚国，楚狂接舆走到孔子门前说："凤啊凤啊，面对衰落社会又能如何！未来的好社会无法等到，过去的好社会难以追回。政治清明时，圣人可建功立业；政治黑暗时，圣人能安全生存；当今社会，圣人仅免刑戮！轻于羽毛的幸福，不知如何获取；重于大地的灾难，不知如何躲避。算了吧算了吧！不要向人宣扬美德。危险啊危险啊！为人制定规范。遍地荆棘，不要妨碍我行走吧！我曲折而行，不要伤害我的脚吧！"

【原文】

山木，自寇也①；膏火②，自煎也；桂可食③，故伐之；漆可用，故割之。人皆知有用之用，而莫知无用之用也。

【注释】

① 自寇：自取砍伐。寇，砍伐。

② 膏火：油脂可以点火照明。膏，油脂。

③ 桂可食：桂树皮可以入药。

【译文】

山上有用之树，自招砍伐；膏脂能点燃照明，自取煎熬；桂树的皮可服用，所以人们砍伐它；漆树的漆可用，所以人们割取它。人们都知有用的用处，却没人懂得无用的用处。

德充符第五

【题解】

德充符，道德完美的表现。充，美满。符，表现。本篇尽力刻画圣人形体丑陋，夸张其精神崇高，使形体与精神之间形成鲜明反差，以此说明"精神大于肉体"的道理。

【原文】

鲁有兀者王骀①，从之游者与仲尼相若②。常季问于仲尼曰③："王骀，兀者也，从之游者与夫子中分鲁④。立不教，坐不议⑤，虚而往⑥，实而归⑦。固有不言之教、无形而心成者邪⑧？是何人也？"仲尼曰："夫子圣人也，丘也直后而未往耳⑨！丘将以为师，而况不若丘者乎！奚假鲁国⑩，丘将引天下而与从之。"

【注释】

① 兀（wù）：断足之刑。王骀（tái）：人名。

② 从之游者：跟他学习的人。相若：相等。

③ 常季：孔子弟子。

④ 中分鲁：平分了鲁国学生。

⑤ 立不教二句：无论何时何地从不教诲。"立"、"坐"指无论任何情况。

⑥ 虚而往：去时没有任何知识。

⑦ 实而归：满载知识而归。

⑧ 无形而心成：没有具体教育活动就能使弟子潜移默化。形，指看得见、摸得着的教育活动。心成，指思想上有所收获。

⑨ 直后而未往：我落后于他，只是还没前去请教而已。直，不过。

⑩ 奚假：何止。

【译文】

鲁国有位被砍脚的人叫王骀，跟他学习的弟子与孔子弟子一样多。常季问孔子："王骀，是被砍脚的人，鲁国跟他学习的弟子与老师弟子一样多。他无论何时何地从不给人教诲，从不发表议论，而人们却能空怀而来，满载而归。难道真有不用语言、没有具体教学活动就能使人潜移默化的吗？这是位什么人？"孔子说："王骀先生是位圣人，我落后于他，只是还没去请教罢了。连我都要拜他为师，何况不如我的人！何止鲁国，我将带领天下人向他学习。"

【原文】

常季曰："彼兀者也，而王先生①，其与庸亦远矣②。若然者，其用心也独若之何③？"仲尼曰："死生亦大矣，而不得与之变④；虽天地覆坠，亦将不与之遗⑤；审乎无假而不与物迁⑥，命物之化而守其宗也⑦。"

【注释】

① 王（wàng）：超过。

② 庸：常人。

③ 用心：思想。独：究竟。

④ 与之变：使他发生变化。主要指精神变化。

⑤ 与之遗：使他有所丧失。主要指精神上的丧失感。

⑥ 审：明白。无假：真实，指真实的道。不与物迁：不使情绪同外物一起变化。迁，变。

⑦ 命：主宰。主要是指精神上主宰。宗：最高原则。

【译文】

常季说："他是位被砍脚的人，却超过了您，那么他超过常人更远了。这样的人，其思想究竟如何？"孔子说："生死大事，而不能使他心情有任何变化；即使天塌地陷，也不能使他有失落感；他懂得道而不使情绪同外物一起变化，主宰万物变迁而坚守自己最高原则。"

【原文】

常季曰："何谓也？"仲尼曰："自其异者视之，肝胆楚越也①；自其同者视之，万物皆一也。夫若然者，且不知耳目之所宜，而游心乎德之和②。物视其所一而不见其所丧，视丧其足犹遗土也。"

【注释】

① 自其二句：如从差别角度去看万物，那么即使紧连的肝、胆也像楚、越那样相距很远。

② 德之和：祥和的精神境界。德，精神境界。

【译文】

常季问："说的什么意思？"孔子说："如果从千差万别的角度去看万物，那么即使紧紧相连的肝、胆也会像楚、越那样相距遥远；如果从相同的角度去看万物，那么万物都一样。懂得万物齐一的人，将不知耳目有何用处，而让自己的心遨游于祥和的境界之中。视万物为一体而看不到自己有什么丧失，因而他看待自己失去脚就像掉了一块土一样。"

【原文】

常季曰："彼为已，以其知得其心①，以其心得其常心②，物何为最之哉③?"仲尼曰："人莫鉴于流水而鉴于止水④，唯止能止众止⑤。受命于地⑥，唯松柏独也在冬夏青青；受命于天，唯舜独也正⑦，幸能正生⑧，以正众生⑨。夫保始之征⑩，不惧之实⑪，勇士一人，雄入于九军⑫。将求名而能自要者而犹若是⑬，而况官天地、府万物、直寓六骸、象耳目、一知之所知而心未尝死者乎⑭! 彼且择日而登假⑮，人则从是也⑯，彼且何肻以物为事乎⑰!"

【注释】

① 以其句：用他的智慧获得精神修养。

② 常心：永恒不变的平和心境。

③ 物：主要指人。最：聚集。

④ 人莫鉴句：人们都不到流水边去照身影而到静水边去照。鉴，照。止水，静水。比喻虚静无为的王骀就像静水一样，是人们自己要聚集在他身边，并非王骀自己希望这样。

⑤ 唯止能止众止：只有静水才能留住人们停聚在它身边。本句三个"止"的意思依次是静止、留住、停聚。

⑥ 受命于地：各种植物在地上生长。

⑦ 正：正确的、虚静无为的本性。

⑧ 幸能正生 (xìng)：幸亏他能保持自己的虚静本性。生，通"性"。

⑨ 以正众生 (xìng)：以自己的虚静本性去端正众人的人性。

⑩ 夫：那些。保：遵守。征：信诺；诺言。

⑪ 实：本质。

⑫ 九军：千军万马。九，泛指多。

⑬ 自要 (yāo)：自我要求、约束。若是：像这样。

⑭ 官：主宰。府：包罗。直寓六骸：仅仅以身体为寄托。直，仅仅。寓，寄托。六骸，指头、身、四肢。即身体。圣人以精神为贵，以肉体为贱，肉体不过是精神的寓所而已。象耳目：以耳目为虚象。圣人有耳目而

不用，耳目在圣人身上只是虚假的装饰品。一知之所知：把智慧所知道的事物统统视为同一。一，同一。本句第一个"知"通"智"，第二个"知"是"知道"义。心未尝死：精神永存。

⑮登假（gé）：上升到更高境界。假，通"格"。升。一说"假"通"遐"，高远的意思。

⑯从是：跟随他。是，代指王骀。

⑰彼且何肯（kěn）句：他将怎肯把世俗事情当作自己要做的事？肯，同"肯"。

【译文】

常季说："他为了自己，用自身智慧进行精神修养，通过精神修养达到永远平和的精神境界，别人为何要聚在他身边？"孔子说："人们都不到流水边去照身影而到静水边去照，只有静水才能留住众人停在自己身边。树木都受命于地而生，只有松柏才能做到冬夏常青；人们都受命于天而生，只有舜才能保持虚静本性，幸亏他能保持这种本性，并用这种本性去纠正众人品性。那些遵守诺言的人，能具备无畏精神，即使一人，也能像勇士一样冲入千军万马。追求名声并能自我要求的人尚能做到这一点，何况那些主宰天地、胸怀万物、以肉体为寓所、把耳目当虚象、齐同万物而永远保持崇高精神的人！他将有一天上升到更高的精神境界，人们主动去追随他，他怎肯把世俗事情当作自己要做的事呢！"

【原文】

申徒嘉①，兀者也，而与郑子产同师于伯昏无人②。子产谓申徒嘉曰："我先出则子止，子先出则我止。"其明日，又与合堂同席而坐。子产谓申徒嘉曰："我先出则子止，子先出则我止。今我将出，子可以止乎？其未邪？且子见执政而不违③，子齐执政乎④？"申徒嘉曰："先生之门，固有执政焉如此哉？子而说子之执政而后人者也⑤。闻之曰：'鉴明则尘垢不止，止则不明也⑥。久与贤人处则无过。'今子之所取大者⑦，先生也⑧，而犹出言若是，不亦过乎？"

【注释】

① 申徒嘉：郑人。姓申徒名嘉。

② 郑：国名。子产：著名政治家。伯昏无人：人名。

③ 执政：执政大臣。子产任郑国宰相。违：回避。

④ 齐：平等。

⑤ 说（yuè）：通"悦"。后人：看不起别人。

⑥ 鉴明二句：镜子明亮是因为灰尘没有落上，灰尘落上镜子就不明亮。比喻圣贤心地纯净，毫无错误念头；有了错误念头，心地就不纯净。批评子产不该产生上述错误思想。

⑦ 所取大者：所追求的最重要东西。

⑧ 先生：指伯昏无人。具体指伯昏无人的道德学问。

【译文】

申徒嘉是位被砍脚的人，与郑国子产一同拜伯昏无人为师。子产对申徒嘉说："我先出去，您留下；您先出去，我留下。"第二天，申徒嘉又与子产在同一大堂的同一张席子上坐着。子产对申徒嘉说："我先出去您留下，您先出去我留下。现在我要出去，您能留下吗？还是不能？再说您见执政大臣也不回避，您难道想同执政大臣平起平坐吗？"申徒嘉说："老师门下，难道真有如此傲慢的执政大臣吗？您为您的执政地位得意扬扬而蔑视别人。我听说：'镜子明亮是因为灰尘没有落上，落上了镜子就不明亮。长期与贤人相处就不会犯错。'现在您想获取的最重要东西，是老师的道德学问，却说出这样的话，这不是错了吗？"

【原文】

子产曰："子既若是矣，犹与尧争善①，计子之德，不足以自反邪？"申徒嘉曰："自状其过以不当亡者众②，不状其过以不当存者寡。知不可奈何而安之若命，唯有德者能之。游于羿之彀中③，中央者，中地也④；然而不中者，命也。人以其全足笑吾不全足者众矣，我怫然而怒⑤；而适先生之所⑥，则废然而反⑦。不知先生之洗我以善邪⑧。吾与夫子游十九年矣，而未尝知吾兀者也。今子与我游于形骸之内⑨，而子索我于形骸之外⑩，不亦过乎！"子产蹴然改容更貌曰⑪："子无乃称⑫！"

【注释】

① 争善：比美德。

② 自状句：为自己的过失辩解、认为不该被断足的人很多。状，辩解。以，认为。

③ 羿（yì）：神箭手。彀（gòu）中：射程之内。本句比喻人时刻处于危险之中。

④ 中央二句：中央地带，是最易中箭之处。比喻子产的执政位置是最危险的地方。

⑤ 怫（fú）然：发怒的样子。

⑥ 适：到。

⑦ 废然：怒气消除貌。反：通"返"。恢复平静。

⑧ 洗我以善：即"以善洗我"。用美德感染、教育了我。

⑨ 形骸之内：肉体之内。指精神。

⑩ 索：要求。形骸之外：指体形外表的完美。

⑪ 蹴（cù）然：恭敬不安貌。改容更貌：改变面容。

⑫ 无乃：不要。称：说。

【译文】

子产说："您已这样了，还与尧一类的圣人比美德，想想您的品行，还不足以使您自我反省吗？"申徒嘉说："为自己过失辩解、认为不该被砍脚的人很多，不为自己过失辩解、认为该被砍脚的人很少。知道有些事情无可奈何，并安心接受命运安排，只有精神高尚的人能做到。每个人都像游荡于羿的射程之内一样，您所处的中央地带，又是最易被射中的地方，然而却没被射中，这是命运。过去人们因为双脚健全而嘲笑我腿脚不健全的很多，我勃然大怒；但到了老师这里，我怒气全消而恢复平静。我不知老师用什么美德教育了我。我跟随老师十九年了，从未感到自己是个被砍脚的人。现在您与我要学的是内在美德，而您却计较我的形体外表，这不是错了吗？"子产惭愧得变了面容，恭敬不安地说："您不要再说了。"

【原文】

鲁有兀者叔山无趾①，踵见仲尼②。仲尼曰："子不谨，前既犯患若是矣③。虽今来，何及矣！"无趾曰："吾唯不知务而轻用吾身④，吾是以亡足。今吾来也，犹有尊足者存⑤，吾是以务全之也⑥。夫天无不覆，地无不载，吾以夫子为天地，安知夫子之犹若是也！"孔子曰："丘则陋矣。夫子胡不入乎？请讲以所闻。"无趾出，孔子曰："弟子勉之！夫无趾，兀者也，犹务学以复补前行之恶，而况全德之人乎⑦！"

【注释】

① 叔山无趾：人名。因被砍去了脚趾，故称"无趾"。

② 踵：脚后跟。

③ 犯患：遭殃。指被砍掉脚趾。

④ 不知务：不懂世务。轻用吾身：轻易行动。

⑤ 尊足者：尊于足者；比脚更重要的东西。指精神。

⑥ 务：务求。

⑦ 全德之人：没有犯过错误的人。

【译文】

鲁国有位被砍掉脚趾的人叫叔山无趾，他用脚跟走着去见孔子。孔子说："您不够谨慎，过去受刑已成这个样子。虽然现在来到这里，如何来得及补救！"无趾说："我只因不懂世务而轻率行动，所以被砍了脚趾。今天到这里，还有比双脚更为重要的精神，因此我想竭力保全它。天无不覆盖，地无不托载，我把您视为天地，哪知先生竟这样狭隘！"孔子说："我太浅薄了。您何不进来，把您知道的道理讲讲。"无趾走后，孔子对弟子说："你们要努力呀！那位无趾，是被砍掉脚趾的人，他还努力学习以补救从前的过失，何况从未犯错的人！"

【原文】

无趾语老聃曰:"孔丘之于至人,其未邪!彼何宾宾以学子为①?彼且蕲以諔诡幻怪之名闻②,不知至人之以是为己桎梏邪③?"老聃曰:"胡不直使彼以死生为一条④,以可不可为一贯者⑤,解其桎梏,其可乎?"无趾曰:"天刑之,安可解!"

【注释】

① 宾宾:频频;不断努力。学子:向您学习。

② 蕲:追求。諔(chù)诡幻怪:怪诞虚妄。名闻:名声。

③ 是:代指名声。桎梏(zhì gù):脚镣手铐。在脚叫"桎",在手叫"梏"。

④ 胡:为何。一条:一样。

⑤ 一贯:同一。

【译文】

无趾对老子说:"孔丘与至人相比,大概差得远吧!他为何要不断向您学习呢?他还想用怪诞虚妄的名声去扬名天下,他不知道圣人把名声看作是束缚自己的枷锁吗?"老子说:"为何不让他明白生与死是一样、可以与不可以是同一的道理,从而解脱其枷锁,这大概可以吧?"无趾说:"上天惩罚他,他怎能解脱呢!"

【原文】

鲁哀公问于仲尼曰:"卫有恶人焉①,曰哀骀它②。丈夫与之处者③,思而不能去也;妇人见之,请于父母曰'与为人妻,宁为夫子妾④'者,十数而未止也。未尝有闻其唱者也⑤,常和人而已矣。无君人之位以济乎人之死⑥,无聚禄以望人之腹⑦,又以恶骇天下,和而不唱,知不出乎四域⑧,且而雌雄合乎前⑨,是必有异乎人者也。寡人召而观之,果以恶骇天下。与寡人处,不至以月数,而寡人有意乎其为人也⑩;不至乎期年⑪,而寡人信之。国无宰,寡人传国焉⑫,闷然而后应⑬,泛若辞⑭,寡人丑乎!卒授之国，无几何也，去寡人而行。寡人恤焉⑮，若有亡也⑯，若无与乐是国也⑰。是何人者也？"

【注释】

① 恶：丑陋。

② 哀骀它（tái tuó）：人名。

③ 丈夫：男子。

④ 与为二句：与其当别人妻子，不如当哀骀它先生的妾。

⑤ 唱：倡导。

⑥ 君人：统治别人。君，用作动词。统治。济：拯救。

⑦ 聚禄：财产积蓄和俸禄。望：月满叫望。引申为填饱肚子。

⑧ 知：知识。四域：国家四境。

⑨ 雌雄：男女。

⑩ 有意：有好感。

⑪ 期（jī）年：一整年。

⑫ 传国焉：把国家交给他管理。

⑬ 闷然：沉默。

⑭ 泛若辞：漫不经心地似乎是拒绝我。泛，漫不经心貌。

⑮ 恤焉：郁闷貌。

⑯ 若有亡：若有所失。

⑰ 无与乐是国：在这个国家里，没人可与共享欢乐了。是国，指鲁国。

【译文】

鲁哀公问孔子："卫国有位丑人，叫哀骀它。男子与他相处，留恋得舍不得离去；女子见了他，就请求父母说'与其当别人妻子，还不如当哀骀它先生小妾'的人，不止数十位。不曾听说他有所倡导，常常附和别人而已。没有君主权位去拯救别人生命，也没有财物、俸禄填饱别人肚子，又丑得让天下人吃惊，总是附和而不倡导，知识超不出本国范围，然而男女都亲近地聚在他身边，他一定有异于常人之处。我把他召来看看，果然丑得惊人。与我相处不到一月，我对他的为人就有好感；不到一年，我就信任他。国家缺少宰相，我要把国家交他管理。他沉默好久才应答一声，漫不经心地似乎在拒绝我，我羞愧极了。最终还是把国家交给他管理，但没多久，他竟然离开我走了。我闷闷不乐，若有所失，好像鲁国再也没人能同我共享欢乐一样。这是怎样的人啊？"

【原文】

仲尼曰："丘也尝使于楚矣，适见独子食于其死母者①。少焉眴若②，皆弃之而走。不见己焉尔③，不得类焉尔④。所爱其母者，非爱其形也，爱使其形者也⑤。战而死者，其人之葬也不以翣资⑥；刖者之屦⑦，无为爱之。皆无其本矣⑧。为天子之诸御⑨，不爪翦⑩，不穿耳；取妻者止于外⑪，不得复使。形全犹足以为尔⑫，而况全德之人乎！今哀骀它未言而信，无功而亲，使人授己国，唯恐其不受也。是必才全而德不形者也⑬。"

【注释】

①适：刚好。独（tún）子：小猪。

②少焉：不大一会儿。眴（shùn）若：眼珠因惊慌而胡乱转动貌。

③不见己：不看自己。小猪吃奶时，发现母亲毫无反应，不再看它们。焉尔：语末助词。

④不得类：得不到母亲爱抚。类，善。引申为爱抚。

⑤使其形者：主宰形体的东西。指精神。使，主宰。

⑥不以翣（shà）资：不用翣送葬。翣，棺材上的装饰品。资，送。战死沙场的人，一般没有棺材安葬，没有棺材，当然也用不上棺材上的饰品——翣，所以下文说"皆无其本矣"。

⑦刖（yuè）者之屦（jù）：受过断足之刑者的鞋子。刖，断足之刑。屦，鞋。

⑧本：根本。棺材是翣的本，足是鞋的本。没有棺材，翣就没用了；没有脚，鞋就没用了。比喻人以神为本，以形为末，没有精神，肉体是没用的。

⑨ 诸御：侍女。

⑩ 不爪翦：不剪指甲。翦，剪。

⑪ 取妻句：娶妻的宫中男性侍从可以回到宫外家中。

⑫ 形全句：形体健全尚且有资格侍奉天子。尔，这样。

⑬ 才全：即"德全"，精神完美。形：外露；炫耀。

【译文】

孔子说："我曾出使楚国，刚好看见一群小猪在吮吸死去的母亲乳汁，没多久它们惊恐得眼珠乱转，都离开母亲跑了。因为母亲没再看它们，没再爱抚它们。小猪爱它们母亲，不是爱母亲的形体，而是爱主宰形体的精神。战死沙场的人，埋葬时不用棺材的饰品送葬；被砍脚的人对于鞋，也没必要爱惜。因为棺材饰品和鞋失去了它们的根本。当天子侍女，不剪指甲，不穿耳眼；娶妻的男侍从就要待在宫外家中，不再役使他们。形体健全的人尚且有资格侍奉天子，何况那些保持精神完美的人！如今哀骀它不说话就能取信于人，没功劳就能赢得亲宠，能使人把国政交给他，还唯恐他不接受，这一定是位精神完美而不对外炫耀的人。"

【原文】

哀公曰："何谓才全？"仲尼曰："死生、存亡、穷达、贫富、贤与不肖、毁誉、饥渴、寒暑①，是事之变、命之行也。日夜相代乎前，而知不能规乎其始者也②。故不足以滑和③，不可入于灵府④。使之和豫⑤，通而不失于兑⑥，使日夜无郤⑦，而与物为春⑧，是接而生时于心者也⑨。是之谓才全。"

【注释】

① 穷达：生活不得意为"穷"，得意为"达"。

② 知：通"智"。规（kuī）：通"窥"，观察。始：产生原因。

③ 滑（gǔ）：扰乱。和：平和心境。

④ 灵府：心灵。

⑤ 和豫：和顺逸乐。

⑥ 通：畅快。兑（yuè）：通"悦"。

⑦ 郤（xì）：间断。

⑧ 与物为春：与万物融为一体而永保春天般生机。

⑨ 是接句：这样就使心在与外物接触时能顺应四时变化。生，产生；顺应。时，四季。

【译文】

哀公问："什么叫精神完美？"孔子说："死生、存亡、穷达、贫富、贤与不贤、毁谤与赞美、饥渴、冷热，这些都是事物变化、命运运行的结果。它们日夜在眼前交替出现，而智慧不能了解其产生原因，因此不值得扰乱平和心境，不可放在心上。使心灵平静逸乐、畅快而不失愉悦，使心时刻与万物融为一体而永保春天般生机，这样就使心在同外物接触时能顺应四时变化。这叫精神完美。"

【原文】

"何谓德不形？"曰："平者，水停之盛也①，其可以为法也②，内保之而外不荡也③。德者，成和之修也④。德不形者，物不能离也⑤。"

【注释】

① 水停之盛：水静到极点。

② 为法：当水平标准。

③ 内保句：内心平静而不被外物所动。字面讲静水，实际比喻平静心境。

④ 成和之修：形成平和心境的修养。

⑤ 德不形二句：不炫耀自己美德，人们会受感染而聚在他身边。形，炫耀。物，指人。

【译文】

"何为不对外炫耀?"孔子说:"平,是水静到极点的状态,可作为平的标准,保持内部平静而不被外物所动。美德,是形成平和心境的修养。不对外炫耀,人们就会受感染而聚在他身边。"

【原文】

哀公异日以告闵子曰①:"始也吾以南面而君天下,执民之纪而忧其死,吾自以为至通矣。今吾闻至人之言②,恐吾无其实,轻用吾身而亡其国。吾与孔丘非君臣也,德友而已矣。"

【注释】

① 异日:他日。闵(mǐn)子:孔子弟子。
② 至人:圣人。指孔子。

【译文】

有一天哀公把这事告诉闵子,说:"从前我认为我身为君主治理国家,掌握国民纲纪而操心百姓生计,我自以为是最通达的人。如今我听了圣人的至理名言,我担心自己没有实际美德,会轻率行动而使国家危亡。我与孔丘不是君臣关系,而是以德相交的朋友。"

【原文】

闉跂支离无脤说卫灵公①,灵公说之②,而视全人③,其脰肩肩④。瓮瓷大瘿说齐桓公⑤,桓公说之,而视全人,其脰肩肩。故德有所长而形有所忘⑥。人不忘其所忘而忘其所不忘⑦,此谓诚忘⑧。

【注释】

① 闉(yīn)跂支离无脤(chún):人名。这一人名是根据此人外貌起的。闉,驼背。跂,因脚病而用脚尖走路。泛指跛脚。支离,形体残缺。脤,同"唇"。

② 说（yuè）：通"悦"。

③ 全人：身体健全的人。

④ 脰（dòu）：脖子。肩肩：又细又长貌。

⑤ 瓮㼲（wèng àng）大瘿：人名。这一人名也是根据此人外貌起的。此人脖子上的瘤子大如坛子。瓮㼲，坛子。大瘿，脖子上的大瘤。齐桓公：齐国君主。春秋五霸之一。

⑥ 忘：忽略。

⑦ 人不忘句：人们不忘掉所应忘掉的（形体修饰）而忘掉了所不应忘掉的（精神修养）。

⑧ 诚忘：真正的遗忘。

【译文】

阐跂支离无脤游说卫灵公，卫灵公喜欢他，再看看形体正常的人，反而觉得他们脖子又细又长。瓮㼲大瘿游说齐桓公，齐桓公喜欢他，再看看那些形体正常的人，感到他们脖子太细太长。所以如果精神崇高，形体缺陷就会被忽略。然而世人总是忘记不了应忘记的形体美好，而忘掉了不应忘掉的精神修养，这叫真正遗忘。

【原文】

故圣人有所游①，而知为孽②，约为胶③，德为接④，工为商⑤。圣人不谋，恶用知？不斫⑥，恶用胶？无丧⑦，恶用德？不货⑧，恶用商？四者，天鬻也⑨。天鬻者，天食也⑩。既受食于天，又恶用人⑪！

【注释】

① 游：交往。

② 知：通"智"。孽：祸根。

③ 约：泛指各种社会规范。胶：束缚。

④ 德为接：把仁义当作交接手段。德，指世俗讲的仁义道德。

⑤ 工为商：把工巧看作是商贾行为。人们使用各种巧妙的语言和手段，

目的是获利。

⑥ 斫（zhuó）：砍削；破坏。

⑦ 无丧：没有丧失美好天性。

⑧ 货：买卖。引申为谋利。

⑨ 天鬻（yù）：天然养育。

⑩ 食：养育。

⑪ 人：人为。

【译文】

因此圣人与人交往，把智谋看作祸根，把礼法看作约束，把仁义看作交接手段，把工巧看作商贾行为。圣人不算计，哪里用得上智谋？不破坏，哪里用得着约束？未丧失善良天性，哪里用得上仁义？不谋利，哪里用得上商贾行为？这四种品德，叫做“天养”。所谓“天养”，就是得到天然本性的养育。既然得到了天然本性的养育，又哪里用得上人为的道德教育呢！

【原文】

有人之形，无人之情①。有人之形，故群于人；无人之情，故是非不得于身。眇乎小哉②，所以属于人也；謷乎大哉③，独成其天。

【注释】

① 情：指好恶情感。本句主语是圣人。

② 眇（miǎo）乎：渺小貌。

③ 謷（áo）乎：伟大貌。

【译文】

圣人有人的形体，没人的好恶情感。有人的形体，所以与人生活一起；没人的好恶情感，所以是非不会落在身上。太渺小了，那些人为的道德；真伟大呀，圣人独自保全美好天性。

【原文】

惠子谓庄子曰："人故无情乎?"庄子曰："然。"惠子曰："人而无情①，何以谓之人?"庄子曰："道与之貌②，天与之形，恶得不谓之人?"惠子曰："既谓之人，恶得无情?"庄子曰："是非吾所谓情也。吾所谓无情者，言人之不以好恶内伤其身，常因自然而不益生也③。"惠子曰："不益生，何以有其身?"庄子曰："道与之貌，天与之形，无以好恶内伤其身。今子外乎子之神④，劳乎子之精⑤，倚树而吟⑥，据槁梧而瞑⑦，天选子之形⑧，子以坚白鸣⑨。"

【注释】

① 而：如果。

② 道：道家最高概念。道不仅主宰万物，还是万物产生根源。

③ 因：顺应。不益生：不要人为地对生命增加什么。

④ 外：置之度外。

⑤ 精：精气，代指肉体。古人认为人的肉体是精气聚集而成。

⑦ 吟：吟咏。指宣讲思想。

⑧ 据槁梧而瞑（míng）：靠在枯干的梧桐树闭目休息。

⑨ 天选：天授。

⑩ 以坚白鸣：拿坚白论争辩。坚白，当时的哲学命题。见《齐物论》注。

【译文】

惠子对庄子说："圣人真没情感吗?"庄子说："是。"惠子说："人如没有情感，凭什么还称作人?"庄子说："道赋予人的容貌，天赋予人的形体，为何不称作人?"惠子说："既然称作人，怎能没人的情感?"庄子说："这不是我说的情感，我说的没情感，指人不因好恶之情伤害其身体，永远顺应自然而不为生命添加什么。"惠子说："不为生命添加什么，靠什么保有身体?"庄子说："道赋予人的容貌，天赋予人的形体，不要因好恶之情伤害其身体。如今您不重视精神保养，把肉体搞得疲惫不堪，背靠大树宣扬您的学说，疲惫得靠着枯干的梧桐闭目休息。天赋予您一个人体，而您却拿坚白论在那里争论不休!"

大宗师第六

【题解】

大宗师，伟大的老师。"大宗师"一指大道。万物都应效法道。二指得道圣人。本文描绘了道的至高地位和具体特性，介绍圣人思想行为，从而为人们树立学习楷模。

【原文】

知天之所为①，知人之所为者，至矣! 知天之所为者，天而生也②；知人之所为者，以其知之所知以养其知之所不知③，终其天年而不中道夭者，是知之盛也。虽然，有患：夫知有所待而后当④，其所待者特未定也⑤，庸讵知吾所谓天之非人乎⑥? 所谓人之非天乎?

【注释】

① 所为：所作所为。引申为作用。

② 天而生：天自然生出万物。

③ 以：凭借。知：第一个"知"通"智"。所不知：指无法知道的寿命。

④ 知有所待：知识要有所凭依。指任何世俗知识都是从客观对象中得到的。

⑤ 其所待句：知识所凭依的对象还没稳定。庄子认为事物不断变化，那么以它们为根据的知识当然靠不住。

⑥ 庸讵（jù）：怎么。天：天然事物。人：人为事物。

【译文】

知道天的作用，知道人的作用，这是最高俗智。知道天的作用的人，懂得天自然生出万物；知道人的作用的人，懂得用智慧所知的知识去养护智慧所不知的寿命，享尽天年而不中途夭折，这是最高俗智。虽然如此，还有忧患：世俗知识必须有所凭依才恰当，而所凭依的外物还处于变化之中，那么怎知我说的天现在不会变成人？而说的人现在不会变成天？

【原文】

且有真人而后有真知①。何谓真人？古之真人，不逆寡②，不雄成③，不谟士④。若然者，过而弗悔⑤，当而不自得也⑥。若然者，登高不慄⑦，入水不濡⑧，入火不热，是知之能登假于道者也若此⑨。

【注释】

① 真人：得道圣人。

② 不逆寡：不欺辱少数人。逆，欺辱。

③ 不雄成：不因成功而称王称霸。

④ 谟（móu）：通"谋"。士：通"事"。

⑤ 过而弗悔：做了错事也不再去后悔。过，错误。

⑥ 当而不自得：做了恰当的事也不扬扬自得。

⑦ 慄（lì）：害怕得发抖。

⑧ 濡（rú）：沾湿。"入水不濡，入火不热"是从精神上讲的，真人精神上超越生死痛苦，无论水火，都无法改变他们平静心境。

⑨ 登假（gé）：上升。假，通"格"。升。一说通"遐"。高远。

【译文】

再说有了真人才有真知。什么叫真人？古代真人，不欺辱少数人，不因成功而称雄称霸，不考虑俗务。这样的真人，做了错事不去后悔，做了恰当事不扬扬自得。这样的真人，登上高处不恐惧，下到水中不沾湿，进入火中不觉热，只有智慧达到大道境界的人才能做到。

【原文】

古之真人，其寝不梦，其觉无忧，其食不甘，其息深深。真人之息以踵①，众人之息以喉。屈服者②，其嗌言若哇③，其耆欲深者④，其天机浅⑤。

【注释】

① 息以踵：指深呼吸，让气息达到包括脚跟在内的全身。

② 屈服者：在辩论中理屈词穷的世人。

③ 嗌（ài）：咽喉被堵塞。哇（wā）：呕吐。形容吞吞吐吐说不出话来。

④ 耆：通"嗜"。嗜欲。

⑤ 天机：天然智慧。即庄子说的"真知"。

【译文】

古代真人，睡觉不做梦，醒后无忧愁，吃饭不知甘甜，呼吸十分深沉。真人是"踵息"式地深呼吸，世人呼吸靠喉咙。世人辩论失败时，喉咙像被卡住一样吞吞吐吐说不出话来。那些名利欲望太重的人，其天然智慧就会很少。

【原文】

古之真人，不知说生①，不知恶死；其出不䜣②，其入不距③；翛然而往④，翛然而来而已矣；不忘其所始⑤，不求其所终⑥，受而喜之，忘而复之⑦，是之谓不以心捐道⑧，不以人助天⑨，是之谓真人。若然者，其心志⑩，其容寂，其颡頯⑪，凄然似秋⑫，暖然似春，喜怒通四时⑬，与物有宜而莫知其极⑭。

【注释】

① 说（yuè）：通"悦"。

② 其出不䜣（xīn）：他们不为出生而欣喜。䜣，喜欢。

③ 其入不距：他们不拒绝死亡。入，死亡。距，通"拒"。

④ 翛（xiāo）然而往：自由自在地死去。翛然，自由貌。往，去。指离开人世。

⑤ 所始：所产生的本源。人来自自然，死亡即回归自然。

⑥ 终：死亡。

⑦ 忘而复之：忘情于物再复归自然。复，回归自然。即死去。

⑧ 以心捐道：以主观成见损害道。心，主观成见。捐，损害。

⑨ 以人助天：用人为因素去改变自然。助，强加于；改变。

⑩ 志：专一于道。

⑪ 颡（sǎng）：额头；面容。頯（qiú）：朴实。

⑫ 凄然似秋：像秋天那样冷肃。

⑬ 喜怒通四时：喜怒如同四季交替那样自然。

⑭ 宜：合适；和谐。极：尽头。指真人的思想深度。

【译文】

古代真人，不知贪恋生命，不知厌恶死亡；出生不欣喜，死亡不拒绝；无拘无束地离开人间，自由自在地来到世上；没忘记自己来自自然，也不有意选择自己归宿；愉快地接受生命，忘情地回归自然，这叫不以主观意愿去损害大道，不用人为因素去改变自然，这就叫真人。这样的真人，他们思想专一，面色平静，容貌朴实，冷肃如秋，温暖如春，喜怒如同四季交替那样自然，与外物相处和谐而没人了解其思想深度。

【原文】

故圣人之用兵也，亡国而不失人心①；利泽施乎万世，不为爱人。故乐通物②，非圣人也；有亲③，非仁也；天时④，非贤也；利害不通⑤，非君子也；行名失己⑥，非士也；亡身不真⑦，非役人也⑧。若狐不偕、务光、伯夷、叔齐、箕子、胥余、纪他、申徒狄⑨，是役人之役⑩，适人之适⑪，而不自适其适者也⑫。

【注释】

① 亡国句：圣人顺应民心用兵，因此灭掉别的国家而不会失去这个国家的民心。

② 乐通物：以与万物融合为快乐。庄子持万物一齐观点，但应出于自然，如有意去追求齐同万物，并以此为乐，则是未忘情于物的表现，所以下文说这样的人"非圣人也"。

③ 亲：偏爱。

④ 天时：有意去选择时机。一说"天时"为"失时"之误。

⑤ 利害不通：不能把利与害看作同一。通，同。

⑥ 行名失己：为追求名声而失去自我天性。行，追求。

⑦ 亡身不真：失去生命，行为不符合真理。

⑧ 役人：役使别人的人。即统治者。

⑨ 狐不偕：尧时隐士。为拒绝尧的禅让而投河。务光：商代隐士。为拒绝商汤禅让而负石投河。伯夷、叔齐：孤竹国君的两个儿子。先为推让君位逃到周，后因反对周武王灭商，坚决不食周粟而饿死首阳山。箕（ｊ）子：商纣王的叔父，因反对纣王暴政而装疯。胥余：生平不详。纪他：因担心商汤让天下给自己而投水。申徒狄：听说商汤要让位给自己而投河。

⑩ 役人之役：被役使别人的人所役使。即被别人所役使。

⑪ 适人之适：把别人的原则当作自己的原则。适，适当。指别人认为适当的原则。

⑫ 自适其适：以自己的原则为原则。

【译文】

因此圣人用兵，灭掉敌国而不会失去其民心；恩德施及万世，而不认为自己在爱人。因此以与万物融合为快乐的人，不是圣人；有所偏爱，不是仁人；有意择时而行，不是贤人；不懂利与害相同，不是君子；为名声而失去天性，不是士人；失去生命而行为不合真理，算不上役使世人的统治者。像狐不偕、务光、伯夷、叔齐、箕子、胥余、纪他、申徒狄，他们都是被别人役使的人，把别人的原则当作自己的原则，而不是按照自己原则而生活的人。

【原文】

古之真人，其状义而不朋①，若不足而不承②，与乎其觚而不坚也③，张乎其虚而不华也④，邴邴乎其似喜乎⑤，崔乎其不得已乎⑥，滀乎进我色也⑦，与乎止我德也；厉乎其似世乎⑧，謷乎其未可制也⑨，连乎其似好闭也⑩，悗乎忘其言也⑪。

【注释】

① 义（é）：通"峨"。高大；杰出。朋：一样。

② 不承：不需添加什么。承，承受；添加。

③ 与乎：从容貌。觚（gū）：棱角；坚强。不坚：柔和。

④ 张：宽广。不华：朴实。

⑤ 邴邴（bǐng）乎：欣喜貌。

⑥ 崔乎：行动貌。

⑦ 滀（chù）乎：水清澈貌，形容真人容貌和悦而有光泽。进我：劝我上进。色：表情。

⑧ 厉乎：危险貌。似世：似乎进入人世。庄子认为人间处处是陷阱，但真人只是身在世间，情在世外，所以下文说真人"謷乎其未可制也"。

⑨ 謷（áo）乎：高远貌。制：制约。

⑩ 连乎：绵邈深远貌。好闭：喜欢自我封闭。即难以被人了解。

⑪ 悗（mèn）乎：无心于物貌。

【译文】

古代真人，相貌堂堂而异于常人，似有不足而又无须添加，从容不迫是那样坚定而柔和，胸怀宽广是那样虚静而朴实，怡然自得似乎十分愉快，有所行动又好像出于不得已，容貌和悦似乎在劝我上进，从从容容让我归向道德，进入人世似乎处境危险，却又那样放情高远难以制约，用心深远似乎难以理解，无心于物忘掉了语言。

【原文】

以刑为体①，以礼为翼②，以知为时③，以德为循④。以刑为体者，绰乎其杀也⑤；以礼为翼者，所以行于世也；以知为时者，不得已于事也；以德为循者，言其与有足者至于丘也⑥，而人真以为勤行者也⑦。故其好之也一⑧，其弗好之也一。其一也一，其不一也一。其一与天为徒⑨，其不一与人为徒，天与人不相胜也⑩。是之谓真人。

【注释】

① 以刑为体：以刑罚为主体。

② 翼：辅助。

③ 以知为时：用智慧去了解时代。知，通"智"。为，了解。

④ 循：遵循的标准。

⑤ 绰乎：广泛貌。

⑥ 以德二句：把道德作为遵循标准，就像有足人可以登上山丘那样平常自然。

⑦ 勤行：苦行。

⑧ 好之也一：喜欢刑礼智德的人要这样做。一，同一；这样。

⑨ 与天为徒：给上天当弟子。即效法自然。

⑩ 天与人句：直译为"天与人不能互相战胜"。意思是"人为"比不上"天道"。

【译文】

以刑法为本，以礼仪为辅，用智慧了解时代，以道德为准则。以刑法为本，就是广泛使用刑杀；以礼仪为辅，就是把礼仪推广到全社会；用智慧了解时代，是因为人们必须做事；以道德为准则，就像与有足人一起登上山丘那样平常自然，而人们却以为他们十分辛苦。因此喜欢这样做的人要这样做，不喜欢这样做的人也要这样做；认为该这样做的人这样做，认为不该这样做的人也要这样做。认为该这样做的是效法自然，认为不该这样做的就属主观人为，人为的做法比不上效法自然的做法，懂得此理就叫真人。

【原文】

死生，命也，其有夜旦之常①，天也。人之有所不得与②，皆物之情也③。彼特以天为父④，而身犹爱之，而况其卓乎⑤！人特以有君为愈乎己⑥，而身犹死之⑦，而况其真乎⑧！

【注释】

① 夜旦：夜晚和白天。常：永恒现象。

② 不得与：无法干预。

③ 情：真实情况。

④ 彼：泛指人们。特：仅仅。

⑤ 卓：卓越；超越。指比天更尊贵的道。下文说道能"生天生地"（第107页），因此道高于天。

⑥ 有君：君主。有，名词词头。愈乎己：超过自己。

⑦ 死之：为君主献出生命。

⑧ 真：真正的君主。指真正能主宰一切的道。

【译文】

有生有死，是天命注定，犹如日夜交替这一永恒现象，都是自然规律。许多事人无法干预，这是万物的真实情况。人们仅仅把天看作生命之父，就去爱戴它，更何况高于天的大道！人们仅仅认为君主胜过自己，就为他献身，更何况真正主宰万物的道！

【原文】

泉涸①，鱼相与处于陆，相呴以湿②，相濡以沫③，不如相忘于江湖。与其誉尧而非桀也④，不如两忘而化其道⑤。

【注释】

① 泉：水。涸（hé）：水干了。

② 相呴（xū）以湿：用口中湿气相互涂抹。比喻人们在困境中相互

帮助。

③ 相濡以沫：用口水相互湿润对方。濡，沾湿。沫，唾沫。

④ 非：非议。

⑤ 两忘：忘掉尧、桀的是非。化其道：与道融为一体。如忘记是非，人就自由了。

【译文】

水干了，鱼相互依偎在陆地，用口中湿气互相湿润，用口中唾沫互相涂抹，还不如它们自由地游荡于江湖而相互忘却。与其赞美尧而批评桀，还不如忘掉他们的是非而归向道。

【原文】

夫大块载我以形①，劳我以生②，佚我以老③，息我以死。故善吾生者④，乃所以善吾死也。

【注释】

① 大块：大地，这里泛指天地自然。载：寄托。

② 劳我以生：赋予生命让我辛勤劳作。

③ 佚：通"逸"。安逸。

④ 善吾生者：妥善安排我生存的自然。

【译文】

大自然赋予形体让我有所寄托，赋予生命让我勤奋劳作，赋予衰老让我享受安逸，赋予死亡让我休息。因此能妥善安排我生存的大自然，也能妥善安排我的死亡。

【原文】

夫藏舟于壑①，藏山于泽，谓之固矣②！然而夜半有力者负之而走③，昧者不知也④。藏小大有宜⑤，犹有所遯⑥。若夫藏天下于天下而不得所邂⑦，是恒物之大情也⑧。特犯人之形而犹喜之⑨，若人之形者，万化而未始有极也⑩，其为乐可胜计邪？故圣人将游于物之所不得邂而皆存⑪。善妖善老⑫，善始善终，人犹效之，又况万物之所系而一化之所待乎⑬！

【注释】

① 壑：山沟。

② 谓之固：认为这样很安全了。谓，认为。固，牢固；安全。

③ 负之：背起舟和山。走：跑掉。

④ 昧者：睡着的人。昧，通"寐"。睡觉。一说为愚昧。

⑤ 小大：指小的舟和大的山。有宜：很恰当。

⑥ 邂（dùn）：通"遁"。丢失。

⑦ 藏天下句：把天下万物藏于天下。把天下看作收藏万物的府库，不把万物视为己有，那么万物就不会丢失。

⑧ 恒：永恒。大情：基本道理。

⑨ 特：仅仅。犯人之形：得到人的形体。犯，遇上。

⑩ 万化句：千变万化而未有终极。人死后，其肉体可变作其他事物，而且这种变化永无终结。

⑪ 故圣人将游句：圣人将自身看作天地的一部分并把它寄托于天地之间而与天地共存。物之所不得邂，万物逃离不了的天地之间。意思是，不要把自身视为己有，而视为天地的组成部分，身体死了还会变作其他事物，无论它千变万化，总在天地之间，从这个角度讲，人是不死的，可与天地共存。

⑫ 妖：通"天"。年轻。

⑬ 系：依靠。一化：所有变化。待：依赖。

【译文】

把船藏于山沟，把山藏于水泽，认为这样很安全。然而半夜大力士把它们背起跑了，睡着的人毫无所知。小船和大山藏得很妥当，仍然会丢失。如果以天下为府库来收藏天下万物，就不会丢失，这是事物的永恒道理。仅仅因为得到人的形体就欣喜万分，而类似人类形体的事物很多，千变万化未有终极，那么获得的欣喜还能数得清吗？因此圣人将自身看作天地一部分并把它寄放在天地之间而与天地共存。少年时做得好，老年时也做得好；开始时做得好，结束时也做得好，人们尚且去效法他，更何况万物所依靠、所有变化所依赖的道！

【原文】

　　夫道有情有信①，无为无形，可传而不可受②，可得而不可见；自本自根，未有天地，自古以固存；神鬼神帝③，生天生地；在太极之先而不为高④，在六极之下而不为深⑤，先天地生而不为久，长于上古而不为老。狶韦氏得之⑥，以挈天地⑦；伏戏氏得之⑧，以袭气母⑨；维斗得之⑩，终古不忒⑪，日月得之，终古不息，堪坏得之⑫，以袭昆仑⑬；冯夷得之⑭，以游大川；肩吾得之⑮，以处大山⑯；黄帝得之，以登云天⑰；颛顼得之⑱，以处玄宫⑲；禺强得之⑳，立乎北极㉑；西王母得之㉒，坐乎少广㉓，莫知其始，莫知其终；彭祖得之㉔，上及有虞㉕，下及五伯㉖；傅说得之㉗，以相武丁㉘，奄有天下㉙，乘东维㉚，骑箕尾㉛，而比于列星。

【注释】

　　① 夫道有情有信：道真实存在。情、信，都是真实的意思。

　　② 受：用手接东西。道是无形的，故无法用手去接。

　　③ 神：动词。使……有神灵。帝：上帝。

　　④ 太极：最高处。先：上。

　　⑤ 六极：即"六合"。指天地、四方。

　　⑥ 狶（xī）韦氏：传说的远古帝王。

　　⑦ 挈（qiè）：提举。引申为开辟。

　　⑧ 伏戏氏：即伏羲。

　　⑨ 袭：调和。气母：元气。宇宙最初状态是一片混沌元气。

　　⑩ 维斗：北斗星。

　　⑪ 忒（tè）：差错。

⑫ 堪坏（pēi）：为昆仑山之神。

⑬ 袭：进入。

⑭ 冯夷：河神名。

⑮ 肩吾：为泰山之神。

⑯ 大（tài）山：即泰山。大，通"太"。

⑰ 登云天：升天成仙。传说黄帝升天成仙。

⑱ 颛顼（zhuān xū）：传说的远古帝王。

⑲ 玄宫：北方帝王之宫。玄，黑色。古人以黑色代表北方。

⑳ 禺强：北方的水神。

㉑ 北极：最北端。

㉒ 西王母：女神名。

㉓ 少广：神山名。

㉔ 彭祖：传说的长寿者。

㉕ 有虞：即舜。

㉖ 五伯（bà）：即五霸。指春秋时齐桓公、晋文公、秦穆公、楚庄王、宋襄公五位霸主。

㉗ 傅说（yuè）：商朝贤臣。

㉘ 相：帮助。也可理解为"当宰相"。武丁：商朝帝王高宗。

㉙ 奄（yǎn）有：占有。

㉚ 乘东维：乘坐东维星。东维，星宿名。传说傅说死后成为星神，因此能乘坐星星。

㉛ 箕尾：星宿名。

【译文】

道真实存在，清静无为而无形体；可传授而无法用手接，可领悟但无法看见；道自为根本，没有天地时，道已存在；使鬼和上帝有神灵，能产生天地；说它在太极之上不足说明它的高，说它在六极之下不足说明它的深，说它生于天地之前不足说明它的久远，说它年长于远古不足说明它的长寿。狶韦氏得到它，可以开天辟地；伏羲氏得到它，可以调和元气；北斗得到它，永不出差错；日月得到它，永不会停息；堪坏得到它，可以入主昆仑山；冯夷得到它，可以巡游大河；肩吾得到它，可以安居泰山；黄帝得到它，可以升天成仙；颛顼得到它，可以住在北方王宫；禺强得到它，立足北极；西王母得到它，稳坐少广山，不知她的开始，也不知她的终结；彭祖得到它，能从舜时一直活到五霸时；傅说得到它，可以辅佐武丁，治理天下，死后乘坐着东维星和箕尾星，与众星并列。

【原文】

南伯子葵问乎女偊曰①："子之年长矣，而色若孺子，何也？"曰："吾闻道矣。"南伯子葵曰："道可得学耶？"曰："恶②！恶可！子非其人也。夫卜梁倚有圣人之才而无圣人之道③，我有圣人之道而无圣人之才。吾欲以教之，庶几其果为圣人乎④！不然，以圣人之道告圣人之才，亦易矣，吾犹守而告之，参日而后能外天下⑤；已外天下矣，吾又守之，七日而后能外物；已外物矣，吾又守之，九日而后能外生；已外生矣，而后能朝彻⑥；朝彻而后能见独⑦；见独而后能无古今⑧；无古今而后能入于不死不生⑨。杀生者不死，生生者不生⑩，其为物无不将也⑪，无不迎也，无不毁也，无不成也。其名为撄宁⑫。撄宁也者，撄而后成者也⑬。"

【注释】

① 南伯子葵、女偊（yǔ）：两个人名。

② 恶（wū）：表示否定的词。相当于"不"。

③ 卜梁倚：人名。圣人之才：成圣的素质。圣人之道：指淡泊世事、齐同万物的道理。

④ 庶几：也许。

⑤ 参（sān）：通"三"。

⑥ 朝彻：像初升太阳那样清新明彻。朝，早晨。本句比喻得道后空灵宁静的心境。

⑦ 见独：看到独一无二的道。

⑧ 无古今：泯灭古今区别。

⑨ 不死不生：无死无生。庄子认为得道后就明白生死一齐，于是也就无所谓生与死了。

⑩ 杀生者二句：既能毁灭生命又能产生生命的道不死不生。

⑪ 其为物句：它对于万物，无不送走它们。将，送走。

⑫ 撄（yīng）宁：动而长寂。撄，动。宁，静。道主宰万物的生死运动，这是"动"的表现，但道本身却是永恒不变、寂静不动的，道是以静制动、动中有静的。

⑬ 撄而后成：通过"动"来成就万物。

【译文】

南伯子葵问女偊："您岁数大了，面色还像儿童一样润泽，这是为何？"女偊说："我得道了。"南伯子葵问："道可以学吗？"女偊说："不！不行！您不是学道的人。卜梁倚有圣人之才却无圣人之道，我有圣人之道却无圣人之才。我想把圣人之道传授给他，也许他真能成为圣人！然而并不容易，把圣人之道传给具有圣人之才的人，似乎很容易，但仍需我守着教导他，三天后他能忘却天下；忘却天下后，仍守着教导他，七天后他能忘却万物；忘却万物后，仍守着教导他，九天后他能忘却生命；忘却生命，就具备空静心境；具备空静心境，就能领悟道；领悟道就能懂得古今无别；懂得古今无别就能进入无生无死的境界。既毁灭生命、又产生生命的道是不生不死的，它送走万物，迎来万物；它毁灭万物，成就万物。这叫做'动而长寂'，'动而长寂'，就是通过运动去成就万物。"

【原文】

南伯子葵曰："子独恶乎闻之①？"曰："闻诸副墨之子②，副墨之子闻诸洛诵之孙，洛诵之孙闻之瞻明，瞻明闻之聂许，聂许闻之需役，需役闻之于讴，于讴闻之玄冥，玄冥闻之参寥，参寥闻之疑始。"

【注释】

① 独：究竟。恶（wū）：哪里。

② 副墨之子：假设人名。喻指文字书籍。以下八个名字与此相似，"洛诵之孙"喻指言语传诵，"瞻明"喻指观察透彻，"聂许"喻指小声说话，"需役"喻指行为，"于讴"喻指歌谣，"玄冥"喻指深邃状态，"参寥"喻指虚寂，"疑始"喻指似有似无的原始状态。

【译文】

南伯子葵问："您究竟从何得道？"女偊说："我从副墨之子那里得到，副墨之子从洛诵之孙那里得到，洛诵之孙从瞻明那里得到，瞻明从聂许那里得到，聂许从需役那里得到，需役从于讴那里得到，于讴从玄冥那里得到，玄冥从参寥那里得到，参寥从疑始那里得到。"

【原文】

子祀、子舆、子犁、子来四人相与语曰："孰能以无为首，以生为脊，以死为尻①，孰知死生存亡之一体者，吾与之友矣！"四人相视而笑，莫逆于心②，遂相与为友。

【注释】

① 尻（kāo）：臀部。以上三句意思是把无、生、死视为一体。
② 莫逆：没人反对。逆，反对。

【译文】

子祀、子舆、子犁、子来四人一起交谈："谁能把'无'看作头部，把'生'看作脊背，把'死'看作臀部，谁明白生死存亡浑然一体之理，我和他交友。"四人相视而笑，心里都赞成，于是共同结为朋友。

【原文】

俄而子舆有病①，子祀往问之。曰："伟哉，夫造物者将以予为此拘拘也②！曲偻发背③，上有五管④，颐隐于齐⑤，肩高于顶，句赘指天⑥。"阴阳之气有沴⑦，其心闲而无事，跰𨄮而鉴于井⑧，曰："嗟乎！夫造物者又将以予为此拘拘也。”

【注释】

① 俄而：不久。

② 拘拘：身体弯曲貌。

③ 曲偻 (lóu)：驼背。发背：脊背向上凸起。

④ 五管：五脏的腧穴位。在脊椎处。

⑤ 颐 (yí)：面颊。齐：通"脐"。

⑥ 句赘 (gōu zhuì)：颈椎。

⑦ 沴 (lì)：错乱。子舆因阴阳错乱而生病。

⑧ 跰𨇤 (pián xiān)：走路不稳貌。鉴：照。

【译文】

不久子舆生病，子祀去看望他。子舆说："伟大啊，造物主把我变成如此弯曲的样子！我弯着腰，脊背凸起，五脏腧穴朝上，面颊陷进肚脐，两肩高过头顶，颈椎指向天空。"阴阳不调而引发此病，但他内心安闲无事。他跟跟跄跄地走到井边照照自己，说："啊呀，造物主把我变成如此弯曲的样子！"

【原文】

子祀曰："女恶之乎？"曰："亡①，予何恶！浸假而化予之左臂以为鸡②，予因以求时夜③；浸假而化予之右臂以为弹，予因以求鸮炙④；浸假而化予之尻以为轮⑤，以神为马，予因而乘之，岂更驾哉⑥！且夫得者⑦，时也；失者，顺也。安时而处顺，哀乐不能入也，此古之所谓县解也⑧，而不能自解者，物有结之⑨。且夫物不胜天久矣，吾又何恶焉！"

【注释】

① 亡 (wú)：通"无"。不。

② 浸假：渐渐。庄子认为人死后，人体会变成其他事物，如变成鸡，

变成弹，变成轮。

　　③ 时夜：司夜。指报晓公鸡。

　　④ 鸮（xiāo）炙：烤熟的鸮鸟肉。鸮，鸟名。炙，烤肉。

　　⑤ 轮：车轮。代指车。

　　⑥ 更驾：另找车辆。

　　⑦ 得：指得到生命。

　　⑧ 县（xuán）解：解脱。县，通"悬"。悬挂；束缚。

　　⑨ 物有结之：有事物束缚他。物，指外界的名利、亲情等等。

【译文】

　　子祀问："你讨厌这模样吗？"子舆说："不！我怎会讨厌！如果慢慢把我的左臂变作公鸡，我便要它报晓；慢慢把我的右臂变作弹丸，我就用它打鸮鸟烤肉吃；慢慢把我的臀部变作车，把我的精神变作马，我就乘坐它们，难道还需另外驾车吗！再说获得生命，那是遇到时机；失去生命，那是顺应自然。安于时机而顺应自然，悲欢都不会进入心中，这即古人讲的束缚被解脱了，而不能自我解脱的人，是因为有事物束缚他们。再说人不能胜天的情况已存在很久了，我又讨厌什么呢！"

【原文】

　　俄而子来有病，喘喘然将死①。其妻子环而泣之②。子犁往问之，曰："叱③！避！无怛化④！"倚其户与之语曰⑤："伟哉造化！又将奚以汝为⑥？将奚以汝适⑦？以汝为鼠肝乎？以汝为虫臂乎？"子来曰："父母于子，东西南北，唯命之从。阴阳于人⑧，不翅于父母⑨。彼近吾死而我不听，我则悍矣，彼何罪焉？夫大块载我以形，劳我以生，佚我以老，息我以死。故善吾生者，乃所以善吾死也。今大冶铸金⑩，金踊跃曰：'我且必为镆铘⑪！'大冶必以为不祥之金。今一犯人之形而曰：'人耳⑫！人耳！'夫造化者必以为不祥之人。今一以天地为大炉⑬，以造化为大冶，恶乎往而不可哉⑭！"成然寐⑮，蘧然觉⑯。

【注释】

① 喘喘然：喘气貌。

② 妻子：妻子和孩子。环：围绕。

③ 叱：呵斥声。

④ 无怛（dá）化：不要惊扰子来的化去。庄子认为人死就是化为彼物。怛，惊扰。

⑤ 倚：靠。户：门。

⑥ 奚以汝为：即"以汝为奚"。把你变成什么。奚，什么。

⑦ 适：往。

⑧ 阴阳：阴阳二气。代指自然。

⑨ 不翅：不止。

⑩ 大冶铸金：技术高超的铁匠铸造铁器。冶，铁匠。金，泛指金属器具。

⑪ 镆铘（mò yé）：宝剑名。

⑫ 人：用作动词。指下一生还要当人。

⑬ 一：完全。

⑭ 恶乎往：到哪里去。引申为变成什么。

⑮ 成然寐：安然入睡。成然，熟睡貌。

⑯ 蘧（qú）然：安闲自得貌。觉：醒。

【译文】

不久子来病了，气喘吁吁即将死去。妻子儿女围着他哭泣。子犁去看望他，说："嘿！走开！不要惊扰变化！"子犁靠着门同他谈话："造物主真伟大啊！又将你变作什么？将你送往哪里？将你变作老鼠肝脏吗？还是将你变作虫子臂膀呢？"子来说："父母和儿女，无论东西南北，儿女只能听从父母。大自然对人来说，岂止父母，它让我接近死亡而我不听，那是我太蛮横，它有何过错？大自然赋予形体使我有所寄托，赋予生命让我勤奋劳作，赋予衰老使我享受安逸，赋予死亡让我休息，因此妥善安排我生存的自然，也能妥善安排我的死亡。如果优秀铁匠铸造铁器，有块金属跳着喊：'我一定当镆铘宝剑！'铁匠一定认为这是块不好的金属。如今一旦有了人的形体，就嚷嚷说：'我下一生还要当人！还要当人！'造物主一定会认为这是不好的人。现在我完全把天地看作一座大熔炉，把造物主看作优秀铁匠，它把我变成什么不可以！"子来安然入睡，醒后也悠然自得。

【原文】

子桑户、孟子反、子琴张三人相与友，曰："孰能相与于无相与、相为于无相为①？孰能登天游雾、挠挑无极、相忘以生、无所终穷②？"三人相视而笑，莫逆于心，遂相与为友。

【注释】

① 相与于无相与：相交于无心相交之中。指交往出于自然而非有意。相为：互相帮助。

② 登天游雾：精神游于人世之外。挠挑：游荡。无极：无穷的境界。终穷：死亡。

【译文】

子桑户、孟子反、子琴张三人关系好，说："谁能相互交往于无心交往、相互帮助于无心帮助之中？谁能升天游雾、游于无穷境界、忘却生存、也无所谓死亡？"三人相视而笑，心里都很赞成，于是结为好友。

【原文】

莫然有间①，而子桑户死，未葬。孔子闻之，使子贡往侍事焉②。或编曲，或鼓琴③，相和而歌曰："嗟来桑户乎④！嗟来桑户乎！而已反其真⑤，而我犹为人猗⑥！"子贡趋而进曰⑦："敢问临尸而歌，礼乎？"二人相视而笑，曰："是恶知礼意！"

【注释】

① 莫然：同"漠然"。平静貌。有间：一段时间。

② 子贡：孔子弟子。侍事：办事。即办理丧事。

③ 或：有人。两个"或"分别指孟子反和子琴张。

④ 嗟来：感叹词。

⑤ 而：你。反：通"返"。真：本来面目。这里指自然。

⑥ 猗（yī）：句尾助词。

⑦ 趋：小步快走。

【译文】

平静地过了一段时间，而子桑户死了，还未埋葬。孔子听说了，就派子贡去帮助办理丧事。孟子反和子琴张一个在编曲，一个在弹琴，然后合唱道："哎呀子桑户啊！哎呀子桑户啊！你已返本归真，而我们还在做人！"子贡快步走向前说："请问面对尸体歌唱，合乎礼仪吗？"两人相视而笑，说："你怎懂礼的真正含义！"

【原文】

子贡反，以告孔子，曰："彼何人者邪？修行无有①，而外其形骸②，临尸而歌，颜色不变③，无以命之④，彼何人者邪？"孔子曰："彼游方之外者也⑤，而丘游方之内者也。外内不相及，而丘使女往吊之，丘则陋矣！彼方且与造物者为人⑥，而游乎天地之一气⑦。彼以生为附赘县疣⑧，以死为决疣溃痈⑨。夫若然者，又恶知死生先后之所在！假于异物，托于同体⑩，忘其肝胆⑪，遗其耳目；反覆终始⑫，不知端倪⑬；芒然彷徨乎尘垢之外⑭，逍遥乎无为之业。彼又恶能愦愦然为世俗之礼⑮，以观众人之耳目哉⑯！"

【注释】

① 修行无有：没有好德行。修，美。

② 外其形骸：忘却自身。

③ 颜色不变：面容没有变得悲伤。颜色，面色。

④ 无以命之：无法形容他们。命，形容。

⑤ 方之外：世外。方，人间。

⑥ 为人：为伴。

⑦ 天地之一气：原始混沌境界。指天地尚处于还未剖分的元气状态。

⑧ 附赘：附在身上的赘肉。县疣（xuán yóu）：悬挂的肉瘤。县，通"悬"。疣，肉瘤。

⑨ 决疣（huàn）溃痈（yōng）：挤破毒疮。决、溃，都是挤破义。疣、痈，泛指毒疮。

⑩ 假于二句：借用不同物质，合成人的形体。假，借。

⑪ 肝胆：代指肉体。

⑫ 反覆终始：生死循环往复。

⑬ 端：开头。倪（ní）：边际；尽头。

⑭ 芒然：无思无虑貌。尘垢：尘世。

⑮ 愦愦然：糊涂貌。

⑯ 观：让别人看。

【译文】

子贡回去，把此事告诉孔子，说："他们是什么人？没有美德，不顾形体，面对尸体唱歌，没有悲伤表情，我没法形容他们。他们是什么人？"孔子说："他们是游于世外的人，而我是游于世内的人，世外人与世内人没有交往，而我让你去吊唁他们，我太浅薄了！他们将与道为伴，游于天地一体的混沌状态之中。他们把生命看作多余肉瘤，把死亡看作挤破毒疮。这样的人，又怎会介意生死先后这些问题！人假借不同物质，合成自身形体，所以他们忘却自身，排除见闻，把生死看作循环，不知什么是生命的开始与结束；他们无思无虑地徘徊于尘世之外，逍遥于清静无为的境界之中。他们又怎能糊糊涂涂地去施行世俗礼仪，去炫耀于众人耳目之前呢！"

【原文】

子贡曰："然则夫子何方之依①？"孔子曰："丘，天之戮民也②。虽然，吾与汝共之③。"子贡曰："敢问其方④？"孔子曰："鱼相造乎水⑤，人相造乎道。相造乎水者，穿池而养给⑥；相造乎道者，无事而生定⑦。故曰：鱼相忘乎江湖，人相忘乎道术。"

【注释】

① 何方之依：选择哪种生活方式？何方，指方外或方内。

② 天之戮（lù）民：受天惩罚的人。戮，惩罚。孔子不能摆脱世务，故自称"戮民"。

③ 共之：共同追求方外生活。

④ 方：方法。

⑤ 相：共同。造：到。

⑥ 穿池而养给（jǐ）：挖个池子水就足够了。养，指供养鱼的水。给，足够。

⑦ 生（xìng）定：性情平静安适。生，通"性"。

【译文】

子贡问："那么您将选择哪种生活呢？"孔子说："我孔丘，是受上天惩罚的人。虽然如此，我愿意和你一起追求道。"子贡问："请问具体方法？"孔子说："鱼都归向水，人都归向道。归向水的鱼，挖个池塘水就足够了；归向道的人，只要清静无为就能使心性平静。所以说：鱼相忘于江湖里，人相忘于大道中。"

【原文】

子贡曰："敢问畸人①？"曰："畸人者，畸于人而侔于天②。故曰：天之小人，人之君子③；人之君子，天之小人也。"

【注释】

① 畸（jī）人：异人。畸，异常。

② 侔（móu）于天：合于道。侔，合。天，自然；道。

③ 天之小人二句：道所认为的小人，却是人间君子。道的标准和世人标准不同，如子产、墨子等，庄子认为他们的言行不符合道，是道的小人，

却被人们视为君子。

【译文】

子贡说："请问何为异人？"孔子说："所谓异人，就是与世人不同但合于道的人。所以说：道所认为的小人，却是人间君子；人间的君子，却是道的小人。"

【原文】

颜回问仲尼曰："孟孙才①，其母死，哭泣无涕，中心不戚，居丧不哀。无是三者②，以善处丧盖鲁国③。固有无其实而得其名者乎？回壹怪之④。"

【注释】

① 孟孙才：鲁国人。姓孟孙，名才。

② 三者：指与"哭泣无涕"、"中心不戚"、"居丧不哀"三种不好表现相对应的行为。

③ 处丧：处理丧事。盖：超过。

④ 壹：确实。

【译文】

颜回问孔子："孟孙才，他母亲死了，哭泣没眼泪，心中不悲伤，居丧期间不哀痛。三个方面都没好表现，却以善办丧事而名盖鲁国，难道真有无其实而得其名的情况吗？我甚感困惑。"

【原文】

仲尼曰："夫孟孙氏尽之矣①，进于知矣②，唯简之而不得③，夫已有所简矣。孟孙氏不知所以生④，不知所以死；不知就先⑤，不知就后。若化为物，以待其所不知之化已乎⑥。且方将化，恶知不化哉⑦？方将不化，恶知已化哉？吾特与汝⑧，其梦未始觉者邪！且彼有骇形而无损心⑨，有旦宅而无情死⑩。孟孙氏特觉人哭亦哭，是自其所以乃⑪。且也相与'吾之'耳矣⑫，庸讵知吾所谓'吾之'乎⑬？且汝梦为鸟而厉乎天⑭，梦为鱼而没于渊。不识今之言者，其觉者乎？其梦者乎？造适不及笑，献笑不及排⑮，安排而去化⑯，乃入于寥天一⑰。"

【注释】

① 尽之：把丧事处理得尽善尽美。

② 进于知：超过一般懂得丧礼知识的人。进，超过。

③ 唯简之句：只是想简化而无法做到。

④ 所以生：什么是生。

⑤ 就：趋向；追求。

⑥ 若化二句：如已变为某一事物，只不过意味着等待无法知晓的下次变化而已。

⑦ 且方将二句：懂得人就要发生变化的孟孙才，又怎么理解坚持不化观点的世人呢。

⑧ 特：只是。

⑨ 彼：指孟孙才。骇形：惊人行为。损心：不好的心境。

⑩ 旦宅：短暂存在的肉体。旦，形容时间短暂。宅，住宅。肉体为精神之宅。情死：真正死去。庄子认为人虽然死了，但会变为其他事物继续生存。

⑪ 是自句：这只是随着别人做做样子罢了。自，顺从。其，代指别人。乃，代指哭泣。

⑫ 相与"吾之"：都认为他是我们同类的人。

⑬ 庸讵（jǔ）句：怎能理解我们所说的这位同类。庸讵，怎么。知，理解。

⑭ 厉：奋飞。

⑮ 造适二句：适意的心境刚出现还没来得及笑，或者发出的笑声还没有消失（而不幸的事又发生了）。造，至；达到。献笑，发出笑声。排，排除；消失。

⑯ 安排而去化：安于自然安排，远离人世，顺应变化。去，离开。化，

顺应变化。

⑰ 寥天一：至远至高的、唯一的大道境界。寥，远。天，高。一，唯一的道。

【译文】

孔子说："孟孙才办丧事已很完美，超过世俗丧礼，他想简化而无法做到，已经简化了。孟孙才不知什么是生，不知什么是死；不知占先，不知取后。如已变为某一事物，不过意味着等待不可知的下次变化而已。他懂得人将变为他物，怎能理解坚持不变的世人？坚持不变的世人，又怎能理解懂得变化的孟孙才？我和你，不过处于梦中还未醒来而已！他虽有惊人之举，但不会影响平静心境；其肉体存在短暂却能精神长存。孟孙才只是觉得别人哭了自己也应哭，这是顺着别人做做样子而已。再说我们总把孟孙才看作同类，可怎能理解我们所说的这位同类呢？你在梦中变成鸟飞上天空，梦中变成鱼畅游深渊。不知现在讲话的我，是个醒着人呢？还是个梦中人？刚感到适意还未来得及笑，或者发出笑声还未消失（而烦恼事又发生了）。安于自然安排，远离人世而顺应变化，就能进入至高至远、独一无二的大道境界。"

【原文】

意而子见许由①，许由曰："尧何以资汝②？"意而子曰："尧谓我：'汝必躬服仁义而明言是非。'"许由曰："而奚来为轵③？夫尧既已黥汝以仁义，而劓汝以是非矣④，汝将何以游夫遥荡、恣睢、转徙之涂乎⑤？"

【注释】

① 意而子：人名。许由：尧时隐士。

② 资：给予；教育。

③ 而：你。轵（zhǐ）：通"只"。语助词。

④ 夫尧二句：尧已用仁义、是非这些人为教育破坏了你的天性。庄子认为，人性原本美好，提倡、奖励仁义，反而使人假借仁义谋取私利。黥（qíng），脸上刻字。劓（yì），割鼻。黥劓破坏人的本来面貌，比喻提倡仁义

破坏人的天性。

⑤ 遥荡、恣睢、转徙：都是描写自由自在貌。涂：通"途"。

【译文】

意而子拜访许由，许由问："尧用什么教育你？"意而子说："尧告诉我：'你必亲自实行仁义并明确说明是非。'"许由说："那你还到这里干吗？尧已经用仁义、是非这些人为教育破坏了你的天性，你怎能走上自由自在、无拘无束之路呢？"

【原文】

意而子曰："虽然，吾愿游于其藩①。"许由曰："不然。夫盲者无以与乎眉目颜色之好②，瞽者无以与乎青黄黼黻之观③。"意而子曰："夫无庄之失其美④，据梁之失其力⑤，黄帝之亡其知⑥，皆在炉捶之间耳⑦，庸讵知夫造物者之不息我黥而补我劓⑧，使我乘成以随先生邪⑨？"许由曰："噫！未可知也⑩。我为汝言其大略：吾师乎⑪！吾师乎！齑万物而不为义⑫，泽及万世而不为仁，长于上古而不为老，覆载天地、刻雕众形而不为巧⑬。此所游已！"

【注释】

① 藩：领域；境界。

② 无以：没办法。与：参与欣赏。颜色：面容。好：美丽。

③ 瞽者：盲人。黼黻（fǔ fú）：礼服上的花纹。泛指华美衣服。

④ 无庄：古代美女。

⑤ 据梁：古代大力士。

⑥ 知：通"智"。

⑦ 皆在而补我劓：都正接受造物主的重新铸造。捶，通"锤"。意思是，无庄、据梁、黄帝都已死了，正重新接受造物主的铸造。据此意而子相信道也能改变自己，使自己重新做人。

⑧ 息我黥句：比喻恢复我的天性。

⑨ 乘成：凭着完好形体。比喻凭借完好天性。

⑩ 未可知：能否实现这一愿望尚不可知。

⑪ 吾师：指道。许由以道为师。

⑫ 鳌（jī）：粉碎；毁灭。义：道义。

⑬ 刻雕：创造。众形：万物。

【译文】

意而子说：“虽说如此，我还是希望进入这种境界。”许由说：“不行。盲人无法看到美丽容貌，瞎子无法欣赏华美衣服。”意而子说：“无庄已失去美丽，据梁已失去力量，黄帝已失去智慧，都已处于道的炉锤之间被铸造成全新事物。怎知大道不会恢复我天性、使我凭着完美天性而跟随先生？”许由说：“唉！尚不可知。我为你谈谈道的大概：道是我老师！道是我老师！它毁灭万物并非为了坚持原则，恩泽施于万世并非出于仁爱，说它年长于远古也不足以形容它的长寿，它涵盖天地、创造万物而不自以为巧妙。这就是我们的生活境界。”

【原文】

颜回曰：“回益矣①。”仲尼曰：“何谓也？”曰：“回忘仁义矣。”曰：“可矣，犹未也。”他日复见，曰：“回益矣。”曰：“何谓也？”曰：“回忘礼乐矣。”曰：“可矣，犹未也。”它日复见，曰：“回益矣。”曰：“何谓也？”曰：“回坐忘矣②。”仲尼蹴然曰③：“何谓坐忘？”颜回曰：“堕肢体④，黜聪明⑤，离形去知⑥，同于大通⑦，此谓坐忘。”仲尼曰：“同则无好也，化则无常也，而果其贤乎！丘也请从而后也⑧。”

【注释】

① 益：长进。

② 坐忘：静坐无思而物我两忘。

③ 蹴（cù）然：惊异貌。

④ 堕（huī）：通“隳”。废掉。这里是忘掉的意思。

⑤ 黜（chù）聪明：闭目塞听。黜，排除。聪，听得清。明，看得清。

⑥ 离形去知：抛弃形体，排除智慧。知，通"智"。

⑦ 大通：无所不通、自由自在的精神境界。

⑧ 从而后：跟在你的后面，向你学习。而，你。

【译文】

颜回说："我进步了。"孔子问："说的什么意思？"颜回说："我忘掉了仁义。"孔子说："不错，但还不够。"后来又去见孔子，说："我又进步了。"孔子问："说的什么意思？"颜回说："我忘掉了礼乐。"孔子说："不错，但还不够。"后来颜回再去见孔子，说："我又进步了。"孔子问："说的什么意思？"颜回说："我'坐忘'了。"孔子惊异地问："什么叫'坐忘'？"颜回说："忘却肉体，排除视听，抛弃形体，不要智慧，同畅通无阻、自由自在的大道境界融为一体，这叫'坐忘'。"孔子说："同于大道就没有个人偏好，懂得变化就不会固执一端，你真是贤人啊，请让我孔丘跟着你学习吧！"

【原文】

子舆与子桑友。而霖雨十日①，子舆曰："子桑殆病矣②！"裹饭而往食之③。至子桑之门，则若歌若哭，鼓琴曰："父邪？母邪？天乎？人乎？"有不任其声而趋举其诗焉④。

【注释】

① 霖（lín）：三日以上的雨。

② 殆：大概。病：指饿坏了。

③ 裹饭：用东西包着饭。食（sì）：让别人吃。

④ 不任：不能。趋：很快。举：念出来。诗：歌词。

【译文】

子舆和子桑是好友。雨下了十天，子舆说："子桑大概饿坏了！"于是就包些饭送给他吃。走到子桑门口时，听见子桑似歌似哭的声音，而且还弹着琴："是父亲呢？是母亲呢？是天呢？是人呢？"有时衰弱得唱不出声调，而只能很快地把歌词念出来。

【原文】

子舆入，曰："子之歌诗，何故若是？"曰："吾思夫使我至此极者而弗得也①。父母岂欲吾贫哉？天无私覆，地无私载，天地岂私贫我哉？求其为之者而不得也②，然而至此极者，命也夫！"

【注释】

① 极：绝境。

② 为之者：造成这种绝境的原因。为，造成。

【译文】

子舆走进去，问："您唱歌，为何这个样子？"子桑说："我正思索使我陷入绝境的原因而又找不到。父母难道希望我贫困吗？天无私地覆盖万物，地无私地托载万物，天地怎会偏偏让我贫困呢？我找不到陷此绝境的原因，然而我又确实身处绝境，这就是命运吧！"

应帝王第七

【题解】

应，回答。帝王，指帝王治国问题。本篇提出的治国原则主要有：反对独裁，顺应自然，无为而治，克服成见，有功不居等。

【原文】

啮缺问于王倪①，四问而四不知。啮缺因跃而大喜②，行以告蒲衣子。蒲衣子曰："而乃今知之乎③？有虞氏不及泰氏④。有虞氏其犹藏仁以要人⑤，亦得人矣，而未始出于非人⑥。泰氏其卧徐徐⑦，其觉于于⑧，一以己为马，一以己为牛⑨。其知情信⑩，其德甚真，而未始入于非人。"

【注释】

① 啮（niè）缺、王倪（ní）：两个人名。

② 跃而大喜：高兴得跳起来。啮缺从王倪的回答中领悟圣人无知无为的道理，所以高兴。

③ 而：你。乃今：现在。

④ 有虞氏：即舜。泰氏：即伏羲。

⑤ 藏仁以要人：胸怀仁义以笼络人心。要，要结；笼络。

⑥ 未始出于非人：未曾摆脱仁义的牵累。出于，摆脱。非人，外物。指人为的仁义。舜得到百姓拥护，依靠的是提倡外在的仁义，所以说他没有摆脱外物的牵累。

⑦ 徐徐：安闲自得貌。

⑧ 觉：醒后。于于：无思无虑貌。

⑨ 一以己二句：听任别人把自己看作马，听任别人把自己看作牛。

⑩ 知：通"智"。情信：真实。

【译文】

啮缺向王倪请教，四问而四次都说不知道。啮缺高兴得跳起来，跑去把此事告诉蒲衣子。蒲衣子说："你如今知道了？舜比不上伏羲，舜还要用仁义笼络人心，虽然也得到百姓拥护，但未能摆脱外物牵累。伏羲睡觉时安闲自得，醒来后无思无虑。他听任别人把自己看作马，听任别人把自己看作牛。他的智慧是真智慧，他的美德是真美德，从未陷入外物牵累。"

【原文】

肩吾见狂接舆，狂接舆曰："日中始何以语女？"肩吾曰："告我：君人者以己出经式义度①，人孰敢不听而化诸②？"狂接舆曰："是欺德也，其于治天下也，犹涉海、凿河而使蚊负山也。夫圣人之治也，治外乎③？正而后行④，确乎能其事者而已矣⑤。且鸟高飞以避矰弋之害⑥，鼷鼠深穴乎神丘之下以避熏凿之患⑦，而曾二虫之无知⑧！"

【注释】

① 君人者：即君主。以己：根据自己意志。出：制定。经式义度：泛指各种法规。

② 化：接受教化；服从。

③ 治外：用外在的法规制度去迫使百姓就范叫"治外"。

④ 正：端正自我。行：推行；感化。

⑤ 确：确定；选准。能其事者：能办事的人。

⑥ 矰弋（zēng yì）：泛指弓箭。矰，用丝绳系着的短箭。弋，用矰射鸟。

⑦ 鼷（xī）鼠：一种小野鼠。深穴：深深打洞。神丘：社坛。古人祭祀土神的土台。

⑧ 而曾句：你竟然不知这两种动物的做法吗？而，你。曾，竟然。意思是，连动物都知道对付人的迫害，更何况人！国君迫害百姓，百姓就会对付国君，上下斗智斗勇，国家难以安定。

【译文】

肩吾见狂接舆，狂接舆问："日中始给你讲了什么？"肩吾说："他告诉我：君主要根据个人意志去制定法规制度，人们谁敢不服从教化？"狂接舆说："这是欺诈行为，想用这种做法治好天下，就像徒步过海、开凿黄河、让蚊子背大山那样不可能。圣人治国，难道是用外在的法规制度去迫使百姓就范吗？圣人先端正自我然后去感化别人，准确选用能办事的人就可以了。小鸟尚且知道高飞以躲避弓箭的伤害，鼷鼠尚且知道深藏在社坛的洞穴里以逃避熏烧挖掘的灾祸，你竟然不知这两种动物的做法吗！"

【原文】

天根游于殷阳①，至蓼水之上②，适遭无名人而问焉③，曰："请问为天下。"无名人曰："去！汝鄙人也，何问之不豫也④！予方将与造物者为人⑤，厌则又乘夫莽眇之鸟⑥，以出六极之外⑦，而游无何有之乡⑧，以处圹埌之野⑨。汝又何帠以治天下感予之心为⑩？"又复问，无名人曰："汝游心于淡，合气于漠⑪，顺物自然而无容私焉，而天下治矣。"

【注释】

① 天根：人名。殷阳：地名。

② 蓼（liǎo）水：河名。上：边。

③ 适：刚好。遭：遇到。无名人：虚构人物。

④ 豫：愉快。

⑤ 为人：为伴。

⑥ 厌则句：得道后就乘着虚静缥缈的精神之鸟。厌，满足，指得道。莽眇之鸟，比喻虚静缥缈的精神。莽眇，缥缈。

⑦ 六极之外：世外。六极，即六合。指天地、四方。

⑧ 无何有之乡：什么都没有的虚静之处。即无思无虑、物我两忘的境界。

⑨ 圹埌（kuàng làng）之野：辽阔无边的原野。比喻无限的精神境界。

⑩ 帠（yì）：字书无"帠"。疑为"寱"，"寱"为"呓"的本字。梦话。感：动；打扰。

⑪ 合气于漠：游心于清静无为。合，放在；游于。气，与"心"义近。漠，淡泊。

【译文】

天根在殷阳游历，来到蓼水边，刚好遇上无名人，请教说："请问治天下的事。"无名人说："走开！你是个浅薄人，怎么问这种让人不高兴的事！我正要与道结伴，得道后就乘坐虚静缥缈的精神之鸟，飞到世外，游荡于清空无物的地方，生活在无边的原野。你又为何像说梦话那样拿治天下的事来打扰我的平静心境呢?"天根仍追问,无名人说:"你处心淡泊,清静无为,顺应万物而不掺入私心,天下就安定了。"

【原文】

阳子居见老聃①,曰:"有人于此,向疾强梁②,物彻疏明③,学道不勒④。如是者,可比明王乎?"老聃曰:"是于圣人也,胥易技系⑤,劳形怵心者也⑥。且也虎豹之文来田⑦,猨狙之便、执斄之狗来藉⑧。如是者,可比明王乎?"阳子居蹴然曰:"敢问明王之治。"老聃曰:"明王之治,功盖天下而似不自己,化贷万物而民弗恃⑨,有莫举名⑩,使物自喜⑪,立乎不测,而游于无有者也⑫。"

【注释】

① 阳子居:战国思想家杨朱。

② 向疾:像回声那样迅速。向,通"响"。回声。疾,快。强梁:刚强。

③ 物彻:对事物理解透彻。疏明:通达明了。

④ 勒(juàn):通"倦"。

⑤ 胥易:小官吏。胥,小吏。易,占卜官员。技系:为技能所系累。

⑥ 怵(chù)心:恐惧。

⑦ 文:通"纹"。指有花纹的皮毛。来:招来。田:打猎。

⑧ 猨狙(jū):猕猴。便:敏捷。斄(lí):狐狸。来:招致。藉:拴缚。比喻办事敏捷能干的人就如同虎、豹、猴、狗一样,其才能不但对自己无益,反而会成为自己的拖累。

⑨ 化:化育。贷:施恩。不恃:不认为是依赖君主。

⑩ 有莫举名:有功而无法用语言形容。莫,不能。举,称说。名,形容。

⑪ 自喜:欣然自得。

⑫ 无有者:虚无清静的境界。

【译文】

阳子居见老子，问："假如有人，敏捷刚强，通达事理，学道不倦。这样的人，可以比上圣君吗？"老子说："这种人同圣君相比，只是个具体办事、劳形费神的小吏。再说虎豹因皮毛美丽而招致围猎，猕猴和善捉狐狸的狗因行动敏捷而招致拴缚，这样的动物，可以同圣君相比吗？"阳子居不安地说："请问圣王治国的事。"老子说："圣王治国，功盖天下好像与己无关，化育、施恩于万物而人们却不觉得对他有所依赖，建功立德却无法用语言描述，使万物欣然自得，立身处世高妙莫测，游于清静的境界之中。"

【原文】

郑有神巫曰季咸①，知人之死生存亡、祸福寿夭，期以岁月旬日，若神。郑人见之，皆弃而走②。列子见之而心醉③，归，以告壶子④，曰："始吾以夫子之道为至矣，则又有至焉者矣。"壶子曰："吾与汝既其文⑤，未既其实⑥。而固得道与⑦？众雌而无雄，而又奚卵焉⑧？而以道与世亢⑨，必信⑩，夫故使人得而相汝⑪。尝试与来，以予示之。"

【注释】

① 神巫：神灵的巫师。

② 弃而走：跑开了。郑人担心预言自己的灾祸，从而给自己造成心理压力，故逃开。

③ 心醉：醉心于；折服。

④ 壶子：列子的老师。

⑤ 与：授予。既：全部。其：代指道。文：本指纹饰，这里指表面东西。

⑥ 实：实质内容。

⑦ 而：你。固：真的。

⑧ 众雌二句：只有众多雌性而没有雄性，怎能生育呢？卵，生育。这两句说明任何事情的成功，都需双方配合，如果人们不表露什么，季咸是无法预测别人命运的。

⑨ 亢：通"抗"。较量。

⑩ 信 (shēn)：通"伸"。表露。

⑪ 相汝：通过观察你的容貌而预测命运。

【译文】

郑国有个神巫叫季咸，能预测人的生死存亡、祸福寿夭，能预测发生在某年某月某旬某日，准确如神。郑人见他，都赶快跑开。列子见了十分折服，回去后，把此事告诉壶子，说："从前我以为您学问最高，如今有了更高学问。"壶子说："我教你的全是道的皮毛，还没有教给你道的实质内容，你真得道了？只有众多雌性而无雄性，又怎能生育？你用学到的道与世人抗衡，一定会泄露你的情况，所以别人能为你看相。试着把他带来，让他给我看看相。"

【原文】

明日，列子与之见壶子。出而谓列子曰："嘻！子之先生死矣！弗活矣！不以旬数矣①！吾见怪焉，见湿灰焉②。"列子入，泣涕沾襟以告壶子③。壶子曰："乡吾示之以地文④，萌乎不震不正⑤，是殆见吾杜德机也⑥。尝又与来。"

【注释】

① 不以旬数：不到十天。以旬数，以旬为单位来计算。

② 湿灰：像淋湿的灰烬一样毫无生机。

③ 沾：浸湿。

④ 乡 (xiàng)：刚才。地文：大地之象。用寂然不动的大地比喻死气沉沉的神情。

⑤ 萌乎：处于。震：动。正：正常。

⑥ 殆：大概。杜德机：闭塞了生机。杜，闭塞。德机：生机。

【译文】

第二天，列子与季咸来见壶子。季咸出门后对列子说："唉，您老师要

死了！活不成了！活不到十天了。我看到怪异征兆，看到其神色如湿灰一样
毫无生机。"列子进屋后，眼泪湿了衣襟，把季咸的话告诉壶子。壶子说：
"刚才我让他看到的是大地般的寂静神情，我处于寂然不动的不正常状态，
他大概看到我的生机被闭塞了。再把他带来。"

【原文】

明日，又与之见壶子。出而谓列子曰："幸矣！子之先生遇我也！有瘳
矣①，全然有生矣！吾见其杜权矣②。"列子入，以告壶子。壶子曰："乡
吾示之以天壤③，名实不入④，而机发于踵⑤。是殆见吾善者机也⑥。尝又
与来。"

【注释】

① 瘳（chōu）：病愈。

② 杜权：闭塞的生机有所好转。权，变化；好转。

③ 天壤：天地。指天地二气相合时表现出的一线生机。古人认为天地
二气相合生出万物。

④ 名实：泛指一切事物。不入：不入心中。

⑤ 机发于踵：一线生机从脚跟升起。

⑥ 善者机：生机。

【译文】

第二天，列子又带季咸来见壶子。季咸出门后对列子说："幸运呀，您
的老师遇上我，病情好转，完全有救了！我看到他闭塞的生机有所变化。"
列子进屋后，把季咸的话告诉壶子，壶子说："刚才我让他看到的是天地二
气相合时产生的那点生机，我无思无虑，而一线生机从脚跟冉冉升起。他大
概看到我的这点生机吧！再把他带来！"

【原文】

明日，又与之见壶子。出而谓列子曰："子之先生不齐①，吾无得而相

焉。试齐，且复相之。"列子入，以告壶子。壶子曰："吾乡示之以太冲莫胜②，是殆见吾衡气机也③。鲵桓之审为渊④，止水之审为渊，流水之审为渊，渊有九名⑤，此处三焉⑥。尝又与来。"

【注释】

① 不齐：神情不稳定。壶子故意使自己的神情变化无常，以迷惑季咸。

② 太冲：太虚；虚无寂静。莫胜：无以复加。

③ 衡气机：介于生死之间、也即不死不活的神情。

④ 鲵（ní）：即雌鲸。桓：盘桓；游荡。审：深水处。

⑤ 九名：很多种。九，泛指多。用深渊的种类很多，比喻深不可测的神情也很多。

⑥ 三：指壶子给季咸看的"杜德机"、"善者机"、"衡气机"三种神情。

【译文】

第二天，列子又带季咸来见壶子。季咸出门后对列子说："您老师神情不稳定，我没法给他看相。等他神情稳定后，再来给他看。"列子进屋后，把这些话告诉壶子，壶子说："我刚才让他看到的是最为虚寂的神情，他大概看到我介于生死之间的状态。大鱼游荡的深水区叫深渊，静水形成的深水区叫深渊，流水形成的深水区也叫深渊，深渊有许多种类，我这里不过用了三种深渊式的深不可测的神情而已。再把他带来！"

【原文】

明日，又与之见壶子。立未定，自失而走①。壶子曰："追之！"列子追之不及，反，以报壶子曰："已灭矣②，已失矣，吾弗及已。"壶子曰："乡吾示之以未始出吾宗③，吾与之虚而委蛇④，不知其谁何⑤，因以为弟靡⑥，因以为波流⑦，故逃也。"

【注释】

① 自失：惊慌失措而不能自持。走：跑掉。

② 灭：没了踪影。

③ 宗：根本；本来面目。

④ 虚而委蛇（yí）：虚意应付，随顺而变。委蛇，随顺貌。

⑤ 不知其谁何：不知我究竟如何。其，壶子自指。谁何，如何。

⑥ 因以为弟靡：顺应着他的神情变化。因，顺应。弟靡，变化。

⑦ 波流：像水流一样顺着季咸的表情而变。

【译文】

第二天，列子又带季咸来见壶子。季咸还没站稳，就惊慌失措地跑了。壶子说："追回来！"列子没有追上，回来告诉壶子说："已看不到踪影了，让他跑掉了，我没追上。"壶子说："刚才我让他看到的不是我的真实神情，我同他虚与委蛇、随顺而变，他弄不清我究竟怎么样了，我随着他的表情变动，顺着他的表情变化，所以他只好逃了。"

【原文】

然后列子自以为未始学而归。三年不出，为其妻爨①，食豕如食人②，于事无与亲，雕琢复朴③，块然独以其形立④。纷而封哉⑤，一以是终⑥。

【注释】

① 爨（cuàn）：烧火煮饭。

② 食（sì）豕（shǐ）如食（sì）人：喂猪如喂人。豕，猪。此后列子懂得齐万物的道理，所以对待猪如同对待人一样。

③ 雕琢复朴：即复雕琢于朴。除去人为的浮华，返回真朴。

④ 块然：像土块那样无知无识。块，土块。立：生活。

⑤ 纷而封哉：社会上乱纷纷的，到处在争论是非。封，界线，引申为是非。

⑥ 一以是终：完全以齐物态度过完一生。一，完全。是，代指"食豕如食人"的态度。

【译文】

此后列子感到没学到什么就回去了。三年没出门，为他妻子烧火煮饭，喂猪如喂人，对事物无所偏私。他除去虚华恢复真朴，像土块那样无思无虑地生活着。人们乱纷纷地争辩是非得失，而列子完全以齐物态度过完一生。

【原文】

无为名尸①，无为谋府②，无为事任③，无为知主④。体尽无穷⑤，而游无朕⑥。尽其所受乎天而无见得⑦，亦虚而已。至人之用心若镜，不将不迎⑧，应而不藏⑨，故能胜物而不伤⑩。

【注释】

① 无为：不做。名尸：名声的主人。即名人。尸，主。

② 谋府：心藏智谋的人。

③ 事任：承担俗事。

④ 知主：智慧的主人；智囊。知，通"智"。

⑤ 体尽无穷：完全体会无穷无尽的大道境界。体，体会。尽，完全。

⑥ 无朕：无迹；无形无象。指虚无清静的境界。

⑦ 尽其所受乎天：尽情享受禀受于自然的快乐。无见得：不要眼盯着人间的利益。

⑧ 将：送。

⑨ 应而不藏：事物出现了，镜子就照一照；事物消失了，镜子也不留丝毫痕迹。

⑩ 胜物：超越万物。

【译文】

不做名人，不用谋略，不做俗事，不当智囊。深刻体会无穷的大道，游心于虚无清静的境界。尽情享受自然赋予的快乐，而不要眼盯着人间利益，也就是虚静淡泊而已。圣人思想犹如镜子，不主动地去送走或迎来外物，事情出现了有所映照，事情过去了心中不留痕迹，所以能超然于万物之上而不受外物伤害。

【原文】

南海之帝为儵①，北海之帝为忽②，中央之帝为浑沌③。儵与忽时相与遇于浑沌之地，浑沌待之甚善。儵与忽谋报浑沌之德，曰："人皆有七窍以视听食息，此独无有，尝试凿之。"日凿一窍，七日而浑沌死。

【注释】

① 儵（shū）：假设名字。含有"匆忙"之意，比喻纷扰多为。

② 忽：假设名字。同样含有急匆匆之意。

③ 浑沌：假设名字。含有浑然不分、自然淳朴的意思。

【译文】

南海大帝叫儵，北海大帝叫忽，中央大帝叫浑沌。儵与忽时常相会于浑沌之地，浑沌对他们招待得很好。儵与忽商量如何报答浑沌的美意，说："人人都有七窍用来看、听、吃和呼吸，唯独他没有，试着也为他开凿七窍吧！"他俩每天开凿一窍，七天后浑沌被开凿死了。

外 篇

骈拇第八

【题解】

《内篇》篇名都是对全篇内容的概括，《外篇》《杂篇》多是取篇首二三字作篇名。骈拇，脚的拇趾与二趾连在一起。比喻不符合天性的东西。

【原文】

骈拇、枝指出乎性哉①，而侈于德②；附赘县疣出乎形哉③，而侈于性。多方乎仁义而用之者④，列于五藏哉⑤，而非道德之正也。是故骈于足者，连无用之肉也；枝于手者，树无用之指也；多方骈枝于五藏之情者，淫僻于仁义之行⑥，而多方于聪明之用也。

【注释】

① 骈（pián）拇：脚的大拇趾与第二趾连在一起。骈，并连。枝指：多出的手指。出乎：超出。性：本性。引申为应有模样。

② 侈：多余。德：得；应有的。

③ 附赘：身上多余肉块。县疣（xuán yóu）：悬挂的肉瘤。县，同"悬"。疣，肉瘤。

④ 多方：用多种方法推行。

⑤ 列于五藏（zàng）：把仁义置于心中。藏，通"脏"，五藏即五脏，指心中。

⑥ 淫僻：错误。

【译文】

粘连的足趾和多出的手指，超出本来模样，多于应有形体；附悬的肉瘤，超出正常体态，多于本来面目。用各种方法推行仁义的人，虽满怀仁义，但算不上真正道德。所以足趾连在一起，是多了一块无用之肉；多长一根手指，是竖着一根无用手指；想方设法拔高各种天性的人，会错误地实施仁义行为，并想尽办法拔高自己听力和眼力。

【原文】

是故骈于明者，乱五色，淫文章①，青黄黼黻之煌煌非乎②？而离朱是已③。多于聪者，乱五声，淫六律④，金石丝竹黄钟大吕之声非乎⑤？而师旷是已⑥。枝于仁者，擢德塞性以收名声⑦，使天下簧鼓以奉不及之法非乎⑧？而曾、史是已⑨。骈于辩者，累瓦结绳窜句⑩，游心于坚白、同异之间⑪，而敝跬誉无用之言非乎⑫？而杨、墨是已⑬。故此皆多骈旁枝之道，非天下之至正也。

【注释】

① 淫：搞乱。文章：文采。

② 黼黻（fǔ fú）：礼服上的花纹。煌煌：光彩炫目貌。

③ 离朱：一位视力过人者。

④ 六律：指黄钟、太蔟、姑洗、蕤宾、夷则、无射六种乐律。

⑤ 金石丝竹：用金属、石、丝、竹做成的乐器。黄钟、大吕：两种乐律。泛指音乐。

⑥ 师旷：春秋晋国的著名乐师。

⑦ 擢（zhuó）：人为拔高。塞性：堵塞善良本性。

⑧ 簧鼓：管乐和打击乐。比喻世人的宣传和鼓吹。不及之法：做不到的仁义礼法。

⑨ 曾史：曾参和史鰌（qiū）。曾参是孔子弟子，史鰌是卫国大臣，两人都以仁孝出名。

⑩ 累瓦：迭瓦。比喻连缀词句。结绳：原始的记事方式。代指文字。窜

句：写词句。

⑪ 游心：用心。坚白：见《齐物论》注。同异：名家论题，认为事物之间的同和异是相对的，因而也就没有同异之别。

⑫ 敝：疲惫。跬（kuǐ）誉：一时的名誉。跬，举足一次叫"跬"。比喻短暂。

⑬ 杨墨：杨朱和墨翟。战国思想家。

【译文】

眼力太好的人，搞乱五色，混淆文采，青黄相间、炫人眼目的华美服饰不就是如此吗？而离朱即此类人。听力太好的人，搞乱五声，混淆六律，用金石丝竹制成的乐器和黄钟、大吕等音乐不就是如此吗？而师旷即此类人。鼓吹仁义的人，搞乱人的天性以博取个人名声，使天下人都去鼓吹并奉行无法做到的仁义礼法不就是如此吗？而曾参、史鳅即此类人。过分善辩的人，堆砌无用之词，用心于坚白、同异之辩，竭力以无用之词去博得一时名声的行为不就是如此吗？而杨朱、墨翟即此类人。这些都是多余无用的行为，不是天下最正确做法。

【原文】

彼正正者①，不失其性命之情，故合者不为骈，而枝者不为跂，长者不为有余，短者不为不足。是故凫胫虽短②，续之则忧；鹤胫虽长，断之则悲。故性长非所断，性短非所续，无所去忧也③。意仁义其非人情乎④？彼仁人何其多忧也？

【注释】

① 正正：根据上文，应为"至正"之误。

② 凫（fú）：野鸭。

③ 去：排除。

④ 意：想一想。

【译文】

那些最正确的人，不丢失真实本性，因此连接的不算多余连接，旁生的不算多余旁生；长的不算有余，短的不算不足。因此野鸭腿虽短，接上一段就有忧患；鹤鸟腿虽长，截去一段就会痛苦。所以天生是长的就不可截短，天生是短的就不可加长，如此就没有需要排除的忧愁了。想一想仁义难道不是人性所固有的吗？那些仁人何必如此多忧呢？

【原文】

且夫骈于拇者，决之则泣①；枝于手者，龁之则啼②。二者或有余于数，或不足于数，其于忧一也。今世之仁人，蒿目而忧世之患③；不仁之人，决性命之情而饕贵富④。故意仁义其非人情乎？自三代以下者，天下何其嚣嚣也⑤。

【注释】

① 决：割开。

② 龁（hé）：咬。

③ 蒿（hāo）目：注目。指关注社会。

④ 决：破坏；抛弃。饕（tāo）：贪。

⑤ 嚣嚣：喧嚣纷乱貌。

【译文】

再说足趾连接的人，要去割开他就会哭泣；多出一根手指的人，要去咬掉他就会啼哭。这两种情况有的多于应有数目，有的少于应有数目，但引起的忧愁却一样。当代的仁人，关注社会并为社会灾难担忧；不仁之人，抛弃善良天性而贪恋富贵。想一想仁义难道不是天性所固有的吗？自夏商周提倡仁义以来，天下多么混乱啊！

【原文】

且夫待钩绳规矩而正者①，是削其性者也；待绳约胶漆而固者②，是侵其德者也；屈折礼乐③，呴俞仁义④，以慰天下之心者，此失其常然也⑤。天下有常然。常然者，曲者不以钩，直者不以绳，圆者不以规，方者不以矩，附离不以胶漆⑥，约束不以缰索⑦。故天下诱然皆生⑧，而不知其所以生；同焉皆得，而不知其所以得。故古今不二，不可亏也。则仁义又奚连连如胶漆缰索而游乎道德之间为哉⑨！使天下惑也！夫小惑易方⑩，大惑易性，何以知其然邪？自虞氏招仁义以挠天下也⑪，天下莫不奔命于仁义，是非以仁义易其性与？

【注释】

① 钩：画弧线用的钩尺。规：圆规。矩：画直角用的曲尺。正：正确；适用。

② 绳约：绳索。

③ 屈折：弯腰行礼。

④ 呴俞 (xū yú)：爱抚。

⑤ 常然：常态；本来模样。

⑥ 附离：粘合在一起。离，通"丽"。依附。

⑦ 缰 (mò) 索：绳索。

⑧ 诱然：自然而然貌。

⑨ 连连：无休止貌。道德：大道和天性。德，天性。

⑩ 易：改变；弄错。方：方向。

⑪ 虞氏：舜。招 (qiáo)：标举；提倡。挠 (náo)：搅乱。

【译文】

再说用钩尺、墨线、圆规、曲尺去改变木头使之适用，那就损害了木头天性；用绳索、胶漆去加固木头，那就伤害了木头本性；弯腰行礼，施行仁爱，以此抚慰天下民心的做法，会使人失去原有天性。天下万物各有天性，所谓天性，即弯的不用钩尺，直的不用墨线，圆的不用圆规，方的不用曲尺，相连的不用胶漆，捆束的不用绳索。天下万物自然生长，而不知为何生长；都各得其所，而不知为何各得其所。古今一理，不可损害万物天性。

又何必无休止地像使用胶漆、绳索一样把仁义掺进大道和天性之中呢！这会使天下迷惑！小迷惑使人弄错方向，大迷惑使人改变天性，何以知道是这样呢？自舜提倡仁义、搅乱天下以来，天下人莫不为仁义而疲于奔命，这不是用仁义改变了人的天性吗？

【原文】

故尝试论之：自三代以下者，天下莫不以物易其性矣。小人则以身殉利①，士则以身殉名，大夫则以身殉家②，圣人则以身殉天下。故此数子者，事业不同，名声异号，其于伤性以身为殉，一也。

【注释】

① 殉：为……献出生命。
② 家：大夫的封地。整个中国叫"天下"，诸侯的封地叫"国"。

【译文】

试着论述这一问题：自夏商周以来，人们莫不为身外之物而改变自己天性。小人为财利献身，士人为名声献身，大夫为封地献身，圣人为天下献身。这些人，从事的事业不同，所获名声也不一样，但在损害天性、丧失生命这一点上，却是一样。

【原文】

臧与谷①，二人相与牧羊而俱亡其羊。问臧奚事，则挟策读书②；问谷奚事，则博塞以游③。二人者，事业不同，其于亡羊均也。伯夷死名于首阳之下④，盗跖死利于东陵之上⑤。二人者，所死不同，其于残生伤性均也，奚必伯夷之是而盗跖之非乎！

【注释】

① 臧（zāng）：男性家奴。谷：年幼家奴。都可视为人名。
② 挟：拿着。策：竹简。

③ 博塞 (sài)：类似掷骰子的游戏。

④ 伯夷：商末贤人。他反对武王伐纣，后因不食周粟而饿死于首阳山。死名：为名而死。

⑤ 盗跖 (zhí)：春秋时大盗。东陵：即泰山。

【译文】

臧与谷，两人牧羊时都丢了羊。问臧在做什么，在拿着竹简读书；问谷在做什么，在玩游戏赌博。两人做的事不同，但同样把羊丢了。伯夷为名声死于首阳，盗跖为财利死于东陵。这两人，死亡原因不同，但残害生命、损害天性一样，何必一定认为伯夷正确而盗跖错误呢！

【原文】

天下尽殉也，彼其所殉仁义也，则俗谓之君子；其所殉货财也，则俗谓之小人。其殉一也，则有君子焉，有小人焉。若其残生损性，则盗跖亦伯夷已，又恶取君子、小人于其间哉①！

【注释】

① 恶 (wū)：为何。

【译文】

人们都在为各种目的献身，那些为仁义献身的人，世俗称为君子；为财利献身的人，世俗称为小人。他们同样是献身，而有的成了君子，有的成了小人。如从自残生命、损害天性这一点看，那么盗跖和伯夷一样，又为何要在他们之间分出君子与小人呢！

【原文】

且夫属其性乎仁义者①，虽通如曾、史，非吾所谓臧也②；属其性于五味，虽通如俞儿③，非吾所谓臧也；属其性乎五声，虽通如师旷，非吾所谓聪也；属其性乎五色，虽通如离朱，非吾所谓明也。吾所谓臧者，非仁义之谓也，臧于其德而已矣；吾所谓臧者，非所谓仁义之谓也，任其性命之情而已矣；吾所谓聪者，非谓其闻彼也，自闻而已矣④；吾所谓明者，非谓其见彼也，自见而已矣。夫不自见而见彼，不自得而得彼者⑤，是得人之得而不自得其得者也，适人之适而不自适其适者也⑥。夫适人之适而不自适其适，虽盗跖与伯夷，是同为淫僻也。余愧乎道德，是以上不敢为仁义之操，而下不敢为淫僻之行也。

【注释】

① 属：从属；追求。

② 臧：美好。

③ 俞儿：相传他善于辨别味道。

④ 自闻：省察自身。

⑤ 自得：自我悟得。得彼：效法别人。

⑥ 适：适当；正确原则。

【译文】

改变天性追求仁义，即使像曾参和史鰌那样精通，也非我说的美好；改变天性研究美味，即使像俞儿那样精通，也非我说的美好；改变天性研究音乐，即使像师旷那样精通，也非我说的耳聪；改变天性研究色彩，即使像离朱那样精通，也非我说的目明。我说的美好，绝非提倡仁义，而是保持天性；我说的美好，绝非指仁义，而是顺应真情；我说的耳聪，不是听清别人，而是"听清"自我；我说的目明，不是看清别人，而是看清自己。没看清自己而看清别人，不求自悟而求效法别人，这就是只会效法别人、不知自悟的人，就是把别人原则当作自己原则的人。如把别人的原则当作自己的原则，即使盗跖和伯夷这些差异很大的人，同样错误。我有愧于大道和天性，因此上不敢奉行仁义操守，下不敢做错误之事。

马蹄第九

【题解】

本篇反对约束百姓的多为政治，提倡返归自然的政治主张。

【原文】

马，蹄可以践霜雪，毛可以御风寒，龁草饮水，翘足而陆①，此马之真性也。虽有义台路寝②，无所用之。及至伯乐，曰："我善治马。"烧之、剔之、刻之、雒之③，连之以羁絷④，编之以皂栈⑤，马之死者十二三矣。饥之、渴之、驰之、骤之、整之、齐之，前有橛饰之患⑥，而后有鞭策之威，而马之死者已过半矣。

【注释】

① 翘：扬起。陆：跳跃。

② 义（é）：同"峨"。高大。路：大。寝：住室。

③ 烧之：熨烫马毛。剔之：剪马毛。刻之：削剪马蹄。雒之：用烙铁打印记。雒，同"烙"。

④ 羁：马络头。絷（zhí）：绊马足的绳索。

⑤ 皂：马槽。栈：放在马脚下面的编木，用以防潮，俗称马床。

⑥ 橛（jué）：马口中的横木。饰：马络头上的装饰品。代指马络头。

【译文】

马，蹄可践踏霜雪，毛可抵御风寒，吃草喝水，扬蹄跳跃，这即马的天性。即使高台大殿，对马毫无用处。到了伯乐时，他说："我善于驯马。"

他熨马毛，剪马鬃，削马蹄，烙印记，还用络头和绊脚绳拴住它们，用马槽和马床编排它们，如此马就死了十分之二三。让马挨饿，让马干渴，还要它快速驱驰，急骤奔跑，步伐整齐，行动划一，前有马口横木和马络头的限制，后有皮鞭和竹鞭的威逼，如此马就死掉了一大半。

【原文】

陶者曰①："我善治埴②，圆者中规，方者中矩。"匠人曰："我善治木，曲者中钩，直者应绳。"夫埴、木之性，岂欲中规矩钩绳哉！然且世世称之曰："伯乐善治马，而陶匠善治埴、木。"此亦治天下者之过也③。

【注释】

① 陶者：制陶器的工匠。

② 治埴：用黏土制造陶器。埴，黏土。

③ 过：错误。庄子用陶工、木匠改变土、木天性，比喻统治者改变了人的天性。

【译文】

陶工说："我善于用黏土制造陶器，圆的合乎圆规，方的合乎曲尺。"木匠说："我善于用木材制造木器，弯的合乎钩尺，直的合乎墨线。"黏土、树木的天性，难道想合乎圆规、曲尺、钩尺和墨线吗？然而人们世代称赞他们："伯乐善于驯马，而陶工和木工善于整治黏土和木材。"这都是治国者的过错啊。

【原文】

吾意善治天下者不然。彼民有常性，织而衣，耕而食，是谓同德；一而不党①，命曰天放②。故至德之世，其行填填③，其视颠颠④。当是时也，山无蹊隧⑤，泽无舟梁；万物群生，连属其乡⑥，禽兽成群，草木遂长。是故禽兽可系羁而游，鸟鹊之巢可攀援而窥。夫至德之世，同与禽兽居，族与万物并⑦，恶乎知君子小人哉！同乎无知，其德不离；同乎无欲，是谓素朴。素朴而民性得矣。

【注释】

① 一而不党：浑然一体而不偏私。党，偏私。

② 天放：自然放任。

③ 填填：从容稳重貌。

④ 颠颠：质朴纯真貌。

⑤ 蹊（xī）隧：道路。

⑥ 连属：紧紧连接；亲密无间。

⑦ 族：聚合。并：一起。

【译文】

我想善治国者不是这样。人有天性，织布穿衣，种地吃饭，是人的共性；浑然一体没有偏私，叫自然放任。在最完美时代，人们走路从容不迫，目光质朴纯真。那时，山上没有道路，水上没有舟桥；万物共同生活，亲密无间；鸟兽成群结队，草木自由生长。人可牵着鸟兽游玩，可攀树探望鸟的生活。在最完美时代，人与鸟兽同居，与万物并生，哪知什么是君子、小人！都没智巧，没丧失美好天性；都没私欲，这叫纯朴。纯朴就能保护好人的天性。

【原文】

及至圣人，蹩躠为仁①，踶跂为义②，而天下始疑矣；澶漫为乐③，摘僻为礼④，而天下始分矣。故纯朴不残⑤，孰为牺尊⑥！白玉不毁，孰为圭璋⑦！道德不废，安取仁义⑧！性情不离，安用礼乐！五色不乱，孰为文采！五声不乱，孰应六律⑨！夫残朴以为器，工匠之罪也；毁道德以为仁义，圣人之过也。

【注释】

① 蹩躠（bié xiè）：努力貌。

② 踶跂（zhì qí）：提起脚跟、努力向上貌。

③ 澶（dàn）漫：竭尽全力貌。

④ 摘僻：烦琐。

⑤ 纯朴：完整的、未加工过的原木。

⑥ 牺尊：画有牛形的木制酒器。尊，通"樽"，酒器。

⑦ 圭（guī）璋：玉器。上圆下方的叫"圭"，半珪形的叫"璋"。

⑧ 安：怎么。

⑨ 应：应和；制定。

【译文】

圣人出现后，竭力提倡仁，努力追求义，而人们开始迷惑；努力编制乐章，制定烦琐礼仪，天下开始离心离德。因此原木不被破坏，怎么会有木制酒器！白玉不被破坏，怎么会有圭璋！大道和天性不被破坏，哪里还用提倡仁义！美好本性没有丧失，哪里还用礼乐！五色不被搞乱，怎会有人为文采！五声不被搞乱，哪里会有六律音乐！毁掉原木做成各种器皿，是工匠的过错；毁掉大道和天性去倡导仁义，是圣人的过错。

【原文】

夫马，陆居则食草饮水，喜则交颈相靡①，怒则分背相踶②。马知已此矣。夫加之以衡扼③，齐之以月题④，而马知介倪、阐扼、鸷曼、诡衔、窃辔⑤。故马之知而态至盗者，伯乐之罪也。

【注释】

① 靡（mó）：同"摩"。触摩。

② 踶（tí）：踢。

③ 衡：车辕前端的横木。扼（è）：放在马颈上的曲木。又写作"轭"。

④ 月题：马额上的月形佩饰。

⑤ 介倪（ní）：怒目而视。阐（yīn）扼：弯着马颈不接受车轭。阐，弯曲。鸷（zhì）曼：撞击车盖。鸷，冲撞。曼，同"幔"。布制车盖。诡衔：诡诈地

吐出嚼子。衔，马嚼子。窃辔（pèi）：偷偷挣脱马络头。

【译文】

马，在地上吃草饮水，高兴时就颈挨颈相互触摩，生气时就背对背相互踢撞。马的智慧如此而已。人们把车衡和颈轭放在它们身上，把月形饰品戴在它们头上，而马就慢慢学会怒目而视、抗拒车轭、撞击车盖、吐出口勒、挣脱笼头。马的智慧竟然达到与人相互伤害的地步，这是伯乐的罪过。

【原文】

夫赫胥氏之时①，民居不知所为，行不知所之②，含哺而熙③，鼓腹而游④。民能以此矣。及至圣人，屈折礼乐以匡天下之形，县跂仁义以慰天下之心⑤，而民乃始踶跂好知，争归于利，不可止也。此亦圣人之过也。

【注释】

① 赫胥氏：远古帝王。

② 之：到；去。

③ 哺（bǔ）：食物。熙：同"嬉"。嬉戏。

④ 鼓腹：挺着肚子。意为吃饱。

⑤ 县（xuán）跂：高举。县，同"悬"。

【译文】

在赫胥氏时，人们在家不知所为，出门不知所往，含着食物嬉戏，挺着肚子游玩。人的才能如此而已。圣人出现后，要求弯腰行礼奏乐以改变人体，鼓吹仁义以慰藉人心，而人们开始竭力寻求智慧，争先恐后去夺取财利，而无法制止。这些也是圣人的过错。

胠箧第十

【题解】

胠，从旁边打开。箧，箱子。"胠箧"就是撬箱子盗窃的意思。

【原文】

将为胠箧、探囊、发匮之盗而为守备①，则必摄缄縢②，固扃鐍③，此世俗之所谓知也④。然而巨盗至，则负匮、揭箧、担囊而趋⑤，唯恐缄縢、扃鐍之不固也。然则乡之所谓知者⑥，不乃为大盗积者也？

【注释】

①胠箧（qū qiè）：撬箱子。胠，从旁边打开。箧，箱子。探囊（náng）：掏口袋。发匮（guì）：开柜子。匮，同"柜"。

②摄：捆紧。缄縢（jiān téng）：绳索。

③扃鐍（jiōng jué）：插闩和锁钥。

④知：通"智"。

⑤负：背着。揭：举起。趋：跑。

⑥乡：刚才。

【译文】

为了防备撬箱子、掏口袋、开柜子的小偷，就必定要系紧绳索，加固插闩和锁钥，这即世人说的智慧。然而大盗来了，就背着柜子、举着箱子、挑着口袋跑了，他们唯恐绳索、插闩和锁钥不够牢固。那么刚才所说的智慧，岂不是在为大盗做准备吗？

【原文】

故尝试论之：世俗之所谓知者，有不为大盗积者乎？所谓圣者，有不为大盗守者乎？何以知其然邪？昔者齐国，邻邑相望，鸡狗之音相闻，罔罟之所布①，耒耨之所刺②，方二千余里，阖四竟之内③，所以立宗庙、社稷④，治邑、屋、州、闾、乡曲者⑤，曷尝不法圣人哉？然而田成子一旦杀齐君而盗其国⑥，所盗者岂独其国邪？并与其圣知之法而盗之。故田成子有乎盗贼之名，而身处尧、舜之安，小国不敢非，大国不敢诛，十二世有齐国⑦，则是不乃窃齐国并与其圣知之法以守其盗贼之身乎？

【注释】

① 罔罟（wǎng gǔ）之所布：可供打鱼的水面。罔，通"网"。罟，网的总称。

② 耒耨（lěi nòu）之所刺：可供耕种的土地。耒，犁。耨，锄头。刺，插入；耕种。

③ 阖（hé）四竟：整个齐国境内。阖，总合。竟，通"境"。

④ 宗庙：国君祭祖的地方。社稷：土神和谷神。这里指祭祀社稷的地方。

⑤ 邑、屋、州、闾、乡：各种行政区域的名称。

⑥ 田成子：即田常。原为齐国大夫，后杀齐简公篡夺齐国政权。

⑦ 十二世：田常先祖田完为陈国人，后逃亡至齐。自田完至田常共七世，自田常至齐宣王为六世。除齐宣王与庄子同时不计在内，刚好十二世。一说"十二世"为"世世"之误。

【译文】

试着探讨这一问题：世人所说的智者，有哪位不是在替大盗做准备呢？所说的圣人，有哪位不是在替大盗守财呢？凭什么知道如此？当年的齐国，邻里相望，鸡狗之声相闻，可供捕鱼的水面，可供耕种的土地，方圆两千多里。整个齐国境内，用来建立宗庙、社稷的办法，治理各种行政区域的措施，哪样不是效法圣人？然而田成子一旦杀掉齐君而盗取齐国，他盗取的难道仅仅是一个齐国吗？他把圣人制定的法规制度一起盗走了。因此田成子虽有盗贼名声，却处于尧、舜那样的安稳地位，小国不敢批评，大国不敢讨伐，世代窃据齐国，这不就是把齐国连同圣人之法一起盗走并利用圣人之法来保护其盗贼之身吗？

【原文】

尝试论之：世俗之所谓至知者，有不为大盗积者乎？所谓至圣者，有不为大盗守者乎？何以知其然邪？昔者龙逢斩①，比干剖②，苌弘胣③，子胥靡④。故四子之贤，而身不免乎戮。故跖之徒问于跖曰⑤："盗亦有道乎⑥？"跖曰："何适而无有道邪⑦？夫妄意室中之藏⑧，圣也；入先，勇也；出后，义也；知可否，知也；分均，仁也。五者不备，而能成大盗者，天下未之有也。"由是观之，善人不得圣人之道不立，跖不得圣人之道不行。天下之善人少，而不善人多，则圣人之利天下也少，而害天下也多。故曰：唇竭则齿寒⑨，鲁酒薄而邯郸围⑩，圣人生而大盗起。掊击圣人⑪，纵舍盗贼，而天下始治矣！

【注释】

① 龙逢（páng）：姓关。夏桀时贤臣，为夏桀所杀。

② 比干：商纣王的叔叔，因力谏纣王被剖心。

③ 苌（cháng）弘：周灵王时贤臣。胣（chǐ）：车裂。

④ 子胥：伍子胥。伍子胥被吴王杀害，尸体抛入江中，任其腐烂。靡，同"糜"。腐烂。庄子列举以上数人是要说明，正是世俗圣人制定的礼法，使这些贤臣死于暴君之手。

⑤ 跖（zhí）：即盗跖，先秦大盗。

⑥ 道：道家、儒家都重道，这里的"道"指儒家的道。

⑦ 何适：何往；干什么。

⑧ 妄意：凭空推测。意，通"臆"。猜出。

⑨ 竭：没有。一说为"举"义。张开。

⑩ 鲁酒句：鲁、赵两国向楚王献酒，鲁酒薄而赵酒浓。楚酒吏向赵索

酒未成，便把鲁、赵两国的酒相互调换。楚王因赵酒味淡，就出兵围攻赵国都城邯郸。这一故事说明，事物间的因果关系往往出人意料。

⑪ 掊（pǒu）击：打倒；不要。

【译文】

试着继续讨论：世俗说的智者，哪位不是在为大盗做准备呢？说的圣人，哪位不是在为大盗守财呢？何以知道如此？从前关龙逄被杀，比干被剖心，苌弘被车裂，伍子胥被抛尸江中烂掉。四位如此贤良，却难免被杀。盗跖手下问盗跖："强盗也需要道吗？"盗跖说："干什么不需要道？凭空测出别人家中财物，这是圣明；抢劫时冲锋在前，这是勇敢；撤退时主动殿后，这是义气；判定是否可以下手，这是智慧；分赃公平，这是仁爱。没有这五种品质，而能成为大盗，这是天下绝不会有的事。"由此看来，善人没有圣人之道就无法立足社会，盗跖没有圣人之道就不能横行天下。而天下善人少，坏人多，那么圣人为天下带来的好处就少，带来的祸害就多。所以说：唇亡齿寒，鲁国酒薄而赵国邯郸被围，圣人出现而大盗兴起。打倒圣人，释放盗贼，天下方能太平。

【原文】

夫川竭而谷虚，丘夷而渊实①。圣人已死，则大盗不起，天下平而无故矣。圣人不死，大盗不止。虽重圣人而治天下，则是重利盗跖。为之斗斛以量之②，则并与斗斛而窃之；为之权衡以称之③，则并与权衡而窃之；为之符玺以信之④，则并与符玺而窃之；为之仁义以矫之，则并与仁义而窃之。何以知其然邪？彼窃钩者诛⑤，窃国者为诸侯，诸侯之门而仁义存焉⑥。则是非窃仁义圣知邪？故逐于大盗、揭诸侯、窃仁义并斗斛权衡符玺之利者⑦，虽有轩冕之赏弗能劝⑧，斧钺之威弗能禁⑨。此重利盗跖而使不可禁者，是乃圣人之过也。故曰："鱼不可脱于渊，国之利器不可以示人⑩。"彼圣人者，天下之利器也，非所以明天下也。

【注释】

① 夷：平；铲平。

② 斗斛（hú）：两种量器。十斗为斛。

③ 权衡：秤锤和秤杆。

④ 符：由两半组成，合在一起以验真伪。玺（xǐ）：印。后专指皇帝印。

⑤ 钩：衣带钩。泛指不值钱的东西。

⑥ 诸侯句：本句为讽刺，诸侯凭借权势，把个人行为解释为仁义之行，而无人敢非议。

⑦ 逐：追随。揭：举。引申为攻占。

⑧ 轩（xuān）冕：贵族用的车辆、礼帽。代指官爵。劝：劝阻。

⑨ 斧钺（yuè）：两种刑具。钺，大斧。

⑩ 鱼不二句：出自《老子》。意思是，鱼离水即死，礼法一旦公示，就会被大盗所利用。

【译文】

河流干涸是因为山沟无水，山丘铲平而深渊就被填满。圣人消失，大盗就不会出现，天下就会太平。圣人不消失，大盗就不会绝迹。即便重用圣人治天下，刚好让盗跖类的坏人获得更大好处。为人们制造斗斛以计量多少，连斗斛一起盗走；为人们制造秤来计量轻重，连秤一起盗走；为人们制造符玺以取信，连符玺一起盗走；为人们制定仁义以纠正错误，连仁义一起盗走。凭什么知道如此？盗窃衣钩的人受到惩罚，盗窃国家的人却成为诸侯，而且只有诸侯那里才有仁义！这不就是窃取了仁义和圣智吗？因此对那些追随大盗、占有国家、窃取仁义和斗斛、权衡、符玺之利的人，即使给予高官厚禄的赏赐也无法劝阻，给予刑罚杀戮的严惩也不能禁止。造成盗跖获得厚利而无法禁止的状况，这是圣人之错。所以说："鱼不可离开水，治国利器不可让人知道。"圣人的法则，就是治国利器，不可公示于天下。

【原文】

故绝圣弃知，大盗乃止；擿玉毁珠①，小盗不起；焚符破玺，而民朴鄙；

掊斗折衡，而民不争；殚残天下之圣法②，而民始可与论议。擢乱六律③，铄绝竽瑟④，塞瞽旷之耳⑤，而天下始人含其聪矣；灭文章，散五采，胶离朱之目，而天下始人含其明矣；毁绝钩绳，而弃规矩，攦工倕之指⑥，而天下始人有其巧矣。故曰："大巧若拙⑦。"削曾、史之行，钳杨、墨之口⑧，攘弃仁义，而天下之德始玄同矣⑨。彼人含其明，则天下不铄矣⑩；人含其聪，则天下不累矣⑪；人含其知，则天下不惑矣；人含其德，则天下不僻矣。彼曾、史、杨、墨、师旷、工倕、离朱，皆外立其德，而以爚乱天下者也⑫，法之所无用也。

【注释】

① 擿（zhì）：抛弃。

② 殚（dān）残：全部毁掉。殚，全部。

③ 擢（zhuó）：拔除。

④ 铄（shuò）绝：销毁。竽瑟：两种乐器。

⑤ 瞽（gǔ）旷：即盲人乐师师旷。瞽，瞎。

⑥ 攦（lì）：折断。工倕（chuí）：尧时的巧匠。

⑦ 大巧若拙：大智看似笨拙。本句出自《老子》。

⑧ 钳：钳住；封住。

⑨ 玄同：混同。

⑩ 铄：销毁；损坏。

⑪ 累：忧患。

⑫ 爚（yuè）乱：迷惑；扰乱。

【译文】

抛弃圣智，大盗就会消失；毁掉珠玉，小盗就会匿迹；焚毁符玺，人们就会纯朴；砸碎斗秤，人们不再争夺；全部毁掉天下的圣人之法，人们才能参与讨论是非。不要音乐，销毁乐器，堵塞师旷耳朵，人们方能保全个人听觉；灭掉纹饰，抛去五彩，粘住离朱眼睛，人们方能保全个人视力；毁掉钩尺墨绳，抛弃圆规曲尺，折断工倕手指，人们方能保全个人智巧。所以说："大智看似笨拙。"不要曾参和史鰌的仁行，封住杨朱和墨翟的嘴巴，不要提倡仁义，人们品德方能同一。人人保全视力，天下就不会受害；人人保全听力，天下就没忧患；人人保全智慧，天下就不会迷惑；人人保全天性，天下就不会混乱。曾参、史鰌、杨朱、墨翟、师旷、工倕、离朱，都是外表炫耀美德、以此扰乱天下的人，他们的法则毫无用处。

【原文】

子独不知至德之世乎①？昔者容成氏、大庭氏、伯皇氏、中央氏、栗陆氏、骊畜氏、轩辕氏、赫胥氏、尊卢氏、祝融氏、伏牺氏、神农氏②，当是时也，民结绳而用之③，甘其食，美其服，乐其俗，安其居，邻国相望，鸡狗之音相闻，民至老死而不相往来。若此之时，则至治已。今遂至使民延颈举踵曰④："某所有贤者。"赢粮而趣之⑤，则内弃其亲，而外去其主之事，足迹接乎诸侯之境，车轨结乎千里之外，则是上好知之过也。

【注释】

①　子：您。指读者。独：难道。

②　昔者句：本句的人均为传说中的远古帝王。

③　结绳：结绳记事。没有文字时，人们为了记事，就在住所挂一根绳子，大事打一大结，小事打一小结，有多少事就打多少结。

④　遂：竟然。延：伸长。踵：脚跟。

⑤　赢：带着。趣：同"趋"。追随。

【译文】

您难道不知道最完美时代吗？从前容成氏、大庭氏、伯皇氏、中央氏、栗陆氏、骊畜氏、轩辕氏、赫胥氏、尊卢氏、祝融氏、伏牺氏、神农氏，在他们的时代，人们结绳记事，食物甜美，衣服舒适，习俗适意，居住安定，邻国互相看得见，鸡犬之声互相听得到，但人们老死不相往来。这样的时代，是最安定的时代。如今竟然使人们伸长脖子、踮起脚跟满怀期望地说："某地有贤人。"于是带着干粮急忙投奔贤人，他们抛弃家里父母，在外废弃主上的事情，其足迹交接于各诸侯国境，车迹纵横于千里之外，这都是君主爱好智巧的过错。

【原文】

上诚好知而无道，则天下大乱矣！何以知其然邪？夫弓、弩、毕、弋、机变之知多①，则鸟乱于上矣；钩饵、罔罟、罾笱之知多②，则鱼乱于水矣；削格、罗落、罝罘之知多③，则兽乱于泽矣；知诈渐毒、颉滑、坚白、解垢同异之变多④，则俗惑于辩矣。故天下每每大乱⑤，罪在于好知。故天下皆知求其所不知，而莫知求其所已知者；皆知非其所不善，而莫知非其所已善者，是以大乱。故上悖日月之明⑥，下烁山川之精，中堕四时之施⑦，惴耎之虫⑧，肖翘之物⑨，莫不失其性。甚矣，夫好知之乱天下也！自三代以下者是已，舍夫种种之民⑩，而悦夫役役之佞⑪；释夫恬惔无为，而悦夫啍啍之意⑫。啍啍已乱天下矣！

【注释】

①毕：带柄的网。弋（yì）：尾部带有丝绳、射出后可以收回的箭。机变：应为"机辟"之误。捕鸟的机关。知：通"智"。

②罾笱（zēng gǒu）：两种捕鱼器。

③削格：支撑兽网的桩子。代指兽网。罗落：捕兽的栅栏。罝罘（jū fú）：捕兽的网。

④渐毒：欺诈。颉（jié）滑：狡猾。引申为狡辩。解垢同异："同异"的诡辩。解垢，诡辩。同异，名家的论题，认为事物之间的同和异是相对的，因而也就没有同异之别。变：变化；变诈。

⑤每每：糊涂貌。

⑥悖：乱。

⑦堕（huī）：同"隳"。毁坏；搅乱。施：推移；交替。

⑧惴耎（zhuì ruǎn）：蠕动貌。

⑨肖翘之物：蛾蝶类的飞虫。

⑩种种：淳朴貌。

⑪ 役役之佞：钻营狡诈的奸佞小人。役役，奸诈貌。

⑫ 啍（zhūn）啍：喋喋不休、诲人不倦貌。意：主张。

【译文】

君主真心好智却不懂道，天下就会大乱！凭什么知道如此？弓弩、鸟网、弋箭、捕鸟机关的智巧多了，鸟就会在天上乱作一团；鱼钩鱼饵、鱼网、捕鱼竹器的智巧多了，鱼就会在水中乱作一团；捕兽木桩、栅栏、罗网的智巧多了，兽就会在大泽乱作一团；虚伪奸诈、"坚白"狡辩、"同异"诡论的智巧多了，世人就会被这些诡辩迷惑。天下糊糊涂涂一片混乱，罪过就在于喜好智巧。人们只知探索未知的知识，却不知反省已知的知识；只知批评所认为的坏事，却不知去批评赞美过的事，因此天下大乱。人们上面搞乱光明的日月，下面耗尽山川精华，中间使四季无法正常交替，连蠕动的小虫，飞舞的蛾蝶，也无不丧失原有本性。喜好智巧扰乱天下，竟如此严重！夏商周以后都是如此，君主抛弃淳朴百姓，而喜欢狡诈佞人；放弃恬淡无为政策，而喜欢喋喋不休的说教。喋喋不休的说教已经搞乱了天下啊！

在宥第十一

【题解】

在，自在；放任。宥，宽容；顺应。"在宥"的意思是要求君主治国时顺应万物天性，放任万物生长，不可进行人为干涉。

【原文】

闻在宥天下①，不闻治天下也。在之也者，恐天下之淫其性也；宥之也者，恐天下之迁其德也。天下不淫其性，不迁其德，有治天下者哉？昔尧之治天下也，使天下欣欣焉人乐其性②，是不恬也；桀之治天下也，使天下瘁瘁焉人苦其性③，是不愉也。夫不恬不愉，非德也。非德也而可长久者，天下无之。

【注释】

① 在宥（yòu）：放任。

② 乐其性：为尧的仁爱性格而感到高兴。其，代指尧。

③ 瘁（cuì）瘁焉：痛苦貌。

【译文】

听说让人自由生活，没听说人为治理。放任自由生活，是担心会扰乱人的天性；听任自由发展，是担心会改变人的美德。人的天性没迷乱，美德没改变，哪里还用治天下呢？从前尧治天下，使人人都因尧的仁爱之性而快乐无比，这就不淡泊了；桀治理天下，使人人都因为桀的残酷之性而痛苦不堪，这就不愉快了。不淡泊不愉快，都不符合人性。不符合人性而能长久存在，天下绝无此事。

【原文】

人大喜邪，毗于阳①；大怒邪，毗于阴。阴阳并毗，四时不至，寒暑之和不成②，其反伤人之形乎！使人喜怒失位，居处无常，思虑不自得，中道不成章③，于是乎天下始乔诘卓鸷④，而后有盗跖、曾、史之行。故举天下以赏其善者不足，举天下以罚其恶者不给⑤，故天下之大不足以赏罚。自三代以下者，匈匈焉终以赏罚为事⑥，彼何暇安其性命之情哉！

【注释】

① 毗（pí）：损伤。阳：阳气。

② 寒暑句：这几句讲的是天人感应。古人认为，阴阳调和以生万物，而人的不良行为会破坏阴阳二气，严重时就会导致日月不明、寒暑不调等自然灾害。

③ 中道不成章：半途而废。成章，织成花纹，引申为成功。章，花纹。

④ 乔诘：心中不平。卓鸷（zhì）：行为暴虐。

⑤ 不给（jǐ）：不足。

⑥ 匈匈焉：喧嚣混乱貌。

【译文】

人太高兴，伤害阳气；太愤怒，伤害阴气。阴阳都被伤害，四季不会按时出现，寒暑无法调和，反过来又伤害人身，使人喜怒无常，行为失度，思考不清，做事半途而废，于是人们心中不平、行为暴虐，然后就会出现盗跖、曾参、史鳅这类人的行为。结果用尽天下之力去奖赏善人也嫌不足，用尽天下之力来惩戒恶人也嫌不够，因而天下虽大仍不足以赏善罚恶。自夏商周三代以来，始终忙忙碌碌把赏罚作为要务，他们哪里还顾得上恢复美好天性！

【原文】

而且说明邪①，是淫于色也；说聪邪，是淫于声也；说仁邪，是乱于德也；说义邪，是悖于理也；说礼邪，是相于技也②；说乐邪，是相于淫也③；说圣邪，是相于艺也；说知邪，是相于疵也。天下将安其性命之情，之八者，存可也，亡可也④；天下将不安其性命之情，之八者，乃始脔卷狯囊而乱天下也⑤。而天下乃始尊之、惜之，甚矣，天下之惑也！岂直过也而去之邪⑥？乃齐戒以言之⑦，跪坐以进之⑧，鼓歌以儛之⑨，吾若是何哉！

【注释】

① 说（yuè）明：喜欢视力好。说，通"悦"。

② 相于技：助长人们追求技巧。相，助。

③ 淫：靡靡之音。

④ 亡（wú）：无。

⑤ 脔（luán）卷：蜷曲而不舒展。形容不舒心。狯（cāng）囊：纷乱貌。

⑥ 过也而去之：涉猎一下就抛弃这些做法。直，仅仅。过，过访；短时

涉猎。去,抛弃。

⑦ 齐 (zhāi) 戒:即斋戒。引申为虔诚。齐,通"斋"。

⑧ 跪坐:恭敬貌。进:奉献。引申为传授。

⑨ 儛:即"舞"。

【译文】

再说喜欢太好的视力,将搞乱自然色彩;喜欢太好的听力,将搞乱自然声音;喜欢仁爱,将搞乱自然人性;喜欢人为道义,就违背天理;喜欢礼仪,将助于追求技巧;喜欢音乐,将利于靡靡之音的出现;喜欢圣明,将助于技艺形成;喜欢智巧,将助于错误发生。如果人人能保护好美好天性,这八种做法,有也可,无也可;如果不能安守美好天性,这八种做法,会使人们进退维谷、搞乱天下。然而人们却尊崇、珍惜它们,迷惑程度竟如此严重!难道仅仅尝试一下这八种做法就抛弃它们吗?他们还虔诚地谈论它们,恭敬地传授它们,用歌舞颂扬它们,我对此又能如何!

【原文】

故君子不得已而临莅天下①,莫若无为。无为也,而后安其性命之情。故贵以身于为天下②,则可以托天下;爱以身于为天下,则可以寄天下。故君子苟能无解其五藏③,无擢其聪明④,尸居而龙见⑤,渊默而雷声⑥,神动而天随⑦,从容无为而万物炊累焉⑧,吾又何暇治天下哉!

【注释】

① 临莅:君临。

② 故贵句:看重自身天性甚于看重治理天下。身,自身天性。为,治理。

③ 解其五藏 (zàng):放纵其情欲。解,放纵。五藏,即五脏。代指情欲。

④ 擢 (zhuó) 其聪明:人为拔高听力和视力。擢,拔高。

⑤ 尸居而龙见 (xiàn):安居不动而事业成功。尸,代表死者受祭的

人，尸在整个祭祀中安坐不动。龙见，龙现身天空。比喻事业成功。见，同"现"。

⑥ 渊默而雷声：像深渊那样沉静无语，却像霹雳那样震撼人心。

⑦ 神动而天随：想法一出而万物听从。天，指天下万物。

⑧ 万物炊累：万物像飘动的炊烟和尘埃那样自由自在。累，尘埃。

【译文】

因此君子不得已君临天下，最好清静无为。清静无为，就能安守自我天性。所以只有看重天性甚于看重治天下的人，才可把天下交给他；喜欢天性甚于喜欢统治天下的人，才可把天下托付给他。君子如能不放纵其情欲，不拔高听力和视力，就会安居不动而事业成功，一言不发却撼动人心，想法一出而万物听从，从容无为而万物就像飘荡的炊烟和尘埃那样自由生活，我又何必分出心思治天下呢！

【原文】

崔瞿问于老聃曰："不治天下，安臧人心①？"老聃曰："女慎无撄人心②。人心排下而进上③，上下囚杀④，淖约柔乎刚强⑤。廉刿雕琢⑥，其热焦火⑦，其寒凝冰⑧。其疾俯仰之间而再抚四海之外⑨。其居也，渊而静；其动也，县而天⑩。偾骄而不可系者⑪，其唯人心乎！

【注释】

① 安臧（zāng）人心：怎能使人心向善。安，怎么。臧，善。

② 撄：搅动。

③ 排：排斥；压抑。下：消沉。进：颂扬。上：趾高气扬。

④ 囚杀：伤害。

⑤ 淖（chuò）约：柔和；顺应。柔：使变柔。

⑥ 廉刿（guì）：伤害。廉，有棱角。刿，割伤。雕琢：雕刻改造。

⑦ 热：情绪激动。

⑧ 寒：情绪消沉。

⑨ 其：指人心。疾：快速。俯仰之间：形容时间很短。再：两次。抚：临；到。

⑩ 县（xuán）：同"悬"。高举。

⑪ 偾（fèn）骄：不可约束貌。系：约束。

【译文】

崔瞿问老子："不治天下，怎能使人心向善？"老聃说："你千万别扰乱人心。人心受压抑就消沉颓废，受奉承就趾高气扬，消沉颓废和趾高气扬都会戕害人性，只有柔顺才能征服刚强之性。人心受到伤害或改造，其情绪可能激烈得像熊熊大火，也可能消沉得像凛凛寒冰。人心变化极快，转眼就可以两次巡游四海之外。人心安定时，像深渊那样寂静；活动时，可遨游云天。自由而无法约束的，大概只有人心吧！

【原文】

"昔者黄帝始以仁义撄人之心，尧、舜于是乎股无胈①，胫无毛②，以养天下之形。愁其五藏以为仁义，矜其血气以规法度③。然犹有不胜也④，尧于是放谨兜于崇山⑤，投三苗于三峗⑥，流共工于幽都⑦，此不胜天下也。

【注释】

① 股：大腿。胈（bá）：肉。

② 胫：小腿。尧舜为百姓奔忙，腿上瘦得没肉，汗毛也被磨掉。

③ 矜其血气：耗费心血。矜，苦；耗费。

④ 不胜：不能胜任；没治好天下。

⑤ 谨（huān）兜：部落首领。与尧为敌，后被放逐。崇山：山名。在今湖南大庸西南。

⑥ 三苗：部落名。三峗（wéi）：在今甘肃一带。

⑦ 共工：部落首领。幽都：即幽州。在今河北一带。

【译文】

"从前黄帝开始用仁义扰乱人心，因此尧舜就忙得大腿没肉，小腿汗毛被磨掉，以养育天下百姓。满怀焦虑地推行仁义，耗尽心血地制定法度。然而还是没有治好天下，于是尧把谨兜放逐到崇山，把三苗放逐到三峗，把共工放逐到幽都，这说明他们没把天下治好啊。

【原文】

"夫施及三王①，而天下大骇矣，下有桀、跖，上有曾、史，而儒、墨毕起。于是乎喜怒相疑，愚知相欺，善否相非②，诞信相讥③，而天下衰矣。大德不同④，而性命烂漫矣⑤；天下好知，而百姓求竭矣⑥。于是乎钘锯制焉⑦，绳墨杀焉⑧，椎凿决焉⑨。天下脊脊大乱⑩，罪在撄人心。故贤者伏处大山嵁岩之下⑪，而万乘之君忧慄乎庙堂之上⑫。

【注释】

① 施（yì）：延续。三王：指夏商周三代帝王。

② 善否（pǐ）：善恶。否，恶。

③ 诞信：虚伪和诚实。

④ 大德：总体人性。

⑤ 性命：天性。烂漫：散乱貌。

⑥ 求竭：混乱貌。一说指追求不得满足。

⑦ 钘（jīn）锯制焉：用斧锯之类的刑具制裁他们。钘，即"斤"。斧头。

⑧ 绳墨杀焉：用法律杀戮他们。绳墨，木工画直线的墨绳，这里代指法律。

⑨ 椎凿决焉：用椎凿一类的刑具惩罚他们。决，判决；惩罚。

⑩ 脊脊：大乱貌。

⑪ 伏处：隐居。嵁（kān）岩：深山峻崖。嵁，山深。岩，山崖。

⑫ 万乘（shèng）之君：能统领万辆战车的大国君主。

【译文】

"到了夏商周，天下受到更大惊扰，下有夏桀、盗跖之流，上有曾参、史鳝之辈，而儒、墨各家相继出现。于是欢喜者和愤怒者相互猜疑，愚笨者和聪明者相互欺骗，善良者和凶恶者相互批评，虚伪者和诚实者相互讥讽，而天下衰败了。基本德性不一致，天性就会散乱；人们追求智巧，百姓就会纷争。于是用斧锯制裁他们，用法律杀戮他们，用椎凿处罚他们。天下大乱，罪过在于扰乱了人心。因此贤人隐居于大山峻岩之下，而君主忧惧于朝堂之上。

【原文】

"今世殊死者相枕也①，桁杨者相推也②，刑戮者相望也，而儒、墨乃始离跂攘臂乎桎梏之间③。意④，甚矣哉！其无愧而不知耻也甚矣！吾未知圣知之不为桁杨桥楷也⑤，仁义之不为桎梏凿枘也⑥，焉知曾、史之不为桀、跖嚆矢也⑦。故曰：'绝圣弃知，而天下大治。'"

【注释】

① 殊死：斩首而死。殊，断开；斩首。相枕：互相堆压。

② 桁（háng）杨：颈上和脚上的刑具。相推：一个挨着一个。

③ 离跂：抬起脚跟，形容努力貌。攘臂：举臂。桎梏：脚镣和手铐。意思是，儒墨提倡仁智造成如此悲剧，而他们不知反省，还在那里努力鼓吹各自主张。

④ 意：同"噫"。感叹词。

⑤ 桥楷（jiē xí）：连接木枷左右两部分的横木。意思是说儒墨成了害民的帮凶。

⑥ 凿枘（ruì）：木枷上的榫眼和榫头。凿，榫眼。枘，榫头。

⑦ 嚆（hāo）矢：响箭。作战时发响箭以作指示和信号之用，常比喻事物的开端、先导。

【译文】

"如今被杀的尸体堆积，戴镣铐的人一个挨一个，受刑人满眼皆是，而儒、墨还在戴着枷锁的犯人之间挥手舞臂努力宣扬各自主张。唉，太过分了！他们不知羞愧如此严重！我不知他们的智慧不会成为连接木枷的横木，仁义不会成为木枷上的榫孔和榫头，怎知曾参和史鳅不会成为夏桀和盗跖出现的先导！所以说：'不要圣人智巧，天下太平无事。'"

【原文】

黄帝立为天子十九年，令行天下。闻广成子在于空同之上①，故往见之，曰："我闻吾子达于至道，敢问至道之精？吾欲取天地之精，以佐五谷，以养民人。吾又欲官阴阳，以遂群生②。为之奈何？"广成子曰："而所欲问者③，物之质也；而所欲官者，物之残也④。自而治天下，云气不待族而雨，草木不待黄而落，日月之光益以荒矣⑤。而佞人之心翦翦者⑥，又奚足以语至道！"

【注释】

① 广成子：得道之人。空同：山名。也写作"崆峒"。
② 遂：使成功。
③ 而：你。
④ 残：残渣；次要东西。指物质。
⑤ 益：更加。荒：昏暗。
⑥ 而：你。佞：善辩而多智巧。翦翦：浅陋貌。

【译文】

黄帝当了十九年天子，令行天下。听说广成子在空同山上，便去拜访，说："我听说您通晓大道，请教何为大道精华？我想取天地精华，以帮助五谷生长，以养育百姓。我还想管理阴阳二气，以帮助众生。对此该怎么办？"广成子说："你所问的，是万物的根本；你想管理的，是万物的次要东西。自你治天下以来，云气未聚集就下起雨来，草木未枯黄就已飘落，日月光芒更加暗淡。你是一个善辩多智、思想浅陋的人，又怎能谈论大道！"

【原文】

黄帝退，捐天下①，筑特室②，席白茅③，闲居三月，复往邀之④。

【注释】

① 捐：放弃。

② 特室：单独的静室。特，单独。

③ 席：铺。白茅：草名。

④ 邀：请；请教。

【译文】

黄帝回去后，不再管理朝政，单独修建一间静室，铺着白茅，在那里静居三月，然后又去向广成子请教。

【原文】

广成子南首而卧，黄帝顺下风①，膝行而进，再拜稽首而问曰②："闻吾子达于至道，敢问治身奈何而可以长久？"广成子蹶然而起③，曰："善哉问乎！来，吾语女至道。至道之精，窈窈冥冥④；至道之极，昏昏默默⑤。无视无听，抱神以静，形将自正。必静必清，无劳女形，无摇女精，乃可以长生。目无所见，耳无所闻，心无所知，女神将守形，形乃长生。慎女内⑥，闭女外⑦，多知为败。我为女遂于大明之上矣⑧，至彼至阳之原也⑨；为女入于窈冥之门矣⑩，至彼至阴之原也。天地有官，阴阳有藏⑪，慎守女身，物将自壮。我守其一以处其和⑫，故我修身千二百岁矣，吾形未常衰⑬。"黄帝再拜稽首，曰："广成子之谓天矣！"

【注释】

① 顺下风：从下方。顺，从。风，方。

② 再：二。稽（qǐ）首：叩头至地。

③ 蹶（jué）然：很快貌。

④ 窈窈冥冥：深不可测貌。

⑤ 昏昏默默：难以认识貌。

⑥ 慎女（rǔ）内：小心保养你的精神。女，通"汝"。内，精神。

⑦ 闭女（rǔ）外：封闭你的视听。

⑧ 遂：达到。大明之上：最明彻的境界之中。

⑨ 至阳之原：直达阳气本原。古人认为"明"为"阳"，所以"大明"与"至阳"相配。

⑩ 窈冥之门：最幽深的境界之中。

⑪ 阴阳有藏：阴阳二气各居其位。藏，所藏之处。

⑫ 一：指独一无二的大道。和：阴阳和谐。

⑬ 未常：未尝。

【译文】

广成子头朝南躺着，黄帝沿着下方，双膝着地向前，两拜后又叩头至地，问："听说您通晓大道，请问如何修身长寿？"广成子马上起身，说："问得好啊！过来，我教你大道。大道的精髓，深邃得难以认识；大道的极致，高妙得无法明白。你闭目塞听，保持精神安静，身体自然健康。一定要清静无为，不要劳累你的身体，不要耗费你的精神，就可长生。眼别看，耳别听，心别想，你的精神就能守好形体，而你的形体就能长生。注意保养你的精神，封闭你的视听，智巧多了有害。我将助你进入最明彻的境界，直达阳气本原；助你进入最幽深的境界，直达阴气本原。天地各有主宰，阴阳各居其位，你小心养好身体，万物自然成长。我坚守大道以处于阴阳和谐的境界，所以我养生一千二百年，我的身体从不曾衰老。"黄帝两拜后叩头至地，说："广成子可以说是境界最高的人了！"

【原文】

广成子曰："来，余语女：彼其物无穷，而人皆以为有终；彼其物无测，而人皆以为有极①。得吾道者，上为皇而下为王；失吾道者，上见光而下为土②，今夫百昌皆生于土而反于土③。故余将去女，入无穷之门④，以游无极之野⑤，吾与日月参光⑥，吾与天地为常。当我⑦，缗乎⑧！远我，昏乎⑨！人其尽死，而我独存乎！"

【注释】

① 极：极限。引申为探测清楚。

② 见光：看见日月之光。指活着。为土：变为尘土。指死亡。

③ 百昌：昌盛的万物。

④ 无穷之门：无穷境界之门。

⑤ 无极之野：无穷的境界。

⑥ 参光：同辉。

⑦ 当我：朝我走来。

⑧ 缗（mín）：不在意。

⑨ 昏（hūn）："昏"的本字。不放在心上。

【译文】

广成子说："过来，我告诉你：万物数量无穷，而人们都认为有穷；万物奥妙无法探索，而人们都认为可以弄清。掌握我说的道，优秀者能为圣皇，差的也可为王侯；失去我说的道，优秀者还可生存，差的会化为尘土。如今繁荣的万物都生于土而又归于土。我将离你而去，进入无穷境界之门，游于无穷境界之中，我与日月同辉，我与天地共存。迎面而来的，我毫不在意；远我而去的，不放在心上。人们都会死去，而我一人独存！"

【原文】

云将东游①，过扶摇之枝而适遭鸿蒙②。鸿蒙方将拊脾雀跃而游③。云将见之，倘然止④，贽然立⑤，曰："叟何人邪⑥？叟何为此？"鸿蒙拊脾雀跃不辍⑦，对云将曰："游！"云将曰："朕愿有问也。"鸿蒙仰而视云将曰："吁⑧！"云将曰："天气不和，地气郁结，六气不调⑨，四时不节。今我愿合六气之精以育群生，为之奈何？"鸿蒙拊脾雀跃掉头曰⑩："吾弗知！吾弗知！"云将不得问。

【注释】

① 云将：寓言人物。

② 扶摇：神树名。一说指盘旋而上的暴风。适：刚好。遭：遇。鸿蒙：寓言人物。

③ 拊：拍。髀（bì）：通"髀"。大腿。

④ 倘（tǎng）然：惊疑貌。

⑤ 贽（zhì）然：不动貌。

⑥ 叟：老先生。指鸿蒙。

⑦ 辍（chuò）：停止。

⑧ 吁：应答之词。

⑨ 六气：指阴、阳、风、雨、晦（夜）、明（昼）。代指大自然。

⑩ 掉头：摇头。

【译文】

云将到东方巡游，路过扶摇树枝时刚好遇到鸿蒙。鸿蒙正拍着大腿雀跃游乐。云将看到他，惊疑地停下，一动不动地站着，问："老先生是什么人啊？您在干吗？"鸿蒙不停地拍腿跳跃，对云将说："游玩。"云将说："我想向您请教。"鸿蒙抬头看着云将说："噢！"云将问："天气不和，地气郁结，大自然不和谐，四季不合节令。现在我想调和自然精华以养育万物，该怎么办？"鸿蒙拍着大腿跳跃着摇头说："我不知！我不知！"云将没得到回答。

【原文】

又三年，东游，过有宋之野而适遭鸿蒙①。云将大喜，行趋而进曰："天忘朕邪②？天忘朕邪？"再拜稽首，愿闻于鸿蒙。鸿蒙曰："浮游③，不知所求；猖狂④，不知所往。游者鞅掌⑤，以观无妄⑥。朕又何知！"云将曰："朕也自以为猖狂，而民随予所往。朕也不得已于民，今则民之放也⑦。愿闻一言。"鸿蒙曰："乱天之经⑧，逆物之情，玄天弗成⑨，解兽之群，而鸟皆夜鸣，灾及草木，祸及昆虫。噫！治人之过也！"

【注释】

① 有宋：即宋国。有，名词词头，无义。

② 天：对鸿蒙的尊称。鸿蒙为至高无上之人。

③ 浮游：随意遨游。

④ 猖狂：随心所欲，不受约束。

⑤ 鞅掌：众多貌。

⑥ 无妄：不虚假；真相。

⑦ 放：仿效。

⑧ 经：法则。

⑨ 玄天：上天。

【译文】

又过三年，再次东游，经过宋国原野时恰好遇到鸿蒙。云将大喜，快步向前说："您忘了我吗？您忘了我吗？"两拜后叩头至地，请鸿蒙指教。鸿蒙说："自由遨游，没任何追求；随意而行，没任何目的。游人熙熙攘攘，以观万物真相。我又知道什么！"云将说："我自以为能随意而行，而百姓追随我，我不得已才去管理百姓，如今成了百姓榜样。希望听到您的教诲。"鸿蒙说："扰乱自然法则，违背万物天性，上天不会让你成功。群居的野兽被驱散，夜宿的禽鸟惊叫，灾难波及草木，祸患殃及昆虫。唉！这都是治国者的过错啊！"

【原文】

云将曰："然则吾奈何？"鸿蒙曰："噫，毒哉①！仙仙乎归矣②。"云将曰："吾遇天难，愿闻一言。"鸿蒙曰："噫，心养。汝徒处无为③，而物自化。堕尔形体④，吐尔聪明⑤，伦与物忘⑥，大同乎涬溟⑦，解心释神，莫然无魂⑧。万物云云⑨，各复其根⑩，各复其根而不知；浑浑沌沌，终身不离；若彼知之，乃是离之⑪。无问其名，无窥其情，物固自生。"云将曰：

"天降朕以德，示朕以默。躬身求之，乃今也得。"再拜稽首，起辞而行。

【注释】

① 毒：受毒害。

② 仙仙：轻飘飘的样子。

③ 徒处：无所事事地端坐在那里。

④ 堕（huī）：同"隳"。毁弃；忘却。

⑤ 吐：去掉。

⑥ 伦与物忘：忘却伦理与万物。

⑦ 滓（xíng）溟：混沌境界。

⑧ 莫然：即"漠然"。无知无识貌。魂：灵魂。引申为成见。

⑨ 云云：众多貌。

⑩ 各复其根：各自恢复本性。根，本性。

⑪ 离：失去。失去本性。

【译文】

云将问："那么我该怎么办？"鸿蒙说："唉，你中毒太深！还是飘荡着回去吧！"云将说："我遇到您实在不易，希望能听到指教。"鸿蒙说："唉，修心吧！你如能安然而居，万物将自然化育。忘却你的形体，放弃你的视听，遗忘伦理和万物，进入混沌境界，放任自己精神，忘却个人成见。芸芸众生，都能恢复天性，恢复天性而又不知不觉；万物处于混沌状态，始终不会失去天性；一旦有了世俗知识，就会失去天性。不去过问万物名称，不去探索万物究竟，万物自然生成。"云将说："您把美德传授给我，告诉我清静之理。我一直追寻道，今天才得到它。"云将两拜后叩头至地，起身告辞而去。

【原文】

世俗之人，皆喜人之同乎己而恶人之异于己也。同于己而欲之，异于己而不欲者，以出乎众为心也①。夫以出乎众为心者，曷常出乎众哉！因众以宁②，所闻不如众技众矣。而欲为人之国者③，此揽乎三王之利而不见其患者也。此以人之国侥倖也，几何侥倖而不丧人之国乎④！其存人之国也，无万分之一；而丧人之国也，一不成而万有余丧矣。悲夫，有土者之不知也⑤！

【注释】

① 出乎众：出人头地。

② 因众以宁：顺应民众就可安宁。因，顺应。

③ 为：治理。

④ 几何：几个。

⑤ 有土者：拥有土地的君主。

【译文】

世俗之人，都喜欢别人赞同自己而讨厌别人不赞同自己。希望别人赞同自己，不希望别人反对自己，是由于出人头地的心理。那些想出人头地的人，又何尝能出人头地！只有顺应民众才能获得安宁，因为个人智慧比不上民众智慧。想治国的人，是要揽取夏商周三代帝王治国的利益而没看到其灾难。这些人想通过治国去侥幸谋利，可又有几人能侥幸获利而不丧失国家呢！他们能保有国家的，不到万分之一；而丧失国家的人，一事无成而损失无数。可悲呀，拥有土地的君主不明白这一点！

【原文】

夫有土者，有大物也。有大物者，不可以物①，物而不物②，故能物物③。明乎物物者之非物也④，岂独治天下百姓而已哉！出入六合⑤，游乎九州⑥，独往独来，是谓独有⑦。独有之人，是谓至贵。

【注释】

① 不可以物：不可受外物支配。国君如拿国家谋利，为此劳形伤神，就是被外物所役使。

② 物而不物：主宰外物而不被外物所役使。

③ 物物：即主宰外物。

④ 明乎句：明白主宰外物而不受外物役使这一道理。非物，即"不物"。

⑤ 六合：天地四方。

⑥ 九州：整个天下。古人将中国分为冀、兖、青、徐、扬、荆、豫、梁、雍九州。

⑦ 独有：独立；不受外物束缚。

【译文】

拥有国土，即拥有最大外物。拥有最大外物的人，不可被外物所役使，役使外物而不被外物所役使，才能主宰万物。明白主宰万物而不被外物所役使，岂止治理天下百姓而已啊！他能出入天地之间，遨游九州之中，独来独往，可称为"独立"。独立之人，是最尊贵的人。

【原文】

大人之教①，若形之于影，声之于响②，有问而应之，尽其所怀，为天下配③。处乎无响④，行乎无方⑤。挈汝适复之挠挠⑥，以游无端⑦，出入无旁⑧，与日无始⑨；颂论形躯⑩，合乎大同⑪，大同而无己。无己，恶乎得有有⑫！睹有者，昔之君子；睹无者⑬，天地之友。

【注释】

① 大人：得道之伟人。

② 响：回声。

③ 配：顺应。"天下配"即"配天下"。

④ 处乎无响：在家清静无为。处，在家。无响，没有声响。形容清静。

⑤ 行乎无方：出门行无定所。指一切顺物而行。

⑥ 挈（qiè）：引导。适复：往返。代指行为。挠挠：混乱貌。

⑦ 无端：无穷的境界。端，边际。

⑧ 无旁：无所依赖；自由自在。旁，依。

⑨ 无始：没有终始。即永恒。

⑩ 颂：言谈。形躯：指行为。

⑪ 大同：大同于万物。即顺应万物。

⑫ 有有：占有万物。第一个"有"是占有，第二个"有"指万物。

⑬ 无：不占有。

【译文】

伟人教诲民众，如同形体和影子、声音和回响的关系，有问就有答，把知识全部讲出，以顺应天下民众。伟人在家清静无为，出门行无定所。能引导反复无常、混乱不堪的民众，遨游于无穷境界之中，往来自由，与太阳共存；他们的言行，与民众意愿完全相同，与民众完全相同就会忘却自我。忘却自我，怎会占有万物！看到占有万物好处的人，是过去说的君子；能看到不占有万物好处的人，才是天地之友。

【原文】

贱而不可不任者①，物也；卑而不可不因者②，民也；匿而不可不为者③，事也；粗而不可不陈者，法也；远而不可不居者，义也；亲而不可不广者④，仁也；节而不可不积者⑤，礼也；中而不可不高者⑥，德也；一而不可不易者⑦，道也；神而不可不为者⑧，天也。故圣人观于天而不助⑨，成于德而不累⑩，出于道而不谋，会于仁而不恃⑪，薄于义而不积⑫，应于礼而不讳⑬，接于事而不辞，齐于法而不乱，恃于民而不轻，因于物而不去。物者莫足为也，而不可不为。不明于天者，不纯于德；不通于道者，无自而可⑭。不明于道者，悲夫！

【注释】

① 任：放任；顺应。

② 因：顺应；听从。

③ 匿：不显眼。引申为平凡。

④ 亲：偏私。广：推广。

⑤ 节：节制；约束。积：不断履行。

⑥ 中：不好不坏。天性既不像曾参那样高尚，也不像盗跖那样恶劣，在世人眼中属"中"。

⑦ 一：指道独一无二。易：修治；学习。

⑧ 为：效法。

⑨ 助：帮助。引申为人为改变。

⑩ 成：保全。累：拖累；不舒适。

⑪ 会：符合。恃：依靠。

⑫ 薄：接近；符合。

⑬ 应：符合。讳：忌讳。

⑭ 无自：无从；没办法。可：成功。

【译文】

低贱而不可不顺应的，是万物；卑微而不可不听从的，是百姓；平凡而不可不处理的，是事务；粗浅而不可不陈述的，是法律；远离道而不可不恪守的，是义；有所偏爱而不可不推行的，是仁；束缚人而不可不履行的，是礼；不善不恶而不可不尊崇的，是天性；独一无二而不可不学的，是道；神妙莫测而不可不效法的，是自然。所以圣人观察自然而不去改变，保全天性而无不适之感，言行符合道而不需事先考虑，言行符合仁而不想谋取回报，言行符合义而非长期学习的结果，言行符合礼而非忌讳什么，遇事而不推辞，守法而不妄为，依靠百姓但不轻用民力，顺应万物而不使万物丢失天性。对于万物不可进行人为管理，但又不可不管理。不懂自然，就不会具备纯正天性；不懂道，就无法成功。不懂道，真是可悲呀！

【原文】

何谓道？有天道①，有人道②。无为而尊者，天道也；有为而累者，人道也。主者，天道也；臣者，人道也。天道之与人道也，相去远矣，不可不察也。

【注释】

① 天道：自然法则。

② 人道：人为法则。

【译文】

什么叫做道？有天道，有人道。清静无为而无比尊贵的，是天道；处理事务而受苦受累的，是人道。君主的行为，要符合天道；臣下的行为，要符合人道。天道与人道，相差太远，不可不细加体察啊！

天地第十二

【题解】

取篇首二字为篇名。本篇主要阐述无为而治的政治主张。

【原文】

天地虽大，其化均也；万物虽多，其治一也；人卒虽众，其主君也。君原于德而成于天①，故曰：玄古之君天下，无为也，天德而已矣。

【注释】

① 原：探源，考察。

【译文】

天地虽大，其发展变化一样；万物虽多，其治理方法相同；百姓虽多，主政者只有君主。君主考察万物天性并保全天性。所以说：远古君主治天下，清静无为，顺应万物天性而已。

【原文】

以道观言①，而天下之君正②；以道观分，而君臣之义明；以道观能，而天下之官治；以道泛观，而万物之应备③。故通于天地者，德也；行于万物者，道也；上治人者，事也；能有所艺者，技也。技兼于事④，事兼于义，义兼于德，德兼于道，道兼于天。故曰：古之畜天下者⑤，无欲而天下足，无为而万物化，渊静而百姓定。《记》曰⑥："通于一而万事毕，无心得而鬼神服。"

【注释】

① 言：名；名称。

② 君正：君主主持政务。正，同"政"。

③ 应备：应有之物完全具备。指万物自得自足。

④ 技兼于事：技艺要符合事情需要。兼，合并于；服从于。

⑤ 畜：养育；治理。

⑥ 《记》：书名。

【译文】

从道的角度观察名位，天下君主就应主政；从道的角度观察职守，君臣的权责就会明确；从道的角度观察才能，天下官吏就能各尽其责；从道的角度观察万物，万物都是自得自足的。因此与天地相通的，是天性；遍布万物之中的，是道；君主治理臣民，让臣民办理事务；有才能的人具有的本领，叫技艺。技艺服从事情需要，做事要符合道义，道义要符合人性，人性符合道，道符合自然法则。所以说：古代治国明君，没有贪欲而天下富足，自然无为而万物化育，自身清静而百姓安定。《记》说："精通道而万事成，无贪心而鬼神服。"

【原文】

夫子曰①："夫道，覆载万物者也，洋洋乎大哉②！君子不可以不刳心焉③。无为为之之谓天，无为言之之谓德，爱人利物之谓仁，不同同之之谓大，行不崖异之谓宽④，有万不同之谓富。故执德之谓纪⑤，德成之谓立，循于道之谓备，不以物挫志之谓完。君子明于此十者，则韬乎其事心之大也⑥，沛乎其为万物逝也⑦。若然者，藏金于山，藏珠于渊，不利货财，不近贵富；不乐寿，不哀夭；不荣通，不丑穷；不拘一世之利以为己私分，不以王天下为己处显。显则明⑧，万物一府⑨，死生同状。"

【注释】

① 夫子：先生。指庄子。一说指老子。

② 洋洋：盛大貌。

③ 刳（kū）心：空心。排除成心。刳，挖空。

④ 崖异：排斥异己事物。崖，界线。引申为划界线、排斥。

⑤ 纪：纲纪；重要。

⑥ 韬（tāo）：同"滔"，盛大貌。事心：修心。

⑦ 沛：水流盛大貌。逝：往；归向。

⑧ 明：显示；炫耀。

⑨ 一府：一体。

【译文】

先生说："道养育万物，真伟大啊，君子不能不虚心向道学习。以清静无为的态度做事叫顺应自然，以清静无为的态度讲话叫顺应天性，爱人助物叫仁爱，平等对待万物叫伟大，行为不排斥异己叫宽容，胸中包罗万象叫富有。坚守天性可以说很重要，保全天性可以说能够立身，遵循道可以说是圆满，不因名利而损害天性可以说是完美。君子明白这十条道理，就是把握住了修心大事，万物都会皈依他。这样的人，让黄金依然藏于大山，让宝珠依然藏于深渊，不贪财物，不求富贵；不为长寿而快乐，不因短命而悲哀；不为生活得意而感到荣耀，不因生活困窘而感到羞耻；不把整个社会财富据为己有，不因自己君临天下而自以为显赫。自以为显赫就是炫耀，应视万物为一体，视生死为同一。"

【原文】

夫子曰："夫道，渊乎其居也①，渺乎其清也②。金石不得③，无以鸣。故金石有声，不考不鸣④。万物孰能定之！夫王德之人⑤，素逝而耻通于事⑥，立之本原而知通于神⑦。故其德广，其心之出⑧，有物采之⑨。故形非道不生，生非德不明。存形穷生⑩，立德明道，非王德者邪！荡荡乎⑪，忽然出⑫，勃然动⑬，而万物从之乎！此谓王德之人。视乎冥冥⑭，听乎无声。冥冥之中，独见晓焉⑮；无声之中，独闻和焉。故深之又深而能物焉⑯，神之又神而能精焉⑰。故其与万物接也，至无而供其求⑱，时骋而要其宿⑲，大小、长短、修远⑳。"

【注释】

① 居：所处状态。

② 渺（liáo）：清澈貌。

③ 金石：用金属、石头制成的乐器。如钟、磬。不得：得不到外力撞击。

④ 考：敲击。

⑤ 王（wàng）德：盛德。王，同"旺"。盛。

⑥ 素：纯朴。逝：往来。泛指生活。耻通于事：以通晓琐事为耻。

⑦ 立之本原：坚守大道。本原，即道。

⑧ 心：想法。

⑨ 采之：采纳、拥护他的想法。

⑩ 存形穷生：保全肉体，过完一生。穷，过完。

⑪ 荡荡：伟大貌。

⑫ 忽然：自然、无心貌。

⑬ 勃然动：自然而然地行动。勃然，无心貌。

⑭ 冥冥：幽暗貌。

⑮ 见晓：看得清楚。

⑯ 能物：能主宰万物。

⑰ 能精：能主宰人们的精神。

⑱ 至无：特别虚静。

⑲ 时骋：平时放任万物生长。骋，使驰骋；放任。要其宿：能把握其归宿。要，把握。

⑳ 修：长；高。

【译文】

先生说："道处于深邃清静状态，像清澈的水那样纯净。金石乐器得不到外力，就不能发音。金石乐器能发音，但不敲不响。谁能认识万物真相！盛德之人，生活纯朴而以通晓琐事为耻，立足大道而智能通神。他们德行盛美，想法一旦说出，万物都会采纳。万物没有道就没法产生，产生后不保护天性就不会明达事理。保护形体以过完一生，坚守天性以明白大道，这不就是盛德之人吗！他们那样伟大，自然而然出现，自然而然行动，而万物都追随他们！这就叫盛德之人。他们能看清幽暗之处，能听到无声之声。在幽暗之中能看得清楚，在无声之中能听到和谐之音。他们深邃沉静而能主宰万物，神秘莫测而能主宰精神。他们与万物交往，自身至虚至静而能满足万物需求，平时放任万物而又能把握万物归宿，无论万物是大是小，是长是短，是高是远，都是如此。"

【原文】

黄帝游乎赤水之北，登乎昆仑之丘而南望，还归，遗其玄珠①。使知索之而不得②，使离朱索之而不得③，使喫诟索之而不得也④，乃使象罔⑤，象罔得之。黄帝曰："异哉！象罔乃可以得之乎！"

【注释】

① 玄珠：宝珠名。比喻道。

② 知：通"智"。含有俗智义的虚构人名。

③ 离朱：一位视力过人的人。

④ 喫（吃）诟（chī gòu）：含有善辩义的虚构人名。

⑤ 象罔：虚构人名。寓含无思无虑的意思。象，形象。罔，无；忘却。

【译文】

黄帝在赤水以北巡游，登上昆仑山向南远眺。回来后，丢了玄珠。派有智慧的智去找，没找到；派视力好的离朱去找，没找到；派善辩的喫诟去找，也没找到。最后让混混沌沌、无思无虑的象罔去找，象罔找到了。黄帝说："奇怪，混混沌沌的象罔竟能找到玄珠！"

【原文】

尧之师曰许由，许由之师曰啮缺，啮缺之师曰王倪，王倪之师曰被衣。尧问于许由曰："啮缺可以配天乎？吾藉王倪以要之①。"许由曰："殆哉，圾乎天下②！啮缺之为人也，聪明睿知，给数以敏③，其性过人，而又乃以人受天④。彼审乎禁过⑤，而不知过之所由生。与之配天乎⑥，彼且乘人而无天⑦。方且本身而异形⑧，方且尊知而火驰⑨，方且为绪使⑩，方且为物绫⑪，方且四顾而物应⑫，方且应众宜⑬，方且与物化而未始有恒⑭。夫何足以配天乎？虽然，有族有祖⑮，可以为众父⑯，而不可以为众父父⑰。治，乱之率也⑱，北面之祸也⑲，南面之贼也⑳。"

【注释】

① 藉：通过。要：通"邀"。

② 圾（jí）：同"岌"。危险。

③ 给数（jǐ shuò）：敏捷。

④ 以人受天：接受自然法则时掺进人为因素。即以人为方式改变自然法则。

⑤ 审：明白。

⑥ 与：允许；赞成。

⑦ 乘人：使用人为方法。乘，使用。无天：抛弃自然法则。

⑧ 本身：以自身为本位。异形：区分万物。形，万物。

⑨ 火驰：像火一样快速蔓延。形容急功近利。

⑩ 绪使：为琐事所役使。绪，丝线头。比喻小事。

⑪ 绫（gāi）：约束。

⑫ 四顾：四处张望。形容忙碌貌。物应：即"应物"。应付外物；处理事务。

⑬ 应众宜：应付众多事务。宜，事宜。

⑭ 与物化：与外物一起变化。即受外物影响。恒：定理；准则。

⑮ 有族有祖：有百姓就会有君主。族，家族。比喻一国百姓。祖，祖父。比喻君主。

⑯ 众父：一家人的父亲。比喻一方百姓的长官。

⑰ 父父：父亲的父亲。即祖父。比喻天子。

⑱ 率：先导。

⑲ 北面：臣民。君主南面而坐，臣民北面而朝。故"北面"指臣民，"南面"指君主。

⑳ 贼：祸害。

【译文】

尧的老师叫许由，许由的老师叫啮缺，啮缺的老师叫王倪，王倪的老师叫被衣。尧问许由："啮缺能当天子吗？我想通过王倪请他当天子。"许由说："危险，那将危及天下！啮缺这个人，耳聪目明智慧超群，办事快速敏捷，他天赋过人，却又喜欢以人为方式改变自然法则。他知道禁止别人犯错，却不知别人犯错原因。让他当天子，他将使用人力而抛弃自然法则。他将以自身为标准去区分万物，将尊崇智慧而急功近利，将会陷于琐事，被外物所约束，将会忙忙碌碌地应付外物，将要处理众多具体事宜，将会受外物影响而失去准则。他怎能当天子？虽说如此，有百姓就要有君主，他可以当地方长官，但不可以当全国的君主。用人为方法去治理天下，将导致天下大乱，这既是臣民的灾难，也是君主的祸害。"

【原文】

尧观乎华①。华封人曰②："嘻，圣人！请祝圣人。使圣人寿。"尧曰："辞。""使圣人富。"尧曰："辞。""使圣人多男子。"尧曰："辞。"封人曰："寿、富、多男子，人之所欲也。女独不欲，何邪？"尧曰："多男子则多惧，富则多事，寿则多辱。是三者，非所以养德也，故辞。"

【注释】

① 观：巡视。华：地名。

② 封人：守边的人。封，边疆。

【译文】

尧到华巡视。华地一位守边的人说："啊，您是圣人！请为您祝福。祝您长寿。"尧说："不要。""祝您富有。"尧说："不要。""祝您多男孩。"尧说："不要。"守边人说："长寿、富有、多男孩，人人都想得到，只有您不想得到，为什么？"尧说："多男孩就多担忧，多财物就多麻烦，寿命长就多受羞辱。这三者，都无助于修养德性，所以我不要。"

【原文】

封人曰："始也我以女为圣人邪，今然君子也①。天生万民，必授之职。多男子而授之职，则何惧之有！富而使人分之，则何事之有！夫圣人，鹑居而鷇食②，鸟行而无彰③。天下有道，则与物皆昌；天下无道，则修德就闲；千岁厌世，去而上仙，乘彼白云，至于帝乡。三患莫至④，身常无殃，则何辱之有！"封人去之。尧随之，曰："请问。"封人曰："退已！"

【注释】

① 然：这样。君子：比圣人低一层次。

② 鹑（chún）居：居不求安。鹑，鸟名。即鹌鹑。鹌鹑野居而无定所。鷇（kòu）食：食不求美。鷇，幼鸟。幼鸟靠父母喂食，既不选择食物好坏，也不求食物富足。

③ 彰：显明。引申为留下痕迹。

④ 三患：指前面谈到的因寿、富、多男子所导致的多辱、多事、多惧。

【译文】

守边人说："刚才我认为你是圣人，现在你这样只算君子。天生万民，一定为他们安排职业。男孩多都授予职业，有何担忧！富有了把财物分给众人，有何麻烦！圣人，居不求安而食不求美，行为不留痕迹；天下太平，与万物一起过美满生活；天下混乱，就修身养性隐居赋闲；活到一千岁，厌倦了人间，就离开人间升天成仙，乘着白云，来到上帝的地方。三种忧患不会发生，自身也永无灾难，怎会受辱！"守边人说完就走，尧紧跟其后，说："我还想请教。"守边人说："你还是回去吧！"

【原文】

尧治天下，伯成子高立为诸侯。尧授舜，舜授禹，伯成子高辞为诸侯而耕。禹往见之，则耕在野。禹趋就下风①，立而问焉，曰："昔尧治天下，吾子立为诸侯。尧授舜，舜授予，而吾子辞为诸侯而耕。敢问其故何也？"子高曰："昔尧治天下，不赏而民劝②，不罚而民畏。今子赏罚而民且不仁，德自此衰，刑自此立，后世之乱自此始矣。夫子阖行邪③？无落吾事④！"俋俋乎耕而不顾⑤。

【注释】

① 趋就下风：快步走到下方。趋，快步走。下风，下方；下位。

② 劝：努力。

③ 阖：通"盍"。何不。

④ 落：荒废；耽误。

⑤ 俋（yì）俋乎：低头耕作貌。

【译文】

尧治天下时，伯成子高当了诸侯。尧把帝位传给舜，舜把帝位传给禹，伯成子高辞去诸侯职位回家种地。禹去拜访他，他正在地里耕作。禹快步走到下位，站着问："从前尧治天下，您当诸侯。尧把帝位传给舜，舜把帝位传给我，而您辞去诸侯之位种地去了。请问为何？"子高说："从前尧治天下时，不用奖赏而百姓努力，不用惩罚而百姓敬畏。如今您赏罚并用而百姓还是不仁，德行从此衰败，刑罚从此建立，后世动乱也从此开始。先生您为何不走开？别耽误我种地！"子高低头耕作，看也不看禹一眼。

【原文】

泰初有无①，无有无名②，一之所起③，有一而未形。物得以生，谓之德④；未形者有分⑤，且然无间⑥，谓之命；留动而生物⑦，物成生理⑧，谓之形；形体保神，各有仪则，谓之性。性修反德，德至同于初⑨。同乃虚⑩，虚乃大，合喙鸣⑪。喙鸣合，与天地为合。其合缗缗⑫，若愚若昏，是谓玄德⑬，同乎大顺⑭。

【注释】

① 泰初有无：最初时宇宙间一无所有。泰，同"太"。最。

② 无有无名：没有物体，没有名称。有，物质存在。

③ 一：独一无二的道。

④ 物得二句：万物从道获取并赖以生存的，叫天性。

⑤ 未形：未成形；未出生。分：定分；已确定的形态情状。

⑥ 且然无间：无丝毫差错。且然，吻合貌。间，缝隙；差错。

⑦ 留：静。静为阴气。动：运动。动为阳气。一说"留动"即"流动"，指万物运动。

⑧ 生理：生命；生态。

⑨ 至：最好。

⑩ 虚：虚静。泰初虚无，天性虚静，二者相似。

⑪ 合喙（huì）鸣：说话像鸟鸣一样无心。喙，鸟口。

⑫ 缗（mín）缗：泯合无迹貌。

⑬ 玄德：玄妙天性。

⑭ 大顺：通行无阻的法则。即大道。

【译文】

宇宙最初一无所有，没有物质与名称，而道已出现，只有道而没物体。万物从道获取并赖以生存的，叫天性；万物未生而形态已确定，无任何差错，这叫天命；阴阳相合产生万物，万物产生后具备不同形态，这叫形体；形体守护精神，各有法则，这叫本性。修好品性即恢复天性，完美天性如宇宙最初情形一样。与最初情形一样就能虚静，能虚静就能具备阔大胸怀，讲话会像鸟鸣一样无心于是非。像鸟鸣一样无心于是非，能与天地融合。与天地融合得毫无痕迹时，看似又愚昧又糊涂，这叫玄妙天性，这就符合道了。

【原文】

夫子问于老聃曰①："有人治道若相放②，可不可，然不然③。辩者有言曰：'离坚白若县寓④。'若是则可谓圣人乎?"老聃曰："是胥易技系、劳形怵心者也⑤。执狸之狗成思⑥，猿狙之便自山林来⑦。丘，予告若，而所不能闻与而所不能言。凡有首有趾、无心无耳者众⑧，有形者与无形无状而皆存者尽无⑨。其动止也，其死生也，其废起也，此又非其所以也⑩。有治在人⑪，忘乎物，忘乎天，其名为忘己。忘己之人，是之谓入于天。"

【注释】

① 夫子：指孔子。

② 相放：相互背逆。放，放逐；反对。

③ 然：正确。

④ 离坚白：见《齐物论》注。县 (xuán)：同"悬"。寓：通"宇"。空中。

⑤ 胥易：小官吏。胥，小吏。易，占卜官员。技系：为技能所系累。怵 (chù) 心：忧惧。

⑥ 执狸句：善捉狐狸的狗（因受人拘系）发愁。成思，形成愁思。

⑦ 猿狙：猿猴。便：敏捷。这两句用人比喻圣人，用狗、猿猴比喻善谈"离坚白"之类的人，善谈"离坚白"的人就像狗、猿猴一样被圣人所用。

⑧ 无心无耳：形容无知无识，不懂大道。

⑨ 有形：有形的人。无形无状：指道。

⑩ 非其所以：不知其出现原因。所以，……原因。

⑪ 治：学习。

【译文】

孔子问老子："有些修道者好像故意违背常理，把不可以说成可以，把不正确说成正确。善辩者说：'白石头的"坚"和"白"可以分离的道理如高悬于空中那样清楚明白。'这类人可称作圣人吗？"老子说："他们像具体办事、劳形费神的小吏一样。善捉狐狸的狗因受人拘系而发愁，敏捷的猿猴被人从山中捉了回来。孔丘，我告诉你一些道理，这是你从未听说也从未谈论过的。大凡有头有脚而无知无识的人很多，有形的人想和无形的道永远共存是不可能的。或动或静，或死或生，或废或兴，其原因无法知道。学道靠自己，忘掉万物，忘掉自然，也即忘掉自身。忘掉自身的人，这才叫做融入大自然。"

【原文】

蒋闾葂见季彻曰①："鲁君谓葂也曰：'请受教。'辞不获命，既已告矣，未知中否，请尝荐之②。吾谓鲁君曰：'必服恭俭，拔出公忠之属而无阿私，民孰敢不辑③。'"季彻局局然笑曰④："若夫子之言，于帝王之德，犹螳螂之怒臂以当车轶⑤，则必不胜任矣。且若是，则其自为处危，其观台多物⑥，将往投迹者众⑦。"

【注释】

① 蒋闾葂（miǎn）、季彻：均为人名。

② 荐：进献；讲给您听。

③ 辑：和睦。

④ 局局然：俯身而笑貌。

⑤ 怒：奋起。车轶（yì）：车辙。代指车轮。

⑥ 观台：观景台。喻高贵地位。多物：诱人的事物多。

⑦投迹：前往；登上观台。意思是，如把贤人提拔到高贵位置，人们就会伪装成贤人，拼命攀挤，争夺就开始了。所以季彻说蒋闾葂提出重用贤人，是把真正贤人置于危险境地。

【译文】

蒋闾葂见季彻说："鲁君对我说：'请多指教。'我推辞不掉，就把看法告诉他，不知说得对否，请让我讲给您听。我对鲁君说：'必须恭敬俭朴，选用公正忠诚的人而不偏私，百姓岂能不和睦！'"季彻俯身大笑说："像先生讲的这些，和圣王德行相比，好比螳螂奋起臂膀阻挡车轮，定会失败。再说这样做，是把自己置于危险境地，就像处于诱人事物很多的观景台上，想登上的人太多了。"

【原文】

蒋闾葂覤覤然惊曰①："葂也汒若于夫子之所言矣②。虽然，愿先生之言其风也③。"季彻曰："大圣之治天下也，摇荡民心④，使之成教易俗，举灭其贼心而皆进其独志⑤，若性之自为⑥，而民不知其所由然。若然者，岂兄尧、舜之教民⑦？溟涬然弟之哉⑧！欲同乎德而心居矣⑨。"

【注释】

① 覤（xì）覤然：吃惊貌。

② 汒（máng）若：犹"茫然"。

③ 风：大概。

④ 摇荡：顺应貌。

⑤ 举：全部。贼：伤害。进：提高。独志：各自志向。

⑥ 自为：自然如此。

⑦ 兄：视……为兄；比不上。

⑧ 溟涬（xìng）然：水大貌。引申为自豪。弟：视……为弟；瞧不起。

⑨ 心居：思想安定。

【译文】

蒋闾葂吃惊地说："我听了您的话感到茫然。虽然这样，还是希望您谈谈治国方法。"季彻说："大圣治国，顺应民心，让百姓形成良好教育以改变陋习，完全消除害人之心而提高其品行，就像发自天性自然形成，而百姓不知为何会这样。这样的大圣，怎会比不上尧舜的教民方法？他们会自豪地瞧不起尧舜的教民方法！百姓将混同天性而心境安定。"

【原文】

子贡南游于楚，反于晋①。过汉阴②，见一丈人方将为圃畦③，凿隧而入井④，抱瓮而出灌⑤，搰搰然用力甚多而见功寡⑥。

【注释】

①反：通"返"。晋：国名。"晋"疑为"鲁"，因下文有"反于鲁，以告孔子"。

②汉阴：汉水南岸。汉，即汉江。阴，山之南、水之北叫阳，山之北、水之南叫阴。

③丈人：老人。为圃畦（qí）：种菜园。

④隧：地道。这里指水沟。

⑤瓮：罐子。

⑥搰（gǔ）搰然：费力貌。

【译文】

子贡到南方楚国游历，准备返回晋国。经过汉水南岸时，见一位老人正在菜园劳动，挖了一条沟到井边，抱着罐子打水浇菜，他用力很多而功效甚微。

【原文】

子贡曰："有械于此，一日浸百畦，用力甚寡而见功多。夫子不欲乎？"为圃者仰而视之，曰："奈何？"曰："凿木为机，后重前轻，挈水若抽①，数如泆汤②，其名为槔③。"为圃者忿然作色而笑曰："吾闻之吾师，有机械者必有机事，有机事者必有机心；机心存于胸中，则纯白不备④；纯白不备，则神生不定⑤；神生不定者，道之所不载也。吾非不知，羞而不为也。"子贡瞒然惭⑥，俯而不对⑦。

【注释】

① 挈（qiè）：提。

② 数（shuò）：频繁，引申为快速。泆（yì）：溢出。汤：开水。

③ 槔（gāo）：桔槔。

④ 纯白：纯净之心。

⑤ 神生（xìng）：精神。生，通"性"。

⑥ 瞒（mén）然：羞愧貌。

⑦ 对：回答。

【译文】

子贡说："有一种机械，每天可浇上百菜畦，用力很少而效果很好。您不想用吗？"种菜老人抬头看着子贡，说："怎么做？"子贡说："机械用木头做成，后面重而前面轻，用它提水就像抽水，水流之快如同沸水溢出一样，名叫桔槔。"种菜老人很生气，还是笑着说："我听我老师说，使用机械的人必做机巧之事，做机巧之事的人一定有机巧之心；胸中有了机巧想法，就没有纯净之心；没有纯净之心，精神就无法安定；精神不安定的人，无法得道。我并非不知那种机械，是感到羞愧而不愿用它！"子贡十分惭愧，低着头无法回答。

【原文】

有间，为圃者曰："子奚为者邪？"曰："孔丘之徒也。"为圃者曰："子非夫博学以拟圣、於于以盖众、独弦哀歌以卖名声于天下者乎①？汝方将忘汝神气，堕汝形骸②，而庶几乎③！而身之不能治，而何暇治天下乎！子往矣，无乏吾事④！"

【注释】

① 拟圣：效法圣人。於（wū）于：夸耀荒诞貌。盖：压倒。弦：弹琴。

② 堕（huī）：通"隳"，毁坏。引申为忘却。

③ 庶几：差不多。差不多可以修道。

④ 乏：荒废；耽误。

【译文】

　　过一会儿，老人问："您是干吗的？"子贡说："是孔丘弟子。"种菜老人说："您不就是那种广泛学习以效法圣人、夸耀荒诞以超越大众、独自弹琴悲歌以换取天下名声的人吗？你如消除你的神气，忘却你的形体，也许还能修道。你连自身都修养不好，哪里还能治天下呢！您走吧，别耽误我种菜！"

【原文】

　　予贡卑陬失色①，顼顼然不自得②，行三十里而后愈。其弟子曰："向之人何为者邪③？夫子何故见之变容失色、终日不自反邪④？"曰："始吾以为天下一人耳⑤，不知复有夫人也⑥。吾闻之夫子：事求可，功求成，用力少、见功多者，圣人之道。今徒不然⑦。执道者德全，德全者形全，形全者神全。神全者，圣人之道也。托生与民并行而不知其所之⑧，汒乎淳备哉⑨！功利机巧必忘夫人之心。若夫人者，非其志不之，非其心不为。虽以天下誉之，得其所谓⑩，謷然不顾⑪；以天下非之，失其所谓，傥然不受⑫。天下之非誉，无益损焉，是谓全德之人哉！我之谓风波之民⑬。"

【注释】

① 卑陬（zōu）：惭愧貌。

② 顼（xū）顼然：怅然若失貌。

③ 向：刚才。

④ 反：通"返"。恢复；恢复常态。

⑤ 天下一人：指孔子。

⑥ 夫人：那样的人。指种菜老人。

⑦ 徒：却。

⑧ 行：行走。引申为生活。之：往。引申为追求。

⑨ 汒（máng）乎：无思无虑貌。淳备：淳朴美德。

⑩ 得其所谓：赞美之词恰如其分。得，恰当。所谓，所说的。指上句提到的赞美。

⑪ 謷（áo）然：傲然貌。

⑫ 儻（tǎng）然：不放在心上的样子。

⑬ 风波之民：心情易受外界影响的人。风波，随风而波动，比喻心情容易波动。

【译文】

子贡满面羞愧，怅然若失不能自持，走了三十里才恢复常态。其弟子问："刚才那位老人是干什么的？您为何见他就变容失色、整天还未恢复？"子贡说："从前我认为天下只有孔子一人是圣人，不知还有种菜老人那样的人！我听老师说：办事要求恰当，做事要求成功，用力少而功效大，这是圣人原则。现在看来并非如此。有道之人天性完备，天性完备的人身体健全，身体健全的人精神完美。保证精神完美，这才是圣人原则。圣人在世间与人们一起生活却不知自己追求什么，无思无虑而具备纯朴美德，功利机巧肯定不会放在心上。他那样的人，不合自己志向的事不去追求，不合自己心愿的事不去做。即使天下人都赞扬他，而且赞扬得恰如其分，他也不理睬；即使天下人都批评他，而且批评不符事实，他也不放心上。天下人的批评和赞扬，对他毫无影响，这就叫天性完美的人。而我则叫做心情易受影响的人。"

【原文】

反于鲁，以告孔子。孔子曰："彼假修浑沌氏之术者也①。识其一②，不知其二③；治其内，而不治其外。夫明白入素④，无为复朴，体性抱神，以游世俗之间者，汝将固惊邪！且浑沌氏之术，予与汝何足以识之哉！"

【注释】

① 假修：修习。假，借用。浑沌氏：主张万物齐一、混沌无别的人。

② 一：万物混沌齐一。

③ 二：不一致；分别。

④ 素：素洁的精神境界。

【译文】

回到鲁国，把此事告诉孔子。孔子说："他是修行浑沌氏学说的人。他认为万物混沌同一，不区分万物差别；注重内心修养，不治理外部世界。他思想明达，进入素洁境界；清静无为，返璞归真；体悟真性，专一精神，自由地生活在世俗人之中，你对此当然感到吃惊！再说浑沌氏的思想，我和你哪有能力去认识啊！"

【原文】

谆芒将东之大壑①，适遇苑风于东海之滨。苑风曰："子将奚之？"曰："将之大壑。"曰："奚为焉？"曰："夫大壑之为物也，注焉而不满，酌焉而不竭②。吾将游焉。"

【注释】

① 谆芒：虚构人名。含有淳朴憨厚、无思无虑之意。大壑：大海。

② 酌（zhuó）：舀取。

【译文】

谆芒将到东边大海去，刚好在东海岸边遇到苑风。苑风问："您打算去哪儿？"谆芒说："打算去大海。"苑风问："干什么？"谆芒说："大海这种事物，江河日夜注入而它不会满盈，不停舀取而它不会枯竭。我想去那里游览一下。"

【原文】

苑风曰："夫子无意于横目之民乎①？愿闻圣治。"谆芒曰："圣治乎？官施而不失其宜②，拔举而不失其能，毕见其情事而行其所为③，行言自为而天下化④，手挠顾指⑤，四方之民莫不俱至。此之谓圣治。"

【注释】

① 横目之民：百姓。人的双目横生于面部，故称。

② 官施：设置官吏，施行政令。

③ 毕：完全。情事：真实情况。情，真。

④ 行言自为：言行自然发出。化：被感化；服从。

⑤ 挠：指挥。顾：看。指：示意。

【译文】

苑风说："您不关心百姓吗？请谈谈圣人治国情况。"谆芒说："圣人治国吗？设官施政处处妥当，选拔贤才而不遗忘能人，完全洞察真实情况而做该做的事，言行自然发出而天下服从，他挥手示意，四方百姓皆来归附。这就是圣人治国情况。"

【原文】

"愿闻德人①。"曰："德人者，居无思，行无虑，不藏是非美恶。四海之内共利之之为悦②，共给之之为安③。怊乎若婴儿之失其母也④，傥乎若行而失其道也⑤。财用有余而不知其所自来，饮食取足而不知其所从。此谓德人之容。"

【注释】

① 德人：天性完美者。"德人"高于"圣人"，而下文"神人"又高于"德人"。

② 共利之：都因为"德人"而获利。

③ 共给（jǐ）之：养育万民。给，供给。

④ 怊（chāo）乎：悲伤貌。

⑤ 傥（tǎng）乎：怅然若失貌。

【译文】

"想听听德人情况。"谆芒说："德人，无论何时何地都无思无虑，心里没有是非美丑概念。他为施恩天下而高兴，为养育天下而安乐。（没有德人，）百姓悲伤得如婴儿失去母亲，茫然得像行人迷了路。德人治国时财物有余而不知出自哪里，衣食富足而不知来自何方。这是德人的情况。"

【原文】

"愿闻神人①。"曰："上神乘光②，与形灭亡③，此谓照旷④。致命尽情⑤，天地乐而万事销亡⑥，万物复情，此之谓混冥⑦。"

【注释】

① 神人：境界最高的人。

② 上神乘光：至高的神人驾御着光明。形容神人超越于有形的万物之上。

③ 与形灭亡：自身与万物一起被忘却。形，指有形的万物。灭亡，忘得一干二净。

④ 照旷：明彻虚静。照，明彻。旷，虚静。

⑤ 致命尽情：完全顺应天命和本性。致，尽；完全。情，本性。

⑥ 万事销亡：没有任何事端。

⑦ 混冥：万物齐一的混沌境界。

【译文】

"想听听神人情况。"谆芒说："神人驾御光明，忘却自身和万物，这就是明彻虚静境界。完全顺应天命和本性，与天地同乐而清净无事，万物都恢复美好天性。这可说是万物齐同的混沌境界。"

【原文】

门无鬼与赤张满稽观于武王之师①。赤张满稽曰："不及有虞氏乎！故离此患也②。"门无鬼曰："天下均治而有虞氏治之邪③？其乱而后治之与？"赤张满稽曰："天下均治之为愿，而何计以有虞氏为？有虞氏之药疡也④，秃而施髢⑤。病而求医，孝子操药以修慈父⑥，其色燋然⑦。圣人羞之⑧。至德之世，不尚贤，不使能，上如标枝⑨，民如野鹿⑩；端正而不知以为义，相爱而不知以为仁，实而不知以为忠，当而不知以为信，蠢动而相使不以为赐⑪。是故行而无迹，事而无传。"

【注释】

① 门无鬼、赤张满稽：虚构人名。武王之师：周武王讨伐商纣王的军队。

② 离：通"罹"。遭遇。

③ 均治：太平安定。

④ 药疡（yáng）：治疗头疮。药，治疗。疡，头疮。

⑤ 施髢（dí）：使用假发。施，用。髢，假发。

⑥ 修：伺候。

⑦ 其色燋（qiáo）然：面容因操劳而憔悴不堪。色，面色。燋然，憔悴貌。

⑧ 圣人羞之：圣人为孝子的做法而感到羞愧。孝子不能使父亲不生病，只能在父亲病后细心照料；舜不能使天下安定，只能在天下动乱后加以治理，故为他们感到羞愧。

⑨ 上：君主。标：树梢。比喻君主清静无事。

⑩ 民如野鹿：百姓如自由野鹿。

⑪ 蠢动：无心地活动。使：帮助。

【译文】

门无鬼和赤张满稽观看武王伐纣的军队。赤张满稽说："武王不如舜！所以遇上这场战乱。"门无鬼说："天下太平时舜去治理呢？还是天下动乱后去治理呢?"赤张满稽说:"天下太平是人们心愿,为何还考虑让舜治理?舜治国就像医生治头疮,治成秃子后就使用假发。父亲生病才去医治,孝子拿着药侍候慈父,为此面容憔悴,圣人会为孝子不能使父亲不病而羞愧。最完美时代,不崇尚贤才,不重用能人,君主清静得如树枝一般,百姓自由得像野鹿一样;行为端正而不知这是道义,互相爱护而不知这是仁慈,敦厚老实而不知这是忠诚,履行诺言而不知这是信用,相互帮助而不知这是恩赐。因此其善行没留痕迹,事迹没留传下来。"

【原文】

孝子不谀其亲,忠臣不谄其君,臣、子之盛也。亲之所言而然①,所行而善,则世俗谓之不肖子;君之所言而然,所行而善,则世俗谓之不肖臣。而未知此其必然邪。

【注释】

① 然:认为正确。

【译文】

孝子不奉承父母,忠臣不谄媚君主,这是最好的忠臣、孝子。父母说的话都予以肯定,做的事都予以赞扬,那么世人就称之为不肖之子;君主说的话都加以肯定,做的事都加以赞扬,那么世人就称之为不良之臣。但不知世人看法是否真的正确。

【原文】

世俗之所谓然而然之,所谓善而善之,则不谓之道谀之人也①。然则俗故严于亲而尊于君邪?谓己道人②,则勃然作色;谓己谀人,则怫然作色③。而终身道人也,终身谀人也,合譬饰辞聚众也④,是终始本末不相坐⑤。垂衣裳⑥,设采色⑦,动容貌,以媚一世,而不自谓道谀;与夫人之为徒⑧,通是非,而不自谓众人,愚之至也。知其愚者,非大愚也;知其惑者,非大惑也。大惑者,终身不解;大愚者,终身不灵。

【注释】

① 道谀：又作"导谀"，阿谀奉承。

② 道人：阿谀奉承之人。

③ 怫（fú）然：生气貌。

④ 合譬：譬喻。饰辞：修饰词句。聚众：召集众人。引申为博众人欢心。

⑤ 始终本末：自始至终。坐：定罪；责备。

⑥ 垂衣裳：穿戴整齐。

⑦ 设采色：绣制华美文饰。

⑧ 夫人：那些人。指世俗人。为徒：为伍。

【译文】

　　世人认为正确他就加以肯定，认为好的他就加以赞扬，却不称他为谄谀之人。那么世人比父母更权威、比君主更尊贵吗？说自己是谄媚之人，就勃然大怒；说自己是阿谀之人，就怒气冲冲。而那些一生谄媚、奉承别人的人，用巧妙譬喻和华丽辞藻以博众人欢心，始终却没受到责备。他们穿戴整齐，文饰华美，挤眉弄眼，以讨好全社会人，而不自认为是在谄媚；与众人为伍，是非相同，却不自认为是众人，真愚昧至极。知道自己愚昧，还不算最大愚昧；知道自己糊涂，还不算最大糊涂。最糊涂的人，一生不会明白；最愚昧的人，一生不会清醒。

【原文】

　　三人行而一人惑，所适者犹可致也①，惑者少也；二人惑则劳而不至，惑者胜也。而今也以天下惑，予虽有祈向②，不可得也。不亦悲乎！大声不入于里耳③，《折杨》、《皇荂》④，则嗑然而笑⑤。是故高言不止于众人之心，至言不出，俗言胜也。以二缶钟惑⑥，而所适不得矣，而今也以天下惑，予虽有祈向，其庸可得邪⑦？知其不可得也而强之，又一惑也，故莫若释之而不推⑧。不推，谁其比忧⑨！厉之人夜半生其子⑩，遽取火而视之⑪，汲汲然唯恐其似己也⑫。

【注释】

① 所适者：所去的地方。即目的地。致：到达。

② 祈向：追求。

③ 大声：高雅音乐。里耳：世人耳朵。里，同"俚"。俚俗。

④《折杨》《皇荂 (huā)》：两种民间小曲。

⑤ 嗑 (kè) 然：形容笑声。

⑥ 二缶 (fǒu) 钟惑：即"二缶惑钟"。两个糊涂人使另一明白人迷惑。缶，瓦制的粗俗乐器，比喻两个糊涂人。钟，金属制的高雅乐器，比喻三个行人中的明白人。

⑦ 其庸：怎么。

⑧ 释之：放弃理想。推：推行；追求。

⑨ 比忧：与忧为邻。即忧愁。比，紧挨着。

⑩ 厉：丑陋。

⑪ 遽 (jù)：急忙。

⑫ 汲汲然：心情急切貌。意思是，无论厉人如何着急，孩子的美丑已成定局，因此无须着急。比喻无论自己如何着急，天下动乱已成定居，因此自己也就无须着急。

【译文】

　　三人同行而一人糊涂，可到达目的地，因糊涂人只占少数；如两人糊涂就会疲惫不堪也到不了目的地，因糊涂人占了多数。而如今整个天下都是糊涂人，我虽有追求，却无法实现。不可悲吗！高雅音乐不被世人欣赏，一听《折杨》、《皇荂》俗曲，便欣然而笑。因此高雅言论不会被民众接受，至理名言宣传不出去，街谈巷语就会占优势。仅仅两个糊涂人迷惑一个明白人，就无法到达目的地，而如今天下人都糊涂，我虽有追求，怎能实现呢？知道无法实现却还要勉强追求，就又多了一个糊涂人！所以最好放弃理想不去追求。无所追求，哪里还有忧愁！丑人半夜生了孩子，急忙拿灯察看，心急火燎地唯恐孩子像自己一样。

【原文】

百年之木，破为牺尊①，青黄而文之②，其断在沟中③。比牺尊于沟中之断，则美恶有间矣④，其于失性一也⑤。跖与曾、史，行义有间矣⑥，然其失性均也。且夫失性有五：一曰五色乱目，使目不明；二曰五声乱耳，使耳不聪；三曰五臭熏鼻⑦，困傻中颡⑧；四曰五味浊口，使口厉爽⑨；五曰趣舍滑心⑩，使性飞扬。此五者，皆生之害也。而杨、墨乃始离跂自以为得⑪，非吾所谓得也。夫得者困，可以为得乎？则鸠鸮之在于笼也⑫，亦可以为得矣。且夫趣舍声色以柴其内⑬，皮弁、鹬冠、搢笏、绅修以约其外⑭，内支盈于柴栅⑮，外重缫缴⑯，睆睆然在缫缴之中而自以为得⑰，则是罪人交臂历指而虎豹在于囊槛⑱，亦可以为得矣。

【注释】

① 牺尊：一种酒器。尊，通"樽"。

② 文：花纹；绘制花纹。

③ 断：指丢弃的剩余木料。

④ 恶：丑陋。有间：有差别。

⑤ 失性：酒器和断木都失去了树木原有生机。

⑥ 行义：行为原则。义，原则。

⑦ 五臭 (xiù)：膻、熏、香、腥、腐五种气味。

⑧ 傻 (zōng)：堵塞。颡 (sǎng)：额头。

⑨ 厉爽：伤害。

⑩ 趣舍：取舍；好恶。滑 (gǔ)：扰乱。

⑪ 离跂 (qí)：踮起脚跟。形容努力貌。得：适当。

⑫ 鸠鸮：两种鸟。

⑬ 柴：杂草。一说"堵塞"义。

⑭ 皮弁 (biàn)：皮帽。鹬 (yù) 冠：饰有鹬鸟羽毛的帽子。搢 (jìn)：插。笏 (hù)：大臣上朝拿的手板。绅：宽大的衣带。修：长。

⑮ 支：堵塞。柴：像杂草样的杂念。栅：栅栏。比喻限制人的各种条令。

⑯ 缰 （mò）缴：绳索，指衣带等。

⑰ 睆 （huǎn）睆然：睁大眼睛貌。

⑱ 交臂：两手捆在一起。历指：用小木棍夹五指的酷刑。囊槛：木笼。

【译文】

百年大树，做成酒器，用各种颜色绘出华美花纹，剩余木料被丢弃沟里。精美酒器和沟里残木相比，美丑差别很大，但在失去树木天性上却是一样。盗跖和曾参、史鳍的行为原则差异很大，但在失去天性上却是相同。失去天性的情况有五种：一是各种颜色扰乱视觉，使眼看不明；二是各种音乐扰乱听觉，使耳听不清；三是各种气味熏扰嗅觉，使鼻腔乃至额头受到困扰和堵塞；四是各种滋味败坏味觉，使口舌受到伤害；五是取舍好恶扰乱心神，使性情躁动不安。这五种情况，都是生命的祸害。而杨朱、墨翟还在竭力宣扬有关主张并自以为恰当，这并非我说的恰当。自以为恰当的人反而受困，这能叫恰当吗？如此则鸠鸟和鸮鸟被关在笼里，也算恰当。各种好恶、声色像杂草一样塞满其内心，皮帽羽冠、手板长带约束其身体，心中充满杂草般的声色好恶和各种条令制度，身体又被绳索般的冠冕衣带层层捆束，睁大眼睛看着自己处于绳索之中还自以为恰当，那么捆绑双手、受夹指酷刑的犯人和身处木笼的虎豹也可以自以为恰当了。

天道第十三

【题解】

天道，自然规律。本篇阐述清静无为的政治主张和处世原则。

【原文】

天道运而无所积①，故万物成；帝道运而无所积，故天下归；圣道运而无所积，故海内服。明于天，通于圣，六通四辟于帝王之德者②，其自为也③，昧然无不静者矣④。圣人之静也，非曰静也善，故静也，万物无足以铙心者⑤，故静也。水静则明烛须眉⑥，平中准⑦，大匠取法焉。水静犹明，而况精神！圣人之心静乎，天地之鉴也，万物之镜也。夫虚静恬淡、寂漠无为者，天地之平而道德之至，故帝王圣人休焉。休则虚，虚则实⑧，实者伦矣⑨。虚则静，静则动，动则得矣。静则无为，无为也则任事者责矣。无为则俞俞⑩，俞俞者，忧患不能处，年寿长矣。夫虚静恬淡、寂漠无为者，万物之本也。明此以南乡⑪，尧之为君也；明此以北面⑫，舜之为臣也。以此处上，帝王天子之德也；以此处下，玄圣、素王之道也⑬；以此退居而闲游江海，山林之士服；以此进为而抚世，则功大名显而天下一也。静而圣，动而王，无为也而尊，朴素而天下莫能与之争美。夫明白于天地之德者，此之谓大本大宗，与天和者也⑭；所以均调天下，与人和者也。与人和者，谓之人乐；与天和者，谓之天乐。

【注释】

① 运：运行。积：停滞不前。

② 六通四辟：处处通达。辟，通达。

③ 自为：自由发展。

④ 昧然：清静无为貌。

⑤ 铙（náo）：同"挠"。扰乱。

⑥ 烛：照。

⑦ 平中准：平得合乎标准。

⑧ 虚则实：内心虚静可以用道充实。即心静能获取道。

⑨ 伦：理；自然之理。

⑩ 俞（yú）俞：从容不迫貌。

⑪ 南乡：面向南而坐。即当君主。乡，通"向"。

⑫ 北面：面向北。指当臣子。

⑬ 玄圣、素王：指掌握大道、具有帝王德才而无帝王之位的人。

⑭ 与天和：与自然和谐相处。

【译文】

自然规律让万物运动从不停滞，所以万物生成；帝王原则让臣民活动从不停滞，所以天下归顺；圣人原则是不断修道从不停滞，所以海内归服。明白自然规律，懂得圣人原则，精通帝王美德的人，让万物自由发展，自己坚持清静无为。圣人清静，不是因为知道清静的好处，才保持清静，而是没有事物能扰乱其心，所以清静。水静能清晰照见人的须眉，平得合乎标准，连高明工匠也要效法它。水静尚能明照万物，更何况精神境界！圣人的清静之心，能体察自然法则，洞悉万物规律。虚静恬淡、清静无为这种品质，是自然准则和道德的最高境界，所以帝王和圣人坚守这种境界。坚守这一境界就会内心虚静，虚静就能掌握道，掌握道就符合天理。内心虚静就会安静下来，安静的人会有合理行动，行动合理就有所收获。帝王内心虚静就会推行无为政治，推行无为政治就能使臣下各尽其责。清静无为就能从容不迫，从容不迫就没有忧患，就能长寿。虚静恬淡、清静无为，是万物的根本。明白此理而居帝王之位，会像尧当国君那样成功；明白此理而居臣下之位，会像舜当大臣那样顺利。具有这种品质而居上位，就具备帝王美德；具有这种品质而居下位，就掌握了虽无帝王之位而精神崇高者的原则；具有这种品质而退居闲游江湖，山林隐士也会折服；具有这种品质而进入社会治国，就能功业卓著、名扬四海而使天下统一。这种人安居时堪称圣人，行动就会成为帝王，他们清静无为却尊贵无比，淳厚朴素而天下无人能与他媲美。懂得自然美德的人，可以说是掌握了最根本原则，能与自然和谐相处；还能治好天下，与众人和谐相处。能与众人和谐相处，叫做人间快乐；能与自然和谐相处，叫做天然快乐。

【原文】

庄子曰："吾师乎①！吾师乎！齑万物而不为戾②，泽及万世而不为仁，长于上古而不为寿，覆载天地、刻雕众形而不为巧。此之谓天乐。故曰：'知天乐者，其生也天行③，其死也物化④；静而与阴同德⑤，动而与阳同波⑥。'故知天乐者，无天怨，无人非，无物累，无鬼责。故曰：'其动也天⑦，其静也地，一心定而王天下。其鬼不祟⑧，其魂不疲⑨，一心定而万物服。'言以虚静推于天地⑩，通于万物，此之谓天乐。天乐者，圣人之心，以畜天下也。"

【注释】

① 师：指道。

② 鳌（ⅱ）：粉碎；毁灭。戾（ⅱ）：残暴。

③ 天行：顺应自然而活动。

④ 物化：变为其他事物。

⑤ 阴：阴主静而阳主动。

⑥ 波：运动。

⑦ 天：自然；顺应自然。

⑧ 祟：作怪；作祟。

⑨ 魂：精魄；灵魂。

⑩ 推：推及；影响。

【译文】

庄子说："我的老师啊！我的老师啊！它毁灭万物不是因为暴戾，恩泽施于万世不是出于仁爱，说它年长于远古不足以形容其长寿，它涵盖天地、创造万物而不自以为巧。这叫天然快乐。所以说：'懂得天然快乐的人，活着能顺应自然行事，死后能顺利变为他物；安静时与阴气一样沉寂，活动时与阳气一样活跃。'懂得天然快乐的人，上天不会抱怨他，人们不会批评他，外物不会拖累他，鬼神不会责备他。所以说：'他活动时顺应自然，安静时如大地沉寂，能内心安静地治理天下。鬼神不作祟，精神不疲惫，内心安定而万物归服。'这是说其虚静美德影响了天地，影响了万物，这叫天然快乐。懂得天然快乐的人，具备圣人品德，可以养育天下万物。"

【原文】

夫帝王之德，以天地为宗①，以道德为主，以无为为常。无为也，则用天下而有余②；有为也，则为天下用而不足。故古之人贵夫无为也。上无为也，下亦无为也，是下与上同德，下与上同德则不臣；下有为也，上亦有为也，是上与下同道，上与下同道则不主。上必无为而用天下，下必有为为天下用，此不易之道也③。

【注释】

① 宗：本。

② 用：使用；治理。

③ 易：改变。

【译文】

帝王品德，以天地为根本，以道德为核心，以无为为常规。做到无为，就能游刃有余地治理天下；忙碌于琐事，就会被天下牵累而治理不好。所以古人重视无为。君主无为，臣下也无为，臣下原则就与君主原则相同，臣下原则与君主相同就不像臣下了；臣下忙于琐事，君主也忙于琐事，君主原则就与臣下原则相同，君主原则与臣下相同就不像君主了。君主必须清静无为地治理天下，臣下必须忙忙碌碌地为天下服务，这是不可更改的原则。

【原文】

故古之王天下者，知虽落天地①，不自虑也；辩虽雕万物②，不自说也；能虽穷海内③，不自为也。天不产而万物化，地不长而万物育，帝王无为而天下功。故曰："莫神于天，莫富于地，莫大于帝王。"故曰帝王之德配天地。此乘天地，驰万物，而用人群之道也。

【注释】

① 落：通"络"。笼络；覆盖。

② 雕：修饰；文饰。

③ 穷：穷尽。

【译文】

古代君主，虽具备经天纬地的智慧，不考虑具体问题；具有为万物辩饰的口才，不讨论具体命题；具备天下所有才能，不操办具体事务。天无意产生什么而万物化育，地无意长出什么而万物繁衍，帝王无为而天下安定。所以说："最神奇的是天，最富有的是地，最伟大的是帝王。"因此说帝王之德与天地相配。无为是驾驭天地、驱使万物、治理臣民的原则。

【原文】

本在于上①，末在于下②；要在于主，详在于臣③。三军五兵之运④，德之末也⑤；赏罚利害，五刑之辟⑥，教之末也；礼法度数⑦，形名比详⑧，治之末也；钟鼓之音，羽旄之容⑨，乐之末也；哭泣衰绖⑩，隆杀之服⑪，哀之末也。此五末者，须精神之运⑫，心术之动⑬，然后从之者也⑭。末学者⑮，古人有之，而非所以先也。

【注释】

① 本：指道、德。上：指圣君。

② 末：指军事、礼乐等具体事宜，下：臣下。

③ 详：细微杂事。

④ 三军句：一切军事活动。三军，古代诸侯把军队分为上、中、下三军。五兵，指弓、剑、矛、戈、戟五种兵器。运，活动。

⑤ 德之末：对于道德来说，军事属细枝末节之事。

⑥ 五刑：指劓（割鼻）、墨（刺字）、刖（砍脚）、宫（阉割）、大辟（杀头）。辟：法。

⑦ 度数：制度。

⑧ 形名比详：对事物和名称进行比较和审定。详，审定。

⑨ 羽旄（máo）之容：用羽毛、旌旗装饰的舞容。旄，用旄牛尾装饰的旗帜。

⑩ 衰绖（cuī dié）：丧服。

⑪ 隆杀之服：各种等级的丧服。隆杀，提升和降低。指各种级别。

⑫ 精神之运：精神活动。即崇高精神境界。

⑬ 心术之动：心理活动。即具备真情实感。

⑭ 然后从之：然后再去做这五种细枝末节之事。

⑮ 末学者：指军事、刑法等知识。

【译文】

道握在君主手里，具体事务交给臣下；治国纲领握在君主手里，细微琐事由臣下处理。军事活动，在道德面前属细枝末节；赏善罚恶，使用刑罚，在教育方面属细枝末节；礼法制度，审核形名关系，在治国方面属细枝末节；听音乐，观舞蹈，对快乐来说属细枝末节；哭哭泣泣披麻戴孝，身穿不同丧服，对悲痛来说属细枝末节。这五种细枝末节，须在崇高精神和真情实感的支配下，才可以做。细枝末节的学问，古人已经具备，但没放在首要位置。

【原文】

君先而臣从，父先而子从，兄先而弟从，长先而少从，男先而女从，夫先而妇从。夫尊卑先后，天地之行也，故圣人取象焉①。天尊地卑，神明之位也②；春夏先，秋冬后，四时之序也；万物化作，萌区有状③，盛衰之杀④，变化之流也⑤。夫天地至神，而有尊卑先后之序，而况人道乎！宗庙尚亲⑥，朝廷尚尊，乡党尚齿⑦，行事尚贤，大道之序也。语道而非其序者⑧，非其道也；语道而非其道者，安取道！

【注释】

① 取象：效法这种现象。

② 神明之位：天地之神的位次。

③ 萌区有状：有了差别和不同形态。萌，产生。区，区别。

④ 杀：降等。引申为次第出现。

⑤ 流：流派；派别。引申为差别。

⑥ 宗庙尚亲：宗庙祭祖时，重在血缘关系。尚，重视。

⑦ 乡党：乡里。齿：年龄。

⑧ 非：非议。

【译文】

君为主而臣下服从，父为主而子女服从，兄为主而弟弟服从，年长者为主而年少者服从，男子为主而妇女服从，丈夫为主而妻子服从。尊卑先后，是天地运行规律，所以圣人要效法天地。天尊地卑，是天地之神的位次；春夏在先，秋冬在后，是四季运行顺序；万物产生后，有很大差别和不同形状，其盛衰次第出现，这是万物在变化中所显示的差别。天地最为神奇，尚有尊卑先后次序，何况人呢！宗庙祭祖，重视血缘关系；朝廷理政，重视贵贱地位；乡亲聚会，重视年纪大小；具体办事，重视才能高低，这是大道规定的次序。谈论道却反对道的次序，就不是道；谈论道却反对道，怎能获取道！

【原文】

是故古之明大道者，先明天而道德次之，道德已明而仁义次之，仁义已明而分守次之①，分守已明而形名次之，形名已明而因任次之②，因任已明而原省次之③，原省已明而是非次之，是非已明而赏罚次之，赏罚已明而愚知处宜④，贵贱履位⑤，仁贤不肖袭情⑥。必分其能，必由其名⑦。以此事上，以此畜下，以此治物，以此修身。知谋不用，必归其天。此之谓太平，治之至也。

【注释】

① 分守：职守。

② 因任：根据才能任命职务。

③ 原省：检查。指考察官吏政绩。

④ 愚知处宜：愚人和智者得到适当安排。知，同"智"。

⑤ 贵贱履位：贵贱之人各居其位。履，居。

⑥ 袭情：符合实情。袭，符合。情，真实情况。

⑦ 由：遵守。

【译文】

因此古代懂道的人，明白天理然后研究道德，明白道德然后研究仁义，明白仁义然后研究职责，明白职责然后研究形名关系，明白形名关系然后研究用人问题，明白用人问题然后考察任职情况，明白任职情况然后研究官员是非，明白是非然后研究赏罚，明白赏罚那么贤愚之人各得其所，贵贱之人各居其位，对贤人坏人的判断也能符合实情。必须分辨不同才能，必须遵守各自名分。以此侍奉君主，以此养育百姓，以此治理万物，以此修养自身。这样就不会使用权谋，能恢复各自天性。这叫天下太平，这是治国的最高境界。

【原文】

故书曰："有形有名。"形名者，古人有之，而非所以先也。古人语大道者，五变而形名可举①，九变而赏罚可言也②。骤而语形名③，不知其本也；骤而语赏罚，不知其始也。倒道而言④，迕道而说者⑤，人之所治也⑥，安能治人！骤而语形名赏罚，此有知治之具⑦，非知治之道，可用于天下⑧，不足以用天下，此之谓辩士，一曲之人也⑨。礼法度数，形名比详，古人有之，此下之所以事上，非上之所以畜下也。

【注释】

① 五变：指上文提到的明白天、道德、仁义、分守、形名五个阶段。举：称举，讨论。

② 九变：指上文讲的要明白天、道德、仁义、分守、形名、因任、原省、是非、赏罚九个阶段。

③ 骤：突然。指跳过前面阶段而突然谈论形名。

④ 倒道而言：不按顺序去讨论问题。倒道，颠倒次序。

⑤ 迕（wǔ）道：与"倒道"义同。

⑥ 人之所治：被别人治理。

⑦ 知治之具：具备治国某一方面的具体能力。

⑧ 可用于天下：可以被治国的人所使用。于，表被动。

⑨ 一曲：局部。指某方面的知识。

【译文】

所以古书说："有形体，有名称。"形名关系的学问，古人已经具备，但不放在首位。古代研究道的人，明白五个阶段后才去谈论形名问题，明白九个阶段后才去谈论赏罚问题。如跳过五个阶段而直接讨论形名，那么他就不懂形名问题的根源；如跳过九个阶段而直接讨论赏罚，那么他就不懂赏罚问题的根本。颠倒次序，或不按次序讨论问题的人，只能被别人管理，怎能去管理别人！如跳过前面阶段而直接讨论形名赏罚问题，这种人具备治国的某种才能，而不懂治国的根本原则，他只能被君主使用，而不能成为治天下的君主。这种人叫善辩之士，是有局限的人。礼法制度，形名关系，古人已有这方面知识，这是臣下用来侍奉君主的知识，而非君主用来养育臣民的原则。

【原文】

昔者舜问于尧曰："天王之用心何如①？"尧曰："吾不敖无告②，不废穷民，苦死者③，嘉孺子而哀妇人④。此吾所以用心已。"舜曰："美则美矣，而未大也。"尧曰："然则何如？"舜曰："天德而出宁⑤，日月照而四时行，若昼夜之有经⑥，云行而雨施矣。"尧曰："胶胶扰扰乎⑦！子，天之合也⑧；我，人之合也。"夫天地者，古之所大也，而黄帝、尧、舜之所共美也。故古之王天下者，奚为哉？天地而已矣。

【注释】

① 天王：天子。指尧。

② 敖：同"傲"。轻慢。无告：无处诉苦的人，即无依靠者。

③ 苦：悲悯。

④ 嘉：爱护。孺子：小孩。哀：同情。

⑤ 出：出仕。宁：内心安宁。

⑥ 经：常。

⑦ 胶胶扰扰：纷乱貌。

⑧ 天之合：符合自然规律。

【译文】

从前舜问尧："您如何想的？"尧说："我不轻慢无依无靠之人，不抛弃走投无路之民，悲悯死者，爱护小孩而同情妇女。这是我的想法。"舜说："好是很好，还不算尽善尽美。"尧问："该怎么办？"舜说："效法天的美德，在勤政同时还要保持内心宁静，像日月普照、四季运行那样，还像昼夜有常、云飘雨降那样。"尧说："我的想法太纷乱！您的思想符合自然原则，我的想法只符合人为原则。"天地，自古以来最为伟大，黄帝、尧、舜都赞美它们。所以古代治天下的人，需要做什么呢？效法天地而已。

【原文】

孔子西藏书于周室①，子路谋曰②："由闻周之征藏史有老聃者③，免而归居，夫子欲藏书，则试往因焉④。"孔子曰："善。"往见老聃，而老聃不许，于是繙十二经以说⑤。老聃中其说⑥，曰："大谩⑦。愿闻其要。"孔子曰："要在仁义。"老聃曰："请问，仁义，人之性邪？"孔子曰："然。君子不仁则不成，不义则不生。仁义，真人之性也，又将奚为矣？"老聃曰："请问何谓仁义？"孔子曰："中心物恺⑧，兼爱无私，此仁义之情也。"老聃曰："意⑨，几乎后言⑩！夫兼爱，不亦迂乎！无私焉，乃私也。夫子若欲使天下无失其牧乎⑪，则天地固有常矣，日月固有明矣，星辰固有列矣，禽兽固有群矣，树木固有立矣。夫子亦放德而行，循道而趋，已至矣。又何偈偈乎揭仁义⑫，若击鼓而求亡子焉⑬？意，夫子乱人之性也！"

【注释】

① 周室：周王室。东周在鲁国的西边。

② 子路：孔子弟子。姓仲名由，字子路。

③ 征藏史：官名。负责图书管理。

④ 因焉：通过他。即通过他的介绍把经书藏入周室。因，通过。

⑤ 繙 (fán)：反复。十二经：旧注指《诗》、《书》、《礼》、《乐》、《易》、《春秋》六经及解释六经的六纬，但孔子时无六纬，故"十二"应是虚指，泛指多。

⑥ 中：中断。

⑦ 大 (tài) 谩：太啰唆。大，通"太"。

⑧ 物恺 (kǎi)：仁慈。

⑨ 意：同"噫"。感叹词。

⑩ 几乎后言：危险啊，你后面这些话。几，危殆。

⑪ 牧：养。

⑫ 偈 (jié) 偈乎：努力貌。揭：高举。

⑬ 亡子：走失的儿子。

【译文】

孔子想把经书收藏于西边的周王室，子路出主意说："我听说周王室的征藏史叫老聃，免职回家隐居，您想藏书于周王室，不妨试着请他帮忙。"孔子说："好。"于是去见老聃，而老聃不愿帮忙，孔子反复解释十二本经书的内容。老聃打断他的话，说："太啰唆。想听听其主旨。"孔子说："主旨是仁义。"老聃说："请问，仁义是人的天性吗？"孔子说："是。君子不仁不能成功，不义不能生存。仁义确是人的天性，如无仁义还能做什么？"老聃说："请问何谓仁义？"孔子说："心中仁慈，博爱而无私，这即仁义内容。"老聃说："唉，您后面的话危险啊！提倡博爱，不迂腐吗！你说的无私，就是为了获取私利。您如真想让天下不失去生养环境，那么天地原本常存，日月原本光明，星辰原本罗列空中，禽兽原本成群结队，树木原本生长于地。您只管顺应天性行事，遵循大道生活，这就极好了。您又何必努力宣扬仁义，如同敲着鼓寻找走失的孩子呢？唉，您搞乱了人的天性啊！"

【原文】

士成绮见老子而问曰："吾闻夫子圣人也，吾固不辞远道而来愿见①，百舍重趼而不敢息②。今吾观子，非圣人也。鼠壤有余蔬③，而弃妹之者④，不仁也，生熟不尽于前⑤，而积敛无崖⑥。"老子漠然不应⑦。

【注释】

① 固：坚定；决心。

② 百舍：百日。舍，住宿一次叫一舍。重趼（jiǎn）：层层趼子。趼，脚上硬皮。

③ 鼠壤：鼠穴。余：多。蔬：泛指农作物。

④ 弃妹：抛弃。妹，通"昧"。轻视；不爱惜。

⑤ 生：指粮食布帛。熟：熟食。

⑥ 积敛：聚敛财物。无崖：没限度。

⑦ 漠然：不放在心上的样子。

【译文】

士成绮见老子说："我听说您是圣人，便下决心不顾路远来拜见先生，走了上百天，脚上磨出层层老茧而不敢休息。如今我观察您，不像圣人。您家鼠穴有许多粮食，而不知爱惜，这是不仁，财物享用不尽，却还聚敛不已。"老子没听到似的未回答。

【原文】

成绮明日复见，曰："昔者吾有刺于子，今吾心正却矣①，何故也？"老子曰："夫巧知神圣之人，吾自以为脱焉②。昔者子呼我牛也而谓之牛，呼我马也而谓之马。苟有其实，人与之名而弗受，再受其殃③。吾服也恒服④，吾非以服有服。"

【注释】

① 却：退却；消失。

② 脱：脱离；不是。焉：指巧智神圣之人。

③ 再：两次。别人批评如不接受，将会招来二次批评。殃：祸殃。引申为受责备。

④ 服：服从；接受。

【译文】

次日士成绮又去见老子，说："昨天我批评您，今天我对您的不满之心正在消失，这是为什么？"老子说："巧智神圣之人，我自认为不是。昨天您把我叫做牛而我就自以为是牛，把我叫做马而我就自以为是马。如自己有其实，别人给予相应名称而不接受，将会受到别人二次责备。我接受批评而且是永远接受，我不是觉得应该接受才接受的。"

【原文】

士成绮雁行避影①，履行遂进而问②："修身若何？"老子曰："而容崖然③，而目冲然④，而颡頯然⑤，而口阚然⑥，而状义然⑦，似系马而止也⑧，动而持⑨，发也机⑩，察而审⑪，知巧而睹于泰⑫，凡以为不信⑬。边竟有人焉⑭，其名为窃。"

【注释】

① 雁行避影：像雁子一样侧身而行，羞愧得不敢正视自己身影。

② 履行：蹑手蹑脚貌。

③ 而：你。崖然：高傲貌。

④ 冲然：咄咄逼人貌。

⑤ 颡（sǎng）：额头。代指表情。頯（qiú）然：傲慢貌。

⑥ 阚（hǎn）然：善辩貌。

⑦ 义（é）然：高大貌。义，通"峨"。高大。

⑧ 系马而止：被拴住的奔马。

⑨ 动而持：想奔驰而强自抑制。持，自持；抑制。

⑩ 发也机：一旦奔驰就如箭发弩机。机，弩机；发箭机关。

⑪ 察：明察。审：仔细审查。

⑫ 睼：外露。泰：骄慢。

⑬ 凡：全部。信：真实。指真实本性。

⑭ 边竟：即边境。比喻士成绮是一个身处边缘、远离大道的人。

【译文】

士成绮像雁一样侧身而行，羞愧得不敢看自己身影，蹑手蹑脚走向前问："如何修身？"老子说："你容貌自命不凡，你目光咄咄逼人，你表情骄恣高傲，你嘴巴能言善辩，你身体高大魁梧，像匹被拴住的奔马，想奔驰又强自抑制，一旦奔驰便如箭发弩机，你明察而精审，满心智巧而外露傲态，所有这些都不符合人的真性。边境上有这样的人，其名叫窃贼。"

【原文】

夫子曰①："夫道，于大不终②，于小不遗，故万物备③。广广乎其无不容也④，渊乎其不可测也。形德仁义⑤，神之末也⑥，非至人孰能定之⑦！夫至人有世⑧，不亦大乎，而不足以为之累。天下奋棅而不与之偕⑨，审乎无假而不与利迁⑩，极物之真⑪，能守其本，故外天地，遗万物，而神未尝有所困也。通乎道，合乎德，退仁义，宾礼乐⑫，至人之心有所定矣。"

【注释】

① 夫子：指庄子。一说指老子。

② 于大不终：从大方面说它没有穷尽。终，穷尽。

③ 备：必备；必需。指万物离不开道。

④ 广广乎：博大貌。

⑤ 形：同"刑"。刑法。

⑥ 神：指神奇大道。

⑦ 定：判定；明白。

⑧ 有世：有天下。即当天子。

⑨ 奋棅（bǐng）：奋力争夺权柄。棅，通"柄"。偕：一起。指一起争夺权柄。

⑩ 无假：真实的道。不与利迁：不因名利而动心。

⑪ 极：深究。

⑫ 宾：同"摈"。排除。

【译文】

先生说："道，从大方面看没有穷尽，从小方面看毫无遗漏，所以万物都离不开它。它博大得无所不容，深奥得无法探测。刑、德和仁义，是它的细枝末节，除了至人谁能懂道！至人拥有天下，天下不是很大吗，但不足以拖累他。至人从不与人们争夺权柄，懂道而不为名利动心，深究万物真性，坚守大道，忘却天地，遗忘万物，精神从不会受到困扰。至人精通大道，顺应天性，抛弃仁义，摈除礼乐，至人之心安定宁静。"

【原文】

世之所贵道者书也①。书不过语，语有贵也；语之所贵者意也，意有所随②；意之所随者，不可以言传也。而世因贵言传书，世虽贵之，我犹不足贵也，为其贵非其贵也③。故视而可见者，形与色也；听而可闻者，名与声也。悲夫，世人以形色、名声为足以得彼之情。夫形色、名声，果不足以得彼之情。则知者不言④，言者不知，而世岂识之哉！

【注释】

① 道：谈论。

② 意：书中内容。所随：所依赖。指作者的思想情感。

③ 贵非其贵：看重的并非应看重的。应看重圣人思想，而世人看重的是语言文字。

⑤ 知者不言：懂道的人不去谈道。道无法用语言表达清楚，因此懂道的人不谈论道。

【译文】

世人看重和称道的是书。书不过是些语言，语言有可贵之处；语言的可贵之处在于它表达的内容，而内容来自作者思想；作者思想的精妙部分，无法用语言表达。世人因看重语言而传授书籍，世人虽看重它，我还是认为不应看重，因世人看重的并非应该看重的。可用眼睛看见的，是对方的形体表情；可用耳朵听到的，是对方的名号声音。可悲啊，世人认为通过形体表情和名号声音就可了解对方真情。依靠形体表情和名号声音，确实无法了解对方真情。因此懂道的人不去谈道，谈道的人并不懂道，世人怎懂这个道理呢！

【原文】

桓公读书于堂上，轮扁斫轮于堂下①。释椎凿而上②，问桓公曰："敢问公之所读者，何言邪？"公曰："圣人之言也。"曰："圣人在乎？"公曰："已死矣。"曰："然则君之所读者，古人之糟魄已夫③！"桓公曰："寡人读书，轮人安得议乎！有说则可，无说则死。"

【注释】

① 轮扁：名叫扁，以做轮为业，故称轮扁。斫（zhuó）：砍削。

② 释：放下。椎凿：椎子和凿子。

③ 糟魄：即"糟粕"。

【译文】

齐桓公在堂上读书，轮扁在堂下砍车轮。轮扁放下椎子和凿子走上大堂，问桓公："请问您读的书，说的什么？"桓公说："是圣人言论。"轮扁问："圣人还在世吗？"桓公说："都去世了。"轮扁说："那么您读的书，都是古人糟粕而已。"桓公说："寡人读书，做车轮的人怎敢妄议！能讲出理由就原谅你，讲不出理由就处死。"

【原文】

轮扁曰："臣也以臣之事观之，斫轮，徐则甘而不固①，疾则苦而不入②。不徐不疾，得之于手而应于心③，口不能言，有数存焉于其间④。臣不能以喻臣之子⑤，臣之子亦不能受之于臣，是以行年七十而老斫轮。古之人与其不可传也死矣⑥，然而君之所读者，古人之糟魄已矣。"

【注释】

① 徐：宽松。指插辐条的孔眼太大。甘：松缓。

② 疾：孔眼太小。苦：滞涩。

③ 得之于手：手上顺利砍削。得，顺利。

④ 数：技巧。

⑤ 喻：说清。

⑥ 不可传：不可言传的思想精华。

【译文】

轮扁说："我通过我的事悟出此理，砍车轮，孔眼太大车辐插入后就松缓而不牢固，孔眼太小车辐就滞涩而难以插入。我凿的孔眼不松不紧，得心应手，嘴巴虽说不清，但确有技巧存其中。我无法把这种技巧明白告诉我儿子，我儿子也无法从我这里领悟这一技巧，因此行将七十岁的我如此老了还在这里砍车轮。古代圣人与他们难以言传的思想精华一起消失了，那么您所读的书，不过是古人糟粕而已。"

天运第十四

【题解】

天运，天不停运行。"天运"篇名虽是取自本篇首句，但也概括了本篇主旨：万物在不停运动变化，因而人们不可墨守成规，而要因时而变，顺物而化。

【原文】

"天其运乎？地其处乎？日月其争于所乎①？孰主张是②？孰维纲是③？孰居无事推而行是？意者其有机缄不得已邪④？意者其运转而不能自止邪？云者为雨乎？雨者为云乎？孰隆施是⑤？孰居无事淫乐而劝是⑥？风起北方，一西一东，有上彷徨，孰嘘吸是⑦？孰居无事而披拂是⑧？敢问何故？"巫咸祒⑨："来！吾语女。天有六极五常⑩，帝王顺之则治，逆之则凶。九洛之事⑪，治成德备，监照下土⑫，天下戴之，此谓上皇。"

【注释】

① 争于所：争夺居所。日月交替出现，似在争夺居住地。

② 主张：主宰。是：代指以上自然现象。

③ 维纲：统领。

④ 机缄（jiān）：机械。

⑤ 隆：兴起。施：施雨。

⑥ 淫乐：过分玩乐。劝：鼓动；助成。

⑦ 嘘吸：吐气和吸气。

⑧ 披拂：扇动。

⑨ 巫咸祒（shào）：人名。

⑩ 六极：即"六合"。天地四方。五常：五行。

⑪ 九洛之事：九州聚落之事。即天下之事。洛，同"落"。

⑫ 监照下土：光辉普照人间。监，通"鉴"。照。

【译文】

"天不停运行吗？地安居不动吗？日月争夺住所吗？谁主宰这一切？谁统领这一切？谁闲得无事去推动这一切？猜想是有机械推动它们不得不运行吧？还是它们自然运转而无法停止呢？是云变成雨？还是雨变成云？谁行云布雨呢？谁闲居无事贪求玩乐而去形成云雨呢？风起北方，有的向西刮，有的向东刮，有的向上徘徊飘动，谁呼吸形成了风？谁闲得无事去扇动这些风？请问原因是什么？"巫咸祒说："来！我告诉你。大自然有天地四方和五行，帝王顺应它们就会天下太平，违背它们就会出现灾难。天下之事，帝王如能治理好而又具备美德，就能像日月那样普照人间，受天下拥戴，这是最伟大帝王。"

【原文】

商大宰荡问仁于庄子①。庄子曰："虎狼，仁也。"曰："何谓也？"庄子曰："父子相亲，何谓不仁？"曰："请问至仁？"庄子曰："至仁无亲②。"大宰曰："荡闻之，无亲则不爱，不爱则不孝。谓至仁不孝，可乎？"庄子曰："不然。夫至仁尚矣，孝固不足以言之。此非过孝之言也③，不及孝之言也。夫南行者至于郢④，北面而不见冥山⑤，是何也？则去之远也。故曰：以敬孝易，以爱孝难；以爱孝易，以忘亲难⑥；忘亲易，使亲忘我难；使亲忘我易，兼忘天下难；兼忘天下易，使天下兼忘我难。夫德遗尧、舜而不为也⑦，利泽施于万世，天下莫知也。岂直大息而言仁孝乎哉⑧？夫孝悌仁义，忠信贞廉，此皆自勉以役其德者也⑨，不足多也⑩。故曰：至贵，国爵并焉⑪；至富，国财并焉；至愿⑫，名誉并焉。是以道不渝⑬。"

【注释】

① 商：宋国。宋君是商王后裔，故称"商"。大（tài）宰：即"太宰"。官名。荡：人名。

② 无亲：不有意亲近。"无亲"指人虽然相亲，但出于自然，并不认为自己在相亲。

③ 过：责备。

④ 郢（yǐng）：楚国国都。在今湖北。

⑤ 冥山：北方山名。

⑥ 忘亲：忘却父母。指孝敬父母时忘记在孝敬父母，因为孝敬已成为下意识行为。

⑦ 德遗尧舜：忘却尧舜之德。不为：不去做。帮助别人时，总想着自己在施恩于人，那么此人行为不是高尚行为。

⑧ 岂：难道。直：仅仅。大（tài）息：叹息。而：你。世人仁孝境界太低，故庄子叹息。

⑨ 役其德：役使自己天性。

⑩ 多：赞美。

⑪ 并：同"屏"。排除。

⑫ 至愿：最大愿望。一说"至愿"为"至显"之误。

⑬ 渝：改变。

【译文】

宋国太宰荡向庄子询问仁。庄子说："虎狼，就有仁。"太宰荡问："什么意思？"庄子说："虎狼父子相亲，为何没有仁？"太宰荡问："请问最高的仁？"庄子说："最高的仁是不相亲。"太宰荡说："我听说，不相亲就不相爱，不相爱就不孝敬父母。说最高的仁不孝敬父母，行吗？"庄子说："不对。最高的仁，境界太高了，一般孝行不足以形容它。我不是责备孝敬行为，而是责备达不到孝敬标准的行为。南行的人到了郢，向北看不到冥山，为什么？相距太远了。所以说：用尊敬态度行孝容易，用衷心之爱行孝就难；用衷心之爱行孝容易，做到忘记自己在孝敬父母就难；忘记自己在孝敬父母容易，使父母忘却自我就难；使父母忘却自我容易，使父母忘却天下人就难；忘却天下人容易，使天下人都忘却自我就难。遗忘尧舜美德而不去有意立德，恩泽施于万世，而天下没人知道。我难道仅仅为你说的仁孝而叹息吗？世人提倡孝悌仁义、忠信贞廉，都需自我强制而役使自我天性，不值得赞美。所以说：最尊贵的，抛弃国家一切爵位；最富有的，抛弃国家所有财物；最大心愿，抛弃所有名声。因此要遵循道永不改变。"

【原文】

北门成问于黄帝曰①："帝张《咸池》之乐于洞庭之野②，吾始闻之惧，复闻之怠③，卒闻之而惑④，荡荡默默⑤，乃不自得⑥。"

【注释】

① 北门成：黄帝的大臣。姓北门，名成。

② 张：安排；演奏。《咸池》：乐曲名。洞庭：广漠。

③ 怠：松懈；平和。

④ 卒：最后。

⑤ 荡荡默默：心神不定、糊糊涂涂貌。

⑥ 不自得：不知所措。

【译文】

北门成问黄帝："您在广漠原野上演奏《咸池》，我刚听时惊惧不安，接着听觉得心情平和，最后听得迷惑不解，以至于心神不宁、糊糊涂涂，竟然不知所措。"

【原文】

帝曰："汝殆其然哉①！吾奏之以人，征之以天②；行之以礼义，建之以太清③。四时迭起，万物循生；一盛一衰，文武伦经④，一清一浊⑤，阴阳调和，流光其声⑥；蛰虫始作⑦，吾惊之以雷霆。其卒无尾，其始无首；一死一生⑧，一偾一起⑨，所常无穷⑩，而一不可待⑪，汝故惧也。

【注释】

① 殆：大概。然：代指上述感觉。

② 征之以天：印证的是天理。

③ 建：建立；阐述。太清：天；天道。在本句以下，通行本有"夫至乐者，先应之以人事，顺之以天理，行之以五德，应之以自然，然后调理四时，太和万物"七句，学者一致认为这七句是后人的注文羼入。

④ 文：生长。武：肃杀。伦经：常理。指春生秋杀这一次序。伦，理。经，常。

⑤ 一清一浊：指天地。天清地浊。

⑥ 流光其声：产生光明和声音。流，流布；产生。

⑦ 蛰（zhé）虫：冬眠的虫子。作：活动。

⑧ 一死一生：指乐声忽停忽起。死，消失。生，出现。

⑨ 一偾（fèn）一起：指乐曲忽低忽高。偾，仆倒。形容乐声低沉。

⑩ 所常无穷：变化无穷。常，指变化。变化是事物常态。

⑪ 而：你。一：完全。待：期待；预测。

【译文】

黄帝说："你大概应有这种感受吧！我用人演奏，抒发的却是天道；按照礼义演奏，阐述的却是天理。此曲描述四季交替，万物循序而生；它们忽而繁荣忽而衰败，春生秋杀有条不紊。乐曲描述天清地浊，阴阳调和，从而产生光明和声音；冬眠之虫即将复苏，我用春雷般的乐声惊醒它们。乐曲看似结束却寻不到它的尾声，看似开始却又寻不到它的起源；乐声忽停忽起，忽低忽高，变化无穷，你完全无法预测下一乐章的变化，因此你感到惊惧。

【原文】

"吾又奏之以阴阳之和，烛之以日月之明。其声能短能长，能柔能刚；变化齐一，不主故常①；在谷满谷，在阬满阬；涂郤守神②，以物为量③。其声挥绰④，其名高明⑤，是故鬼神守其幽，日月星辰行其纪⑥。吾止之于有穷⑦，流之于无止⑧。子欲虑之而不能知也，望之而不能见也，逐之而不能及也，傥然立于四虚之道⑨，倚于槁梧而吟。目知穷乎所欲见⑩，力屈乎所欲逐，吾既不及已夫！形充空虚⑪，乃至委蛇⑫。汝委蛇，故怠。

【注释】

① 主：拘泥；遵守。故常：指上文说的"所常无穷"。

② 涂：堵塞；封闭。郤（xì）：孔隙。指耳目鼻口七窍。守神：保持精神宁静。

③ 以物为量：以顺应万物为原则。量，度量；原则。

④ 挥绰：悠远嘹亮。

⑤ 高明：高亢明朗。

⑥ 纪：理；规律。

⑦ 穷：尽头。指应该停止之处。

⑧ 流之于无止：让乐声飘动在应飘动之处。无止，飘动。

⑨ 傥（tǎng）然：茫然貌。四虚：四处没有阻碍。

⑩ 知：同"智"。穷：没有，找不到。

⑪ 形充空虚：身体结实而内心虚静。

⑫ 委蛇（yí）：顺物变化。

【译文】

"我又用乐曲描述阴阳和谐，日月普照。乐声或短促或悠长，或柔和或刚强；乐曲变化有条有理，不像刚才那样变化无常；乐声充满了山谷，飘荡于沟壑；使人忘却视听而保持心静，使人顺物而行。乐声悠扬嘹亮，可说是高亢明朗，使鬼神安居幽静之处，使日月星辰按常规运行。我让乐曲停止在应停止的地方，让乐曲飘动在应飘动的时候。你思考它却毫无结果，遥望它却一无所见，追赶它却追赶不上，只好茫然伫立在四通八达的道路上，靠着枯槁梧桐长吁短叹。用尽视力和智力却看不到想看的事物，用尽力量却追不到想追的东西，我们已经追赶不上了！这时你身体结实而内心虚静，能顺物变化。你能顺物变化，所以心情平和。

【原文】

"吾又奏之以无怠之声①，调之以自然之命②，故若混逐丛生③，林乐而无形④；布挥而不曳⑤，幽昏而无声⑥。动于无方⑦，居于窈冥⑧。或谓之死，或谓之生，或谓之实，或谓之荣⑨。行流散徙⑩，不主常声。世疑之，稽于圣人⑪。圣也者，达于情而遂于命也⑫。天机不张而五官皆备⑬，此之谓天乐，无言而心说⑭。故有焱氏为之颂曰⑮：'听之不闻其声，视之不见其形，充满天地，苞裹六极。'汝欲听之而无接焉⑯，而故惑也。

【注释】

① 怠：平缓。

② 调：协调。命：通"令"。节奏。

③ 混逐丛生：各种乐声同时出现，好像在相互追逐。混，共同。丛生，形容各种乐声一同出现。

④ 林乐：众多乐声。林，多。

⑤ 布挥：散布开去；飘向远方。曳：牵拉；挽留。本句描述乐章结束时袅袅余音。

⑥ 幽昏：沉寂。指乐声消失。

⑦ 动于无方：乐声启奏于无法预测处。无方，不可预测处。

⑧ 居于窈冥：消失于深远幽静之处。居，归居；消失。窈冥，深远幽静。

⑨ 荣：荣华；华美。

⑩ 行流：飘扬。散：传播。徙：变化。

⑪ 稽：探究。引申为请教。

⑫ 遂：顺应。

⑬ 天机句：不使用各种器官而各种器官功能都自然具备。比喻乐曲结束后的无声境界虽没有乐声却具有感人力量。天机，天生的器官。张，使用。

⑭ 说（yuè）：通"悦"。

⑮ 有焱氏：即神农氏。

⑯ 接：接触。指接触、听到乐声。

【译文】

"我又演奏不平缓的曲调，用自然节奏加以协调。各种乐声一齐出现似乎在相互追逐，乐声众多却和谐得不露痕迹；乐声悠悠飘向远方而不可挽留，最终归于一片寂静。乐曲启奏于意想不到之时，消失于深远幽静之处。有人说它已经消失，有人说它余音犹存，有人说它朴实无华，有人说它华美无比。乐曲飘逸悠扬、变化多端，异于旧曲老调。世人难以理解，便向圣人请教。圣人，能通达人情而顺应天命。（乐曲结束后）虽然没有乐声却具有感人力量，这叫天然音乐，寂静无声却使人满心愉悦。因此神农氏赞美这一无声境界：'虽然听不到它的声音，看不到它的形迹，然而它却充满了天地之间，囊括了上下四方。'你此时还想继续听它却什么也没听到，你因此困惑了。

【原文】

"乐也者，始于惧，惧故祟①；吾又次之以怠，怠故遁②；卒之于惑，惑故愚；愚故道③，道可载而与之俱也。"

【注释】

① 祟：祸患。

② 遁：消退。指惊惧心理消退。

③ 愚故道：感到自己愚笨才能去学道。

【译文】

"这首乐曲，开始让人惊惧，惊惧就认为是祸患；于是我接着演奏平和曲调，曲调平和使惊惧心理逐渐消失；最后乐章在你迷惑之中结束，因迷惑而深感自己愚笨；深感愚笨而去学道，这样就可得道并与道融为一体了。"

【原文】

孔子西游于卫，颜渊问师金曰①："以夫子之行为奚如？"师金曰："惜乎，而夫子其穷哉！"颜渊曰："何也？"师金曰："夫刍狗之未陈也②，盛以箧衍③，巾以文绣④，尸祝齐戒以将之⑤。及其已陈也，行者践其首脊，苏者取而爨之而已⑥。将复取而盛以箧衍，巾以文绣，游居寝卧其下，彼不得梦，必且数眯焉⑦。今而夫子，亦取先王已陈刍狗⑧，聚弟子游居寝卧其下，故伐树于宋⑨，削迹于卫⑩，穷于商周⑪，是非其梦邪？围于陈蔡之间⑫，七日不火食，死生相与邻⑬，是非其眯邪？

【注释】

① 师金：名金，为鲁国太师，故称"师金"。

② 刍（chú）狗：草扎的狗，用于祭祀。陈：陈列。指摆在祭坛上祭神。

③ 箧（qiè）衍：竹筐。

④ 巾：用巾覆盖。文：通"纹"。

⑤ 尸：祭祀时代表死者受祭的人。祝：祭祀时祝告的人。齐（zhāi）：通"斋"。将：拿。

⑥ 苏者：打柴人。苏，拾草。爨（cuàn）：烧火做饭。

⑦ 数（shuò）：经常。眯（mì）：梦魇。

⑧ 已陈刍狗：已经用过的草狗。比喻已经使用过的礼乐制度。

⑨ 伐树于宋：孔子在宋国一棵大树下演习礼仪，宋国司马桓魋派人把大树砍倒，还想杀害孔子，孔子师徒只得离开宋国。

⑩ 削迹于卫：不敢在卫国停留。孔子到卫国，卫灵公派公孙余假前去监视，孔子便离开卫国。削迹，难留踪迹。一说卫国人讨厌孔子，把他留在卫国的足迹铲掉。

⑪ 穷于商周：不得志于宋国和周国。穷，不得志。商，指宋国。宋国君主为商天子后裔，故称宋为"商"。周，指东周。在今河南洛阳一带。

⑫ 围于陈蔡之间：被围困于陈、蔡两国之间。孔子应楚王之邀到楚国去，陈、蔡两国认为孔子到楚国后将不利于自己，便派兵包围了孔子师徒。

⑬ 死生相与邻：邻近死亡。

【译文】

孔子到西边卫国游历。颜回问师金："您认为我老师这次卫国之行如何？"师金说："可惜呀，你老师大概会陷入困境！"颜渊问："为什么？"师金说："草狗还未用于祭祀时，放在竹筐里，用绣花丝巾覆盖着，祭祀人在斋戒后才能拿它。等它用于祭祀后，路人可以践踏它的身体，拾柴人可以捡回去烧火做饭。如这时还有人把它放在竹筐里，披上绣花丝巾，游历、闲居、睡觉都守在它身边，此人即使不做噩梦，也会经常感到噩梦般难受。如今你老师，把先王用过的'草狗'拾起来，带着弟子，游历、闲居、睡觉都守在它身边，所以他在宋国树下演习礼仪而树被人砍掉，不敢在卫国停留，受困于宋国和东周，这不是其噩梦吗？在陈蔡两国之间遭到围困，七天没吃一顿热饭，辗转生死之间，这不是噩梦般的难受吗？

【原文】

"夫水行莫如用舟，而陆行莫如用车。以舟之可行于水也而求推之于陆，则没世不行寻常①。古今非水陆与？周鲁非舟车与？今蕲行周于鲁②，是犹推舟于陆也，劳而无功，身必有殃。彼未知夫无方之传③，应物而不穷者也。

【注释】

① 没世：终身。寻常：八尺为"寻"，两寻为"常"。
② 蕲（qí）：求；想要。
③ 无方之传：前人传下来的不守定规、随机应变的原则。方，常；定规。

【译文】

"水上行走最好用船，陆上行走最好用车。因船可在水上行走而把它推到陆上，终身也难走多远。古今差异不就像水陆差异吗？周朝和鲁国的差异不就像船和车的差异吗？如今用古代周朝的治国方法来治理现在的鲁国，就像在陆上行船一样，不仅劳而无功，自身还会遭殃。你老师不懂古人传下的不守定规、随时而变的原则，只有顺应万物才不会陷入困境。

【原文】

"且子独不见夫桔槔者乎？引之则俯，舍之则仰。彼，人之所引，非引人也，故俯仰而不得罪于人①。故夫三皇五帝之礼义法度②，不矜于同而矜于治③。故譬三皇五帝之礼义法度，其犹柤、梨、橘、柚邪④，其味相反而皆可于口。

【注释】

① 故俯仰句：所以它或俯或仰都不会得罪人。比喻顺应社会，就不会得罪社会。

② 三皇：燧人氏、伏羲氏、神农氏。五帝：黄帝、颛顼、帝喾、尧、舜。

③ 矜：注重。

④ 柤（zhā）：通"楂"。即山楂。

【译文】

"您难道没见过桔槔吗？牵拉它就低下，放开它就仰起。桔槔，被人牵拉，而不牵拉人，所以无论低下、仰起都不会得罪人。因此三皇五帝的礼义法度，不注重相同而注重是否有利治国。打个比方，三皇五帝的礼义制度，就像楂、梨、橘、柚，味道不同但都很可口。

【原文】

"故礼义法度者，应时而变者也。今取猨狙而衣以周公之服①，彼必龁啮挽裂②，尽去而后慊③。观古今之异，犹猨狙之异乎周公也。故西施病心而矉其里④，其里之丑人见之而美之，归亦捧心而矉其里，其里之富人见之，坚闭门而不出；贫人见之，挈妻子而去走⑤。彼知矉美而不知矉之所以美。惜乎，而夫子其穷哉！"

【注释】

① 猨狙（jū）：猿猴。衣：穿上。周公：姓姬名旦。周文王之子，辅佐周武王建周。

② 龁（hé）啮：咬碎。挽：撕。

③ 慊（qiè）：心满意足。

④ 病心：心口疼。矉（pín）：通"颦"。皱眉。里：乡里；乡亲。

⑤ 挈（qiè）：拉着。去走：跑开。

【译文】

"因此礼义法度，要顺时而变。如给猴子穿上周公衣服，它必定又咬又撕，全部脱去方才满意。观古今差异，就像猴子与周公的差异一样。西施因心口疼而皱着眉在乡亲面前走过，乡亲中有位丑女看见后觉得皱眉的样子很美，也在乡亲面前捂胸口皱眉头，乡里富人看见她，紧闭家门不愿出来；穷人看见她，拉着妻子儿女远远跑开。丑女只知皱眉好看却不知皱眉好看的原因。可惜呀，你老师大概会陷入困境吧！"

【原文】

孔子行年五十有一而不闻道，乃南之沛见老聃①。老聃曰："子来乎。吾闻子，北方之贤者也，子亦得道乎？"孔子曰："未得也。"老子曰："子恶乎求之哉？"曰："吾求之于度数②，五年而未得也。"老子曰："子又恶乎求之哉？"曰："吾求之于阴阳，十有二年而未得。"

【注释】

① 之：往。沛：今江苏沛县。

② 度数：指各种礼法制度。

【译文】

孔子五十一岁还没得道，便去南方沛地拜访老聃。老聃说："您来了。我听说您是北方贤人，您已经得道了吧？"孔子说："没有。"老子问："您从哪里寻求道?"孔子说:"我从礼法制度寻求道,花了五年也没得到。"老聃问:"您后来又从哪里寻求道?"孔子说:"我从阴阳二气寻求道,用了十二年还是没能得到。"

【原文】

老子曰:"然。使道而可献,则人莫不献之于其君;使道而可进,则人莫不进之于其亲;使道而可以告人,则人莫不告其兄弟;使道而可以与人,则人莫不与其子孙。然而不可者,无佗也①,中无主而不止②,外无正而不行③。由中出者,不受于外,圣人不出;由外入者,无主于中,圣人不隐④。名,公器也⑤,不可多取。仁义,先王之蘧庐也⑥,止可以一宿而不可久处,觏而多责⑦。古之至人,假道于仁⑧,托宿于义,以游逍遥之虚⑨,食于苟简之田⑩,立于不贷之圃⑪。逍遥,无为也;苟简,易养也;不贷,无出也。古者谓是采真之游⑫。

【注释】

① 佗:通"他"。

② 主:接待宾客的主人。比喻接受大道的良好心态。

③ 外:身外。指社会。正:通"政"。政治。

④ 隐:收藏;接受。

⑤ 公器:都想使用的工具。

⑥ 蘧(qú)庐:旅馆;临时住处。

⑦ 觏(gòu):看见。责:索取。如长期标榜仁义,人们会向你索取许多东西,不能满足就会出现争执。

⑧ 假道:借路。

⑨ 虚:通"墟"。地方;境地。

⑩ 食:吃;生活。苟简:简单。

⑪ 立:坚持。贷:付出;付出精力。三句中的"墟"、"田"、"圃"比喻生活境界。

⑫ 采:获取。真:真实的道。游:生活。

【译文】

老聃说:"是的。如道可进献,那么人人都把它进献自己君主;如道可奉送,人人都把它奉送自己父母;如道可转告,人人都把它转告自己兄弟;如道可赠送,人人都把它赠送自己子孙。无法这样做的原因,没有别的,是因为心中没有修道的良好状态,道就不会留在他心中;社会没有接受道的良好政治,道就无法推行。心中有好主意,如社会不接受,圣人就不把它说出;社会想影响圣人,如认为它不好,圣人就不把影响放在心上。名声,是人人想要的工具,不可过多猎取。仁义,好比先王旅馆,可住一晚而不可久留,人们看到仁义就会前来索取。古代至人,把行仁看作道路,把行义看作旅馆,最终要达到自由境界。他们生活简朴,不劳力费神。想自由,就要清静无为;生活简朴,衣食容易满足;不劳力费神,就不付出精力。古人把这种生活叫做修道生活。

【原文】

"以富为是者,不能让禄;以显为是者,不能让名;亲权者,不能与人柄。操之则慄①,舍之则悲,而一无所鉴②,以窥其所不休者③,是天之戮民也。怨、恩、取、与、谏、教、生、杀八者,正之器也④,唯循大变无所湮者为能用之⑤。故曰:正者,正也。其心以为不然者,天门弗开矣⑥。"

【注释】

① 操:得到。之:指财富、名声和权柄。慄(lì):恐惧。

② 鉴:鉴识。

③ 窥:看。所不休者:所不停追逐的东西。

④ 正之器:政治工具。正,通"政"。

⑤ 循:顺应。大变:各种变化。湮(yān):塞滞;固执。

⑥ 天门:天然智慧之门。

【译文】

"把富有视为正确的人,不会让出利禄;把显赫视为正确的人,不会让出名声；热爱权势的人，不会让出权柄。握着这些感到恐惧，放弃这些又会悲痛，他们毫无鉴识，只盯着自己不停追求的这些东西，是受上天惩罚的人。怨恨、恩惠、夺取、赠与、谏诤、教化、生存、杀戮，这八种做法，是政治工具，只有顺应变化而无所固执的人能使用它们。所以说：政治，就是使人端正。如心里不同意这种观点，其天然智慧之门就无法打开。"

【原文】

孔子见老聃而语仁义。老聃曰："夫播穅眯目①，则天地四方易位矣；蚊虻噆肤②，则通昔不寐矣。夫仁义憯然乃愤吾心③，乱莫大焉。吾子使天下无失其朴，吾子亦放风而动④，总德而立矣⑤，又奚杰然若负建鼓而求亡子者邪⑥！夫鹄不日浴而白⑦，乌不日黔而黑⑧，黑白之朴，不足以为辩；名誉之观，不足以为广。泉涸，鱼相与处于陆，相呴以湿⑨，相濡以沫，不若相忘于江湖。"

【注释】

① 眯（mǐ）目：尘土入眼而不能睁开。

② 噆（zǎn）：叮咬。

③ 憯（cǎn）然：惨痛。憯，同"惨"。愤：激动不安。

④ 放风：放任。

⑤ 总：执；守。立：生活。

⑥ 杰然：用力貌。负：背。建：敲击。

⑦ 鹄（hú）：天鹅。

⑧ 黔：黑；染黑。

⑨ 呴（xū）：吐气。湿：口中湿气。

【译文】

孔子见老聃讨论仁义。老聃说："簸扬穅屑进入眼睛，天地四方会改变方位；蚊虻叮咬皮肤，会通宵难眠。提倡仁义把人害得心绪不安，是最大祸乱。您要让人不失纯朴本性，您可任意活动，顺应本性生活，又何必寻求仁义就像敲着鼓去寻找走失的儿子呢？天鹅不需天天沐浴而洁白，乌鸦不需天天渍染而乌黑，黑白出于本色，不用辩其优劣；名誉属外在之物，不值得传扬。水干了，鱼相互依偎在陆上，用口中湿气相互湿润，用唾沫相互涂抹，不如游于江湖相互忘却。"

【原文】

孔子见老聃归，三日不谈。弟子问曰："夫子见老聃，亦将何规哉？"孔子曰："吾乃今于是乎见龙①！龙，合而成体，散而成章②，乘云气而养乎阴阳。予口张而不能嗋③，予又何规老聃哉！"子贡曰："然则人固有尸居而龙见④，雷声而渊默，发动如天地者乎？赐亦可得而观乎？"遂以孔子声见老聃⑤。

【注释】

① 龙：比喻老子。

② 合而二句：无论蜷缩，还是伸展，都是那样优美而富于文采。散，伸展。章，文采。

③ 嗋（xié）：闭。

④ 尸居：安居不动。龙见（xiàn）：飞龙腾空出现。比喻事业成功。见，通"现"。

⑤ 以孔子声：借助孔子名义。

【译文】

孔子见老聃回来，三天没讲话。弟子问："您见老聃，给他什么教诲？"孔子说："我如今在那里见到龙一般人物！龙，无论蜷缩还是伸开，都如此优美而富文采，乘云驾雾而生活于阴阳二气之中。我惊奇得张开嘴巴而无法合拢，我哪里还能教诲老聃啊！"子贡说："那么真有人能安居不动而事业成功、沉默无语而震撼人心、活动如天地运行吗？我能去看看吗？"于是子贡便借助孔子名义去拜访老聃。

【原文】

老聃方将倨堂而应①，微曰②："予年运而往矣③，子将何以戒我乎?"子贡曰："夫三王五帝之治天下不同，其系声名一也④。而先生独以为非圣人，如何哉?"老聃曰："小子少进⑤。子何以谓不同?"对曰："尧授舜，舜授禹，禹用力而汤用兵，文王顺纣而不敢逆，武王逆纣而不肯顺，故曰不同。"

【注释】

① 倨（jù）：通"踞"。伸腿而坐。应：接待。

② 微：轻声。

③ 年运而往：年纪衰老。运，逝去。

④ 系：获取。

⑤ 小子：年轻人。少：通"稍"。

【译文】

老聃坐在堂上接见子贡，低声说："我年岁老迈，您对我有何指教?"子贡说："三皇五帝治天下办法不同，但同获好名声。而唯独您认为他们算不上圣人，为什么?"老聃说："年轻人稍微走近点。你为何说他们办法不同?"子贡说："尧让位给舜，舜让位给禹，禹用力治水而商汤用兵征战，周文王服从商纣不敢反抗，武王反抗商纣不肯服从，所以说不同。"

【原文】

老聃曰："小子少进。余语汝三皇五帝之治天下。黄帝之治天下，使民心一，民有其亲死不哭而民不非也。尧之治天下，使民心亲，民有为其亲杀其杀而民不非也①。舜之治天下，使民心竞，民孕妇十月生子，子生五月而能言，不至乎孩而始谁②，则人始有夭矣。禹之治天下，使民心变，人有心而兵有顺③，杀盗非杀人，自为种而天下耳④，是以天下大骇，儒、墨皆起。其作始有伦⑤，而今乎妇女⑥，何言哉！余语汝：三皇五帝之治天下，名曰治之，而乱莫甚焉。三皇之知，上悖日月之明，下睽山川之精⑦，中堕四时之施⑧，其知憯于蛎虿之尾⑨，鲜规之兽⑩，莫得安其性命之情者，而犹自以为圣人，不可耻乎？其无耻也。"子贡蹴蹴然立不安⑪。

【注释】

① 杀其杀：降低应该降低的礼节。杀，降低。

② 孩：小儿笑。谁：用作动词。识别事物。

③ 心：狡诈之心。兵有顺：用武力强迫别人顺从。

④ 为种：划分好坏种类。

⑤ 作始：开始。伦：条理。

⑥ 妇女：把未婚女孩说成已婚妇女。比喻黑白颠倒。妇，已婚女子。女，未婚女子。

⑦ 睽（kuí）：违背；搞乱。

⑧ 堕（huī）：同"隳"。毁坏。施：推移；运行。

⑨ 知：同"智"。蛎虿（lì chài）：蝎子类的毒虫。

⑩ 鲜规：很小貌。

⑪ 蹴（cù）蹴然：惶恐不安貌。

【译文】

老聃说："你再稍微走近点。我为你谈谈三皇五帝治天下情况。黄帝治天下，使人们思想单纯，有人死了父母不哭而没人批评。尧治天下，使人们衷心孝敬父母，有人对父母降低应该降低的礼节而没人批评。舜治天下，使人们产生竞争心理，妇女怀孕十月就生子，孩子生五个月就能说话，还不会笑就识别事物，于是出现短命人。禹治天下，使人们思想狡诈多变，人们有狡诈之心便会用武力迫使别人服从，从而出现杀盗不算杀人之说，人们划分好坏种类并争夺天下，因此天下大受惊扰，儒、墨各家纷纷而起。开始还有条理，如今已是硬把女孩说成妇女地黑白颠倒了，还有何话可说！我告诉你，三皇五帝治天下，名义叫治理，实际是严重搞乱了天下。三皇的智巧，上面搞乱日月光明，下面搞乱山川精华，中间搞乱四季运行。他们的智巧比蝎子尾巴还要狠毒，连小小兽类，也无法安守天性，却还自以为是圣人，难道不可耻吗？他们没有羞耻心了！"子贡听得惶恐万分，站立不安。

【原文】

孔子谓老聃曰："丘治《诗》《书》《礼》《乐》《易》《春秋》六经，自以为久矣，孰知其故矣①，以奸者七十二君②，论先王之道而明周、召之迹③，一君无所钩用④。甚矣夫！人之难说也，道之难明邪？"

【注释】

① 孰：同"熟"。故：掌故；典章制度。

② 奸（gān）：求取；求仕。

③ 周召（shào）：周公和召公。召公，姓姬名奭，周武王之弟。

④ 钩：取。

【译文】

孔子对老聃说："我研究《诗》《书》《礼》《乐》《易》《春秋》六经，自以为很久了，熟知其中典章制度，我用六经游说七十二位君主，论述先王治国方略并阐明周公和召公的业绩，却没一位君主任用我。真是太难！是因为人们太难说服，还是因为道太难阐明呢？"

【原文】

老子曰："幸矣子之不遇治世之君也！夫六经，先王之陈迹也，岂其所以迹哉①！今子之所言，犹迹也②。夫迹，履之所出③，而迹岂履哉？夫白鶂之相视④，眸子不运而风化⑤；虫，雄鸣于上风，雌应于下风而风化；类自为雌雄⑥，故风化。性不可易，命不可变⑦，时不可止，道不可壅⑧。苟得于道，无自而不可⑨；失焉者，无自而可。"

【注释】

① 所以迹：遗迹的本源。

② 迹：足迹。

③ 履之所出：鞋踩出来的。履，鞋。

④ 白鶂（yì）：水鸟名。

⑤ 眸（móu）子：眼珠。不运：不动。风化：交配生子。

⑥ 类自为雌雄：类自身就具备雌雄两性。类，传说中的动物。

⑦ 命：天命；天道。

⑧ 壅：阻塞。

⑨ 无自而不可：无论做什么都能成功。自，由；往。

【译文】

老子说："幸好您没遇到治国君主。六经，是先王遗迹，哪里是遗迹的本源！如今您所谈论的六经内容，就像足迹。足迹，是鞋踩出来的，而足迹难道就是鞋吗？白鶂雌雄相互对视，眼珠不动便可交配生子；虫，雄性在上方鸣叫，雌性在下方回应就可交配生子；类自身具备雌雄两性，所以自身就可生子。本性难以改变，天命不可更改，时光不会停留，大道无法阻塞。如果得了道，无论做什么都会成功；失去道，无论做什么都将失败。"

【原文】

孔子不出三月，复见曰："丘得之矣。乌鹊孺①，鱼傅沫②，细要者化③，有弟而兄啼④。久矣，夫丘不与化为人⑤！不与化为人，安能化人！"老子曰："可。丘得之矣！"

【注释】

① 孺：孵卵而生。

② 傅沫：涂泡沫而生。傅，涂抹。沫，指泡沫状的鱼卵。

③ 细要：即细腰。指蜂类。古人认为蜂取桑虫回巢，使它变化为蜂。

④ 有弟而兄啼：有了弟弟，兄长因失去父母之爱而啼哭。

⑤ 与化为人：与自然变化为友。即顺应自然变化。

【译文】

孔子三个月闭门不出，然后再去见老聃说："我得道了。乌鹊孵化而生，鱼涂泡沫而生，蜂由他物变化而生，有了弟弟而哥哥就经常因失去父母之爱而啼哭。很久了，我都没做到顺物而变！不能顺物而变，又怎能去教化别人！"老子说："好。孔丘得道了！"

刻意第十五

【题解】

刻意，磨砺心志。刻，磨砺。本篇首先介绍生活态度不同的六种人，接着阐述养神的重要性。

【原文】

刻意尚行①，离世异俗，高论怨诽，为亢而已矣②；此山谷之士，非世之人，枯槁赴渊者之所好也③。语仁义忠信，恭俭推让，为修而已矣；此平世之士④，教诲之人，游居学者之所好也。语大功，立大名，礼君臣，正上下，为治而已矣；此朝廷之士，尊主强国之人，致功并兼者之所好也。就薮泽⑤，处闲旷，钓鱼闲处，无为而已矣；此江海之士，避世之人，闲暇者之所好也。吹呴呼吸，吐故纳新，熊经鸟申⑥，为寿而已矣；此道引之士，养形之人，彭祖寿考者之所好也⑦。若夫不刻意而高，无仁义而修，无功名而治，无江海而闲，不道引而寿，无不忘也，无不有也，澹然无极⑧，而众美从之，此天地之道，圣人之德也。

【注释】

① 刻意：磨砺意志。刻，磨砺。

② 亢：孤高傲世。

③ 枯槁赴渊者：洁身自好、以身殉道者。枯槁，身如枯木。介之推随晋文公重耳流亡，重耳当上国君，介之推隐居山林，文公为逼他出山而放火，介之推被烧死。赴渊，投水而死。申徒狄听说商汤要让位于自己，便投河而死。

④ 平世：治理天下。平，治理。

⑤ 就：接近；走进。薮（sǒu）泽：生长着草木的湿地。

⑥ 熊经：像熊那样攀缘直立。经，攀缘直立。鸟申：像鸟那样伸展腿脚。申，伸展。

⑦ 彭祖：活了八百岁的长寿人。考：老。

⑧ 澹然：淡泊。无极：无穷；无比。

【译文】

磨砺意志崇尚品行，超脱尘世不同流俗，高谈阔论满腹牢骚，这是傲世而已；这是隐居山谷之士，愤世嫉俗之人，是洁身殉道者的追求。宣扬仁义忠信，恭俭谦让，这是修身而已；这是治国之士，教化之人，是四处游说、博学多识者的追求。谈论大功，建立大名，制定君臣礼节，匡正上下关系，这是治国而已；这是朝堂之士，能使君尊国强之人，是建功拓土者的追求。走进大泽，生活悠闲，钓鱼闲居，这是清闲而已；这是江湖之士，逃避世事之人，这是爱好悠闲者的追求。深吸浅呼，吐故纳新，像熊那样攀缘直立，像鸟那样伸展足翅，这是延年益寿而已；这是导引之士，是养生之人，这是彭祖那种希望长寿者的追求。有人不需磨砺意志而自然高尚，不需谈论仁义而自有修养，不需建功立名而天下安定，不需避居江湖而自然悠闲，不需呼吸导引而自然长寿，他们无所不忘，又无所不有，宁静恬淡无与伦比，具备所有美德，这才符合天地之道，具备圣人品德。

【原文】

故曰：夫恬惔寂寞①，虚无无为，此天地之平而道德之质也②。故曰：圣人休休焉则平易矣③，平易则恬惔矣。平易恬惔，则忧患不能入，邪气不能袭，故其德全而神不亏。

【注释】

① 惔（dàn）：通"淡"。寂寞：宁静。

② 平：准则。质：基本原则。

③ 休休焉：平静貌。平易：平静。

【译文】

所以说：恬淡宁静，清虚无为，这是自然原则和大道本质。所以说：圣人心境平静，心境平静就能做到恬淡。做到平静恬淡，忧患就不会放在心上，邪气就不能侵袭肌体，因此他们天性完美而精神不会受到损害。

【原文】

故曰：圣人之生也天行①，其死也物化；静而与阴同德②，动而与阳同波；不为福先，不为祸始；感而后应，迫而后动，不得已而后起；去知与故③，循天之理。故无天灾，无物累，无人非，无鬼责；其生若浮，其死若休；不思虑，不豫谋；光矣而不耀④，信矣而不期；其寝不梦，其觉无忧，其神纯粹，其魂不罢⑤。虚无恬惔，乃合天德。

【注释】

① 天行：顺应自然而行。

② 与阴同德：与阴气一样沉寂。阴主静而阳主动。

③ 故：原有的成见。

④ 耀：刺眼。

⑤ 罢（pí）：通"疲"。疲惫。

【译文】

所以说：圣人活着顺应自然而行，死后变为其他事物；安静时像阴气一样沉静，活动时像阳气一样活跃；不率先求福，不带头惹祸；受到触动才有所响应，受到迫使才有所行动，不得已才起身做事；消除智巧成见，遵循自然之理。所以他们没有自然灾害，没有外物牵累，没有旁人非议，没有鬼神责难；他们活在世上像漂浮水面，死后像安然休息；不思虑，不预谋；有光芒但不刺眼，诚实而不期求；他们睡时从不做梦，醒后无忧无愁，他们心灵纯洁，精神不会疲惫。他们虚静恬淡，符合自然本性。

【原文】

故曰：悲乐者，德之邪；喜怒者，道之过；好恶者，德之失。故心不忧乐，德之至也；一而不变，静之至也；无所于忤①，虚之至也②；不与物交，惔之至也；无所于逆，粹之至也。故曰：形劳而不休则弊，精用而不已则劳，劳则竭。水之性，不杂则清，莫动则平，郁闭而不流③，亦不能清，天德之象也。故曰：纯粹而不杂，静一而不变，惔而无为，动而以天行，此养神之道也。

【注释】

① 忤（wǔ）：抵触。

② 虚：虚空。指毫无成见。

③ 郁闭：闭塞不通。

【译文】

所以说：悲哀和欢乐，是失去天性的错误；喜悦和愤怒，是违背大道的罪过；喜好和厌恶，是忘却天性的过失。因此心无忧乐，是最完美天性；专一而无波动，是最完美宁静；不与外物抵触，是最完美虚静；不与外物交往，是最完美淡泊；不与外物冲突，是最完美纯净。所以说：形体劳累不休就会疲惫，精神使用不休就会困顿，劳累困顿就会精力枯竭。水的本性，没有杂质就会清澈，不去搅动就会平静，如堵塞而不流动，也不会清澈，这是水的天性。所以说：纯净而不混杂，虚静而不波动，恬淡而不多事，行为顺应自然，这是养神原则。

【原文】

夫有干越之剑者①，柙而藏之②，不敢用也，宝之至也。精神四达并流，无所不极，上际于天③，下蟠于地④，化育万物，不可为象⑤，其名为同帝⑥。纯素之道⑦，唯神是守；守而勿失，与神为一；一之精通，合于天伦⑧。野语有之曰⑨："众人重利，廉士重名，贤士尚志，圣人贵精。"故素也者，谓其无所与杂也；纯也者，谓其不亏其神也。能体纯素，谓之真人。

【注释】

① 干越之剑：吴越出产的宝剑。干，国名。后被吴国兼并，这里代指吴国。

② 柙（xiá）：同"匣"。装进匣子。

③ 际：接近；到达。

④ 蟠（pán）：遍及。

⑤ 为象：描述其模样。

⑥ 同帝：指精神功能神奇得如同上帝。

⑦ 纯素：纯净素朴。

⑧ 天伦：天理。

⑨ 野语：俗语。

【译文】

拥有吴越宝剑的人，把它藏于匣子，不敢轻易使用，珍惜到了极点。精神四处流荡，无处不到，上可遨游苍天，下可遍及大地，还可化育万物，却无法描述其模样，可起名叫"同帝"。纯净素朴原则，就是守护自己精神；守护而不丧失，能与精神融为一体；融为一体就能使精神畅快，就符合天理。俗话说："众人看重钱财，廉洁人看重名声，贤人崇尚志气，圣人看重精神。"所谓素朴，是说没他物混杂；所谓纯净，是说精神没受亏损。能体悟纯净素朴之理，可称为真人。

缮性第十六

【题解】

缮性，养性。缮，修养。本篇提出恬智互养主张，描述世风日下情况，讨论圣人立身问题。

【原文】

缮性于俗①，俗学以求复其初②，滑欲于俗③，思以求致其明，谓之蔽蒙之民。古之治道者，以恬养知；知生而无以知为也，谓之以知养恬。知与恬交相养，而和理出其性④。夫德，和也；道，理也。德无不容，仁也；道无不理，义也；义明而物亲，忠也；中纯实而反乎情⑤，乐也；信行容体而顺乎文⑥，礼也。礼乐遍行，则天下乱矣。彼正而蒙己德⑦，德则不冒⑧，冒则物必失其性也。

【注释】

① 缮：养。俗：俗学。

② 初：本性。

③ 滑 (gǔ)：乱。

④ 和：和谐。理：道理。

⑤ 反：同"返"。恢复。情：真情；本性。

⑥ 信行：行为诚实。容体：仪容得体。文：文饰。指礼仪。

⑦ 彼：指圣人。蒙：不显露。

⑧ 冒：假冒。

【译文】

用俗学修心，用俗学恢复自己天性，意念已被俗学搞乱，还想以此做到明达，可称为愚人。古代修道的人，用恬静培养智慧；智慧有了而不用智慧多为，可称为用智慧培养恬静。智慧和恬静相互促进，和谐与道理就会进入人性。德，就是和谐；道，就是道理。德无所不容，就是仁；道无所不治，就是义；义理明白而万物相亲，就是忠；心中纯厚而恢复真性，就是乐；行为诚实、仪态得体且符合礼仪，就是礼。但处处使用礼乐，天下也将混乱。圣人品行端正而不自我炫耀，这是真正美德，出现假冒美德，万物就会失去淳朴天性。

【原文】

古之人在混芒之中①，与一世而得澹漠焉②。当是时也，阴阳和静，鬼神不扰，四时得节，万物不伤，群生不夭，人虽有知，无所用之，此之谓至一③。当是时也，莫之为而常自然。逮德下衰④，及燧人、伏羲始为天下⑤，是故顺而不一。德又下衰，及神农、黄帝始为天下，是故安而不顺。德又下衰，及唐、虞始为天下⑥，兴治化之流，澆淳散朴⑦，离道以善⑧，险德以行⑨，然后去性而从于心。心与心识知，而不足以定天下。然后附之以文⑩，益之以博⑪。文灭质，博溺心，然后民始惑乱，无以反其性情而复其初。由是观之，世丧道矣，道丧世矣，世与道交相丧也。

【注释】

① 混芒：混沌纯朴。

② 澹（dàn）漠：恬淡而宁静。

③ 至一：最为纯粹而无杂念的时代。

④ 逮：及；等到。

⑤ 为：治理。

⑥ 唐虞：尧、舜。尧国号为"唐"，舜国号为"虞"。

⑦ 澆（xiāo）：薄；削弱。散：破坏。

⑧ 善：是"为"字之误。为，做事。

⑨ 险：危害；背离。

⑩ 附：加。之：代指自私行为。文：文饰。

⑪ 益：增加。博：博学。

【译文】

古人生活于混沌淳朴的环境中，全社会都恬淡宁静。那时，阴阳和谐，鬼神不扰，四季合乎时节，万物不受伤害，众生不会夭折，人虽有智能，无处可用，这是最为纯粹单纯的时代。当时，没人治理而社会自然如此。等到品德衰落，也即燧人氏、伏羲氏开始治天下时，人们虽然服从但不太单纯。品德继续衰落，到神农、黄帝治天下时，社会虽安定但已不愿服从。品德又继续衰落，到尧、舜治天下时，开始发起人为治国和教化百姓之事，破坏淳朴民风，背离大道行事，抛弃天性生活，随后就丧失天性而放纵私心。彼此了解对方私心后，天下就无法安定。然后又对私心加以文饰，为满足私欲去博学多闻。文饰行为毁灭质朴本性，博学使人更加沉溺私欲，然后人心更加迷惑和混乱，再也无法恢复最初天性。由此看来，社会已丧失道，道也离开社会，社会和道相互脱离了。

【原文】

道之人何由兴乎世①？世亦何由兴乎道哉？道无以兴乎世，世无以兴乎道，虽圣人不在山林之中，其德隐矣。隐，故不自隐。古之所谓隐士者，非伏其身而弗见也，非闭其言而不出也，非藏其知而不发也，时命大谬也②。当时命而大行乎天下，则反一无迹③；不当时命而大穷乎天下，则深根宁极而待④，此存身之道也。古之行身者⑤，不以辩饰知，不以知穷天下，不以知穷德⑥，危然处其所而反其性⑦，已又何为哉！道固不小行⑧，德固不小识。小识伤德，小行伤道。故曰：正己而已矣。

【注释】

① 道之人：有道之人；圣人。兴：振兴。

② 时命大谬 (miù)：生不逢时。时命，时遇命运。谬，乖背。

③ 反一无迹：返回大道而不露痕迹。一，指道。

④ 深根：比喻站稳脚跟。

⑤ 行身：存身。"行"为"存"之误。

⑥ 穷：使困窘；破坏。

⑦ 危然：独立貌。

⑧ 小行：小成就。

【译文】

圣人如何在社会得以振兴？社会如何通过道得以振兴？道无法在社会推行，社会也无法通过道得以振兴，圣人即使不隐居山林，其美德也会隐没无闻。其美德隐没无闻，并非他们有意隐藏。古人说的隐士，并非隐藏而不露面，并非闭嘴不说，并非隐藏才智不去发挥，而是生不逢时。遇到好时运而能使主张大行于天下，让人们回归道而不露痕迹；时运不好而陷入困境时，他们站稳脚跟、心情平静等待时机，这是保身的办法。古代善于保身的人，不用巧辩来文饰智慧，不用智慧使天下陷入困境，不用智慧去损害人性，独立于个人境界而恢复自己天性，又何须做什么呢！大道不是小有所成的人所能遵循的，天性不是小有所知的人所能保有的。小有所知会损害天性，小有所成会损害大道。所以说：端正自我就可以了。

【原文】

乐全之谓得志①。古之所谓得志者，非轩冕之谓也②，谓其无以益其乐而已矣③。今之所谓得志者，轩冕之谓也。轩冕在身，非性命也，物之傥来④，寄者也。寄之，其来不可圉⑤，其去不可止。故不为轩冕肆志，不为穷约趋俗⑥，其乐彼与此同⑦，故无忧而已矣。今寄去则不乐⑧，由是观之，虽乐，未尝不荒也⑨。故曰：丧己于物，失性于俗者，谓之倒置之民。

【注释】

① 乐全：完美的快乐。

② 轩冕：指高官厚禄。大夫以上乘的车叫轩，戴的礼帽叫冕。

③ 无以：没办法。益：增加。

④ 傥（tǎng）：偶然。

⑤ 圉（yù）：通"御"。抵御。

⑥ 穷约：困窘。趋：走向。引申为迎合、讨好。

⑦ 彼：指"轩冕"。此：指"穷约"。

⑧ 寄：暂寄之物。指轩冕。

⑨ 荒：荒废；消失。

【译文】

快乐完美叫得意。古人说的得意，不是指高官厚禄，而是快乐得无以复加而已。今人说的得意，是高官厚禄。得到的高官厚禄，并非生命所固有，是偶然而来的身外之物，是临时寄存的东西。临时寄存的东西，到来时不可推辞，离去时无法挽留。因此不可为高官厚禄为所欲为，不可因困窘去讨好世俗，无论高官厚禄还是身处困境都同样快乐，因而也从无忧愁。如今失去临时寄存的高官厚禄就不高兴，由此看来，高官厚禄虽能带来快乐，但这种快乐总会消失。所以说：为了名利而丧失自我，流于世俗而丧失天性，可称为本末倒置的人。

秋水第十七

【题解】

本篇用抽象思维形式说明事物大小贵贱的相对性和多变性，以及时空的无限性等哲学问题，接着六个故事，用形象思维方式进一步论证这些思想主张。

【原文】

秋水时至，百川灌河，泾流之大①，两涘渚崖之间不辩牛马②。于是焉河伯欣然自喜③，以天下之美为尽在己。顺流而东行，至于北海，东面而视，不见水端。于是焉河伯始旋其面目，望洋向若而叹曰④："野语有之曰：'闻道百，以为莫己若者。'我之谓也。且夫我尝闻少仲尼之闻而轻伯夷之义者⑤，始吾弗信。今我睹子之难穷也，吾非至于子之门则殆矣，吾长见笑于大方之家⑥。"

【注释】

① 泾流：水流。

② 涘（sì）：河岸。渚：小洲。崖：水边。辩：通"辨"。分辨。

③ 河伯：黄河神。

④ 望洋：仰视貌。向：面对。若：海神名。

⑤ 少仲尼之闻：认为孔子学问少。闻，学问。

⑥ 见：被。大方之家：领悟大道、学识极高的人。方，道。

【译文】

秋天大水应时而至，百川汇入黄河，河面宽阔，两岸和小岛之间无法分辨牛马。于是河伯得意扬扬，以为天下美好之物都在自己这里。顺水东行，来到北海，向东远望，看不到大海尽头。于是河伯掉转头来，仰望着海神若叹道："俗语说：'懂得上百条道理，便以为没人比上自己。'说的就是我啊！我听说有人小看孔子学问而轻视伯夷道义，开始我不信。如今我看到您的大海无边无际，我如没到您的门前就糟了，我将永远受得道之人的耻笑。"

【原文】

北海若曰："井蛙不可以语于海者，拘于虚也①；夏虫不可以语于冰者，笃于时也②；曲士不可以语于道者③，束于教也。今尔出于崖涘，观于大海，乃知尔丑，尔将可与语大理矣。天下之水，莫大于海；万川归之，不知何时止而不盈；尾闾泄之④，不知何时已而不虚；春秋不变，水旱不知。此其过江河之流，不可为量数⑤。而吾未尝以此自多者，自以比形于天地而受气于阴阳⑥，吾在于天地之间，犹小石、小木之在大山也。方存乎见少⑦，又奚以自多！

【注释】

① 拘：局限。虚：通"墟"。地方；住所。

② 笃：固；局限。

③ 曲士：见识有限的人。

④ 尾闾：传说中海底泄漏海水的地方。

⑤ 为量数：用一般数字来计量。

⑥ 比形：寄托形体。比，通"庇"。寄托。

⑦ 方：正在；一直。见少：被认为少；被小看。

【译文】

北海若说："不可与井底之蛙谈大海，因它受生存空间的局限；不可与夏日虫子谈冰雪，因为它受生存时间的局限；不可与浅薄书生谈大道，因为他受教育内容的局限。如今你走出黄河两岸，看到大海，认识到你的浅薄，可以和你谈谈大道。天下的水，没有比海大的，千万条河流入大海，不知何时停止而大海从不会盈满；尾闾泄漏海水，不知何时停止而大海从不会枯竭；无论春秋而海水毫无变化，无论水旱而海水从不受影响。大海多于江河的水量，无法用数字计算。而我从不因此而自满，我身处天地之间而禀受阴阳二气，我在天地之间，就像小石小树存于大山一样。我一直认为自己会被小看，又如何会自满！

【原文】

"计四海之在天地之间也，不似礨空之在大泽乎①？计中国之在海内②，不似稊米之在大仓乎③？号物之数谓之万，人处一焉；人卒九州④，谷食之所生，舟车之所通，人处一焉⑤，此其比万物也，不似豪末之在于马体乎？

五帝之所连⑥，三王之所争，仁人之所忧，任士之所劳⑦，尽此矣。伯夷辞之以为名⑧，仲尼语之以为博。此其自多也，不似尔向之自多于水乎⑨！”

【注释】

① 罍 (léi) 空：蚂蚁洞。罍，同"垒"。土块。指蚁穴周围的土。

② 中国：中原一带。

③ 稊 (tí)：小米粒。大仓：大粮仓。

④ 卒：尽。指人住满九州。九州：指中国。

⑤ 人：指个人。

⑥ 连：连续禅让。

⑦ 任士：任劳任怨的贤人。

⑧ 之：指天下。伯夷辞去的是诸侯国，而不是天下。

⑨ 尔：你。向：刚才。

【译文】

"想想四海存于天地之间，不像蚁穴存于大泽吗？想想中原存于四海之内，不像粒米存于大仓吗？用'万'形容物种数量，人只是其中一员；人住满九州，住满所有长庄稼的地方，和舟车到达的地方，而个人只是其中一员，把个人与万物相比，不像一根毫毛存于马体吗？五帝禅让的，夏商周三王争夺的，仁人担忧的，贤人操劳的，都是这个小小天下！伯夷辞让它而得美名，孔子谈论它而被认为博学。如他们为此自满，不像你刚才为黄河水而自满吗！"

【原文】

河伯曰："然则吾大天地而小豪末，可乎？"北海若曰："否。夫物，量无穷①，时无止，分无常②，终始无故③。是故大知观于远近④，故小而不寡⑤，大而不多，知量无穷；证曏今故⑥，故遥而不闷⑦，掇而不跂⑧，知时无止；察乎盈虚⑨，故得而不喜，失而不忧，知分之无常也；明乎坦涂⑩，故生而不说⑪，死而不祸，知终始之不可故也。计人之所知，不若其所不知；其生之时，不若未生之时；以其至小⑫，求穷其至大之域，是故迷乱而不能自得也。由此观之，又何以知豪末之足以定至细之倪⑬？又何以知天地之足以穷至大之域？"

【注释】

① 量无穷：物体大小是无穷的。量，体积。意思是，有更大、甚至无穷大的物体存在，所以不能认定天地就是最大；有更小、甚至无穷小的物体存在，所以不能认定毫末就是最小。

② 分：得失。常：常态；固定不变。

③ 故：原有模样。

④ 远近：远近大小各种事物。

⑤ 寡：少；小。

⑥ 证曏（xiàng）今故：明白古今时间推移情况。证曏（向），证明；明白。故，古。

⑦ 遥：长远；长寿。闷：厌倦。

⑧ 掇（duō）：拾取。指近前。引申为短命。跂（qì）：通"企"。企求。

⑨ 盈虚：盛衰。

⑩ 坦涂：平坦道路。比喻从生到死没有阻隔的人生。

⑪ 说（yuè）：通"悦"。

⑫ 至小：最渺小的智慧。

⑬ 倪（ní）：界线。

【译文】

河伯说："那么我以天地为大、以毫末为小，可以吗？"北海若说："不可。事物，其体积大小是无穷的，存在时间是无止境的，得失是不固定的，循环变化而不守常态。所以大智之人能看到远近大小各种事物，因此小事物并不认为就小，大事物并不认为就大，因为他明白物体大小不可穷尽；大智之人明白古今时间推移的道理，所以长寿不会感到厌倦，短命不会企求长寿，因为他知道时间推移没有止境；大智之人明白事物有盛有衰，所以有所得不觉高兴，有所失不觉忧愁，因为他知道得失不会固定不变；大智之人明白人生像一条生死之间没有阻隔的平坦大道，所以活着不为此喜悦，死亡不觉得这是灾祸，因为他知道事物循环变化而不守常态。计算人懂得的东西，没有他不懂的东西多；人的生存时间，没有未生存的时间长；以极为有限的人生智慧，去探索无穷的知识，因此会迷茫而无所收获。由此看来，又怎知毫末就可确定是最小标准呢？又怎知天地就可看作是最大领域呢？”

【原文】

河伯曰：“世之议者皆曰：‘至精无形①，至大不可围②。’是信情乎？”北海若曰：“夫自细视大者不尽，自大视细者不明。夫精，小之微也；垺③，大之殷也④。故异便⑤，此势之有也。夫精粗者，期于有形者也⑥；无形者，数之所不能分也⑦；不可围者，数之所不能穷也。可以言论者，物之粗也；可以意致者，物之精也。言之所不能论，意之所不能察致者，不期精粗焉⑧。是故大人之行，不出乎害人，不多仁恩⑨；动不为利，不贱门隶⑩；货财弗争，不多辞让；事焉不借人，不多食乎力，不贱贪污；行殊乎俗，不多辟异⑪；为在从众，不贱佞谄；世之爵禄不足以为劝，戮耻不足以为辱；知是非之不可为分，细大之不可为倪。闻曰：‘道人不闻，至德不得，大人无己。’约分之至也⑫。”

【注释】

① 至精：最细小物体。

② 不可围：无法限定外围。

③ 垺（fú）：巨大。

④ 殷：盛；大。

⑤ 异便：不同的适宜之处。

⑥ 期：限于。

⑦ 分：剖析；计量。

⑧ 不期精粗：不是用“精”或“粗”这些概念所能概括的。期，限制；概括。

⑨ 多：赞美。

⑩ 门隶：看门奴隶。泛指低贱的人。

⑪ 辟异：标新立异。

⑫ 约分：守分；安守本分。

【译文】

河伯说："世人都议论说：'最小物体看不到形体，最大物体无法限定外围。'是真的吗？"北海若说："从小物角度看大物，看不到整体；从大物角度看小物，看不清楚。所谓细小，指小中之小；巨大，指大中之大。它们各有适宜之处，这是固有情态。'精'和'粗'这些概念，仅限于有形物体而言；无形之物，无法用数字剖析；无法限定外围之物，也不能用数字计算。可用语言描述的，是事物的粗浅部分；可用思维意会的，是事物的精细部分。语言不能描述的，思维不能意会的，就是用'精'、'粗'概念无法概括的事物。因此圣人处世，不伤害别人，也不赞扬施恩行为；做事不求私利，也不看轻低贱人；不争夺财富，也不赞扬谦让；做事不求人帮助，也不赞扬自食其力，不鄙视贪污行为；言行异于世俗，也不主张标新立异；行为随顺大众，也不鄙夷谄媚之人；爵禄无法使他动心，也不认为刑辱是羞耻；知道是非界线无法分清，大小标准难以界定。我听说：'有道之人不求闻名，德高之人不计得失，伟大之人忘却自我。'这是安守本分的最高境界。"

【原文】

河伯曰："若物之外，若物之内，恶至而倪贵贱①？恶至而倪小大？"北海若曰："以道观之，物无贵贱；以物观之，自贵而相贱；以俗观之，贵贱不在己。以差观之，因其所大而大之，则万物莫不大；因其所小而小之，则万物莫不小。知天地之为稊米也，知豪末之为丘山也，则差数睹矣②。以功观之，因其所有而有之，则万物莫不有；因其所无而无之，则万物莫不无；知东西之相反而不可以相无③，则功分定矣④。以趣观之⑤，因其所然而然之⑥，则万物莫不然；因其所非而非之，则万物莫不非；知尧、桀之自然而相非，则趣操睹矣⑦。

【注释】

① 恶（wū）至：到哪里；如何。倪（ní）：区分。

② 差数：相对差别。睹：看清；明白。

③ 东西：东方和西方。东西相反，又相互依存，缺一不可，故"不可以相无"。

④ 功分：功用。

⑤ 趣：通"趋"。价值趋向。

⑥ 然：正确。

⑦ 趣操：价值趋向和操守。

【译文】

河伯说："无论事物表面，还是事物内部，如何判定贵贱？如何区别大小？"北海若说："从道的角度看，万物没有贵贱；从物的角度看，都自以为贵而以他物为贱；从世俗角度看，贵贱不由自己决定。从事物差别角度看，就其大的一面去观察就会认为它大，那么万物都是大的；就其小的一面去观察就会认为它小，那么万物都是小的。懂得天地在更大事物面前小如米粒，毫末在更小事物面前大如山丘，就明白事物之间相对差别之理。从功用角度看，就其有用一面去观察就会认为它有用，那么万物都是有用的；就其无用一面去观察就会认为它无用，那么万物都是无用的；懂得东和西相反但又缺一不可，那么就明白事物各有功用之理。从价值取向看，就其正确一面去观察就会认为它正确，那么万物都是正确的；就其错误一面去观察就会认为它错误，那么万物都是错误的；知道唐尧和夏桀都自以为正确而相互否定，就明白价值取向不同之理。

【原文】

"昔者尧、舜让而帝，之、哙让而绝①；汤、武争而王，白公争而灭②。由此观之，争让之礼，尧、桀之行，贵贱有时，未可以为常也。梁丽可以冲城③，而不可以窒穴④，言殊器也。骐骥骅骝一日而驰千里⑤，捕鼠不如狸狌⑥，言殊技也。鸱鸺夜撮蚤⑦，察豪末，昼出瞋目而不见丘山⑧，言殊性

也。故曰：盖师是而无非、师治而无乱乎⑨？是未明天地之理、万物之情者
也，是犹师天而无地，师阴而无阳，其不可行明矣。然且语而不舍，非愚则
诬也。帝王殊禅，三代殊继。差其时、逆其俗者⑩，谓之篡夫；当其时、顺
其俗者，谓之义徒。默默乎河伯！女恶知贵贱之门、小大之家！"

【注释】

① 之：燕国宰相子之。哙（kuài）：燕王哙。哙把王位禅让给子之，引起
内乱，齐国乘机出兵攻燕，杀死子之和燕王哙。

② 白公：楚平王之孙，后因起兵争夺王位被杀。

③ 丽：通"栭"。栋梁。

④ 窒（zhì）：堵塞。

⑤ 骐骥骅骝（huá liú）：泛指骏马。

⑥ 狸狌（shēng）：野猫和黄鼠狼。

⑦ 鸱鸺（chī xiū）：猫头鹰。撮：捕捉。

⑧ 瞋（chēn）目：睁大眼。

⑨ 盖（hé）：通"盍"。为何。师：效法。是：正确。无：忽略。

⑩ 差：不符合。

【译文】

　　从前尧、舜禅让而称帝，子之、燕王哙禅让而死亡；商汤、周武王争夺
而称王，白公争夺而被杀。由此看来，争夺与禅让的礼制，尧和桀的行为，
受尊重还是受鄙夷因时而异，不可视为定规。栋梁可冲撞城门，不可堵塞洞
穴，因作用不同。骏马一日千里，捕鼠不如野猫和黄鼠狼，因技能不同。猫
头鹰晚上可捕捉跳蚤，能看清毫末，而白天睁大眼还看不见山丘，因禀性不
同。所以说：为何只效法正确一面而忽略错误、只效法安定局面而忽略混乱
呢？是因为不懂自然规律、万物实情，这如同效法天而忽略地、效法阴而忽
略阳一样，这种做法不可行是非常清楚的。而人们还在谈论不休，这不是愚
蠢就是欺骗！帝王禅让方式不同，夏商周王位继承方法各异。不合时宜、背
逆时俗，称为篡逆之徒；符合时宜、顺应时俗，称为高义之士。你别说了！

你哪懂得贵贱、大小差别呢!"

【原文】

河伯曰:"然则我何为乎?何不为乎?吾辞受趣舍,吾终奈何?"北海若曰:"以道观之,何贵何贱,是谓反衍①,无拘而志,与道大蹇②;何少何多,是谓谢施③,无一而行④,与道参差。严乎若国之有君,其无私德;繇繇乎若祭之有社⑤,其无私福;泛泛乎其若四方之无穷⑥,其无所畛域⑦,兼怀万物,其孰承翼⑧?是谓无方⑨。万物一齐,孰短孰长?道无终始,物有死生,不恃其成;一虚一满,不位乎其形⑩。年不可举⑪,时不可止;消息盈虚⑫,终则有始。是所以语大义之方⑬,论万物之理也。物之生也,若骤若驰,无动而不变,无时而不移。何为乎?何不为乎?夫固将自化。"

【注释】

① 反衍:反复变化。

② 蹇 (jiǎn):妨碍;不合。

③ 谢施:交替发展。谢,代谢。施,发展。

④ 一:固守一端而不变。而:你。

⑤ 繇 (yóu) 繇乎:悠然貌。社:土神。

⑥ 泛泛乎:心胸宽广貌。

⑦ 畛 (zhěn) 域:界限。

⑧ 承:承接;接受。翼:庇护。

⑨ 无方:不偏袒某一方面。

⑩ 位:定位于;固执于。

⑪ 年:岁月。举:握在手中不让流失。

⑫ 消:灭。息:生。

⑬ 大义之方:大道原则。

【译文】

河伯说:"那么我该干什么?不该干什么?我在拒绝、接受、进取、放弃方面，究竟怎么办？"北海若说："从道的角度看，什么贵什么贱，这是反复变化的，不要约束自己思想，不要违背道。什么少什么多，这是相互交替的，不要固执自己行为，不要背逆道。严肃得像国君，不给人以私恩；悠然得像受祭的土神，不给人以私福；心胸宽广得像无穷空间，不去分别，包容万物，怎会偏护某种事物呢？这可说是不偏袒某一方面。万物齐同，谁优谁劣？道没有终和始，物却有生和死，因而不可依仗一时成功；万物有盛有衰，因而不要执着某种形态。岁月不可挽留，时光不会停止；万物生灭盛衰，终结后会重新开始。这是我要讲的大道原则，要说的万物之理。万物一旦出生，如骏马飞奔，没有哪个举动不在变化，没有哪个时刻不在移动。你该干什么？不该干什么？万物会自然变化。"

【原文】

河伯曰："然则何贵于道邪？"北海若曰："知道者必达于理，达于理者必明于权①，明于权者不以物害己。至德者，火弗能热，水弗能溺，寒暑弗能害，禽兽弗能贼②。非谓其薄之也③，言察乎安危，宁于祸福，谨于去就，莫之能害也。故曰：天在内，人在外，德在乎天④。知天人之行，本乎天，位乎得⑤，蹢躅而屈伸⑥，反要而语极⑦。"

【注释】

① 权：权变；变通。

② 贼：伤害。

③ 薄：迫近；触犯。

④ 德在乎天：美德在于顺应天性。

⑤ 位乎得：安守已有的一切。

⑥ 蹢躅（zhí zhú）：进退。

⑦ 反：通"返"。要：重要的。指道。极：最高真理。

【译文】

河伯说："那么为何重视道？"北海若说："懂道者一定明理，明理者一定懂得权变，懂得权变者不会让外物伤害自己。境界最高的人，火不能烧灼，水不能溺毙，寒暑不能侵袭，禽兽不能伤害。不是说他可以触犯它们，是说明白安危所在，安全应对祸福，谨慎选择取舍，因此没什么能伤害他。所以说：'天性蕴含在内，人事表现在外，美德在于顺应天性。'明白天性和人事，就会坚守天性，安于所得，无论进退屈伸，都要返归大道而研究至理。"

【原文】

曰："何谓天？何谓人？"北海若曰："牛马四足，是谓天；落马首①，穿牛鼻，是谓人。故曰：无以人灭天，无以故灭命②，无以得殉名③。谨守而勿失，是谓反其真。"

【注释】

① 落：通"络"。套住。

② 故：事；人事。命：天命；命运。

③ 得：通"德"。天性。

【译文】

河伯说："什么是天性？什么是人为？"北海若说："牛马四只脚，这是天性；用笼头套马头，用绳索穿牛鼻，这是人为。所以说：不要用人为毁灭天性，不要用人事改变天命，不要为名利而毁灭天性。谨慎守护天性而不丧失，这叫返本归真。"

【原文】

夔怜蚿①，蚿怜蛇，蛇怜风，风怜目，目怜心。夔谓蚿曰："吾以一足趻踔而行②，予无如矣③！今子之使万足，独奈何？"蚿曰："不然。子不见夫唾者乎？喷则大者如珠，小者如雾，杂而下者不可胜数也。今予动吾天机④，而不知其所以然。"

【注释】

① 夔（kuí）：传说中只有一只脚的动物。怜：爱；美慕。蚿（xián）：多足虫。

② 跨踔（chěn chuō）：跳跃。

③ 无如：无奈。

④ 天机：天生机能；天性。

【译文】

夔羡慕蚿，蚿羡慕蛇，蛇羡慕风，风羡慕眼睛，眼睛羡慕心。夔对蚿说："我用一只脚跳着走，我无可奈何啊！如今您用上万只脚走路，究竟如何做到的？"蚿说："您说得不对。您没见过打喷嚏吗？喷出的唾沫大的如珠，小的像雾，混杂而下不可计数。如今我顺应天性行走，而不知为何如此。"

【原文】

蚿谓蛇曰："吾以众足而行，而不及子之无足，何也？"蛇曰："夫天机之所动，何可易邪①？吾安用足哉！"蛇谓风曰："予动吾脊胁而行，而有似也。今子蓬蓬然起于北海②，蓬蓬然入于南海，而似无有，何也？"风曰："然。予蓬蓬然起于北海而入于南海也，然而指我则胜我③，鰌我亦胜我④。虽然，夫折大木、蜚大屋者⑤，唯我能也。故以众小不胜为大胜也。为大胜者，唯圣人能之。"

【注释】

① 易：改变。

② 蓬蓬然：风声。

③ 指我：用手指阻拦我。

④ 鰌（qiū）：通"蹂"。踢。

⑤ 蜚（fēi）：通"飞"。刮翻。这一故事说明上文讲的"无以人灭天"。

【译文】

蚿对蛇说："我用很多脚走路，不如您没脚走得快，为什么？"蛇说："顺应天性行走，怎能改变呢？我怎用得上脚！"蛇对风说："我运动脊背和腰行走，这与有脚相似。如今您呼呼地从北海起身，呼呼地来到南海，您似乎没有脚，您如何做到的？"风说："是的。我呼呼地从北海起身而来到南海，然而用手指戳我就能胜过我，踢我也能胜过我。虽然如此，折大树，掀大屋，只有我能做到，放弃众多小胜而获取大胜。获取大胜，只有圣人能做到。"

【原文】

孔子游于匡，宋人围之数匝①，而弦歌不惙②。子路入见，曰："何夫子之娱也？"孔子曰："来，吾语女。我讳穷久矣③，而不免，命也；求通久矣，而不得，时也。当尧、舜而天下无穷人，非知得也；当桀、纣而天下无通人，非知失也，时势适然④。夫水行不避蛟龙者，渔父之勇也；陆行不避兕虎者⑤，猎夫之勇也；白刃交于前，视死若生者，烈士之勇也；知穷之有命，知通之有时，临大难而不惧者，圣人之勇也。由处矣⑥！吾命有所制矣！"无几何⑦，将甲者进⑧，辞曰⑨："以为阳虎也⑩，故围之。今非也，请辞而退。"

【注释】

① 匝（zā）：层。

② 弦：弹琴。惙（chuò）：通"辍"。停止。

③ 讳：讨厌。穷：困窘。

④ 适：到；造成。然：这样。

⑤ 兕（sì）：犀牛类的野兽。

⑥ 由：子路。子路姓仲名由，字子路。处：安心。

⑦ 无几何：没过多久。

⑧ 将：率领。甲者：穿甲衣的士卒。

⑨ 辞：谢罪；道歉。

⑩ 阳虎：鲁国权臣。阳虎曾残害匡人，孔子相貌与阳虎相似，匡人误

以为孔子是阳虎，故出兵围之。故事说明上文讲的"无以故灭命"，"命"指天命、命运。

【译文】

孔子到了匡，宋国人围之数重，孔子依然不停地弹琴唱歌。子路进来见孔子说："老师为何还快乐？"孔子说："过来，我告诉你。我讨厌困窘处境很久了，然而摆脱不了，这是命运；我寻求顺利生活很久了，然而没有得到，这是时运。尧、舜时天下没有困窘的人，不是因为才智都高超；桀、纣时天下没有顺利的人，不是因为才智都低下，是时运造成的。水里不避蛟龙，是渔夫的勇敢；陆地不避兕虎，是猎人的勇敢；刀剑交错于前，视死如生，是壮士的勇敢；知道困窘是命中注定，知道顺利是时运造成，面临大难而不畏惧，是圣人的勇敢。子路安心吧！我的命运是注定的！"没过多久，统领士卒的军官进来，道歉说："以为您是阳虎，所以包围您。现在知道不是，请让我表示歉意并撤走部队。"

【原文】

公孙龙问于魏牟曰①："龙少学先王之道，长而明仁义之行；合同异②，离坚白③；然不然，可不可；困百家之知，穷众口之辩；吾自以为至达已。今吾闻庄子之言，汒焉异之④。不知论之不及与？知之弗若与？今吾无所开吾喙⑤，敢问其方。"

【注释】

① 公孙龙：战国名家的代表。魏牟：魏国公子，故下文称他为"公子牟"。

② 合同异：无论是同是异，都说成一样。

③ 离坚白：认为白石头的坚硬质地和白颜色是相互分离的。

④ 汒（máng）焉：即茫然。迷惑貌。

⑤ 喙（huì）：嘴巴。

【译文】

公孙龙问魏牟："我从小学习先王学说，长大后明白仁义行为；提出'合同异'，研究'离坚白'；把不正确的说成正确，把不可以的说成可以；难倒聪明的各家学者，堵住众多的善辩之口，我自以为最为通达。如今我听到庄子言论，感到茫然惊异。不知是我的论辩比不上他呢？还是智慧不如他呢？如今我没法开口讲话，请问为什么。"

【原文】

公子牟隐机大息①，仰天而笑，曰："子独不闻夫坎井之蛙乎②？谓东海之鳖曰：'吾乐与！出跳梁乎井干之上③，入休乎缺甃之崖④；赴水则接腋持颐⑤，蹶泥则没足灭跗⑥，还虷、蟹与科斗⑦，莫吾能若也⑧！且夫擅一壑之水⑨，而跨跱坎井之乐⑩，此亦至矣。夫子奚不时来入观乎？'东海之鳖左足未入，而右膝已絷矣⑪，于是逡巡而却⑫，告之海曰：'夫千里之远，不足以举其大⑬；千仞之高⑭，不足以极其深。禹之时，十年九潦，而水弗为加益；汤之时，八年七旱，而崖不为加损⑮。夫不为顷久推移⑯，不以多少进退者⑰，此亦东海之大乐也。'于是坎井之蛙闻之，适适然惊⑱，规规然自失也⑲。"

【注释】

① 隐：靠。机：通"几"。几案。大（tài）息：叹息。

② 坎井：浅井。

③ 跳梁：跳跃。井干：井岸。干，水边。

④ 缺甃（zhòu）：破砖壁。甃，井中砖壁。崖：边。

⑤ 腋：腋下。持：托着。颐：面颊；下巴。

⑥ 蹶（jué）：跳跃。灭：遮盖。跗（fū）：脚背。

⑦ 还：回头。虷（hán）：赤色小虫。科斗：蝌蚪。

⑧ 莫吾能若：即"莫能若吾"。

⑨ 擅：独占。

⑩ 跨跱（zhì）：占据。

⑪ 絷（zhí）：绊住；卡住。

⑫ 逡（qūn）巡：后退貌。却：退出。

⑬ 举：称举；形容。

⑭ 仞：七尺或八尺为一仞。

⑮ 崖：海边；海边水位。

⑯ 顷：时间短。

⑰ 进退：增减。

⑱ 适（tì）适然：惊恐貌。

⑲ 规规然：怅然若失貌。

【译文】

魏牟靠着几案长叹，仰面朝天笑着说："您难道没听说浅井的青蛙吗？它对东海来的鳖说：'我真快乐呀！跳出浅井在岸边跳跃，跳入井内在破砖边休息；游泳时井水架着腋窝，托着下巴；跳入泥中则泥水埋着脚掌，漫过脚背。回头看看小虫、螃蟹和蝌蚪，没谁能比得上我！再说我把持整个井水，独占井水之乐，这是最大幸福。您何不进来长长见识？'海鳖左脚还没伸进去，右膝已被井口卡住，于是只好退回，把大海情况告诉井蛙：'用千里的距离，无法形容海的辽阔；用千丈的高度，无法形容海的深邃。大禹时，十年有九年水灾，而海水没因此上涨；商汤时，八年有七年干旱，而海水没因此下落。海不会因时间长短而变化，不会因旱涝而涨落。这是生活在大海的快乐！'井蛙听了，大吃一惊，茫茫然若有所失。

【原文】

"且夫知不知是非之竟①，而犹欲观于庄子之言，是犹使蚊负山、商蚷驰河也②，必不胜任矣！且夫知不知论极妙之言，而自适一时之利者③，是非坎井之蛙与？且彼方跐黄泉而登大皇④，无南无北，奭然四解⑤，沦于不测⑥；无东无西，始于玄冥⑦，反于大通⑧。子乃规规然而求之以察⑨，索之以辩，是直用管窥天，用锥指地也⑩，不亦小乎！

【注释】

① 知：第一个"知"通"智"。竟：通"境"。界线。

② 商蚷 (jù)：即马蚿虫。河：黄河。

③ 适：舒适；得意。

④ 彼：指庄子思想。跐 (cǐ)：踏。黄泉：地下。大 (tài) 皇：上天。形容庄子想象力丰富，思想无所不包。

⑤ 奭 (shì) 然四解：四通八达。奭然，四散貌。

⑥ 沦：入。

⑦ 玄冥：玄妙幽深。

⑧ 反：通"返"。大通：畅通的精神境界。

⑨ 规规然：琐碎拘泥貌。

⑩ 指：插入；测量。

【译文】

"再说智慧不能明白是非界线，还想了解庄子言论，这就像让蚊子背山、商蚷驰骋于黄河一样，肯定无法胜任！智慧无法明白玄妙道理，为一时之利而得意，这不就像浅井之蛙吗？庄子思想下至地底而上登云天，无论南北，四通八达，达到深不可测的程度；不分东西，始于幽深之处，返于自由的精神境界。你却用琐碎方法去寻求庄子真谛，用诡辩方式去探索庄子奥妙，这简直就是用竹管观测苍天，用锥子测量大地，不也太渺小了吗！

【原文】

"子往矣！且子独不闻夫寿陵余子之学行于邯郸与①？未得国能②，又失其故行矣，直匍匐而归耳。今子不去，将忘子之故③，失子之业。"公孙龙口呿而不合④，舌举而不下，乃逸而走⑤。

【注释】

① 独：难道。寿陵：燕国城邑。余子：少年。邯郸：赵国都城。

② 国：国都，指赵国都城邯郸。能：本领。指邯郸人走路方式。

③ 故：原有知识。

④ 呿（qū）：张开。

⑤ 逸：奔。走：跑。故事说明上文讲的"无以故灭命"，这里的"命"侧重于自然禀赋。

【译文】

"你走吧！你难道没听说寿陵年轻人到邯郸学习走路姿势的事吗？这位年轻人不但没学会邯郸人的走路姿态，而且还忘了原有走路本领，只好爬着回去。现在你不离开，将会忘掉你原有知识，失去你原有学问。"公孙龙吃惊得张大嘴巴而无法合拢，舌头翘起而不能放下，于是赶快逃走了。

【原文】

庄子钓于濮水①，楚王使大夫二人往先焉②，曰："愿以境内累矣③。"庄子持竿不顾，曰："吾闻楚有神龟④，死已三千岁矣，王巾笥而藏之庙堂之上⑤。此龟者，宁其死为留骨而贵乎？宁其生而曳尾于涂中乎？"二大夫曰："宁生而曳尾于涂中。"庄子曰："往矣，吾将曳尾于涂中⑥。"

【注释】

① 濮（pú）水：在今河南境内。

② 往先：先去致意。如庄子同意出仕，楚王还将亲自前来迎请。

③ 愿：希望。境内：指楚国政务。累：操劳。

④ 神龟：古人认为龟可预测吉凶，故称为神龟。

⑤ 巾：用巾包好。笥（sì）：竹箱；放入竹箱。庙堂：宗庙大堂。

⑥ 曳尾于涂中：比喻自由地生活于民间。故事说明上文讲的"无以得殉名"。

【译文】

庄子在濮水钓鱼，楚王派两位大臣先来邀请庄子，说："希望把楚国政务托付给您。"庄子手持钓竿头也没回，说："我听说楚国有只神龟，已死了三千年，楚王用丝巾包着它，放入竹箱，珍藏在宗庙大堂。这只神龟，是愿意死后留下骨头让人珍惜呢？还是愿意拖着尾巴生活在泥水之中呢？"两位大臣说："当然是愿意拖着尾巴生活在泥水之中。"庄子说："你们回去吧，我将拖着尾巴生活在泥水之中。"

【原文】

惠子相梁①，庄子往见之。或谓惠子曰："庄子来，欲代子相。"于是惠子恐，搜于国中三日三夜②。庄子往见之，曰："南方有鸟，其名为鹓鶵③，子知之乎？夫鹓鶵，发于南海，而飞于北海，非梧桐不止，非练实不食④，非醴泉不饮⑤。于是鸱得腐鼠⑥，鹓鶵过之，仰而视之曰：'吓⑦！'今子欲以子之梁国而'吓'我邪？"

【注释】

① 惠子：惠施。相：宰相；当宰相。梁：即魏国。因建都大梁，故又称梁国。

② 国：都城。

③ 鹓鶵（yuān chú）：凤凰类的鸟。

④ 练实：竹子果实。

⑤ 醴（lǐ）泉：甘甜的泉水。醴，甜酒。形容泉水甘甜如醴酒。

⑥ 于是：此时。鸱（chī）：猫头鹰。

⑦ 吓（hè）：恐吓之声。猫头鹰误以为鹓鶵来抢夺自己的烂老鼠，故大声呵斥。故事说明"无以得殉名"。

【译文】

惠子在梁国当宰相，庄子去看望他。有人对惠子说："庄子这次来，想取代您当宰相。"于是惠子恐慌起来，派人在都城搜寻庄子三天三夜。庄子去见惠子，说："南方有鸟，名叫鹓鶵，您知道这种鸟吗？鹓鶵从南海出发，飞往北海，路上除了梧桐就不落下休息，除了竹实就不进食，除了甜美泉水就不饮用。此时猫头鹰刚找到一只烂老鼠，却看见鹓鶵朝自己飞来，便抬头盯住鹓鶵怒吼：'吓！'如今您也想拿您的梁国来'吓'我吗？"

【原文】

庄子与惠子游于濠梁之上①。庄子曰："儵鱼出游从容②，是鱼之乐也。"惠子曰："子非鱼，安知鱼之乐？"庄子曰："子非我，安知我不知鱼之乐？"惠子曰："我非子，固不知子矣；子固非鱼也，子之不知鱼之乐。全矣③。"庄子曰："请循其本④。子曰'汝安知鱼乐'云者，既已知吾知之而问我，我知之濠上也。"

【注释】

① 濠（háo）：河名。在今安徽境内。梁：桥。

② 儵（tiáo）鱼：即儵鱼。一种银白色的小鱼。

③ 全：全面；都正确。

④ 循其本：回到你最初讲的话上。故事说明上文讲的"反其真"，即反归自然。

【译文】

庄子和惠子在濠水桥上游玩。庄子说："儵鱼悠闲自在地游来游去，这是鱼的快乐。"惠子说："您不是鱼，怎知鱼的快乐？"庄子说："您不是我，怎知我不知鱼的快乐？"惠子说："我不是您，确实不知道你；您不是鱼，您也不知鱼的快乐。这个结论全面吧！"庄子说："请回到最初的话上。您说'您怎知鱼的快乐'，说明您已承认我知道鱼的快乐，而问我是怎么知道的，我是站在濠水桥上通过观察知道的。"

至乐第十八

【题解】

至乐，最大快乐。本篇主要讨论人生的幸福与生死问题。

【原文】

天下有至乐无有哉？有可以活身者无有哉？今奚为奚据？奚避奚处？奚就奚去？奚乐奚恶？夫天下之所尊者，富贵寿善也；所乐者，身安、厚味、美服、好色、音声也；所下者①，贫贱夭恶也；所苦者，身不得安逸，口不得厚味，形不得美服，目不得好色，耳不得音声。若不得者，则大忧以惧。其为形也②，亦愚哉！

【注释】

① 下：认为低下；讨厌。

⑥ 为形：保养形体。

【译文】

天下有没有最大快乐？有没有养生方法？如今该从事、依据什么？该回避、接受什么？该追求、舍弃什么？该喜欢、讨厌什么？世人所看重的，是富贵、长寿和美名；所喜欢的，是安适、美味、华丽衣服、绚丽色彩、优美音乐；所讨厌的，是贫贱、短命和恶名；所苦恼的，是身体不得安逸，嘴巴吃不上美味，身上无华美衣服，眼看不到绚丽色彩，耳听不到优美音乐。如得不到这些，就会忧愁恐慌。他们以此养生，也太愚蠢了！

【原文】

夫富者，苦身疾作①，多积财而不得尽用，其为形也亦外矣②。夫贵者，夜以继日，思虑善否，其为形也亦疏矣③。人之生也，与忧俱生，寿者惛惛④，久忧不死，何苦也！其为形也亦远矣。烈士为天下见善矣⑤，未足以活身。吾未知善之诚善邪？诚不善邪？若以为善矣，不足活身；以为不善矣，足以活人。故曰："忠谏不听，蹲循弗争⑥。"故夫子胥争之，以残其形；不争，名亦不成。诚有善无有哉？今俗之所为与其所乐，吾又未知乐之果乐邪？果不乐邪？吾观夫俗之所乐，举群趣者⑦，誙誙然如将不得已⑧。而皆曰乐者，吾未之乐也，亦未之不乐也。果有乐无有哉？吾以无为诚乐矣，又俗之所大苦也。故曰："至乐无乐，至誉无誉。"

【注释】

① 疾：辛苦。

② 外：疏远。指距离正确方法太远，也即错误。

③ 疏：疏远。与"外"同义。

④ 惛惛（hūn）：糊涂貌。

⑤ 烈士：壮士。见善：被赞扬。见，被。

⑥ 蹲循：退却。

⑦ 趣：同"趋"。追逐。

⑧ 誙（kēng）誙然：拼命追逐貌。

【译文】

那些富人，辛苦劳作，积累大量财富却不能完全享用，其养生方法错了！那些贵人，夜以继日地考虑善恶是非，其养生方法也不正确！人一出生，便与愁为伴，长寿人糊糊涂涂，长期处于忧愁之中而不死，多么痛苦啊！其养生方法也很荒谬！壮士受世人赞扬，却不能保全自己生命。我不知美名真是好事？还是坏事？如是好事，却不能保全自己生命；如是坏事，却又能拯救别人。所以说："忠心进谏不被接纳，就退下不再谏净。"伍子胥进谏君主，招致杀身之祸；如不谏净，就无法成就美名。这真是好事还是坏事？如今世人所追求和快乐的事，我不知其快乐真是快乐？还是不算快乐？我观察世人对那些使他们快乐的东西，成群结队前去追逐，拼命争夺就好像迫不得已。而对人人认为快乐的事，我并不感到快乐，也不感到不快乐。世上是否真有快乐？我认为清静无为是真正快乐，而这又是世人所痛苦的事。所以说："最大快乐就是没有快乐，最大荣誉就是没有荣誉。"

【原文】

天下是非果未可定也。虽然，无为可以定是非。至乐活身，唯无为几存①。请尝试言之：天无为以之清②，地无为以之宁，故两无为相合，万物皆化。芒乎芴乎③，而无从出乎④；芴乎芒乎，而无有象乎。万物职职⑤，皆从无为殖⑥。故曰："天地无为也而无不为也。"人也孰能得无为哉！

【注释】

① 几：几乎；可能。

② 以之：因此。

③ 芒乎芴（hū）乎：恍惚貌。

④ 无从出：不知万物从哪里生出。

⑤ 职职：繁多貌。

⑥ 殖：生殖；产生。

【译文】

人间是非确难界定。虽说如此，无为可作为界定是非的标准。最大快乐是生存，只有无为可以保身。请让我试谈此理：天无为因此保持清虚状态，地无为因此保持安宁状态，两种无为相结合，万物得以化育。恍恍惚惚，不知万物从哪里生出；恍恍惚惚，竟没留下一点痕迹。万物繁多，都因无为得以产生。所以说："天地无为而做好了一切。"谁能做到无为呢！

【原文】

庄子妻死，惠子吊之，庄子则方箕踞鼓盆而歌①。惠子曰："与人居②，长子③，老身，死不哭亦足矣，又鼓盆而歌，不亦甚乎！"庄子曰："不然。是其始死也，我独何能无概然④。察其始而本无生，非徒无生也⑤，而本无形；非徒无形也，而本无气。杂乎芒芴之间，变而有气，气变而有形，形变而有生，今又变而之死，是相与为春秋冬夏四时行也⑥。人且偃然寝于巨室⑦，而我噭噭然随而哭之⑧，自以为不通乎命，故止也。"

【注释】

① 则：却。方：正。箕踞：分开两腿像簸箕一样坐在地上。

② 人：指庄子妻子。居：生活。

③ 长：抚养。

④ 概（kǎi）然：感慨；伤心。概，通"慨"。

⑤ 非徒：不仅。

⑥ 是：代指生死。相与：相互交替。

⑦ 偃然：安然貌。巨室：指天地之间。

⑧ 噭（jiào）噭然：形容痛哭声。

【译文】

庄子妻子去世，惠子去吊唁，见庄子正伸开两腿坐在那里敲着瓦盆唱歌。惠子说："与妻子一起生活，生儿育女，白头到老，死后不哭已够无情，又敲着盆子唱歌，这不也太过分了！"庄子说："不是这样。她刚去世，我怎不伤感！可仔细一想，最初她本就没有生命；不仅没有生命，连形体也没有；不仅没有形体，连形成形体的气也没有。夹杂在恍惚的境域之中，慢慢变化为气，气慢慢变化为形体，形体慢慢变化为妻子生命，如今又慢慢变化回到死亡，这好像春夏秋冬四季循环运行一样。她将安然休息于天地这个巨大房屋里，而我还为她号啕大哭，我认为这就太不懂自然规律了，所以就不再哭泣！"

【原文】

支离叔与滑介叔观于冥伯之丘、昆仑之虚①，黄帝之所休。俄而柳生其左肘②，其意蹶蹶然恶之③。支离叔曰："子恶之乎？"滑介叔曰："亡④，予何恶！生者，假借也；假之而生生者⑤，尘垢也。死生为昼夜。且吾与子观化而化及我⑥，我又何恶焉！"

【注释】

① 支离叔、滑介叔：人名。冥伯之丘、昆仑：山名。虚：同"墟"。旷野。

② 俄而：不久，柳：通"瘤"。肿瘤。

③ 蹶（guì）蹶然：吃惊貌。恶（wù）：厌恶。

④ 亡（wú）：通"无"。不。

⑤ 生生：产生生命。

⑥ 观化：观察万物生死变化。

【译文】

支离叔和滑介叔到冥伯山和昆仑山的旷野里游览，那是黄帝休息过的地方。不久滑介叔左肘长个瘤子，他吃惊且很讨厌。支离叔问："您讨厌它吗？"滑介叔说："不，我为何讨厌！身体，是假借各种物质凑合而成；假借各种物质而生的身体，就是堆尘土。生死交替像昼夜交替一样。再说我与您观察生死变化时变化降临于我，我又为何讨厌！"

【原文】

庄子之楚①，见空髑髅②，髐然有形③。撽以马捶④，因而问之曰："夫子贪生失理而为此乎⑤？将子有亡国之事、斧钺之诛而为此乎⑥？将子有不善之行、愧遗父母妻子之丑而为此乎？将子有冻馁之患而为此乎⑦？将子之春秋故及此乎⑧？"于是语卒，援髑髅⑨，枕而卧。

【注释】

① 之：到。

② 髑髅（dú lóu）：死人头骨。

③ 髐（xiāo）然：枯骨暴露在外貌。

④ 撽（qiào）：敲击。马捶（chuí）：马鞭。捶，通"棰"。鞭子。

⑤ 理：养生方法。为此：到此地步。

⑥ 将：还是。铖（yuè）：形似大斧，长柄。

⑦ 馁（něi）：饥饿。

⑧ 春秋：寿命。

⑨ 援：拿。

【译文】

庄子到楚国去，看见一个髑髅，暴露在外还保持原有模样。庄子用马鞭敲着髑髅，接着问它："您是因为贪生却没找到养生方法而死呢？还是您在亡国之后受到斧铖砍杀而死呢？还是您做了坏事担心父母妻儿蒙羞而自杀的呢？还是冻饿而死呢？还是自然老死的呢？"庄子说完，拿过髑髅，用作枕头而睡。

【原文】

夜半髑髅见梦曰①："子之谈者，似辩士。视子所言，皆生人之累也，死则无此矣。子欲闻死之说乎②？"庄子曰："然。"髑髅曰："死，无君于上，无臣于下；亦无四时之事，从然以天地为春秋③。虽南面王乐，不能过也。"庄子不信，曰："吾使司命复生子形④，为子骨肉肌肤⑤，反子父母、妻子、闾里、知识⑥，子欲之乎？"髑髅深矉蹙頞⑦，曰："吾安能弃南面王乐，而复为人间之劳乎？"

【注释】

① 见（xiàn）梦：托梦。见，通"现"。

② 说（yuè）：通"悦"。快乐。

③ 从（zòng）然：即"纵然"。自由貌。春秋：代指寿命。

④ 司命：主管生命之神。

⑤ 骨肉肌肤：长出骨肉肌肤。

⑦ 反：返还。闾里：乡亲。知识：熟人。

⑧ 深矉 (pín) 蹙頞 (cù é)：紧皱眉头。矉，通"颦"。皱眉。蹙，皱。頞，同"额"。

【译文】

半夜时髑髅托梦说："听您谈话，像善辩之人。想想您说的，都是活人麻烦，死后就没这些麻烦了。您想听听死后快乐吗？"庄子说："是的。"髑髅说："死后，上无君主，下无臣民；也没有四季劳作，自由自在地与天地同寿。即使南面称王的快乐，也比不上死后快乐。"庄子不信，说："我让司命神恢复您的形体，为您长出骨肉肌肤，把您的父母、妻儿、乡亲、熟人都交还给您，您愿意吗？"髑髅紧皱眉头，说："我怎能抛弃南面称王一样的快乐，再去遭受人间劳苦呢？"

【原文】

颜渊东之齐，孔子有忧色。子贡下席而问曰："小子敢问，回东之齐，夫子有忧色，何邪？"孔子曰："善哉汝问！昔者管子有言①，丘甚善之，曰：'褚小者不可以怀大②，绠短者不可以汲深③。'夫若是者，以为命有所成而形有所适也，夫不可损益④。吾恐回与齐侯言尧、舜、黄帝之道，而重以燧人、神农之言，彼将内求于己而不得，不得则惑，人惑则死。

【注释】

① 管子：管仲。著名政治家。

② 褚 (zhǔ)：口袋。怀：装。

③ 绠 (gěng)：井绳。

④ 损益：改变。损，减少。益，增加。

【译文】

颜回去东边齐国，孔子面带愁容。子贡走下坐席问："弟子请问，颜回去东边齐国，您面带愁容，为什么？"孔子说："你问得好啊！从前管子有句话，我非常赞同，说：'小口袋装不下大东西，短绳索汲不起深井水。'如此说来，就是认为事物性能是天命注定而形体具有不同作用，无法改变。我担心颜回对齐君谈了尧、舜、黄帝的原则后，又去介绍燧人、神农言论，齐君将会在内心苦苦思索而又无法理解，无法理解就会迷惑，迷惑就会死亡。

【原文】

"且女独不闻邪？昔者海鸟止于鲁郊，鲁侯御而觞之于庙①，奏《九韶》以为乐，具太牢以为膳②。鸟乃眩视忧悲，不敢食一脔③，不敢饮一杯，三日而死。此以己养养鸟也，非以鸟养养鸟也。夫以鸟养养鸟者，宜栖之深林，游之坛陆④，浮之江湖，食之鳅鲦⑤，随行列而止⑥，委蛇而处⑦。彼唯人言之恶闻，奚以夫谣谣为乎⑧！《咸池》、《九韶》之乐，张之洞庭之野⑨，鸟闻之而飞，兽闻之而走，鱼闻之而下入，人卒闻之，相与还而观之⑩。鱼处水而生，人处水而死，彼必相与异，其好恶故异也。故先圣不一其能，不同其事。名止于实⑪，义设于适⑫，是之谓条达而福持⑬。"

【注释】

① 鲁侯：鲁君。御（yà）：迎接。觞（shāng）：酒器。用作动词。劝酒。

② 太牢：宴会或祭祀时并用牛、羊、猪三牲。

③ 脔（luán）：肉块。

④ 坛陆：水中沙洲。

⑤ 鳅鲦（tiáo）：两种小鱼。

⑥ 行列：鸟群的行列。

⑦ 委蛇（yí）：从容自得貌。

⑧ 谣（náo）谣：喧闹貌。

⑨ 张：演奏。洞庭之野：广阔原野。

⑩ 还：通"环"。围着。

⑪ 名止于实：名称符合实际。

⑫ 义设于适：道义切合实用。

⑬ 条达：条理顺畅。福持：永远保持幸福。

【译文】

"你难道没听说吗？从前海鸟落在鲁国郊外，鲁君把它接到宗庙向它献酒，为它演奏《九韶》之乐，准备牛羊猪作为膳食。海鸟被搞得头晕眼花、痛苦异常，不敢吃一块肉，不敢饮一杯酒，三天就死了。鲁君用养自己的办法去养海鸟，不是用养海鸟的办法去养海鸟。用养海鸟的办法去养海鸟，应让它栖息于深林，游荡于沙洲，漂游于江湖，啄食泥鳅和鲦鱼，与鸟群一起休息，过着自由生活。海鸟讨厌人声，为何要搞得人声鼎沸呢！《咸池》、《九韶》乐曲，在广阔原野演奏，鸟听见会飞走，兽听见会逃跑，鱼听见会潜藏，人听见了，便会围拢观赏。鱼在水中能生存，人在水中会死亡，人与鱼不同，故其好恶不同。因此先圣不要求人们有一样能力，做同样事情。名称符合实际，道义切于实用，这就叫有条有理而永保幸福。"

【原文】

列子行，食于道从①，见百岁髑髅，攓蓬而指之曰②："唯予与汝知而未尝死、未尝生也③。汝果养乎④？予果欢乎？"

【注释】

①从：旁边。
②攓（qiān）：拔。蓬：草名。
③而：你。髑髅不知分辨生与死。
④养：通"恙"。痛苦。

【译文】

列子出行，在路边吃饭时，看见一具上百年的死人头骨，拔掉野草指着它说："只有我和你懂得你无死也无生的道理。你死后真的痛苦吗？我活着真的快乐吗？"

【原文】

种有几①，得水则为㡭②，得水土之际则为蛙蠙之衣③，生于陵屯则为陵舄④，陵舄得郁栖则为乌足⑤，乌足之根为蛴螬⑥，其叶为胡蝶，胡蝶胥也化而为虫⑦，生于灶下，其状若脱⑧，其名为鸲掇⑨。鸲掇千日为鸟，其名为乾余骨⑩。乾余骨之沫为斯弥⑪，斯弥为食醯⑫。颐辂生乎食醯⑬，黄軦生乎九猷⑭，瞀芮生乎腐蠸⑮。羊奚比乎不箰⑯，久竹生青宁⑰，青宁生程⑱，程生马，马生人，人又反入于机⑲。万物皆出于机，皆入于机。

【注释】

① 种有几：物种变化有微妙之处。几，微妙。

② 鹾 (jì)：通"继"。水草名。即水绵。

③ 水土之际：水土相接处。蛙嫔 (bīn) 之衣：青苔。

④ 陵屯：丘陵。陵舄 (xì)：车前草。

⑤ 郁栖：肥土。乌足：草名。

⑥ 蛴螬 (qí cáo)：金龟子的幼虫。

⑦ 胥：不久。

⑧ 脱 (tuì)：通"蜕"。蜕皮。

⑨ 鸲掇 (qú duō)：灶马虫。

⑩ 乾余骨：鸟名。

⑪ 沫：唾沫。斯弥：虫名。

⑫ 食醯 (xī)：酒瓮里的小虫。又叫蠛蠓。

⑬ 颐辂 (lù)：虫名。

⑭ 黄軦 (kuàng)：虫名。九猷：虫名。

⑮ 瞀芮 (mào ruì)：虫名。腐蠸 (quán)：萤火虫。

⑯ 羊奚：植物名。比：连接；生于。不箰 (sǔn)：竹名。

⑰ 久竹：竹名。青宁：虫名。

⑱ 程：豹子。

⑲ 反入于机：返回微妙变化之中。机，通"几"。微妙变化。

【译文】

物种变化微妙，在水里成为水绵，在水土交接处成为青苔，生在山陵成为车前草，车前草得肥土滋养变为乌足，乌足根变为金龟子幼虫，乌足叶变为蝴蝶，蝴蝶不久变为虫，虫生在灶台下，样子像蜕了层皮，其名叫鸲掇。鸲掇千日后变为鸟，名叫乾余骨。乾余骨的唾沫变为斯弥虫，斯弥虫变为食醯虫。颐辂虫由食醯虫变成，黄轵虫由九猷虫变成，瞀芮虫由萤火虫变成，羊奚草生于不箰竹，久竹变为青宁虫，青宁虫变为豹，豹变为马，马变为人，人死后又返回微妙变化之中。万物都是在微妙变化中产生，死后又回到微妙变化之中。

达生第十九

【题解】

达生，明白人生。本篇要求做事必须精诚专一，阐述形神兼养的养生原则。

【原文】

达生之情者，不务生之所无以为①；达命之情者，不务知之所无奈何。养形必先之以物，物有余而形不养者有之矣；有生必先无离形，形不离而生亡者有之矣。生之来不能却②，其去不能止。悲夫！世之人以为养形足以存生，而养形果不足以存生，则世奚足为哉！虽不足为而不可不为者，其为不免矣。

【注释】

① 务：追求。无以：没办法。为：做。

② 却：拒绝。

【译文】

明白人生实情的人，不去追求做不到的事；明白命运实情的人，不去追求智慧无可奈何的事。养生必须先有财物，财物有余而身体没养好的大有人在；想保命必须先不要失去身体，身体没失去而生命已丧失的也大有人在。生命到来时无法拒绝，生命离去时无法挽留。可悲呀！世人认为养形足以保命，而仅仅养形确实不足以保命，那么世上还有什么事值得做！虽不值得做而不得不做，因为许多事情无法躲避。

【原文】

夫欲免为形者①，莫如弃世。弃世则无累，无累则正平，正平则与彼更生②，更生则几矣③。事奚足弃而生奚足遗④？弃事则形不劳，遗生则精不亏。夫形全精复，与天为一。天地者，万物之父母也，合则成体，散则成始⑤。形精不亏，是谓能移⑥。精而又精⑦，反以相天⑧。

【注释】

① 为形：养形。指为养形受的劳苦。

② 彼：指除自己之外的万物。

③ 几：差不多可以了。

④ 生奚足遗：生命为何应忘却？遗，遗忘。

⑤ 散则成始：物质离散后就成为另一种物体形成的开始。

⑥ 能移：能顺物而变。移，变化。

⑦ 精：保养精神。

⑧ 相：帮助。

【译文】

想避免养生麻烦，最好放弃世事。放弃世事不会疲劳，不疲劳就心平气和，心平气和会感到与万物一起重获新生，有重生感觉就可以了。世事为何应放弃而生命为何应忘却？放弃世事形体不会劳累，忘却生命精神不会损伤。形体保全而精神恢复，能与自然融为一体。天地，是万物父母，各种物

质合在一起就形成物体，物质离散后就成为另一种物体形成的开始。形体和
精神没受损伤，这叫顺物而变。反复修养精神，反过来还有助于自然变化。

【原文】

　　子列子问关尹曰①："至人潜行不窒，蹈火不热，行乎万物之上而不
慄②。请问何以至于此？"关尹曰："是纯气之守也③，非知巧、果敢之列。
居，予语女。凡有貌象声色者，皆物也，物与物何以相远！夫奚足以至乎
先？是色而已④。则物之造乎不形而止乎无所化⑤，夫得是而穷之者⑥，物
焉得而止焉⑦！彼将处乎不淫之度⑧，而藏乎无端之纪⑨，游乎万物之所终
始⑩，壹其性，养其气，合其德，以通乎物之所造⑪。夫若是者，其天守
全，其神无郤⑫，物奚自入焉⑬！

【注释】

　　① 子列子：列子。前加"子"表尊敬。关尹：即尹喜。因当过守关官
员，故称"关尹"。

　　② 慄：恐惧。

　　③ 纯气之守：持守纯和之气。即精神修炼。

　　④ 色："色"字前缺一"形"字。

　　⑤ 物：事物。指精神。造：做到。无所化：无所变化。庄子认为肉体会
变，但精神可以不变。比如可以砍掉圣人的脚，却改变不了其精神境界。

　　⑥ 是：代指精神。穷：穷尽；最高。

　　⑦ 止：限制。

　　⑧ 不淫之度：恰当程度。淫，过分。

　　⑨ 藏：藏身；立身。无端之纪：无尽的丝线。比喻无穷境界。端，头。
纪，丝线。

　　⑩ 终始：循环变化。

　　⑪ 物之所造：造物者。指道。

　　⑫ 无郤（xì）：没有亏损。郤，缝隙。指亏损。

　　⑬ 入：入于心中。引申为影响。

【译文】

列子问关尹："圣人入水不会窒息，入火不感到热，行于万物之上不恐惧。请问如何做到这些？"关尹说："这是持守了纯和之气，与智巧、果敢的品质无关。坐下，我告诉你。所有具有相貌、声音和颜色的，都属于物体，物体与物体的差距怎会太大！哪种物体能处于其他物体之先？不过都是形体和颜色而已。然而有一种事物——精神，可以做到没有形体而永无变化，能获取此精神并达到最高境界的人，其他事物怎能约束他！他行为适度，立身于无穷境界之中，与万物一起循环变化，他本性专一，涵养纯和之气，言行符合天性，与造物之道融而为一。这样的人，其天性完备，精神完美，外物怎能影响他！

【原文】

"夫醉者之坠车，虽疾不死①。骨节与人同而犯害与人异，其神全也，乘亦不知也，坠亦不知也，死生惊惧不入乎其胸中，是故遻物而不慑②。彼得全于酒而犹若是③，而况得全于天乎！圣人藏于天④，故莫之能伤也。复仇者不折镆干⑤，虽有忮心者不怨飘瓦⑥，是以天下平均。故无攻战之乱，无杀戮之刑者，由此道也。不开人之天⑦，而开天之天⑧，开天者德生，开人者贼生⑨。不厌其天，不忽于人，民几乎以其真。"

【注释】

① 疾：受伤。

② 遻（wù）：遇到。慑（shè）：同"慑"。害怕。

③ 得全于酒：因醉酒而使精神保全。指醉人精神不受外界影响。

④ 藏于天：立身于天道。

⑤ 镆干：即镆铘和干将。两把宝剑名。

⑥ 忮（zhì）心：狠毒之心。

⑦ 开：开发。人之天：人为的最高智巧。

⑧ 天之天：符合天道的最高智慧。道家把智慧分两种，一是俗智，如礼仪法度；一是真智，如清静无为。

⑨ 贼：残害。

【译文】

"醉酒人从车上掉下，虽受伤却不会摔死。其骨骼与别人同而受伤程度却不同，因为其精神完美，乘车不知，摔下也不知，生死恐惧之事不放在心上，所以遇事故不会恐惧。因醉酒而使精神完美的人尚且如此，何况用天道修养而使精神完美的人！圣人立身于天道，所以没什么能伤害他。复仇人不去折断伤害过他的镆铘、干将，即使有凶狠心的人也不会怨恨落下砸伤他的瓦片，如此天下就太平。天下没有战乱，没有杀戮刑罚，全因这一道理。不培养最高世俗智慧，要培养最高天道智慧，培养天道智慧产生美德，培养世俗智慧产生害人之心。不厌弃天道，不忽略人事，人们基本能变得纯真了。"

【原文】

仲尼适楚，出于林中①，见痀偻者承蜩②，犹掇之也③。仲尼曰："子巧乎！有道邪？"曰："我有道也。五六月累丸二而不坠④，则失者锱铢⑤；累三而不坠，则失者十一；累五而不坠，犹掇之也。吾处身也，若厥株拘⑥；吾执臂也，若槁木之枝。虽天地之大，万物之多，而唯蜩翼之知。吾不反不侧⑦，不以万物易蜩之翼⑧，何为而不得？"孔子顾谓弟子曰："用志不分，乃凝于神⑨。其痀偻丈人之谓乎！"

【注释】

① 出于：出现于。

② 痀偻（gōu lóu）：驼背。承蜩（tiáo）：在竹竿一端涂上胶状物去粘蝉。

③ 掇（duō）：拾取。

④ 累丸：迭放泥丸。

⑤ 锱铢（zī zhū）：重量单位，六铢为一锱，四锱为一两。比喻数量很少。

⑥ 厥（jué）：通"橛"。树墩。株拘：断树桩。

⑦ 不反不侧：不动不摇。

⑧ 易蜩之翼：改变对蝉翼的注意。易，改变。

⑨ 凝（nǐ）：通"拟"。像。

【译文】

孔子去楚国，路过一片树林，见驼背老人用竹竿粘蝉，像在地上拾东西一样容易。孔子说："您太巧啦！有什么方法吗？"老人说："我有方法。经过五六个月练习，能在竹竿顶端叠放两颗泥丸而不坠落，那么粘蝉时能逃脱的就很少；叠放三颗泥丸而不坠落，逃脱的蝉只有十分之一；叠放五颗泥丸而不坠落，捉蝉就像在地上拾东西一样。我站在那里，像根枯树桩，我伸出的手臂，像枯树上的枯枝。虽然天地广大，万物繁多，但我只注意蝉的翅膀。我不动不摇，不因万物而改变我对蝉翼的注意，哪里还捉不到蝉？"孔子回头对弟子说："用心专一，能达到神奇境界。这话大概说的就是驼背老人吧！"

【原文】

颜渊问仲尼曰："吾尝济乎觞深之渊①，津人操舟若神②。吾问焉，曰：'操舟可学邪？'曰：'可。善游者数能③，若乃夫没人④，则未尝见舟而便操之也⑤。'吾问焉而不吾告。敢问何谓也？"仲尼曰："善游者数能，忘水也；若乃夫没人之未尝见舟而便操之也，彼视渊若陵，视舟之覆犹其车却也⑥。覆却万方陈乎前而不得入其舍⑦，恶往而不暇⑧？以瓦注者巧⑨，以钩注者惮⑩，以黄金注者殙⑪。其巧一也，而有所矜⑫，则重外也。凡外重者内拙。"

【注释】

① 济：渡河。觞（shāng）深之渊：渡口名。

② 津人：摆渡人。津，渡口。

③ 数（sù）：通"速"。快。

④ 若乃：至于像。没（mò）人：潜水人。

⑤ 便：马上。

⑥ 却：退。

⑦ 万方：各种各样。舍：心胸。

⑧ 暇：悠闲自如。

⑨ 瓦：不值钱的瓦片或瓦器。注：赌注。

⑩ 钩：衣带钩。一般用金属制成。

⑪ 殙（hūn）：昏乱糊涂。

⑫ 矜（jīn）：顾忌。

【译文】

颜渊问孔子："我曾在觞深之渊渡河，摆渡人驾船技巧出神入化。我问他：'驾船能学吗？'他说：'能学。善于游泳的人很快学会，至于潜水的人，即使没见过船但立刻就能驾驭。'我请教为何而他没告诉我。请问什么意思？"孔子说："善游人很快就能学会，因为他忘了水的危险；至于潜水的人，即使未见过船也能驾驭，因为他视深渊如土坡，把渡船倾覆看得如同车子后退一般。各种倾覆翻转情况出现在面前，而他都不放在心上，那么他做什么会不从容自如？用瓦器做赌注的人，赌技发挥很好；用衣带钩做赌注，会因担心而发挥失常；用黄金做赌注的人，就会紧张得昏乱糊涂。赌博技巧一样，有时会顾虑重重，因为太看重外物了。凡是看重外物的人，内心就会变得笨拙。"

【原文】

田开之见周威公①。威公曰："吾闻祝肾学生②，吾子与祝肾游③，亦何闻焉？"田开之曰："开之操拔篲以侍门庭④，亦何闻于夫子？"威公曰："田子无让，寡人愿闻之。"开之曰："闻之夫子曰：'善养生者，若牧羊然，视其后者而鞭之。'"

【注释】

① 田开之：生平不详。周威公：周考王之孙。

② 祝肾：生平不详。学生：学习养生术。

③ 游：交往。田开之拜祝肾为师。

④ 操：拿着。拔篲（huì）：扫帚。

【译文】

田开之见周威公。威公说："我听说祝肾研究养生，您与祝肾交往，学到什么养生方法吗？"田开之说："我在那里整天拿着扫帚打扫门庭，又能从老师那里学到什么？"威公说："田先生不必谦虚，我想学养生。"开之说："我听老师说：'善养生的人，像牧羊那样，看到落后的羊就用鞭子赶一赶。'"

【原文】

威公曰："何谓也？"田开之曰："鲁有单豹者，岩居而水饮，不与民共利①，行年七十而犹有婴儿之色；不幸遇饿虎，饿虎杀而食之。有张毅者，高门县薄②，无不走也③，行年四十而有内热之病以死④。豹养其内而虎食其外，毅养其外而病攻其内，此二子者，皆不鞭其后者也。"

【注释】

① 民：人。共利：争利。

② 高门：富贵人家。县（xuán）薄：以帘代门的贫苦人家。县，通"悬"。薄，帘子。

③ 走：奔走；钻营。

④ 内热：因焦虑不安而内心发烧。

【译文】

威公问："说的什么意思？"田开之说："鲁国的单豹，住山洞喝泉水，不与人争利，年近七十而面容如婴儿般润泽；不幸遇饿虎，饿虎吃了他。有叫张毅的人，无论富贵之门还是贫贱之家，无不去奔走钻营，年近四十因内热病而死。单豹保养内心而老虎吃掉他肉体，张毅保养肉体而疾病侵害他内心，这两位先生，都没像鞭赶落后的羊那样去弥补自己的不足。"

【原文】

仲尼曰："无入而藏，无出而阳①，柴立其中央②。三者若得③，其名必极。夫畏涂者④，十杀一人，则父子兄弟相戒也，必盛卒徒而后敢出焉⑤，不亦知乎！人之所取畏者⑥，衽席之上⑦，饮食之间，而不知为之戒者，过也！"

【注释】

① 无出而阳：不要在社会上张扬。阳，显现。

② 柴立其中央：像枯木一样生活于二者之间。柴，枯木。中央，指"藏"与"阳"之间。

③ 三者：指上文三句话。

④ 畏涂：危险的道路；强盗出没的道路。涂，通"途"。

⑤ 盛卒徒：多结伙伴。

⑥ 取：一本作"最"。

⑦ 衽（rèn）席：卧席。指男女房事。衽，席子。

【译文】

孔子说："不要入深山隐藏，不要在世间张扬，像枯木一样生活于这二者之间。如做到这三句话，其名声必定最高。危险的路上，如十位行人中一位被杀，那么父子兄弟就会相互提醒，一定要多结伙伴然后才能上路，这不是很明智吗？然而最让人畏惧的，在于枕席上的纵欲和饮食间的不当，而不知对此多加戒备，真是错误啊！"

【原文】

祝宗人玄端以临牢策①，说彘曰②："汝奚恶死？吾将三月豢汝③，十日戒④，三日齐⑤，藉白茅⑥，加汝肩尻乎雕俎之上⑦，则汝为之乎？"为彘谋，曰："不如食以糠糟而错之牢策之中⑧。"自为谋，则苟生有轩冕之尊⑨，死得于腞楯之上、聚偻之中⑩，则为之。为彘谋则去之，自为谋则取之，所异彘者，何也？

【注释】

① 祝宗人：官名，负责祭祀。玄端：黑色礼服。临：来到。牢策：猪栏。

② 彘（zhì）：猪。

③ 豢（huàn）：同"豢"。喂养。

④ 戒：斋戒。

⑤ 齐（zhāi）：同"斋"。斋戒。

⑥ 藉：铺垫。白茅：草名。古人常用白茅包裹祭品。

⑦ 加：放。尻（kāo）：臀部。雕：雕刻。俎（zǔ）：装肉的祭器。

⑧ 错：通"措"。放在。

⑨ 苟：如果。轩冕：大夫以上用的车和礼帽。代指高贵地位。

⑩ 腞楯（zhuàn shǔn）：华美的灵车。聚偻（lóu）：华美的棺椁。

【译文】

祝宗人穿着黑礼服来到猪栏前，劝猪说："你为何不想死？我将养你三月，十天为你斋戒一次，甚至三天就斋戒一次，死后把你放在白茅上，把你的肩胛臀部放在雕花祭器中，你愿意吗？"替猪着想，就会说："不如关在猪栏里吃点糠糟活着好。"为自己着想，如生前有尊贵地位，死后被放在华美灵车上、躺在贵重棺椁中，就愿意这样做。替猪着想时舍弃的东西，替自己着想时却想获取，这与为猪着想的不同，为什么呢？

【原文】

桓公田于泽①，管仲御②，见鬼焉。公抚管仲之手曰："仲父何见③？"对曰："臣无所见。"公反，诶诒为病④，数日不出。齐士有皇子告敖者曰："公则自伤，鬼恶能伤公！夫忿滀之气⑤，散而不反，则为不足⑥；上而不下⑦，则使人善怒；下而不上，则使人善忘；不上不下，中身当心，则为病。"桓公曰："然则有鬼乎？"曰："有。沈有履⑧，灶有髻⑨。户内之烦壤⑩，雷霆处之⑪。东北方之下者，倍阿鲑蠪跃之⑫。西北方之下者，则泆阳处之。水有罔象，丘有峷，山有夔，野有彷徨，泽有委蛇。"公曰："请问委蛇之状何如？"皇子曰："委蛇，其大如毂⑬，其长如辕，紫衣而朱冠。其为物也，恶闻雷车之声⑭，则捧其首而立。见之者殆乎霸。"桓公辗然而笑曰⑮："此寡人之所见者也。"于是正衣冠与之坐，不终日而不知病之去也。

【注释】

① 桓公：齐桓公。田：打猎。

② 御：驾车。

③ 仲父：对管仲的尊称。

④ 诶诒（xī yí）：失魂落魄貌。一说为呻吟声。

⑤ 忿滀（xù）之气：郁闷之气。

⑥ 不足：身体不适。

⑦ 上而不下：郁闷之气上行而不下行。

⑧ 沈（chén）：通"沉"。水底污泥。履：鬼名。

⑨ 髻（jì）：灶神名。传说状如美女。

⑩ 烦壤：即"粪壤"。泛指不干净之处。

⑪ 雷霆：鬼名。

⑫ 倍阿鲑蠪（wā lóng）：鬼名。跃：跳跃；活动。以下所说的"泆（yì）阳""罔象""峷（shēn）""夔""彷徨""委蛇（yí）"均为鬼名。

⑬ 毂（gǔ）：车轮的中心部分。

⑭ 雷车：如雷般的行车声。

⑮ 辗（zhěn）然：欢笑貌。

【译文】

齐桓公在大泽打猎，管仲为他驾车，桓公看见一个鬼。桓公抓住管仲手问："仲父看见什么了？"管仲说："我什么也没看见。"桓公回去后，因惊吓而生病，几天没出门。齐国士人皇子告敖说："您是自我伤害，鬼怎能伤害您！体内有郁闷之气，精魄会离散而不返回，使人感到不适；郁闷之气上行而不下行，使人易怒；下行而不上行，使人健忘；既不上行也不下行，处于身体中部，集结在心中，就会生病。"桓公问："那么有鬼吗？"皇子告敖说："有。水底污泥中有履，灶台里有髻。门内肮脏处，住着雷霆。东北低下处，倍阿鲑蠪在那里活动。西北低下处，泆阳在那里居住。水里有罔象，丘陵有峷，大山有夔，原野有彷徨，大泽有委蛇。"桓公问："请问委蛇形状如何？"皇子告敖说："委蛇有车毂那么粗，有车辕那么长，穿紫衣戴红帽。委蛇这种鬼，讨厌听雷一样的车轮声，一听到就会抱头站立。看到它的人大概会成为霸主。"桓公高兴地笑着说："我看到的就是它！"于是桓公整好衣帽同他坐着交谈，不到一天病就不知不觉地好了。

【原文】

纪渻子为王养斗鸡①。十日而问："鸡已乎？"曰："未也。方虚憍而恃气②。"十日又问，曰："未也。犹应向景③。"十日又问，曰："未也。犹疾视而盛气④。"十日又问，曰："几矣！鸡虽有鸣者，已无变矣，望之似木鸡矣，其德全矣⑤。异鸡无敢应者，反走矣。"

【注释】

① 纪渻 (shěng) 子：人名。王：指周宣王。

② 方：正。憍 (jiāo)：通"骄"。恃气：凭意气行事。

③ 应向景 (yǐng)：对鸡的叫声和身影还有反应。向，通"响"。景，通"影"。

④ 疾视：怒目而视。疾，恨。

⑤ 德全：品性完美。即达到置生死于度外的境界。

【译文】

纪渻子为周宣王训练斗鸡。十天后问："鸡已训练好了？"纪渻子说："不行。还虚张声势、意气用事。"十天后又问，纪渻子说："不行。对其他鸡的声音、身影还有反应。"十日后又问，纪渻子说："不行。还怒目而视盛气十足。"十天后又问，纪渻子说："差不多了！即使别的鸡鸣叫，它也毫无反应，看去像只木鸡，品性已经完美。别的鸡没敢应战的，见它就返身逃跑了。"

【原文】

孔子观于吕梁，县水三十仞①，流沫四十里②，鼋鼍鱼鳖之所不能游也③。见一丈夫游之，以为有苦而欲死也，使弟子并流而拯之④。数百步而出，被发行歌而游于塘下⑤。孔子从而问焉，曰："吾以子为鬼，察子则人也。请问蹈水有道乎？"曰："亡，吾无道。吾始乎故⑥，长乎性，成乎命⑦，与齐俱入⑧，与汩偕出⑨，从水之道而不为私焉，此吾所以蹈之也。"孔子曰："何谓始乎故、长乎性、成乎命？"曰："吾生于陵而安于陵⑩，故也；长于水而安于水，性也；不知吾所以然而然，命也。"

【注释】

① 县（xuán）水：瀑布。县，同"悬"。仞（rèn）：七尺或八尺为一仞。

② 流沫：飞流溅沫。

③ 鼋（yuán）：一种鳖。鼍（tuó）：一种鳄鱼。

④ 并流：顺着水流。并，沿着。

⑤ 被（pī）发：披散头发。被，通"披"。塘：堤岸。

⑥ 故：习惯。

⑦ 命：指水的规律。

⑧ 齐：通"脐"。肚脐。指旋转如肚脐状的漩涡。

⑨ 汩（gǔ）：向上涌出的水流。

⑩ 陵：水边高地。

【译文】

孔子在吕梁游览，瀑布直下二十多丈，水花冲出四十里，鼋鼍鱼鳖也无法在那里游动。看见一男子在那里游泳，孔子以为他有痛苦想自杀，就派弟子沿着流水跑去救他。那男子游了数百步后上了岸，披着头发在堤下边走边唱。孔子跟着他问："我以为您是鬼魂，仔细看看还是人。请问游泳有方法吗？"男子说："没有，我没方法。我开始游泳是出于习惯，长大游泳成了习性，游泳成功是因为顺应水流规律。顺应着漩涡卷进去，又顺应着涌流冲出来，顺应水流规律而不掺进个人意念，这是我能在这里游泳的原因。"孔子问："什么叫'开始游泳是出于习惯'、'长大游泳成了习性'、'游泳成功是因为顺应水流规律'?"男子说："我生于河边就习惯河边生活，这是'习惯'；我成长于水里就习惯水性，这是'习性'；我不知为何那样游却自然而然地那样游了，这是'顺应规律'。"

【原文】

梓庆削木为镰①，镰成，见者惊犹鬼神②。鲁侯见而问焉，曰："子何术以为焉?"对曰："臣，工人，何术之有? 虽然，有一焉。臣将为镰，未尝敢以耗气也，必齐以静心③。齐三日，而不敢怀庆赏爵禄；齐五日，不敢怀非誉巧拙；齐七日，辄然忘吾有四枝形体也④。当是时也，无公朝⑤，其巧专而外骨消⑥。然后入山林，观天性，形躯至矣，然后成见镰⑦，然后加手焉。不然则已。则以天合天⑧，器之所以疑神者⑨，其是与!"

【注释】

① 梓 (zǐ)：木工。庆：人名。为：雕刻。镰 (jù)：乐器名。类似夹钟。

② 鬼神：鬼斧神工。

③ 齐 (zhāi)：通"斋"。斋戒。

④ 辄然：一下子。四枝：四肢。

⑤ 无公朝：忘却朝廷。公朝，公室。先秦诸侯多称"公"。

⑥ 骨：通"滑"。干扰。

⑦ 成见 (xiàn) 镰：眼前呈现成形的镰。见，通"现"。

⑧ 以天合天：我的天性与木料天性相配合。人的天性指清静本性，木料天性指天生模样与镰相似。

⑨ 疑 (nǐ)：通"拟"。像。

【译文】

梓庆用木头雕镰，镰成以后，看见的人都惊叹为鬼斧神工。鲁君见后问："您用什么技巧雕镰?"梓庆说："我是个工匠，哪有技巧? 虽说如此，有一点体会。每当我要雕镰时，不敢耗费精气，定要斋戒以清心。斋戒三天，心里就没有庆赏、爵禄的想法；斋戒五天，不再有非议、赞誉、巧妙和笨拙等念头；斋戒七天，一下子忘掉自我。这时，忘却了朝廷，智巧专一而外界干扰消失。然后进入山林，观察树木天然模样，选出与镶形最接近的木料，此时一个成形的镶便呈现眼前，然后出手加工。做不到这些就停止雕镶。把我的清静天性与木料极为像镶的自然天性相配合，雕的镶之所以被视为鬼斧神工，大概是这个原因吧！"

【原文】

东野稷以御见庄公①，进退中绳②，左右旋中规。庄公以为文弗过也③，使之钩百而反④。颜阖遇之⑤，入见曰："稷之马将败。"公密而不应⑥。少焉⑦，果败而反。公曰："子何以知之？"曰："其马力竭矣，而犹求焉，故曰败。"

【注释】

① 东野稷：姓东野，名稷。御：驾车。庄公：鲁庄公。

② 中绳：笔直得合乎墨线。

③ 文：同"纹"。图案。

④ 钩：转圈。反：同"返"。

⑤ 颜阖（hé）：鲁国贤士。

⑥ 密：默不作声。

⑦ 少焉：不一会儿。

【译文】

东野稷凭驾车技术见到鲁庄公，车子进退直得像墨线，左右旋转就像圆规画的那样圆。庄公认为连图案的整齐度也比不上，就让他再转一百个圈回来。颜阖见了，便进宫对庄公说："东野稷的马会垮掉。"庄公默不作声。不一会儿，马果真垮掉回来了。庄公问："您怎知将会垮掉？"颜阖说："他的马精疲力竭了，还逼马转圈，所以说会垮掉。"

【原文】

工倕旋而盖规矩①，指与物化而不以心稽②，故其灵台一而不桎③。忘足，屦之适也④；忘要⑤，带之适也；知忘是非，心之适也；不内变，不外从，事会之适也⑥。始乎适而未尝不适者，忘适之适也。

【注释】

① 工倕（chuí）：尧时的名匠。旋：画图。盖：超过。

② 指与物化：手指顺着物体形状变化。稽：思考。

③ 灵台：内心。桎（zhì）：约束。

④ 屦（jù）：鞋。

⑤ 要：通"腰"。

⑥ 事会之适：处理事务时的安适。会，遇上。

【译文】

工倕画的圆和方超过圆规和矩尺画的圆和方，手指顺着物体形状变化而不必用心思考，所以他的心清静专一而不受任何约束。忘掉脚，鞋子就合脚了；忘掉腰，腰带就合腰了；智慧达到忘掉是非的境界，心就舒适了；不改变内心平静，不受外界影响，办事时自然也会感到舒适。开始就舒适而且从未感到不舒适，这是忘掉了舒适的舒适。

【原文】

有孙休者，踵门而诧子扁庆子曰①："休居乡不见谓不修②，临难不见谓不勇。然而田原不遇岁③，事君不遇世，宾于乡里④，逐于州部⑤，则胡罪乎天哉⑥？休恶遇此命也？"扁子曰："子独不闻夫至人之自行邪？忘其肝胆，遗其耳目，芒然彷徨乎尘垢之外，逍遥乎无事之业，是谓为则不恃⑦，长而不宰⑧。今汝饰知以惊愚，修身以明污⑨，昭昭乎若揭日月而行也⑩。汝得全而形躯，具而九窍⑪，无中道夭于聋盲跛蹇而比于人数⑫，亦幸矣，又何暇乎天之怨哉！子往矣！"

【注释】

① 踵门：走到门口。诧（chà）：感叹。子扁庆子：人名。前加"子"表示尊重。

② 见：被。谓：说。

③ 田原：田地；种田地。岁：好年成。

④ 宾：同"摈"，排斥。

⑤ 逐：排斥。州：行政单位。部：官署。

⑥ 胡：如何。罪：得罪。

⑦ 为：帮助。恃：依赖。指要求回报。

⑧ 长：使万物生长。

⑨ 明污：显示别人的缺点。

⑩ 昭昭乎：明亮貌。揭：举。

⑪ 九窍：指人体上眼、鼻等九个孔窍。代指身体。

⑫ 跛蹇（bǒ jiǎn）：瘸腿。比于人数：当一个人。

【译文】

有位叫孙休的人，到扁庆子那里感叹说："我在家乡时没人说我修养不好，面对危难时没人说我缺乏勇气。然而种地从未遇到好年成，当官从未遇到好时代；被乡亲抛弃，受官府排斥；我怎么得罪了上天？我为何遇此厄运？"扁庆子说："您难道没听说圣人行为？他们忘却形体，闭塞视听，无思无虑地游于尘世之外，自由自在地生活于无为境界，他们帮助别人而不求回报，化育万物而不当主宰。你如今博学多闻去吓唬愚人，修养品德去反衬别人的缺点，就像举着明亮的日月行路一样。你能保全身体，不留残疾，没有中途死于聋盲、跛瘸疾病，还能像人那样活着，已是万幸，又有何理由抱怨天呢！您走吧！"

【原文】

孙子出，扁子入，坐有间，仰天而叹。弟子问曰："先生何为叹乎？"扁子曰："向者休来①，吾告之以至人之德，吾恐其惊而遂至于惑也。"弟子曰：

"不然。孙子之所言是邪，先生之所言非邪，非固不能惑是；孙子所言非邪，先生所言是邪，彼固惑而来矣，又奚罪焉②?"扁子曰："不然。昔者有鸟止于鲁郊，鲁君说之，为具太牢以飨之，奏《九韶》以乐之，鸟乃始忧悲眩视，不敢饮食，此之谓以己养养鸟也。若夫以鸟养养鸟者，宜栖之深林，浮之江湖，食之以委蛇，则平陆而已矣③。今休，款启寡闻之民也④，吾告以至人之德，譬之若载鼷以车马⑤，乐鴳以钟鼓也⑥，彼又恶能无惊乎哉!"

【注释】

① 向者：刚才。

② 罪：怪罪；自责。

③ 昔者有鸟……而已矣：本段注释见《至乐》，本段误字也应根据《至乐》改正。

④ 款启：开启一个小孔。比喻见识浅陋。款，孔。启，开。

⑤ 鼷（xī）：一种小鼠。

⑥ 鴳（yàn）：一种小鸟。

【译文】

孙休走后，扁庆子进屋，坐了一会儿，仰天长叹。弟子问："您为何叹气？"扁庆子说："刚才孙休来，我把圣人美德告诉他，我担心他因惊恐而迷惑。"弟子说："不会吧！如孙先生说的正确，您说的错误，错误无法使正确的人迷惑；如孙先生说的错误，您说的正确，那么他本来就是带着迷惑来的，您又何必自责？"扁庆子说："不对。从前有鸟落在鲁国郊外，鲁君喜欢这只鸟，便宰杀牛羊猪来喂它，演奏《九韶》讨它欢心，鸟却悲伤眩晕，不敢吃喝，这叫用养自己的办法养鸟。如用养鸟的办法养鸟，应让它栖息于深林，漂浮于江湖，啄食泥鳅和鲦鱼，自由生活，也就是把它放回原野。如今这位孙休，是个见识浅薄、孤陋寡闻的人，我把圣人美德告诉他，这好比让小老鼠坐马车、让小鸟雀听音乐一样，他又怎能不惊恐！"

山木第二十

【题解】

因本篇开头二字"庄子"已是书名，于是取前两句中的"山"和"木"为篇名。本篇主要是写如何对待艰难世道。

【原文】

庄子行于山中，见大木枝叶盛茂，伐木者止其旁而不取也。问其故，曰："无所可用。"庄子曰："此木以不材得终其天年。"夫子出于山，舍于故人之家①。故人喜，命竖子杀雁而烹之②。竖子请曰："其一能鸣，其一不能鸣，请奚杀？"主人曰："杀不能鸣者③。"

【注释】

① 舍：留宿。故人：老朋友。

② 竖子：童仆。雁：鹅。

③ 不能鸣者：不会叫的鹅。鹅会像狗一样看家，不会叫的鹅就没这个作用，故杀之。

【译文】

庄子在山里行走，看见一棵枝繁叶茂的大树，伐木工在树旁休息却不砍伐它。庄子询问原因，伐木工说："没用处。"庄子说："这棵树因为没用才得以终享天年！"庄子出山后，住在老朋友家。老朋友高兴，就让童仆杀鹅做菜款待庄子。童仆请示："一只鹅会叫，一只鹅不会叫，请问杀哪一只？"老朋友说："杀不会叫的。"

【原文】

明日，弟子问于庄子曰："昨日山中之木，以不材得终其天年；今主人之雁，以不材死。先生将何处？"庄子笑曰："周将处乎材与不材之间。材与不材之间，似之而非也，故未免乎累。若夫乘道德而浮游则不然①，无誉无訾②，一龙一蛇③，与时俱化，而无肯专为④；一上一下，以和为量⑤。浮游乎万物之祖⑥，物物而不物于物⑦，则胡可得而累邪！此神农、黄帝之法则也。若夫万物之情，人伦之传⑧，则不然。合则离⑨，成则毁，廉则挫⑩，尊则议⑪，有为则亏⑫，贤则谋，不肖则欺，胡可得而必乎哉？悲夫！弟子志之⑬，其唯道德之乡乎⑭！"

【注释】

① 乘道德：顺应大道与天性。乘，顺应。浮游：游荡；生活。

② 訾（zǐ）：责备。

③ 龙：比喻有用。蛇：比喻无用。

④ 专为：固执于一端。

⑤ 以和为量：以与万物和谐相处为标准。量，标准。

⑥ 万物之祖：万物之源。指道。

⑦ 物物句：役使外物而不被外物所役使。

⑧ 人伦之传：人们的习惯。人伦，人们。传，传习；习惯。

⑨ 合则离：你想团结而有人偏要挑拨离间。

⑩ 廉：贫穷。挫：挫伤；压制。

⑪ 议：议论；非议。

⑫ 有为则亏：想有所作为，别人偏要让你亏损。

⑬ 志：记住。

⑭ 道德之乡：大道境界。

【译文】

第二天，弟子问庄子："昨天山里的那棵树，因没用而得以享尽天年；后来主人那只鹅，因没用而被杀。您将如何处世？"庄子笑着说："我将处于有用与无用之间。有用与无用之间，有点似是而非，因而难免灾祸。如能顺应大道生活就不会这样，既无赞扬也无批评，有时当龙，有时当蛇，随时代而变，不固执一端；该上就上，该下就下，以与万物和谐相处为原则。生活于道的境界中，役使外物而不被外物所役使，怎会遇到灾祸！这是神农、黄帝的原则。至于万物的情况，人们的习惯，不是这样。你想团结而有人偏偏挑拨离间，你想成功而有人偏偏让你失败，贫穷了别人会压制你，富贵了别人会非议你，想有所作为而别人偏偏损害你，有才能了别人会算计你，没才能别人又会欺负你，你怎能保证自己一定成功？可悲啊！弟子记住，还是生活于大道境界吧！"

【原文】

市南宜僚见鲁侯①，鲁侯有忧色。市南子曰："君有忧色，何也？"鲁侯曰："吾学先王之道，修先君之业②，吾敬鬼尊贤，亲而行之，无须臾离居③，然不免于患，吾是以忧。"

【注释】

① 市南宜僚：姓熊名宜僚。因住在市场南边，故称"市南宜僚"。鲁侯：鲁国君主。

② 修：管理；继承。先君：先祖。

③ 须臾：片刻。离：放弃；放弃政务。居：休息。

【译文】

市南宜僚见鲁君，鲁君满面愁容。市南宜僚问："您面带愁容，为何？"鲁君说："我学习先王原则，继承祖先基业；我敬鬼尊贤，身体力行，一刻也不敢放弃政务而休息，然而还是避免不了灾祸，我为此忧愁。"

【原文】

市南子曰："君之除患之术浅矣！夫丰狐文豹①，栖于山林，伏于岩穴，静也；夜行昼居，戒也②；虽饥渴隐约③，犹且胥疏于江湖之上而求食焉④，定也⑤。然且不免于罔罗机辟之患⑥。是何罪之有哉？其皮为之灾也。今鲁国独非君之皮邪？吾愿君刳形去皮⑦，洒心去欲，而游于无人之野。

【注释】

① 丰狐：肥大的狐狸。文豹：皮毛有花纹的豹子。文，通"纹"。

② 戒：警惕。

③ 隐约：穷困。指没有食物。

④ 胥疏：相距遥远。

⑤ 定：稳妥。

⑥ 罔罗：兽网。罔，通"网"。机辟：捕兽机关。

⑦ 刳（kū）形去皮：忘却自己的形体皮毛。比喻忘却鲁国。刳，挖空。引申为忘记。

【译文】

市南宜僚说："您用来消除忧患的办法太浅薄了！皮质美好斑斓的狐狸和豹子，住在山林，藏于山洞，算是很安静了；白天隐藏晚上活动，算是很谨慎了；即使饥渴难耐也要到遥远的江湖边觅食，算是很稳妥了。然而避免不了罗网、陷阱的灾难。它们有何罪过？是华美皮毛给它们带来了灾难！如今鲁国难道不是您的'华美皮毛'吗？我希望您忘却形体而放弃鲁国，洗净心灵而消除欲望，生活于没有人事干扰的地方。

【原文】

"南越有邑焉①，名为建德之国②。其民愚而朴，少私而寡欲；知作而不知藏，与而不求其报③；不知义之所适④，不知礼之所将⑤；猖狂妄行⑥，乃蹈乎大方⑦；其生可乐，其死可葬。吾愿君去国捐俗，与道相辅而行。"

【注释】

① 南越：遥远的南方。邑：城市。

② 建德之国：虚构的国名。比喻清净的生活境界。

③ 与：给与；帮助。

④ 适：适用。

⑤ 将：用。

⑥ 猖狂妄行：随心所欲地做事。猖狂，随心所欲。妄，随意。

⑦ 蹈乎大方：符合大道。蹈，符合。

【译文】

"遥远的南方有座城邑，叫建德之国。那里人憨厚纯朴，很少私心欲望；知劳作而不知收藏，帮助别人却不求回报；不知义有何用，不知礼有何用；随心所欲行事，却符合大道；生前其乐无穷，死后也易安葬。我希望您能忘却鲁国与俗务，与道相伴一同前往。"

【原文】

君曰："彼其道远而险，又有江山，我无舟车，奈何？"市南子曰："君无形倨①，无留居②，以为君车。"

【注释】

① 无形倨（jù）：外貌不要傲慢。倨，傲慢。

② 留居：固执。

【译文】

鲁君说："到那里去的道路遥远艰险，又有大江高山阻隔，我没有车船，怎么办？"市南宜僚说："您外貌不傲慢，内心不固执，这就可以作为您的车辆。"

【原文】

君曰："彼其道幽远而无人，吾谁与为邻？吾无粮，我无食，安得而至焉？"市南子曰："少君之费，寡君之欲，虽无粮而乃足。君其涉于江而浮于海，望之而不见其崖①，愈往而不知其所穷。送君者皆自崖而反，君自此远矣！故有人者累②，见有于人者忧③，故尧非有人，非见有于人也。吾愿去君之累，除君之忧，而独与道游于大莫之国④。方舟而济于河⑤，有虚船来触舟，虽有偏心之人不怒⑥；有一人在其上，则呼张歙之⑦，一呼而不闻，再呼而不闻，于是三呼邪，则必以恶声随之⑧。向也不怒而今也怒，向也虚而今也实⑨。人能虚己以游世，其孰能害之！”

【注释】

① 崖：海边。

② 有人者累：拥有百姓的人就会费心劳神。

③ 见有于人者忧：被别人所拥有的人也会伤心悲哀。见，被。

④ 大莫之国：虚构国名。喻无穷境界。莫，通“漠”。广阔。

⑤ 方舟：两船合并一起。目的为增强稳定性。济：渡。

⑥ 偏（biǎn）心：心胸狭窄暴躁。

⑦ 张：撑开。歙（xì）：收缩；退回。

⑧ 恶声：骂声。

⑨ 实：指船上有人。

【译文】

鲁君说：“那条路遥远而无人，谁陪伴我？我没粮食，没吃的，怎能到达那里？”市南宜僚说：“减少您的开支，节制您的欲望，即使没粮也足够了。您渡过大江而漂浮于大海，大海一望无际，越往前走越发感觉不到尽头。送您的人到海边就返回，而您从此远离尘世了。统治别人的人劳心费神，被别人统治的人忧愁伤心，所以尧既不统治别人，也不受人统治。我希望消除您的劳累，排解您的忧患，使您独自与道遨游于无穷境界。合并两船渡河，一只空船撞了过来，即使心胸狭窄暴躁的人也不发火；如看到船上有个人，就会呼喊那人把船撑开避让；喊一次没反应，喊两次也没反应，第三次呼喊时就会破口大骂。刚才不怒而现在发怒的原因，是因为刚才是空船而现在船上有人。人如能以无心状态生活于世，谁会伤害他！”

【原文】

北宫奢为卫灵公赋敛以为钟①，为坛乎郭门之外②，三月而成上下之县③。王子庆忌见而问焉④，曰："子何术之设？"奢曰："一之间⑤，无敢设也。奢闻之：'既雕既琢⑥，复归于朴。'侗乎其无识⑦，傥乎其怠疑⑧，萃乎芒乎⑨；其送往而迎来，来者勿禁，往者勿止；从其强梁⑩，随其曲傅⑪，因其自穷⑫。故朝夕赋敛而毫毛不挫，而况有大涂者乎⑬！"

【注释】

① 北宫奢：姓北宫，名奢。卫灵公：卫国君主。赋敛：募捐。

② 为：筑。郭：外城。

③ 上下之县（xuán）：上下两层编钟。县，同"悬"。悬挂编钟的架子。

④ 王子庆忌：周朝大夫。是周王的子孙，故称"王子"。

⑤ 一之间：一心募捐期间。

⑥ 既雕既琢：雕刻琢磨器物，比喻修身养性。

⑦ 侗（tóng）乎：纯朴无知貌。

⑧ 傥（tǎng）乎其怠疑：忘却心智而从容不疑。傥乎，忘却貌。怠，从容忘却貌。

⑨ 萃：聚集。指募到的钱物。芒乎：即"茫然"。无心貌。

⑩ 从：顺从；不强迫。强梁：蛮横。

⑪ 曲：少量。傅：帮助。

⑫ 因：顺应；听从。穷：竭力帮助。

⑬ 大涂：大道。涂，同"途"。道。

【译文】

北宫奢为卫灵公募捐铸造编钟，在外城门外筑起一个土台作募捐点，仅三个月就铸造了上下两层编钟。王子庆忌看到后就问："您用什么办法募捐？"北宫奢说："一心募捐期间，根本没想要设计办法。我听说：'反复修养，恢复纯朴天性。'募捐时纯朴憨厚而无思无虑，忘却智巧而从容不疑，对募到的钱也不放在心上；我送往迎来，对前来捐款者从不拒绝，对离去的人也从不阻拦；不强迫蛮横人交钱，捐钱少的也随其自便，竭力帮助的也很欢迎。所以我从早到晚忙着募捐而健康没受丝毫影响，更何况那些得道之人呢！"

【原文】

孔子围于陈蔡之间①，七日不火食，大公任往吊之②，曰："子几死乎？"曰："然。""子恶死乎？"曰："然。"

【注释】

① 孔子句：孔子应邀去楚国，陈、蔡两国认为孔子到楚国后对自己不利，便出兵把他围困起来，后经楚国营救才得以脱险。

② 大（tài）公：即"太公"，对老人的尊称。任，人名。吊：慰问；看望。

【译文】

孔子被围困在陈、蔡之间，七天没生火做饭。大公任去看望他，问："您是否差点没命了？"孔子说："是啊。""您讨厌死亡吗？"孔子说："当然讨厌。"

【原文】

任曰："予尝言不死之道。东海有鸟焉，其名曰意怠。其为鸟也，翂翂翐翐①，而似无能，引援而飞②，迫胁而栖③；进不敢为前，退不敢为后；食不敢先尝，必取其绪④。是故其行列不斥⑤，而外人卒不得害，是以免于患。直木先伐，甘井先竭。子其意者饰知以惊愚，修身以明污，昭昭乎如揭日月而行，故不免也。

【注释】

① 翂（fēn）翂翐（zhì）翐：飞行缓慢貌。

② 引援：引导。即别的鸟先飞，它才跟着飞。

③ 迫胁：身子挨着身子。迫，紧挨着。胁，胸部两侧。代指身体。

④ 绪：剩余。

⑤ 不斥：不受其他鸟类的排斥。

【译文】

大公任说："我试着谈谈保护生命的办法！东海有鸟，名叫意怠。意怠这种鸟，飞得很慢，看似无能；别的鸟起飞后它才起飞，栖息时与别的鸟挤在一起；前进时不敢飞在前面，后退时不敢落在后头；有食物不敢先吃，总吃剩下的。所以不会受到别的鸟的排斥，而外人始终也无法伤害它，因此没有灾祸。笔直树木先被砍伐，甘甜井水先被汲干。您的心思是用博学多智以吓唬愚人，修养品德以反衬别人缺点，您就像高举明亮的日月行路，所以难免灾祸。

【原文】

"昔吾闻之大成之人曰①：'自伐者无功②，功成者堕③，名成者亏。'孰能去功与名而还与众人！道流而不明居④，得行而不名处⑤；纯纯常常⑥，乃比于狂⑦；削迹捐势，不为功名。是故无责于人，人亦无责焉。至人不闻，子何喜哉？"

【注释】

① 大成之人：极为成功的人。一说指老子。

② 伐：夸耀。

③ 堕（huī）：通"隳"。失败。

④ 流：流传；推行。不明居：不居显赫之位。

⑤ 得：通"德"。

⑥ 纯纯常常：纯朴而又平常。

⑦ 比于狂：与憨愚人一样。比，相同。狂，心智不正常。引申为愚笨。

【译文】

"从前我听极为成功之人说：'自我夸功反而无功，功成不退必将失败，名声大了会受伤害。'谁能放弃功名而回去当普通民众！推行大道而自己却韬光养晦，广施美德而自己却不求名声，纯朴平常，像愚人一样；消除形迹放弃权势，不求功名。这样您就不会责求别人，别人也不会责求您。圣人不求闻名，您为何喜欢名声呢？"

【原文】

孔子曰："善哉！"辞其交游，去其弟子，逃于大泽，衣裘褐①，食杼栗②，入兽不乱群，入鸟不乱行。鸟兽不恶，而况人乎！

【注释】

① 衣：穿。裘：皮衣。褐（hè）：粗布衣。

② 杼（shù）栗：指杼树和栗树的果实。

【译文】

孔子说："说得好！"于是告别朋友，离开弟子，隐居大泽，穿兽皮粗衣，吃杼栗野果，进入兽群而兽不会受惊乱跑，进入鸟群而鸟不会受惊飞散。鸟兽都不讨厌他，更何况人！

【原文】

孔子问子桑雽曰①："吾再逐于鲁，伐树于宋②，削迹于卫③，穷于商周④，围于陈蔡之间。吾犯此数患，亲交益疏，徒友益散，何与？"子桑雽曰："子独不闻假人之亡与⑤？林回弃千金之璧⑥，负赤子而趋。或曰：'为其布与⑦？赤子之布寡矣；为其累与？赤子之累多矣。弃千金之璧，负赤子而趋，何也？'林回曰：'彼以利合⑧，此以天属也⑨。'夫以利合者，迫穷祸患害相弃也；以天属者，迫穷祸患害相收也。夫相收之与相弃亦远矣。且君子之交淡若水，小人之交甘若醴⑩；君子淡以亲，小人甘以绝。彼无故以合者⑪，则无故以离。"

【注释】

① 子桑雽（hù）：姓桑名雽。"子"是尊称。

② 伐树于宋：孔子在宋国一棵大树下讲习礼乐，司马桓魋派人砍倒大叔，还想杀害孔子。

③ 削迹于卫：在卫国无法立足。

④ 穷：困窘。商：指宋国。宋君是商天子后裔，故称宋为"商"。

⑤ 假：国名。

⑥ 林回：假国的难民。

⑦ 布：一种货币。

⑧ 彼：指玉璧。

⑨ 天属：天然血缘关系。属，连接；关系。

⑩ 醴：甜酒。

⑪ 无故以合：不因为利益之事而结合。指天然血缘关系。无，不。故，事；利益之事。

【译文】

孔子问子桑雽："我两次被鲁国驱逐，在宋国受伐树惊辱，在卫国无法立足，在宋国和东周穷困潦倒，在陈蔡之间被围困。我遭遇几次灾难后，亲戚故交越发疏远，弟子朋友越发离散，为什么？"子桑雽说："您难道没听说假国人逃难吗？林回抛弃千金玉璧，背起幼子逃命。有人问：'为了金钱吗？幼儿能值几个钱！为摆脱拖累吗？幼儿的拖累太大了！抛弃千金玉璧，背着幼儿逃命，为什么？'林回说：'玉璧和我是利益关系，幼儿和我是血缘关系！'因利益结合，遇到灾难会相互抛弃；因血缘结合，遇到灾难会相互救助。相互救助与相互抛弃的差别太大了。君子交往淡如清水，小人交往甜如醴酒。君子交往虽清淡却亲密无间，小人交往虽甜蜜却绝少情谊。不因为利益之事结合在一起的人，也不会因为利益之事而分手。"

【原文】

孔子曰："敬闻命矣！"徐行翔佯而归①，绝学捐书，弟子无挹于前②，其爱益加进。异日，桑雽又曰："舜之将死，真泠禹曰③：'汝戒之哉！形莫若缘④，情莫若率。缘则不离，率则不劳；不离不劳，则不求文以待形⑤；不求文以待形，固不待物。'"

【注释】

① 徐：缓慢。翔佯：悠闲貌。

② 挹（yī）：通"揖"。作揖。

③ 真：真正的道。泠（lìng）：通"令"。教导。

④ 缘：顺应。

⑤ 文以待形：文饰自己行为。文，文饰。

【译文】

孔子说："我听从您教诲。"然后悠然地慢慢走回去，终止学业丢掉书简，弟子无须对他作揖行礼，而弟子对他更加爱戴。一天，子桑雽又说："舜临死前，用真道教导禹：'你要注意，行为最好顺应民心，情感最好真诚坦率。顺应民心而民众不会离散，真诚坦率就不会疲惫；民众不离散，心里不疲惫，就不需文饰自己行为；不需文饰行为，就不用依赖外物。'"

【原文】

庄子衣大布而补之①，正緳系履而过魏王②。魏王曰："何先生之惫邪？"庄子曰："贫也，非惫也。士有道德不能行，惫也；衣弊履穿，贫也，非惫也。此所谓非遭时也。王独不见夫腾猿乎？其得枏梓豫章也③，揽蔓其枝，而王长其间④，虽羿、蓬蒙不能眄睨也⑤；及其得柘棘枳枸之间也⑥，危行侧视⑦，振动悼慄⑧，此筋骨非有加急而不柔也⑨，处势不便，未足以逞其能也。今处昏上乱相之间，而欲无惫，奚可得邪！此比干之见剖心征也夫⑩！"

【注释】

① 衣：穿。大布：粗布。

② 正：通"整"。整理。縻（xié）：麻绳。系：捆绑。履：鞋。过：拜访。

③ 枏（nán）梓豫章：三种高大乔木。枏，楠树。梓，楸树。豫章，樟树。

④ 王长：当君长；称王。

⑤ 羿（yì）、蓬蒙：两位神箭手。眄睨（miàn nì）：斜视。有轻视之意。

⑥ 柘（zhè）棘枳枸（gōu）：四种长刺的小灌木。

⑦ 危行侧视：小心行走，左顾右盼。

⑧ 振动：颤抖。悼慄（lì）：恐惧。

⑨ 加急：紧缩；僵硬。

⑩ 比干：商末贤臣，因进谏商纣王而被剖心。见：被。征：征兆。

【译文】

庄子穿着打满补丁的粗布衣，用麻绳把破鞋绑好去拜见魏王。魏王问："您为何如此疲惫？"庄子说："是贫穷，不是疲惫。士人身怀道德而无法推行，这叫疲惫；衣服鞋子破烂，这叫贫穷，不叫疲惫。这是生不逢时。您难道没见过善于跳跃的猿猴吗？当它生活于楠、楸、樟树林时，抓住藤蔓般的树枝自由跳跃，称王称霸，即使羿和蓬蒙也不敢小看它们；当它生活于柘、棘、枳、枸荆棘丛中时，战战兢兢，左顾右盼，颤抖恐惧。这不是因为它的筋骨变得僵硬而不柔软灵活了，而是所处环境不利，使它无法施展才能。如今生活于君昏臣乱的时代，想不疲惫，怎么可能！如今这种情况是比干一类的贤人又要被剖心的征兆啊！"

【原文】

孔子穷于陈蔡之间，七日不火食，左据槁木，右击槁枝，而歌焱氏之风①，有其具而无其数②，有其声而无宫角③，木声与人声，犁然有当于人之心④。颜回端拱还目而窥之⑤。仲尼恐其广己而造大也⑥，爱己而造哀也⑦，曰："回，无受天损易⑧，无受人益难⑨，无始而非卒也⑩，人与天一也。夫今之歌者其谁乎？"

【注释】

① 猋（yàn）氏之风：神农时的歌谣。猋，通"焱"。焱氏即神农氏。风，歌谣。

② 具：敲击节奏的器具。指枯树枝。数：指节奏。

③ 宫角：音律；音调。

④ 犁然：深受感动貌。当：恰当。引申为感动。

⑤ 端拱：拱着手端正地站在那里。

⑥ 广己：认为自己胸怀宽广。造大：达到伟大程度。造，达到。

⑦ 造哀：以至于伤心。

⑧ 无受天损易：在天命面前，内心不受伤害还容易做到。即"知命不忧"。

⑨ 受人益：接受别人的利禄。益，好处；利益。

⑩ 无始而非卒也：没有任何事物的开始不是另一事物的结束。比如白天的开始，是夜晚的结束；春天的开始，是冬天的结束。

【译文】

孔子被围于陈蔡之间，七天没生火做饭。他左手扶着枯树，右手敲着枯枝，唱起神农的歌谣。虽有敲击器具却没力气敲出应有的节奏，唱出了声音却没力气唱出应有的韵调，然而那木声和歌声，深深打动了人心。颜回拱手站在一边，回头偷偷看着孔子。孔子担心他认为自己心胸宽广达到伟大程度，担心他因太爱自己以至于内心悲痛，就说："颜回，做到知命不忧容易，不接受君主利禄就困难，任何事物的开始都是另一事物的结束，人和自然一体。现在这个唱歌人究竟是谁呢？"

【原文】

回曰："敢问无受天损易。"仲尼曰："饥渴寒暑，穷桎不行①，天地之行也，运物之泄也②，言与之偕逝之谓也。为人臣者，不敢去之。执臣之道犹若是，而况乎所以待天乎！"

【注释】

① 穷柽（zhì）不行：困窘难行。柽，束缚。

② 泄：流动；变化。

【译文】

颜回说："请问什么叫'知命不忧'？"孔子说："饥渴寒热，困窘难行，这是天地运行、万物变化的结果，那句话的意思是听任命运安排而与万物一同变化。做臣子的，不敢背弃君主。坚守臣子原则尚能如此，更何况对待天命的态度呢！"

【原文】

"何谓无受人益难？"仲尼曰："始用四达，爵禄并至而不穷，物之所利，乃非己也，吾命其在外者也①。君子不为盗，贤人不为窃。吾若取之，何哉？故曰：鸟莫知于鹢鸸②，目之所不宜处，不给视③，虽落其实，弃之而走。其畏人也，而袭诸人间④，社稷存焉尔⑤！"

【注释】

① 命：命名；叫做。在外者：身外之物。

② 鹢鸸（yì ér）：燕子。

③ 不给视：不再多看一眼。

④ 袭：入；居住。

⑤ 社稷：土神和谷神。土和谷是生活必不可少的，代指生活必需品。焉：代指人间。

【译文】

"什么叫'不接受君主利禄就困难'？"孔子说："刚受君主重用时处处顺利，爵禄一起到来而无穷尽，爵禄虽有好处，却非自己原有，我称之为身外之物。君子不抢劫，贤人不偷窃。我接受了这些，为什么？所以说：最聪明的鸟是燕子，看到不宜停留的地方，绝不看第二眼，即使食物掉在那里，也弃之飞走。燕子怕人，却又住在人间，因为生活必需品在人间啊！"

【原文】

"何谓无始而非卒？"仲尼曰："化其万物而不知其禅之者①，焉知其所终？焉知其所始？正而待之而已耳②。""何谓人与天一邪？"仲尼曰："有人，天也；有天，亦天也。人之不能有天，性也。圣人晏然体逝而终矣③！"

【注释】

① 禅：替代；变作。
② 正：遵循正道。
③ 晏然：安然。体逝：身体变化。

【译文】

"什么叫'任何事物的开始都是另一事物的结束'？"孔子说："变化的万物不知自己下一步会变作什么，又怎知自己最终结果呢？又怎知自己如何开始呢？只能坚守正道以等待不可知的变化而已。""什么叫'人和自然一体'？"孔子说："产生人类的，是自然；产生自然的，也是自然。人类不能产生自然，这是人类和自然的本性决定的。圣人安然听任身体变化而走向人生的终点。"

【原文】

庄周游于雕陵之樊①，睹一异鹊自南方来者，翼广七尺，目大运寸②，感周之颡而集于栗林③。庄周曰："此何鸟哉！翼殷不逝④，目大不睹。"褰裳躩步⑤，执弹而留之⑥。睹一蝉，方得美荫而忘其身，螳螂执翳而搏之⑦，见得而忘其形；异鹊从而利之，见利而忘其真⑧。庄周怵然曰⑨："噫！物固相累，二类相召也⑩！"捐弹而反走，虞人逐而谇之⑪。

【注释】

① 雕陵：山名。樊：樊篱。引申为周围。

②运寸：直径一寸。

③感：触碰。颡（sǎng）：额头。集：落在。

④殷：大。逝：飞走。

⑤褰（qiān）裳：提起下衣。褰，提起。裳，下衣。躩（jué）步：快步上前。

⑥留之：等待机会射鸟。留，等候。

⑦执弹（yì）：用手臂攀着树叶作隐蔽。弹，隐蔽。

⑧忘其真：忘记真性。翼大而不远飞，眼大而看不清，利益使它忘记了自己的这些天性。

⑨怵（chù）然：惊恐貌。

⑩相召：相互诱惑。

⑪虞人：林业官员。诶（suì）：骂。

【译文】

庄周在雕陵周围游玩，见一只奇鸟从南方飞来，翅膀七尺宽，眼睛一寸大，擦着庄周额头飞过，落在栗树林。庄周说："这是什么鸟！翅膀大飞不远，眼睛大看不清。"于是提起衣襟快步上前，拿着弹弓等待射击时机。看到一只蝉，正躺在浓荫下享受而忘了自身安全，一只螳螂用树叶作隐蔽准备捕捉它，螳螂见到食物而忘了自身安危；奇鸟紧随螳螂打算捕捉它当美餐，看到美餐而忘记自己的天性。庄周吃惊地说："哎！事物真是相互牵累，两种事物相互诱惑啊！"扔掉弹弓回头就跑，山林官员在后面边追边骂。

【原文】

庄周反入，三月不庭。蔺且从而问之①："夫子何为顷间甚不庭乎②？"庄周曰："吾守形而忘身，观于浊水而迷于清渊③。且吾闻诸夫子曰④：'入其俗，从其令。'今吾游于雕陵而忘吾身，异鹊感吾颡，游于栗林而忘真，栗林虞人以吾为戮⑤，吾所以不庭也。"

【注释】

① 蔺且（lìn jū）：庄子弟子。

② 顷间：最近。

③ 观于句：在浊水边照身影而不知到清水边照身影。比喻把事情搞颠倒了。

④ 夫子：老师。一说指老子。

⑤ 戮：辱。

【译文】

庄周回家后，三月不出门庭。蔺且跟着他问："您最近为何特别不愿出门？"庄周说："我养生却忘了自身安全，就像到浊水边照身影而不知到清水边照身影一样。我听老师说：'到某个地方，要遵从此地的风俗政令。'如今我去雕陵游玩而忘了自身安全，那只奇鸟擦着我额头飞到栗树林，也忘了自身安危，林业官把我羞辱一番，这就是我不愿出门的原因。"

【原文】

阳子之宋①，宿于逆旅②。逆旅人有妾二人，其一人美，其一人恶，恶者贵而美者贱。阳子问其故，逆旅小子对曰③："其美者自美，吾不知其美也；其恶者自恶，吾不知其恶也。"阳子曰："弟子记之！行贤而去自贤之行，安往而不爱哉？"

【注释】

① 阳子：即杨朱。之：到。

② 逆旅：旅店。

③ 小子：年轻人。即上文的"逆旅人"。

【译文】

阳子到宋国去，住在旅店。店主人有两个妾，一个美丽，一个丑陋，然而丑女地位尊贵而美女地位低贱。阳子问原因，年轻的店主人回答说：

"那个美妾总自以为美，而我没感到她美；那个丑妾总自以为丑，而我没感到她丑。"阳子说："弟子记住！行为贤良而去掉自以为贤良的言行，到哪里会不受爱戴呢？"

田子方第二十一

【题解】

田子方，魏文侯之师。本篇阐述顺应自然、清静无为思想，强调要摆脱生死、名利的束缚。

【原文】

田子方侍坐于魏文侯，数称溪工①。文侯曰："溪工，子之师邪？"子方曰："非也。无择之里人也②。称道数当③，故无择称之。"文侯曰："然则子无师邪？"子方曰："有。"曰："子之师谁邪？"子方曰："东郭顺子。"文侯曰："然则夫子何故未尝称之？"子方曰："其为人也真，人貌而天虚④，缘而葆真⑤，清而容物。物无道⑥，正容以悟之，使人之意也消。无择何足以称之？"子方出，文侯傥然终日不言⑦，召前立臣而语之曰："远矣，全德之君子！始吾以圣知之言、仁义之行为至矣，吾闻子方之师，吾形解而不欲动⑧，口钳而不欲言⑨。吾所学者，直土梗耳⑩。夫魏真为我累耳！"

【注释】

① 数（shuò）：多次。溪工：人名。

② 无择：即田子方。姓田名无择，字子方。里人：乡人。

③ 称道：言谈。数：多次；经常。

④ 天：自然。虚：虚静。

⑤ 缘：顺应。葆：通"保"。

⑥ 物：指人。

⑦ 傥（tǎng）然：怅然若失貌。

⑧ 形解（xiè）：身体放松。解，通"懈"。

⑨ 钳：钳住；闭住。

⑩ 土梗：泥塑偶像。比喻无价值。

【译文】

田子方陪魏文侯坐着，多次称赞溪工。文侯问："溪工是您老师吗？"子方说："不是。他是我同乡。他言谈总很恰当，所以我称赞他。"文侯问："您没有老师？"子方说："有。"文侯问："您老师是谁？"子方说："东郭顺子。"文侯问："您为何从不称赞他？"子方说："他为人真朴，相貌与人一样而天然虚静，顺应万物而保有真性，心境清虚而包容万物。有人言行不合大道，他便严肃指出使他醒悟，使他的错误思想自然消除。我哪有资格称赞他？"子方走后，文侯若有所失地整天不说话，他把面前侍立的大臣召到跟前说："境界高远啊，德行完美的君子！当初我以为圣智言论和仁义行为最为高尚，我听了田子方老师的情况，感到形体放松而不想做什么，嘴巴闭上而不想说什么。我过去学的知识，不过如泥人一样毫无价值。魏国真成了我的累赘！"

【原文】

温伯雪子适齐①，舍于鲁。鲁人有请见之者，温伯雪子曰："不可。吾闻中国之君子②，明乎礼义，而陋于知人心，吾不欲见也。"至于齐，反舍于鲁，是人也又请见。温伯雪子曰："往也蕲见我③，今也又蕲见我，是必有以振我也④。"出而见客，入而叹。明日见客，又入而叹。其仆曰："每见之客也，必入而叹，何耶？"曰："吾固告子矣：'中国之民，明乎礼义而陋乎知人心。'昔之见我者，进退一成规，一成矩⑤，从容一若龙，一若虎⑥，其谏我也似子，其道我也似父⑦，是以叹也。"仲尼见之而不言。子路曰："吾子欲见温伯雪子久矣，见之而不言，何邪？"仲尼曰："若夫人者，目击而道存矣⑧，亦不可以容声矣⑨。"

【注释】

① 温伯雪子：楚人。姓温名伯，字雪子。适：到。

② 中国：中原国家。具体指鲁国。

③ 蕲（qí）：求。

④ 振：起；启发。

⑤ 进退二句：进退全都循规蹈矩。一，全。规、矩，比喻礼仪。

⑥ 从容二句：行动容貌全都如龙似虎。从容，行动容貌。龙、虎，比喻肃穆威严。

⑦ 道：同"导"。开导。

⑧ 目击句：目光所到之处，就已传达了道。击，动；投向。

⑨ 容：容纳；使用。

【译文】

温伯雪子去齐国，途中住在鲁国。鲁国有人请求拜访，温伯雪子说："不行。我听说中原君子，懂得礼义却不善于理解人心，我不想见。"到齐国后，返回时又住在鲁国，那人又求见。温伯雪子说："过去要见我，如今又要见我，他必有什么可以启发我。"便出来接见此人，回屋后就叹息。次日又会见客人，回屋又叹息。仆人问："每次见客，回屋就叹息，为什么？"雪子说："我原先就告诉你：'中原人，懂礼义却不理解人心。'这些天来见我的人，进退举止循规蹈矩，行为容貌如龙似虎，他们像儿子那样劝谏我，像父亲那样教导我，我为此叹息。"孔子见他时一言未发。子路问："您很久就想见温伯雪子，见到他又不说话，为什么？"孔子说："像他那样的人，目光一动就已传达大道，用不上语言。"

【原文】

颜渊问于仲尼曰："夫子步亦步，夫子趋亦趋，夫子驰亦驰，夫子奔逸绝尘①，而回瞠若乎后矣②！"夫子曰："回，何谓邪？"曰："夫子步，亦步也，夫子言，亦言也；夫子趋，亦趋也，夫子辩，亦辩也；夫子驰，亦驰也，夫子言道，回亦言道也；及奔逸绝尘而回瞠若乎后者，夫子不言而信，不比而周③，无器而民滔乎前④，而不知所以然而已矣。"

【注释】

① 奔逸：快速奔跑。绝尘：脚不沾地。

② 瞠（chēng）若：瞠着眼睛貌。

③ 比：亲近。周：合；团结。

④ 器：指爵位。滔（dǎo）：通"蹈"。聚集。

【译文】

颜渊问孔子："您走我也走，您快走我也快走，您奔跑我也奔跑，当您脚不沾地迅速飞奔时，我只能干瞪双眼落在后面。"孔子问："颜回，说的什么意思？"颜回说："您走我也走，意思是您谈话，我也能学着谈话；您快走我也快走，意思是说您辩论，我也能学着辩论；您奔跑我也奔跑，意思是说您论道，我也能学着论道；当您脚不沾地快速飞奔时，我只能干瞪双眼落在后面，意思是说您不用说话就能取信于人，不用亲近就能团结大家，没有权势而人们都聚在您身边，而不知您如何做到这些。"

【原文】

仲尼曰："恶①，可不察与！夫哀莫大于心死，而人死亦次之。日出东方而入于西极，万物莫不比方②，有目有趾者③，待是而后成功④，是出则存，是入则亡⑤。万物亦然，有待也而死⑥，有待也而生。吾一受其成形，而不化以待尽⑦，效物而动，日夜无隙⑧，而不知其所终，薰然其成形⑨。知命不能规乎其前⑩，丘以是日徂⑪。吾终身与汝交一臂而失之⑫，可不哀与！女殆著乎吾所以著也⑬，彼已尽矣⑭，而女求之以为有，是求马于唐肆也⑮。吾服女也甚忘⑯：女服吾也亦甚忘。虽然，女奚患焉！虽忘乎故吾⑰，吾有不忘者存。"

【注释】

① 恶（wū）：不。表示否定。

② 比方：遵照太阳运行原则生活。比，遵照。方，原则。

③ 有目有趾者：有眼有脚的人。

④ 待：依靠。是：代指太阳。

⑤ 是出二句：日出而作，日入而息。亡，休息。一说是有日则生，无日则死。

⑥ 有待：有的事物依赖它。

⑦ 不化：未死。化，化为异物。尽：死亡。

⑧ 无隙：不间断。

⑨ 薰然：自然而然貌。

⑩ 规（kuī）：同"窥"。窥测；预知。

⑪ 日徂（cú）：每天都在行进。徂，行进。

⑫ 交一臂：臂挽着臂。比喻亲密。之：代指孔子。

⑬ 女：通"汝"。殆：大概。著：第一个是明白、了解义；第二个是显露在外义。

⑭ 彼：指孔子言行。

⑮ 唐肆：空市场。市场本来有马，但市罢后，什么也没有。比喻不要执着于过去之事。唐，空。肆，市场。

⑯ 服：做事；言行。甚：尽快。

⑰ 故吾：过去的我。

【译文】

孔子说："不对，此事不可不弄清楚！最大悲哀是心灵死亡，而肉体死亡是次要的。太阳升于东方而落入西边，万物遵循太阳运行而生活。有眼有腿的人，依靠太阳才能成功，日出而作，日入而息。万物也如此，有的因太阳死亡，有的靠太阳生存。我一旦有了身体，虽未死不过是等待死亡到来，我顺应外物行动，日夜没有间断，但不知生命如何终结，那时自然会变为另一形体。我知道命运无法预测，因此只能每天不停前行。我终身与你亲密而你却无法了解我，能不悲哀吗！你大概了解我外在言行，那些言行已消失，而你还在寻求它们并视为现存，这就像到空市场找马一样。我的言行，你尽快忘掉；你的言行，我也尽快忘掉。虽然如此，你担心什么！你虽忘掉过去的我，但我还有一些不应被忘掉的东西存于你心中。"

【原文】

孔子见老聃，老聃新沐，方将被发而干①，慹然似非人②。孔子便而待之③，少焉见，曰："丘也眩与？其信然与④？向者先生形体掘若槁木⑤，似遗物离人而立于独也。"老聃曰："吾游心于物之初⑥。"

【注释】

① 被（pī）：通"披"。

② 慹（zhé）然：不动貌。非人：不像活人。

③ 便（píng）：通"屏"。躲开。

④ 信然：真的如此。信，真实。

⑤ 向：刚才。掘：通"崛"。直立貌。

⑥ 物之初：最初的事物——道。

【译文】

孔子拜访老聃，老聃刚洗完头，正披散头发晾干，一动不动像个木偶。孔子退避一旁等待。一会儿见到老聃说："是我眼花呢？还是真的如此？刚才您的身体就像直立的枯树，似乎遗忘万物、离开人世而独存。"老聃说："我的心正在大道境界里遨游！"

【原文】

孔子曰："何谓邪？"曰："心困焉而不能知，口辟焉而不能言①，尝为汝议乎其将②。至阴肃肃③，至阳赫赫④，肃肃出乎天，赫赫发乎地，两者交通成和而物生焉⑤，或为之纪而莫见其形⑥。消息满虚⑦，一晦一明⑧，日改月化，日有所为，而莫见其功。生有所乎萌，死有所乎归，始终相反乎无端而莫知乎其所穷。非是也⑨，且孰为之宗⑩！"

【注释】

① 辟：张开。

② 将：大概。

③ 至阴肃肃：最纯的阴气是寒冷的。肃肃，寒冷貌。

④ 赫赫：炎热貌。

⑤ 交通成和：相互融合。

⑥ 或：某种东西。指道。纪：纲纪。

⑦ 消息：死生。息，生。

⑧ 晦：隐蔽不见。

⑨ 是：指道。

⑩ 宗：主；主宰者。

【译文】

孔子问："说的什么意思？"老聃说："你心中困惑而无法理解，嘴巴张着却难以说清，我试着为你说个大概。最纯阴气寒冷，最纯阳气炎热，阴气升上天空，阳气发散到大地，二气融合而生万物，有个事物在主宰万物而看不到其形象。万物生死盛衰，或隐或现，日迁月移，这个事物每天都在发挥作用，而没人能看出其功绩。万物产生要有萌生之处，死亡要有归依之所，生死循环无穷无尽而没人知道其终点。除了这一事物——道，谁是万物的主宰者！"

【原文】

孔子曰："请问游是。"老聃曰："夫得是，至美至乐也，得至美而游乎至乐，谓之至人。"孔子曰："愿闻其方。"曰："草食之兽不疾易薮①，水生之虫不疾易水。行少变而不失其大常也②，喜怒哀乐不入于胸次。夫天下也者，万物之所一也③。得其所一而同焉，则四支百体将为尘垢，而死生终始将为昼夜而莫之能滑④，而况得丧祸福之所介乎⑤！弃隶者若弃泥涂⑥，知身贵于隶也，贵在于我而不失于变⑦。且万化而未始有极也，夫孰足以患心！已为道者解乎此。”

【注释】

① 疾：厌恶；担心。易：改变。薮（sǒu）：草泽。

② 大常：惯常的大环境。

③ 所一：所共同生活的地方。一，共同。

④ 滑（gǔ）：乱；扰乱。

⑤ 介：介意。

⑥ 隶者：附属东西；身外之物。隶，从属。

⑦ 不失于变：不会在变化中丧失。庄子认为人体永不会消失，死后人体将变为他物，无论变作何物，依然存在于天地之间，只不过改变一些小的生活环境和小的生活方式而已，就像兽换个草泽、鱼换个水域一样，因而人不必为死亡而伤感。

【译文】

孔子说：“请问遨游大道境界的情况。”老聃说：“达到这种境界，最为完美最为快乐。达到最完美境界并在最快乐中生活的人，叫至人。”孔子说：“想知道遨游方法。”老聃说：“食草的兽不担心更换草地，水中的虫不害怕改变水域，因为只做了小小改变而没失去习惯的大环境，所以喜怒哀乐不会进入它们心中。天地之间，是万物共同生活的场所。万物在共同的地方一起生活，虽然人体将会化为尘土，但生死存亡会像昼夜交替那样循环不已，因而无法扰乱至人的心，更何况得失祸福！至人放弃附属的得失祸福就像遗弃泥土一样，知道自身比这些附属品更可贵，可贵的东西在自身，自身又不会在变化中丧失。既然人体千变万化无穷无尽，又怎值得伤心！掌握大道的人明白这个道理。”

【原文】

孔子曰：“夫子德配天地，而犹假至言以修心①，古之君子，孰能脱焉？"老聃曰："不然。夫水之于汋也②，无为而才自然矣③。至人之于德也，不修而物不能离焉，若天之自高、地之自厚、日月之自明，夫何修焉！"孔子出，以告颜回曰："丘之于道也，其犹醯鸡与④！微夫子之发吾覆也⑤，吾不知天地之大全也。"

【注释】

① 假：借助。

② 汋（zhuó）：从地下涌出。

③ 才自然：它的才能自然如此。

④ 醯（xī）鸡：酒缸里的小飞虫。又叫蠛蠓。

⑤ 微：没有。夫子：指老聃。发：揭开。覆：酒缸盖子。

【译文】

孔子说："您德配天地，还要借助至理真言来修养心性，古时君子，谁能摆脱这种做法？"老聃说："不对。水从地下涌出，它清静无为而它的天然才能使它自然如此。至人在品德方面，不用修养而万物不会离散，就像天自然高远、地自然厚重、日月自然明亮一样，何必修养？"孔子出来，告诉颜回说："我对于大道，就像酒缸里的小飞虫，如不是老子为我揭开缸上的盖子，我无法看到广大天地的全貌！"

【原文】

庄子见鲁哀公①。哀公曰："鲁多儒士，少为先生方者②。"庄子曰："鲁少儒。"哀公曰："举鲁国而儒服，何谓少乎？"庄子曰："周闻之：儒者冠圜冠者③，知天时；履方屦者④，知地形；缓佩玦者⑤，事至而断。君子有其道者，未必为其服也；为其服者，未必知其道也。公固以为不然。何不号于国中曰：'无此道而为此服者，其罪死！'"于是哀公号之五日，而鲁国无敢儒服者，独有一丈夫，儒服而立乎公门。公即召而问以国事，千转万变而不穷⑥。庄子曰："以鲁国而儒者一人耳，可谓多乎？"

【注释】

① 鲁哀公：这个故事可能是虚构，或人名有误，因为鲁哀公比庄子早一百多年。

② 方：学说。

③ 冠圜（guàn yuán）冠：戴圆形帽子。第一个"冠"为动词。圜，通"圆"。

④ 履：穿。方：方形。屦（jù）：鞋。

⑤ 缓佩玦（jué）：佩带五色丝绳系着的玉玦。缓，五色丝绳。玦，有缺口的环形佩玉。

⑥ 千转万变：千变万化。形容提问题多而复杂。

【译文】

庄子见鲁哀公。哀公说："鲁国多儒生，很少研究您的学说。"庄子说："鲁国儒生少。"哀公说："整个鲁国人都穿儒生服装，怎说少？"庄子说："我听说：戴圆帽的儒生，懂天时；穿方鞋的，懂地理；佩带彩绳系着玉玦的，遇事能决断。有那种学问的君子，未必穿那样服装；穿那种服装的人，未必有那样学问。如您坚持认为不是这样，何不在国中下令：'没有儒生学问而穿儒生服装的，处以死罪！'"于是哀公下令五天后，鲁国没人再敢穿儒生服装，只有一位男子，穿着儒生服装站在哀公门外。哀公立即召他咨询国事，无论多么复杂的问题都能应答自如。庄子说："鲁国这么大只有一位儒生，怎能说很多呢？"

【原文】

百里奚爵禄不入于心①，故饭牛而牛肥，使秦穆公忘其贱，与之政也。有虞氏死生不入于心②，故足以动人。

【注释】

① 百里奚：姓百里，名奚。辅佐秦穆公成就霸业。

② 有虞氏：即舜。

【译文】

百里奚不把爵禄放在心上，所以养牛把牛喂得肥壮，使秦穆公忘了他的卑贱，把政事交给他。有虞氏不把生死放在心上，所以能感动人心。

【原文】

宋元君将画图①，众史皆至②，受揖而立，舐笔和墨，在外者半。有一史后至者，儃儃然不趋③，受揖不立，因之舍。公使人视之，则解衣般礴赢④。君曰："可矣，是真画者也。"

【注释】

① 宋元君：宋国君主宋元公。

② 史：画工。

③ 儃（tǎn）儃然：安闲貌。趋：小步快走。臣下见君主应"趋"。

④ 般礴（pán bó）：盘腿而坐。赢（luǒ）：同"裸"。裸体。

【译文】

宋元君想画些画，众画师都来了，接受任务、作揖行礼后站在一边，舐笔调墨，还有半数画师站在门外。最后来了位画师，悠闲地缓步走来，接受任务、行过礼后不在那里站立，随即回到住所。元君派人探视，发现他解衣裸体盘腿而坐。元君说："好啊！这是真画师！"

【原文】

文王观于臧①，见一丈夫钓②，而其钓莫钓，非持其钓有钓者也，常钓也。文王欲举而授之政，而恐大臣父兄之弗安也；欲终而释之，而不忍百姓之无天也③。于是旦而属之大夫曰④："昔者寡人梦见良人，黑色而髯⑤，乘驳马而偏朱蹄⑥，号曰：'寓而政于臧丈人⑦，庶几乎民有瘳乎⑧！'"诸大夫蹴然曰⑨："先君王也⑩。"文王曰："然则卜之。"诸大夫曰："先君之命，王其无它，又何卜焉！"

【注释】

① 文王：周文王。臧：地名。

② 丈夫：应为"丈人"。全文皆称"丈人"，是对老人的尊称。一说即姜子牙。

③ 无天：失去庇护。

④ 旦：清晨。属（zhǔ）：通"嘱"。告诉。

⑤ 颛（rán）：同"髯"。胡须。

⑥ 驳马：杂色马。偏朱蹄：半边马蹄是红色。朱，红。

⑦ 寓：委托。而：你。

⑧ 庶几：差不多。瘳（chōu）：病愈；解除痛苦。

⑨ 蹴（cù）然：吃惊貌。

⑩ 先君王：指周文王之父季历。

【译文】

周文王到臧视察，见一位老人钓鱼，什么也没钓到，似乎不是拿着钓竿有心钓鱼，而又经常钓鱼。文王想举荐并把政务交给他，又担心大臣父兄难以接受；最终想放弃他，又不忍心百姓失去庇护。于是清晨对大臣说："昨晚我梦见一位贤人，黑皮肤长胡须，骑着一匹半边红蹄的杂色马，他命令我：'把你的政务交给臧地那位老人，百姓苦难基本能解除！'"诸大臣吃惊地说："那是您的先父啊！"文王说："那么卜问一下这件事！"诸大臣说："这是先王命令，您如没有其他想法，又何必占卜！"

【原文】

遂迎臧丈人而授之政，典法无更①，偏令无出②。三年，文王观于国，则列士坏植散群③，长官者不成德④，斔斛不敢入于四竟⑤。列士坏植散群，则尚同也⑥；长官者不成德，则同务也；斔斛不敢入于四竟，则诸侯无二心也。文王于是焉以为大师⑦，北面而问曰⑧："政可以及天下乎？"臧丈人昧然而不应⑨，泛然而辞，朝令而夜遁，终身无闻。颜渊问于仲尼曰："文王其犹未邪？又何以梦为乎？"仲尼曰："默，汝无言！夫文王尽之也，而又何论刺焉⑩！彼直以循斯须也⑪。”

【注释】

① 更：更换；改变。

② 偏：半。形容很少。

③ 列士：低级的贵族官员。坏：推倒。植：将领。指朋党首领。

④ 成德：树立私人功德。

⑤ 斔斛（yǔ hú）：两种计量粮食的量器。泛指度量衡。竟：通“境”。国界。

⑥ 尚同：崇尚统一。同，统一。

⑦ 大（tài）师：即“太师”。君主之师。

⑧ 北面：面向北。古人以面向南为尊，文王面向北，表示极大尊敬。

⑨ 昧然：沉默貌。

⑩ 论刺：批评。

⑪ 直：不过。循：遵循无为原则。斯须：短暂。文王重用老人无为而治，孔子认为做得尽善尽美。文王强大后欲望膨胀，想并天下，所以老人不辞而别，孔子批评他“循斯须也”。

【译文】

于是请来臧地老人并把政务交给他，没改变旧法规，没颁布新政令。三年后，文王视察全国，看到贵族不再结为朋党，官员不再树立私德，其他诸侯的量器不敢带入周国。贵族不结为朋党，这就尊重了国家统一；官员不树立私德，这就做到了政务统一；其他诸侯的量器不敢带入周国，说明其他诸侯对周国不再有二心。于是文王就拜老人为太师，面向北请教：“这一政治局面是否可以推广到整个天下？”老人默不作声，又漫不经心地表示推辞。文王早上请教而他晚上逃走，此后再无消息。颜渊问孔子：“文王大概不能取信于人吧？不然何必假托做梦呢？”孔子说：“别作声，你不要讲！文王已做得尽善尽美了，你又何必指责他！不过他遵循无为原则的时间太短了。”

【原文】

列御寇为伯昏无人射①，引之盈贯②，措杯水其肘上③。发之，适矢复沓④，方矢复寓⑤。当是时，犹象人也⑥。伯昏无人曰："是射之射也，非不射之射也。尝与汝登高山，履危石，临百仞之渊，若能射乎？"于是无人遂登高山，履危石，临百仞之渊，背逡巡⑦，足二分垂在外，揖御寇而进之。御寇伏地，汗流至踵。伯昏无人曰："夫至人者，上窥青天，下潜黄泉，挥斥八极⑧，神气不变。今汝怵然有恂目之志⑨，尔于中也殆矣夫⑩！"

【注释】

① 列御寇：列子。伯昏无人：相传为列子老师。

② 引之盈贯：拉满弓。引，拉弓。盈贯，把弓拉满。

③ 措：放置。肘上放杯水，说明射箭时身体平稳。

④ 适 (dí)：通"镝"。箭。矢：箭。复沓 (tà)：连续射出。

⑤ 方：并；泛指多。寓：居。指射中。

⑥ 象人：雕塑的人。形容一动不动貌。

⑦ 逡 (qūn) 巡：后退。

⑧ 挥斥：奔驰；游荡。八极：八方极远处。

⑨ 怵 (chù) 然：恐惧貌。恂 (xún) 目：因害怕而眨眼。恂，通"眴"。

⑩ 尔：你。殆：困难。

【译文】

列子为伯昏无人表演射箭，拉满弓，放杯水在肘上。射箭时，一枝接着一枝，箭箭射中目标。此时，列子一动不动像尊雕像。伯昏无人说："这是限于射箭本身的射法，不是超越射箭的射法。试着与你登上高山，立于高崖，面临百仞深渊，你还能射吗？"于是伯昏无人登上高山，立于高崖，面对百仞深渊，背对深渊后退，双脚有一半悬在高崖之外，向列子拱手请他向前。列子趴在地上，冷汗流到脚跟。伯昏无人说："那些圣人，上可窥测苍天，下可潜行黄泉，逍遥于四面八方，神情不变。如今你害怕得直眨眼睛，你想射中恐怕就难了！"

【原文】

肩吾问于孙叔敖曰①："子三为令尹而不荣华②，三去之而无忧色。吾始也疑子，今视子之鼻间栩栩然③，子之用心独奈何？"孙叔敖曰："吾何以过人哉！吾以其来不可却也④，其去不可止也，吾以为得失之非我也，而无忧色而已矣。我何以过人哉！且不知其在彼乎？其在我乎？其在彼邪，亡乎我⑤；在我邪，亡乎彼。方将踌躇⑥，方将四顾，何暇至乎人贵人贱哉⑦！"仲尼闻之，曰："古之真人，知者不得说，美人不得滥⑧，盗人不得劫，伏戏、黄帝不得友。死生亦大矣，而无变乎己，况爵禄乎！若然者，其神经乎大山而无介⑨，入乎渊泉而不濡，处卑细而不惫，充满天地，既以与人⑩，己愈有。"

【注释】

① 孙叔敖：楚国著名政治家。

② 令尹：相当于宰相。

③ 栩（xǔ）栩然：愉悦貌。孙叔敖解职后没任何悲伤表情。

④ 其：指令尹这一官职。却：推辞。

⑤ 亡：失去。

⑥ 踌躇（chóu chú）：悠然自得貌。

⑦ 至：顾及；考虑。

⑧ 滥：淫乱；勾引。

⑨ 介：阻碍。

⑩ 既：全部。与：给。

【译文】

肩吾问孙叔敖："您三次当令尹而不感荣耀，三次被罢免而没有忧伤。我起初有点怀疑，如今见您容颜愉悦，您究竟如何想的？"孙叔敖说："我哪有过人之处！我认为官爵到来时不可推却，官爵离去时也无法挽留，我认为得失不是我所能掌握的，因而就不为此忧愁。我哪有过人之处！不知令尹职位落在别人头上？还是落在我头上？落在别人头上，我必须失去；落在我头上，别人必须失去。我正悠然自得地眺望四方，哪有闲暇去顾及人的贵贱尊卑呢！"孔子听说此事，说："古时得道真人，智者无法游说，美女无法诱惑，强盗不能劫持，伏羲和黄帝无法和他交友。生死是大事，却不能使他心情有任何改变，更何况爵禄！这样的人，精神穿越大山而不受阻碍，潜入深渊而不会沾湿，处于卑微地位而不会困乏，崇高精神充满天地之间，他们把全部东西奉献给别人，自己越发充实富有。"

【原文】

楚王与凡君坐①，少焉，楚王左右曰"凡亡"者三②。凡君曰："凡之亡也，不足以丧吾存③。夫凡之亡不足以丧吾存，则楚之存不足以存存④。由是观之，则凡未始亡而楚未始存也。"

【注释】

① 楚王：楚文王。凡君：凡僖侯。凡，国名。当时凡国已灭亡。

② 左右：身边近臣。三：泛指多次。

③ 丧吾存：消除凡国在我心中的存在。意思是，凡国虽然灭亡，但在我心中永存。

④ 存存：以楚国存在为存在。意思是，楚国虽然存在，但在我心中已灭亡。

【译文】

楚王与凡君坐在一起，不一会儿，楚王近臣就多次谈起凡国灭亡的事。凡君说："凡国虽然灭亡，但不足以消除它在我心中永存。凡国灭亡不足以消除它在我心中永存，那么楚国的存在也无法保证它在我心中不灭亡。由此看来，凡国没有灭亡而楚国不再存在。"

知北游第二十二

【题解】

知，通"智"。虚构人名。本篇主要阐述道的特性，要求效法大道，顺应自然。

【原文】

知北游于玄水之上①，登隐弅之丘②，而适遭无为谓焉。知谓无为谓曰："予欲有问乎若：何思何虑则知道？何处何服则安道③？何从何道则得道④？"三问而无为谓不答也，非不答，不知答也。知不得问，反于白水之南，登狐阕之上，而睹狂屈焉。知以之言也问乎狂屈⑤。狂屈曰："唉！予知之，将语若。"中欲言而忘其所欲言。知不得问，反于帝宫，见黄帝而问焉。黄帝曰："无思无虑始知道，无处无服始安道，无从无道始得道。"

【注释】

① 知：同"智"。虚构人名。玄水：虚构水名。本段的人名与地名均为虚构。

② 隐弅（fén）：虚构山名。

③ 服：事；做事。安道：安于大道。即符合道。

④ 道：方法。

⑤ 之言：那些话。指知的三个疑问。

【译文】

知到北边玄水游览，登上隐弅山，刚好遇到无为谓。知问无为谓："我想向你请教：怎样思索考虑才能懂道？如何处世行事才能合道？通过什么途径方法才能得道？"问几次无为谓都没回答，不是不回答，是不知该如何回答。知没得到答案，返回白水南岸，登上狐阕山，看到狂屈。知拿同样问题向狂屈请教，狂屈说："哦，我知道，马上告诉你。"狂屈正想告诉却忘了如何表达。知没得到答案，返回黄帝住所，见黄帝后又请教这些问题。黄帝说："无思无虑才能懂道，不讲究处世行事原则才能合道，不去寻找途径方法才能得道。"

【原文】

知问黄帝曰："我与若知之，彼与彼不知也①。其孰是耶？"黄帝曰："彼无为谓真是也，狂屈似之，我与汝终不近也。夫知者不言，言者不知，故圣人行不言之教。道不可致②，德不可至，仁可为也，义可亏也，礼相伪也。故曰：'失道而后德，失德而后仁，失仁而后义，失义而后礼。礼者，道之华而乱之首也③。'故曰：'为道者日损④，损之又损之，以至于无为，无为而无不为也。'今已为物也⑤，欲复归根⑥，不亦难乎！其易也，其唯大人乎！生也死之徒⑦，死也生之始，孰知其纪⑧！人之生，气之聚也⑨；聚则为生，散则为死。若死生为徒，吾又何患！故万物一也，是其所美者为神奇，其所恶者为臭腐；臭腐复化为神奇，神奇复化为臭腐。故曰：'通天下一气耳⑩。'圣人故贵一。"

【注释】

① 彼与彼：指无为谓与狂屈。

② 道不可致：道无法通过语言获得。

③ 华：华而不实。这段话见《老子》三十八章，文字稍异。

④ 日损：情欲每天减少。以下这段话见《老子》四十八章。

⑤ 为物：成为人。物，指人。

⑥ 根：根本。指道。

⑦ 徒：同类。

⑧ 纪：纲纪；规律。

⑨ 气之聚：由气聚集形成。气，指合成万物的最细微物质。

⑩ 通：整个。

【译文】

知问黄帝："我和你知道答案，无为谓和狂屈不知。谁正确？"黄帝说："无为谓正确，狂屈接近正确，我和你则远离道。懂道的人不谈道，谈道的人不懂道，所以圣人推行无言之教。道无法通过语言获得，德无法通过语言修成，仁爱之事可以做，人为原则应减少，行礼是相互作伪。所以说：'失去道而后提倡德，失去德而后提倡仁，失去仁而后提倡义，失去义而后提倡礼，礼，对道来说华而不实，是动乱的开始。'所以说：'修道的人，情欲一天天减少，减少再减少，以至于清静无为，清静无为反而能做成一切事情。'如今我们已成为人，想回归道，不也很难吗！能轻易回归道的，大概只有伟人！生与死同类，死亡是另一种生存的开始，谁知道其中规律！人的诞生，是气的聚合，气聚合就形成生命，气离散就意味死亡。如明白生死一样的道理，我们又何必为死而忧伤！万物本来一样，而人们把自认为美好的事物视为神奇，把讨厌的事物视为臭腐；臭腐事物可转化为神奇事物，神奇事物也可转化为臭腐事物。所以说：'整个天下万物是同一的气形成的。'因此圣人重视万物的同一性。"

【原文】

知谓黄帝曰："吾问无为谓，无为谓不应我，非不我应，不知应我也。吾问狂屈，狂屈中欲告我而不我告，非不我告，中欲告而忘之也。今予问乎若，若知之，奚故不近？"黄帝曰："彼其真是也①，以其不知也；此其似之也②，以其忘之也；予与若终不近也，以其知之也。"狂屈闻之，以黄帝为知言。

【注释】

① 彼：指无为谓。

② 此：指狂屈。

【译文】

知对黄帝说："我向无为谓请教，无为谓没回答我，不是不回答我，是不知该如何回答我。我向狂屈请教，狂屈心里想告诉我却没告诉，不是不告诉我，是心里想告诉我而不知该怎么表达。如今我向你请教，你知道答案，为何这是远离道？"黄帝说："无为谓是真正确，因为他不知道；狂屈接近正确，因为他不知如何表达；我和你始终远离道，因为我们能用语言回答这些问题。"狂屈听说此事，认为黄帝懂得语言的局限性。

【原文】

天地有大美而不言，四时有明法而不议①，万物有成理而不说。圣人者，原天地之美而达万物之理②，是故至人无为，大圣不作③，观于天地之谓也。今彼神明至精④，与彼百化⑤。物已死生方圆，莫知其根也，扁然而万物自古以固存⑥。六合为巨⑦，未离其内；秋豪为小，待之成体。天下莫不沉浮⑧，终身不故⑨；阴阳四时运行，各得其序。惛然若亡而存⑩，油然不形而神⑪，万物畜而不知。此之谓本根，可以观于天矣。

【注释】

① 明：圣明；正确。

② 原：探索；研究。达：明白。

③ 作：创作。这里指随便行动。

④ 彼：指道。

⑤ 与：帮助。彼：指万物。

⑥ 扁然：自然而然貌。

⑦ 六合：上下四方。指整个空间。

⑧ 沉浮：死生。

⑨ 终身不故：终身不会保持原有模样。故，原样。

⑩ 惛（hūn）然：恍惚貌。

⑪ 油然：无形貌。

【译文】

天地有最大美德却不言说，四季有正确原则却不谈论，万物有各自定规却不解释。圣人探索天地美德而明白万物规律，因此至人清静无为，圣人不随意行动，这是效法天地的缘故。道神奇精妙，帮助万物变化。万物或死或生、或方或圆，却不知变化根源，万物自古就这样存在着。空间巨大，没能超出道的范围；秋毫细小，依赖道才能形成。天下万物或死或生，终身变化无常；阴阳四季不停运行，具备各自秩序。道似乎不存在而实际存在，没有形体却神奇无比，万物被它养育而又不知不觉。它是万物根本，可通过它观察天地自然。

【原文】

啮缺问道乎被衣，被衣曰："若正汝形，一汝视，天和将至①；摄汝知②，一汝度③，神将来舍④。德将为汝美，道将为汝居⑤，汝瞳焉如新生之犊而无求其故⑥。"言未卒，啮缺睡寐。被衣大说⑦，行歌而去之，曰："形若槁骸，心若死灰，真其实知，不以故自持⑧，媒媒晦晦⑨，无心而不可与谋。彼何人哉！"

【注释】

① 天和：天然和气。

② 摄：收敛；排除。知：同"智"。

③ 度：思忖；思虑。

④ 神：神奇智慧。舍：居住；停留。

⑤ 居：停留；获得。

⑥ 瞳焉：瞪着眼睛、无知无识貌。无求其故：不留恋过去事情。即顺物而变。

⑦ 说（yuè）：通"悦"。

⑧ 自持：固守自我。

⑨ 媒媒晦晦：混沌糊涂貌。

【译文】

啮缺向被衣问道，被衣说："端正你的形体，集中你的视听，天然和气就会降临；收敛你的俗智，专一你的思虑，神奇智慧就会具备。你的品德将会美好，道将来到你心中，你将瞪着两眼、无知无识地像初生牛犊，不再留恋过去事情。"被衣没说完，啮缺已酣然入睡。被衣非常高兴，唱着歌走了，唱道："身如枯干的骨骸，心像熄灭的灰烬，具备了真正智慧，不因旧事而固执，混沌糊涂，无思无虑而无法再与他讨论。他是什么人啊！"

【原文】

舜问乎丞曰①："道可得而有乎？"曰："汝身非汝有也，汝何得有夫道？"舜曰："吾身非吾有也，孰有之哉？"曰："是天地之委形也。生非汝有，是天地之委和也②；性命非汝有，是天地之委顺也③；孙子非汝有，是天地之委蜕也④。故行不知所往，处不知所持，食不知所味，天地之强阳气也⑤，又胡可得而有邪？"

【注释】

① 丞：舜的老师。

② 委和：委托给你的阴阳和气。

③ 顺：和顺之气。

④ 蜕：蜕变；生育。

⑤ 强阳：强力运动。

【译文】

舜问丞："道可据为己有吗？"丞说："你的身体都不归你所有，你怎能占有道？"舜问："我的身体非我所有，归谁所有？"丞说："身体是天地托付给你的形体而已。生命非你所有，是自然给予的和气形成的；性命非你所有，是自然给予的顺气形成的；子孙非你所有，是自然委托你生育的。所以圣人出门不知去哪里，在家不知做什么，吃饭不知滋味，一切都是自然之气强力运动的结果，又怎能把道据为己有呢？"

【原文】

孔子问于老聃曰："今日晏闲，敢问至道。"老聃曰："汝齐戒①，疏瀹而心②，澡雪而精神③，掊击而知④。夫道，窅然难言哉⑤！将为汝言其崖略⑥。夫昭昭生于冥冥⑦，有伦生于无形⑧，精神生于道，形本生于精⑨，而万物以形相生，故九窍者胎生⑩，八窍者卵生⑪。其来无迹，其往无崖⑫，无门无房⑬，四达之皇皇也⑭。邀于此者⑮，四枝强，思虑恂达⑯，耳目聪明，其用心不劳，其应物无方⑰。天不得不高，地不得不广，日月不得不行，万物不得不昌，此其道与！

【注释】

① 齐：通"斋"。

② 疏瀹（yuè）：洗净。而：你。

③ 澡雪：洗涤。

④ 掊（pǒu）击：打破；排除。知：通"智"。

⑤ 窅（yǎo）然：深奥貌。

⑥ 崖略：大概。

⑦ 昭昭：看得清。指看得见的事物。冥冥：看不清。指看不见的地方。

⑧ 有伦：有形。伦，形。

⑨ 精：精微之气。

⑩ 九窍者：指具有眼、鼻、口等九个孔窍的人、兽。

⑪ 八窍者：指禽类。

⑫ 往：离去；死亡。无崖：不知去向。

⑬ 门：出生的门路。房：归依之处。

⑭ 四达之皇皇：四面都是宽广通畅的大路。达，通畅。皇皇，宽广貌。

⑮ 邀于此：懂得这一道理。邀，遇见。引申为懂得。

⑯ 恂（xún）达：通达。

⑰ 无方：不固守一种方法。即随机应变。

【译文】

孔子问老聃："今天闲暇，想请教最高的道。"老聃说："你要斋戒，打扫你的心灵，清洗你的精神，排除你的俗智。道，深奥得难以言说！我为你谈个大概。可见的万物产生于看不见的地方，有形物体产生于无形的东西，精神生于大道，形体生于精气，万物靠形体依次相生，具有九窍的人、兽是胎生的，具有八窍的鸟是卵生的。生时不留痕迹，死后不知去向，既找不到产生门路，也不知归依何处，四面似乎都是通畅大路。懂得这一道理的人，身体强健，思想通达，耳聪目明，用心不会疲劳，做事能随机应变。天没有道不会高远，地没有道不会广大，日月没有道不会运行，万物没有道不会昌盛，这即道的作用！

【原文】

"且夫博之不必知，辩之不必慧，圣人以断之矣。若夫益之而不加益①，损之而不加损者，圣人之所保也。渊渊乎其若海②，巍巍乎其终则复始也③，运量万物而不匮④，则君子之道，彼其外与⑤！万物皆往资焉而不匮⑥，此其道与！

【注释】

① 益：增多。

② 渊渊乎：深邃貌。

③ 巍巍乎：高大貌。下缺"其若山"三字。

④ 运量：主宰。匮：匮乏。

⑤ 彼其外：道的皮毛。彼其，指道。

⑥ 资：资助；帮助。焉：代指道。

【译文】

"博学者未必懂道，善辩者未必有智，圣人因此放弃这些做法。想添加又添加不了，想减少也减少不了，这是圣人所要保有的。它深邃如海，高大似山，终始循环，主宰万物而不匮乏，世俗君子谈论的，仅仅是它的皮毛！

万物获得它的帮助而它从不枯竭，这就是道！

【原文】

"中国有人焉，非阴非阳①，处于天地之间，直且为人②，将反于宗③。自本观之④，生者，喑醷物也⑤，虽有寿夭，相去几何？须臾之说也，奚足以为尧、桀之是非⑥！果蓏有理⑦，人伦虽难，所以相齿⑧。圣人遭之而不违，过之而不守⑨。调而应之⑩，德也；偶而应之⑪，道也。帝之所兴，王之所起也。

【注释】

① 非阴非阳：既不偏于阴也不偏于阳。指人得阴阳中和之气。

② 直：仅仅。且：暂且。

③ 宗：本原。指气。人来自阴阳二气，又返归阴阳二气。

④ 本：本源。指道。

⑤ 喑醷（yīn yì）：气聚合貌。

⑥ 为：判定。

⑦ 果蓏（luǒ）：瓜果。

⑧ 相齿：按年龄排序。齿，年龄。

⑨ 过之而不守：事情过去就不放在心上。守，放在心中。

⑩ 调：和谐。

⑪ 偶：木偶。

【译文】

"中原有人，不偏于阴或阳，生活于天地之间，也只是暂时当人，最终返归于气。从道的角度看，人，不过是气聚合之物，即便有长寿与短命，相差又有多少？说起来不过是片刻之间，怎能判定尧与桀的是非！瓜果有生长规律，而人伦关系难以理清，于是就按年龄排序。圣人处理事情从不违理，过后也不放在心上。以和谐顺应态度对待外物，这是美德；像木偶那样以无心态度处理事务，就符合道。这是帝业兴盛、王侯兴起的原因！

【原文】

"人生天地之间，若白驹之过郤①，忽然而已。注然勃然②，莫不出焉；油然漻然③，莫不入焉。已化而生，又化而死，生物哀之，人类悲之。解其天弢④，堕其天袭⑤，纷乎宛乎⑥，魂魄将往，乃身从之，乃大归乎！不形之形⑦，形之不形，是人之所同知也，非将至之所务也⑧，此众人之所同论也。彼至则不论⑨，论则不至。明见无值⑩，辩不若默。道不可闻，闻不若塞，此之谓大得。"

【注释】

① 郤（xì）：隙缝。

② 注然勃然：自然产生貌。

③ 油然漻（liáo）然：自然消失貌。

④ 天弢（tāo）：天然约束。指肉体。弢，弓袋。庄子认为肉体束缚了灵魂自由。

⑤ 堕（huī）：通"隳"。毁坏。天袭（zhì）：同"天弢"。袭，箭袋。

⑥ 纷乎宛乎：魂魄飘荡貌。

⑦ 不形之形：从没有形体到有形体。之，到。本句描写生的过程。

⑧ 将至：将要得道的人。务：寻求；留心。

⑨ 至：得道的人。

⑩ 明见无值：说得明白的见解不符合道。值，合。

【译文】

"人生于天地间，像白马跃过缝隙，瞬间而已。自然而然，万物生出；自然而然，万物死去。因变化而生，又因变化而死，生者为此悲哀，人们为此伤心。死亡是摆脱天然约束，是毁掉天然束缚，飘飘荡荡，魂魄逝向远方，肉体随之消亡，这是最终归宿！从无形体到有形体，再从有形体到无形体这一生死过程，人人都知道，修道者对此并不在意，众人对此却很关注。得道者不谈生死，谈生死的未得道。说得清的见解不符合道，善辩不如沉默。道无法听到，听人论道不如塞住耳朵，这才是真正得道。"

【原文】

东郭子问于庄子曰："所谓道，恶乎在？"庄子曰："无所不在。"东郭子曰："期而后可①。"庄子曰："在蝼蚁②。"曰："何其下邪？"曰："在稊稗③。"曰："何其愈下邪？"曰："在瓦甓④。"曰："何其愈甚邪？"曰："在屎溺⑤。"东郭子不应。

【注释】

① 期：务必。务必指出具体地方。

② 蝼（lóu）：蝼蛄。

③ 稊稗（tí bài）：两种野草。

④ 甓（pì）：砖。

⑤ 溺（niào）：小便。

【译文】

东郭子问庄子："你所说的道，究竟在哪里？"庄子说："无处不在。"东郭子说："要指明具体地方才行！"庄子说："在蝼蛄和蚂蚁身上。"东郭子说："怎会在如此卑下之处？"庄子说："在稊草和稗草身上。"东郭子说："为何越说越卑下？"庄子说："在砖瓦之中。"东郭子说："为何更卑下了？"庄子说："在屎尿里。"东郭子没再吭声。

【原文】

庄子曰："夫子之问也，固不及质。正获之问于监市履狶也①，每下愈况②。汝唯莫必③，无乎逃物④。至道若是，大言亦然。'周'、'遍'、'咸'三者⑤，异名同实，其指一也⑥。尝相与游乎无何有之宫⑦，同合而论⑧，无所终穷乎！尝相与无为乎，澹而静乎⑨，漠而清乎，调而闲乎⑩。寥已吾志⑪，无往焉而不知其所至，去而来而不知其所止⑫，吾已往来焉而不知其所终，彷徨乎冯闳⑬，大知入焉而不知其所穷⑭。物物者与物无际⑮，而物有际者，所谓物际者也，不际之际，际之不际者也。谓盈虚衰杀，彼为盈虚非盈虚⑯，彼为衰杀非衰杀，彼为本末非本末，彼为积散非积散也。"

【注释】

① 正：官。获：人名。监市：市场管理员。履豨 (xī)：踩猪以测肥瘦。豨，猪。

② 每下愈况：越往猪腿下面踩越清楚肥瘦。比喻越用低级之物，越能说明道无处不在。

③ 必：固执。

④ 无乎逃物：没有能逃避大道主宰的事物。

⑤ 周、遍、咸：这三字都是"全部"义，用来说明道无处不在。

⑥ 指：通"旨"。主旨。

⑦ 无何有之宫：什么也没有的地方。宫，房舍。泛指地方。

⑧ 同合：齐同；同一。

⑨ 澹：恬淡。

⑩ 调：和谐；平和。

⑪ 寥已吾志：即"吾志已寥"。我的心已空净。寥，空净。

⑫ 去而来：到了那种境界后再返回。

⑬ 冯闳 (hóng)：空旷貌。

⑭ 大知：大智之人。入焉：进入那种境界。

⑮ 物物者：主宰万物的道。第一个"物"是主宰万物义。际：分际；界线。

⑯ 彼：指人们。

【译文】

庄子说："您的提问，确实没触及实质。正获问监市如何踩猪判断肥瘦，说越往猪腿下部踩越清楚。你不要固执在一种事物上求道，万物都能体现道。大道如此，符合道的言论也如此。'周''遍''咸'三字，字不同而内容相同，主旨一样。我们一起尝试着到清虚之处遨游，用万物一齐观点去讨论，就会进入无穷的玄妙境界！我们将清静无为，恬淡宁静，淡泊清虚，平和安闲。我心已清虚，不会前往何处，也不知该往何处，离开玄妙境界返回现实也不知停留何处，我来往于那种境界却不知其边际，只是在无限空旷中徘徊，即便大智之人进入那种境界，也无法找到其边际。主宰万物的道与万物之间没有界线，而事物间的界线，是人为的所谓界线，是不真实界线，划了界线也不是界线。谈论盈虚衰落，人们说的盈虚非真盈虚，人们说的衰落非真衰落，人们说的本末非真本末，人们说的聚散非真聚散。"

【原文】

婀荷甘与神农同学于老龙吉①。神农隐几阖户昼瞑②，婀荷甘日中奓户而入③，曰："老龙死矣！"神农隐几拥杖而起，曝然放杖而笑④，曰："天知予僻陋慢訑⑤，故弃予而死。已矣夫子！无所发予之狂言而死矣夫⑥！"弇堈吊闻之，曰："夫体道者，天下之君子所系焉⑦。今于道，秋豪之端万分未得处一焉，而犹知藏其狂言而死，又况夫体道者乎！视之无形⑧，听之无声，于人之论者，谓之冥冥⑨。所以论道，而非道也。"

【注释】

①婀（ē）荷甘：本段的婀荷甘、老龙吉、弇堈（yǎn gāng）吊等人名均为虚构。

②隐：靠。阖：关闭。户：门。瞑：睡觉。

③奓（zhà）户：开门。奓，开。

④曝（bó）然：丢拐杖的声音。

⑤天：指老龙吉。僻陋：见识浅薄。慢訑（dàn）：散慢。

⑥狂言：世人难以理解的至言。

⑦系：依归。

⑧之：指道。

⑨冥冥：深奥难懂貌。

【译文】

婀荷甘与神农一起向老龙吉学习。神农白天靠着几案关门睡觉。婀荷甘中午时推门进来说："老龙死了！"神农扶着几案抱着拐杖站起来，又"啪"的一声丢下拐杖笑着说："老龙知道我浅薄懒散，所以丢下我死了。老师走了，没用宏论启发我就死了！"弇堈吊听说此事，说："得道的人，是天下君子的依靠。如今这道，老龙连毫末的万分之一都还未得到，尚知藏起宏论死去，更何况得道之人！看不到道的形体，听不到道的声音，人们谈论它时，都说深奥难懂。人们谈论的道，不是真正的道。"

【原文】

于是泰清问乎无穷曰："子知道乎？"无穷曰："吾不知。"又问乎无为，无为曰："吾知道。"曰："子之知道，亦有数乎①？"曰："有。"曰："其数若何？"无为曰："吾知道之可以贵，可以贱，可以约②，可以散。此吾所以知道之数也。"泰清以之言也问乎无始，曰："若是，则无穷之弗知与无为之知，孰是而孰非乎？"无始曰："不知深矣，知之浅矣；弗知内矣③，知之外矣。"于是泰清中而叹曰："弗知乃知乎！知乃不知乎！孰知不知之知！"无始曰："道不可闻，闻而非也；道不可见，见而非也；道不可言，言而非也。知形形之不形乎④！道不当名⑤。"无始曰："有问道而应之者，不知道也；虽问道者，亦未闻道。道无问，问无应。无问问之，是问穷也⑥；无应应之，是无内也。以无内待问穷，若是者，外不观乎宇宙，内不知乎大初⑦，是以不过乎昆仑⑧，不游乎太虚⑨。"

【注释】

① 数：名目；内容。

② 约：收拢；聚合。

③ 内：指深入大道之内，了解大道本质。

④ 形形：使有形的东西具有形体。即道。

⑤ 不当名：不可言说。名，言说。

⑥ 问穷：空洞的提问；没意义的提问。穷，空。

⑦ 大（tài）初：即"太初"。最初的事物，即道。

⑧ 昆仑：山名。象征高大遥远的境界。

⑨ 太虚：清虚宁寂的得道境界。

【译文】

于是泰清问无穷："您懂道吗？"无穷说："我不懂。"泰清又问无为，无为说："我懂道。"泰清问："您懂道，道有内容吗？"无为说："有。"泰清问："内容是什么？"无为说："我知它可处于尊贵之处，可处于卑贱之处；可聚在一起，可分散开去。这是我所知内容。"泰清拿这些话问无始，说："他俩如此回答，无穷的不知和无为的知，谁对谁错？"无始说："不知的人深奥，知的人浅薄；说不知的人了解道的内涵，说知的人了解道的外表。"于是泰清打断谈话感叹："自称不知才是真知！自称知的并非真知，谁懂得不知的知呢！"无始说："道无法听到，能听到的不是道；道无法看见，能看见的不是道；道不可言传，能言传的不是道。要懂得产生有形之物的道没有形体，道无法用语言表述。"无始说："有人问道就给予回答，其实并不懂道；问道的人，也无法从他那听到道。道无法询问，询问也无法回答。无法询问却去询问，这种询问是毫无意义的询问；无法回答却还要回答，这种回答是毫无内容的回答。拿毫无内容的回答去应对毫无意义的询问，这样的人，对外无法观察宇宙，内心无法懂道，因此他也无法超越昆仑山，无法遨游于清虚的大道境界。"

【原文】

光曜问乎无有曰①："夫子有乎？其无有乎？"光曜不得问，而孰视其状貌②，窅然空然③，终日视之而不见，听之而不闻，搏之而不得也④。光曜曰："至矣，其孰能至此乎！予能有无矣⑤，而未能无无也⑥，及为无⑦，有矣。何从至此哉！"

【注释】

① 光曜：光明。无有：空间。

② 孰：同"熟"。仔细。

③ 窅（yǎo）然：深邃貌。空然：虚无貌。

④ 搏：触摸。

⑤ 有无：达到虚无境界。有，存有；达到。

⑥ 无无：连"虚无"也被遗忘的境界。

⑦ 为无：修习虚无境界。为，修习。

【译文】

光曜问无有："您是存在呢？还是不存在？"光曜没听到回答，便仔细观察无有状貌，深邃虚寂，整天看他也看不见，整天听他也听不到，整天触摸他也摸不着。光曜说："这是最高境界啊，谁能达到这一境界！我能达到虚无境界，却无法达到连'虚无'都被遗忘的境界。我修习虚无境界时，仍然以我的存在为基础。我如何能达到他的境界啊！"

【原文】

大马之捶钩者①，年八十矣，而不失豪芒②。大马曰："子巧与，有道与？"曰："臣有守也。臣之年二十而好捶钩，于物无视也，非钩无察也。"是用之者③，假不用者也以长得其用④。而况乎无不用者乎⑤，物孰不资焉！

【注释】

① 大马：即大司马。捶钩：锻造衣带钩。

② 豪芒：丝毫。豪，通"毫"。芒，禾穗上的细刺。

③ 是用之者：能运用锻造衣带钩能力的原因。

④ 假：凭借。长得其用：长期保持这一能力。用，能力。

⑤ 无不用者：处处起作用的东西。指道。

【译文】

大司马家有位锻造衣带钩的老人，八十岁了，但锻造的衣带钩没丝毫误差。大司马问："您有技巧呢，还是有道呢？"老人说："我坚守专心造钩。我二十岁时就喜欢造钩，对其他事情看也不看，除了衣带钩皆不关心。"这说明能运用造钩能力，凭借的是不把精力用到其他事情上，因此能长期保持造钩能力。何况处处起作用的道，哪种事物不需要它的帮助！

【原文】

冉求问于仲尼曰①："未有天地可知邪？"仲尼曰："可。古犹今也。"冉求失问而退。明日复见，曰："昔者吾问：'未有天地可知乎？'夫子曰：'可。古犹今也。'昔日吾昭然，今日吾昧然②。敢问何谓也？"仲尼曰："昔之昭然也，神者先受之；今之昧然也，且又为不神者求邪③！无古无今，无始无终，未有子孙而有子孙④，可乎？"冉求未对。仲尼曰："已矣，未应矣！不以生生死⑤，不以死死生。死生有待邪⑥？皆有所一体。有先天地生者物邪？物物者非物⑦，物出不得先物也⑧，犹其有物也⑨。犹其有物也，无已⑩。圣人之爱人也终无已者，亦乃取于是者也⑪。"

【注释】

① 冉求：孔子弟子。姓冉名求，字子有。

② 昧然：糊涂貌。

③ 不神者：非心神的东西。即具体事物。

④ 未有句：说古人没子孙而今人才有子孙。意思是，通过今人有子孙可推知古人也有子孙。进一步证明古今一样。

⑤ 不以生生死：不因自己活着就想让死者都复活。生死，使死者复活。

⑥ 有待：互相依赖。有生才有死，有死才有生。

⑦ 物物者非物：产生万物的不是具体事物。物物者，产生万物的东西。指道。

⑧ 物出句：在万物出现前不可能有具体事物。

⑨ 犹其有物：但还是有个抽象事物——道。

⑩ 无已：不停。指万物不停繁衍生息。

⑪ 取于是：效法道。取，取法；效法。是，指道。

【译文】

冉求问孔子："天地出现之前的情况可知吗？"孔子说："可以。古今一样。"冉求不知再问什么就走了。次日又见孔子，说："昨天我问：'天地产生前的情况可知吗？'您说：'可以。古今一样。'昨天我明白，今天又糊涂了。请问为什么?"孔子说:"昨天明白,是因为你的心神先领悟了;今天你糊涂,是因为你在具体事物上寻找古今相同点。没有古代就没有今天,没有开始就没有结束,说古人没子孙而今人才有子孙,可以吗?"冉求没回答。孔子说:"算了,不用回答。不要因自己活着就要求死者都复活,也不要因自己死了就要求生者都死去。死与生相互依赖而存在吧?它们发生在同一事物上。天地产生前还有事物吗?产生万物的不能是具体事物,因而万物出现前不可能有具体事物,然而还有一种抽象事物——道。正因为这种抽象事物,万物才得以生生不息。圣人的爱人之心永无休止,就是效法道啊。"

【原文】

颜渊问乎仲尼曰:"回尝闻诸夫子曰:'无有所将①,无有所迎。'回敢问其游②?"仲尼曰:"古之人外化而内不化③,今之人内化而外不化。与物化者,一不化者也。安化安不化④,安与之相靡⑤,必与之莫多⑥。狶韦氏之囿⑦,黄帝之圃,有虞氏之宫,汤、武之室。君子之人,若儒、墨者师,故以是非相盘也⑧,而况今之人乎!圣人处物不伤物,不伤物者,物亦不能伤也。唯无所伤者,为能与人相将迎。山林与,皋壤与⑨,使我欣欣然而乐与!乐未毕也,哀又继之。哀乐之来,吾不能御,其去弗能止。悲夫,世人直为物逆旅耳⑩!夫知遇而不知所不遇,知能能而不能所不能⑪。无知无能者,固人之所不免也。夫务免乎人之所不免者,岂不亦悲哉!至言去言,至为去为,齐知之,所知则浅矣。"

【注释】

① 将:送。

② 游:游世;处世。

③ 外化而内不化:外表言行顺物而变而内心永远平静安宁。

④ 安化安不化:无论变化还是不变化,都能安然处之。

⑤ 靡:顺应。

⑥ 多:增加;改变。

⑦ 狶(xī)韦氏:远古圣王。囿(yòu):园林。比喻广阔的精神境界。

以下从圜到圉，从圉到宫，从宫到室，范围越来越小，比喻精神世界越来越狭小。

⑧ 相韰（jī）：相互攻击。韰，捣碎；打击。

⑨ 皋壤：水边高地。

⑩ 逆旅：旅馆。

⑪ 知：衍文。应删去。能能：能够做到自己所能做到的。

【译文】

颜渊问孔子："我曾听您说：'不要有心送走，不要有心迎接。'我想请教如何处世？"孔子说："古人外表顺物而变而内心永远平静，今人内心多变而外表不知变化。能与外物一同变化的人，内心一直平静不变。安然接受变化与不变化，就能顺应万物，肯定不会改变万物。狶韦氏在广阔的精神苑林中遨游，黄帝在比较广阔的精神园圃中游荡，舜只能在空间有限的精神宫殿中徘徊，而商汤、周武王的精神世界狭小得像间住室一样。后来的所谓君子，比如儒、墨的老师，开始用是非问题相互攻击，更何况如今的世人！圣人不伤害相处的外物，不伤害外物，外物也不会伤害他。只有对外物无所伤害，才能与人和平交往。茂密的山林，优美的水边景色，使我欣欣然快乐无比！然而快乐还未消失，悲哀接踵而来。悲欢到来，我无法抗拒；悲欢离去，我无法挽留。可悲呀，世人简直成了喜怒哀乐的旅店！人们了解遇到的东西而不了解没遇到的东西，能做所能做的事而不能做所不能做的事。有所不知、有所不能，人所难免。如果硬去免除人所难免的事，岂不悲哀吗！最高境界的言论就是默默无声，最高境界的行为就是清静无为，如想获取所有知识，那么获取的知识就非常浅薄。"

杂　篇

庚桑楚第二十三

【题解】

庚桑楚，老子弟子。本篇阐述了顺应自然及养生等问题。

【原文】

老聃之役有庚桑楚者①，偏得老聃之道②，以北居畏垒之山，其臣之画然知者去之③，其妾之挈然仁者远之④，拥肿之与居⑤，鞅掌之为使⑥。居三年，畏垒大壤⑦。畏垒之民相与言曰："庚桑子之始来，吾洒然异之⑧。今吾日计之而不足，岁计之而有余⑨，庶几其圣人乎！子胡不相与尸而祝之⑩，社而稷之乎⑪?"

【注释】

① 役：弟子。

② 偏得：独得。

③ 臣：男仆。画然：聪明貌。知：同"智"。去之：让他们离开。

④ 妾：女仆。挈然：用力貌。

⑤ 拥肿：纯朴貌。

⑥ 鞅掌：敦厚而不修礼仪貌。

⑦ 大壤：大丰收。壤，通"穰"。丰收。

⑧ 洒（xǐ）然：稍感吃惊貌。

⑨ 有余：功德很大。

⑩ 尸而祝之：立他为君主而为他祝福。尸，主。

⑪ 社而稷之：建立一个国家。社稷：土神与谷神。用"社稷"代指

国家。

【译文】

老聃弟子叫庚桑楚，独得老聃的道，住在北边畏垒山中。他赶走有才的男仆，远离仁慈的女仆，与朴实人一起，使唤敦厚而不修礼仪的人。三年后，畏垒山大丰收。畏垒山的百姓一起议论：“庚桑子刚来时，我们吃惊地感到他与人不同。我们在短期内观察觉得他有缺点，长期观察发现他功德很大，他大概是圣人吧，大家何不立他为君主而为他祝福，何不拥戴他建立一个国家？”

【原文】

庚桑子闻之，南面而不释然①，弟子异之，庚桑子曰：“弟子何异于予？夫春气发而百草生，正得秋而万宝成②。夫春与秋，岂无得而然哉？天道已行矣。吾闻至人尸居环堵之室③，而百姓猖狂④，不知所如往。今以畏垒之细民而窃窃焉欲俎豆予于贤人之间⑤，我其杓之人邪⑥！吾是以不释于老聃之言。”

【注释】

① 释然：愉快貌。

② 宝：指庄稼。

③ 尸居：静居。堵：土墙长高各一丈为一堵。

④ 猖狂：随心所欲。

⑤ 细民：小民。窃窃焉：私下。俎（zǔ）豆：两种祭器。引申为祭祀、供奉。

⑥ 杓（dí）：目标。

【译文】

庚桑楚听说后，面南而坐不愉快，弟子感到奇怪，庚桑楚说：“你们对我有何奇怪的？春天阳气上升而草木生长，到秋天各种庄稼成熟。春天和秋天，难道能不这样吗？这是自然运行的结果。我听说圣人静坐于小小室内，而百姓任性而为，不知该干什么。如今畏垒山的百姓私自想把我供奉在圣贤之列，我岂不成了众矢之的！我想到老聃的教诲而不愉快。"

【原文】

弟子曰："不然。夫寻常之沟①，巨鱼无所还其体②，而鲵鰌为之制③；步仞之丘陵④，巨兽无所隐其躯，而蘖狐为之祥⑤。且夫尊贤授能，先善与利，自古尧舜以然，而况畏垒之民乎！夫子亦听矣！"庚桑子曰："小子来！夫函车之兽⑥，介而离山⑦，则不免于网罟之患；吞舟之鱼，砀而失水⑧，则蚁能苦之。故鸟兽不厌高，鱼鳖不厌深。夫全其形生之人，藏其身也，不厌深眇而已矣⑨。且夫二子者⑩，又何足以称扬哉！是其于辩也⑪，将妄凿垣墙而殖蓬蒿也。简发而栉⑫，数米而炊，窃窃乎又何足以济世哉⑬！举贤则民相轧，任知则民相盗。之数物者，不足以厚民。民之于利甚勤，子有杀父，臣有杀君，正昼为盗，日中穴阫⑭。吾语女，大乱之本，必生于尧舜之间，其末存乎千世之后。千世之后，其必有人与人相食者也！"

【注释】

① 寻：八尺。常：一丈六尺。

② 还（xuán）：通"旋"。回转。

③ 鲵：小鱼。制：折；转身。

④ 步：六尺。仞：七尺或八尺。

⑤ 蘖（niè）狐：妖孽的狐狸。祥：美好；适宜。

⑥ 函：含；吞。

⑦ 介：独自。

⑧ 砀（dàng）：通"荡"。

⑨ 深眇：深远。

⑩ 二子：指尧和舜。

⑪ 辩：同"辨"。分辨事物。

⑫ 简发而栉（zhì）：选着头发来梳理。比喻斤斤计较。简，选择。栉，

梳头。

⑬ 窃窃乎：斤斤计较貌。

⑭ 穴阫（péi）：在墙上打洞。穴，打洞。阫，墙。

【译文】

弟子说："不对。在小水沟里，大鱼无法转动身体，而小鱼回旋自如；在小山丘中，巨兽无法隐藏身体，而妖狐住得舒适。尊敬贤良起用能人，重视善人给予利禄，古代尧舜时就是如此，何况畏垒山百姓！您就接受吧！"庚桑子说："年轻人走近点！能吞车的巨兽，独自离开深山，就难免罗网的灾难；能吞船的大鱼，游荡时失去水，蚂蚁也能宰割它。因此对鸟兽来说山越高越好，对鱼鳖来说水越深越妙。重生的人，隐藏自身，藏得越深越好。再说尧舜两人，又怎值得称赞！他们分辨善恶时，就像毁坏有用的垣墙而去种植无用的野草一样是非颠倒。选择头发梳理，数着米粒煮饭，如此斤斤计较怎能治好国家！举荐贤人会引起相互倾轧，重用智者会引起相互伤害。这些做法，都不能使百姓受益。人们逐利十分迫切，为利益儿子杀死父亲，臣子杀死君主，白天公然抢劫，中午凿墙挖洞。我告诉你，天下大乱的根源，肯定产生于尧舜时代，其流毒将影响千万年。千万年以后，定会出现人吃人的现象！"

【原文】

南荣趎蹴然正坐曰①："若趎之年者已长矣，将恶乎托业以及此言邪②？"庚桑子曰："全汝形，抱汝生，无使汝思虑营营。若此三年，则可以及此言也。"南荣趎曰："目之与形，吾不知其异也，而盲者不能自见；耳之与形，吾不知其异也，而聋者不能自闻；心之与形，吾不知其异也，而狂者不能自得③。形之与形亦辟矣④，而物或间之邪⑤！欲相求而不能相得。今谓趎曰：'全汝形，抱汝生，勿使汝思虑营营。'趎勉闻道达耳矣！"庚桑子曰："辞尽矣。曰奔蜂不能化藿蠋⑥，越鸡不能伏鹄卵⑦，鲁鸡固能矣⑧。鸡之与鸡，其德非不同也，有能与不能者，其才固有巨小也。今吾才小，不足以化子，子胡不南见老子？"

【注释】

① 南荣趎（chú）：庚桑楚弟子。蹴（cú）然：吃惊貌。

② 托业：托身学业。即学习。

③ 狂：疯。得：恰当。

④ 辟：通"譬"。类似。

⑤ 间：区别。之：指形体作用。

⑥ 奔蜂：小土蜂。藿蠋（huò zhú）：豆叶虫。

⑦ 越鸡：一种体形小的鸡。鹄（hú）：天鹅。

⑧ 鲁鸡：一种体形大的鸡。

【译文】

　　南荣趎吃惊地坐正说："像我年纪已大了，如何学习才能达到那种境界？"庚桑子说："保全你形体，养护你生命，别胡思乱想。如此三年，就可达到那种境界。"南荣趎说："眼的形状，我看不出有何不同，而盲人却看不见；耳的形状，我看不出有何不同，而聋子却听不到；心的形状，我看不出有何不同，而疯人却不能正确思维。形体与形体相同，也许有东西使形体的作用不同吧！我想获得这些作用却无法做到。今天您对我说：'保全你形体，养护你生命，别胡思乱想。'我仅仅把这话听到了耳朵里而已。"庚桑子说："我说完了。常说土蜂化育不了豆叶虫，小越鸡孵不了天鹅蛋，而鲁鸡能做到。鸡与鸡，本性没差别，而有的能做到有的做不到，因为其才能有大小之分。如今我才能太小，无法点化你，你何不到南方拜访老子呢？"

【原文】

　　南荣趎赢粮①，七日七夜至老子之所。老子曰："子自楚之所来乎？"南荣趎曰："唯。"老子曰："子何与人偕来之众也②？"南荣趎惧然顾其后。老子曰："子不知吾所谓乎？"南荣趎俯而惭，仰而叹曰："今者吾忘吾答，因失吾问。"老子曰："何谓也？"南荣趎曰："不知乎，人谓我朱愚③；知乎，反愁我躯。不仁则害人，仁则反愁我身；不义则伤彼，义则反愁我已。我安逃此而可？此三言者，趎之所患也，愿因楚而问之④。"老子曰："向吾见若眉睫之间，吾因以得汝矣⑤，今汝又言而信之。若规规然若丧父母⑥，揭竿而求诸海也⑦。女亡人哉⑧！惘惘乎⑨！汝欲反汝情性而无由入，可怜哉！"

【注释】

① 赢（yíng）：担负。

② 与人句：带这么多人来。这句话讽刺南荣趎带了许多世俗问题来。

③ 朱愚：愚蠢。

④ 因楚：借庚桑楚名义。

⑤ 得汝：知道你的想法。

⑥ 若：你。规规然：失魂落魄貌。

⑦ 揭：举。

⑧ 女（rǔ）：通"汝"。亡人：精神流浪者。

⑨ 惘（wǎng）惘乎：迷惘貌。

【译文】

南荣趎背着干粮，走七天七夜到了老子住所。老子问："你从庚桑楚那里来的？"南荣趎说："是。"老子问："你怎么带了那么多人来呢？"南荣趎吃惊地回头看。老子说："你没懂我说的意思？"南荣趎俯下身很惭愧，抬头叹息："现在我不知该如何回答，也不知该如何提问。"老子说："什么意思？"南荣趎说："不聪明，别人说我愚蠢；聪明了，反而给自己惹麻烦；不仁慈会伤害别人，仁慈反而给自己带来烦恼；不讲义会损害别人，讲义反而给自己带来愁苦。我如何摆脱困境？这几句话说的情况，是我担心的，望能通过庚桑楚的引荐向您求教。"老子说："我刚才观察你的表情，已知你心思，现在你的话又证实了我的看法。你失魂落魄的样子像失去了父母、举着竹竿到海里打捞一样。你是个精神流浪者，是那样迷惘！你想恢复自我真性却不知从何做起，实在可怜啊！"

【原文】

南荣趎请入就舍，召其所好，去其所恶，十日自愁，复见老子。老子曰："汝自洒濯①，熟哉郁郁乎②？然而其中津津乎犹有恶也③。夫外韄者不可繁而捉④，将内捷⑤；内韄者不可缪而捉⑥，将外捷。外内韄者，道德不能持，而况放道而行者乎⑦！"

【注释】

① 洒濯（zhuó）：清洗。

② 熟：同"孰"。为何。郁郁乎：愁闷貌。

③ 津津乎：充满貌。

④ 外韄（hù）：受外物束缚。韄，束缚。繁：多。捉：执着。

⑤ 捷（jiàn）：闭塞。

⑥ 缪：错乱。

⑦ 放：通"仿"。效法。

【译文】

南荣趎请留在馆舍受业，搜取所喜欢的，排除所讨厌的，十天后依然苦闷，又去见老子。老子说："你清洗了心，为何还闷闷不乐呢？你心中还装满了你所厌恶的东西。受外物束缚不可多而执着，否则内心将闭塞不通；受内心束缚不可错而执着，否则外部感官会闭塞不通。内外都受束缚的人，连原有道德也无法持守，更何况效法道行事呢！"

【原文】

南荣趎曰："里人有病，里人问之，病者能言其病，然其病病者①，犹未病也。若趎之闻大道，譬犹饮药以加病也，趎愿闻卫生之经而已矣。"老子曰："卫生之经，能抱一乎②？能勿失乎？能无卜筮而知吉凶乎？能止乎③？能已乎④？能舍诸人而求诸己乎？能翛然乎⑤？能侗然乎⑥？能儿子乎？儿子终日嗥而嗌不嗄⑦，和之至也；终日握而手不掜⑧，共其德也⑨；终日视而目不瞚⑩，偏不在外也。行不知所之，居不知所为，与物委蛇，而同其波⑪。是卫生之经已。"

【注释】

① 病病：把疾病当疾病看。

② 抱一：使肉体和精神合而为一。古人认为精神一旦离开肉体，就意味着死亡。

③ 止：停止；知足。

④ 已：停止；适可而止。

⑤ 儵 (xiāo) 然：无拘无束貌。

⑥ 侗 (dòng) 然：无思无虑貌。

⑦ 嗥 (háo)：大声哭。嗌 (yì)：喉咙。嗄 (shà)：嘶哑。

⑧ 捖 (niè)：僵直。

⑨ 共其德：顺应了自己天性。共，同"拱"。拱卫。引申为顺应。

⑩ 瞚 (shùn)：眨眼。

⑪ 同其波：同其好恶。

【译文】

南荣趎说："乡人病了，乡亲去问候，病人能说明病情，能把自己的病当病看待，还不算重病。而像我学道，好比吃了药反而加重病情，我只想请教养生原则而已。"老子说："养生原则啊，你能保证肉体与精神合一吗？能不丧失合一状态吗？能不占卜就知吉凶吗？能知足吗？能适可而止吗？能不求助于人而求助于己吗？能无拘无束吗？能无思无虑吗？能像婴儿那样吗？婴儿整天啼哭而喉咙不会嘶哑，因他内心平和到极点；婴儿整天握拳而手指不会僵硬，因为握拳是顺应了天性；婴儿整天睁着眼睛眨也不眨，因他不留心于外物。出门不知该去哪里，在家不知该干什么，顺应万物，同其好恶。这就是养生原则。"

【原文】

南荣趎曰："然则是至人之德已乎？"曰："非也。是乃所谓冰解冻释者①，能乎？夫至人者，相与交食乎地而交乐乎天②，不以人物利害相撄③，不相与为怪，不相与为谋，不相与为事，儵然而往，侗然而来。是谓卫生之经已。"曰："然则是至乎？"曰："未也。吾固告汝曰：'能儿子乎？'儿子动不知所为，行不知所之，身若槁木之枝而心若死灰。若是者，祸亦不至，福亦不来。祸福无有，恶有人灾也！"

【注释】

① 冰解冻释：不固执貌。冻释，冰冻消融。

② 相与交食乎地：一起在大地上寻求食物。交乐乎天：一起在自然中寻求快乐。

③ 撄：扰乱。

【译文】

南荣趎问："那么这是圣人美德吗？"老子说："不是。这只是顺应外物而不固执的人，能做到吗？那些圣人，与人们一起在大地上寻求食物，在自然中寻求快乐，不因人事、外物和利害扰乱自己的心，不参与怪异之事，不参与商谋事情，不参与世俗事务，自由自在而去，无思无虑而来。这即养生原则。"南荣趎问："那么这是最高境界吗？"老子说："不是。我已告诉你：'能像婴儿吗？'婴儿活动不知该干什么，出门不知该去哪里，身体像枯枝而心像死灰。这样的人，灾祸不会到来，幸福不会降临。祸福都没有，哪里会有人为灾难！"

【原文】

宇泰定者①，发乎天光。发乎天光者，人见其人，物见其物。人有修者，乃今有恒②，有恒者，人舍之③，天助之。人之所舍，谓之天民；天之所助，谓之天子。

【注释】

① 宇：器宇。引申为心境。泰：安定。

② 乃今有恒：保持至今。恒，一直。

③ 舍：居住；归依。

【译文】

心境安定的人，会发出天然光辉。发出天然光辉的人，人见了他会视为朋友，万物见了他会视为同类。注重修养的人，能够永远保持安定心境；能永远保持安定心境的人，人会归依他，天会帮助他。人所归依的人，可称为圣人；天所帮助的人，可称为天子。

【原文】

学者，学其所不能学也；行者，行其所不能行也；辩者，辩其所不能辩也。知止乎其所不能知，至矣；若有不即是者①，天钧败之②。备物以将形③，藏不虞以生心④，敬中以达彼，若是而万恶至者，皆天也，而非人也，不足以滑成⑤，不可内于灵台⑥。灵台者有持，而不知其所持而不可持者也⑦。不见其诚己而发⑧，每发而不当，业入而不舍⑨，每更为失。为不善乎显明之中者，人得而诛之；为不善乎幽间之中者，鬼得而诛之。明乎人、明乎鬼者，然后能独行。券内者⑩，行乎无名；券外者，志乎期费⑪。行乎无名者，唯庸有光⑫；志乎期费者，唯贾人也⑬，人见其跂⑭，犹之魁然。与物穷者⑮，物入焉⑯；与物且者⑰，其身之不能容，焉能容人！不能容人者无亲，无亲者尽人⑱。兵莫憯于志⑲，镆铘为下⑳；寇莫大于阴阳，无所逃于天地之间。非阴阳贼之，心则使之也。

【注释】

① 即是：是这样。即，是。是，这样。

② 天钧：天道。

③ 将：养。

④ 藏：收藏；保持。虞：思考。生：养。

⑤ 滑（gǔ）：扰乱。成：原有的心境。

⑥ 内（nà）：同"纳"。纳入。灵台：内心。

⑦ 所持：所持守的富贵名利思想。

⑧ 见（xiàn）：通"现"。表现。发：抒发情感。

⑨ 业：事业；事情。舍：离去。

⑩ 券内：重视内心修养。券，契约。引申为重视。

⑪ 期费：全部钱财。期，通"綦"。穷尽；全部。费，财物。

⑫ 唯庸有光：即使做平常事也显得很有光彩。庸，平常。

⑬ 贾（gǔ）人：商人。

⑭ 跂（qì）：踮起脚跟。

⑮ 与物穷者：能以清静心态顺应万物的人。穷，空；清静。

⑯ 入：归依。

⑰ 且（zǔ）：通"阻"。阻隔；矛盾。

⑱ 尽人：被人抛弃。尽，弃绝；被抛弃。

⑲ 兵：兵器。憯（cǎn）：毒；伤害。志：心意；悲伤情绪。

⑳ 镆铘：宝剑名。

【译文】

世俗学者，想学无法学到的东西；做事的人，想做无法做到的事情；辩论的人，想辩清楚无法辩清楚的问题。智慧不去追寻无法认知的领域，最为明智；如有人不愿这样做，天道一定让他失败。具备各种物品以养身，保持无思无虑以养心，内心恭敬以待人，如做到这些而各种灾祸还降临，这是天命注定，非自身造成，因而不必让它扰乱自己的心，不必把它放在心上。内心有所持守，而不知他所持守的是一些不该持守的东西。不能表现真诚就去抒发情感，每次抒发都不恰当，事情进入心中不会忘却，每次出现这种情况就加重对自己的伤害。在公开场合做坏事的人，人们会惩罚他；在隐蔽之处做坏事的人，鬼神会惩罚他。既知人的惩罚、又知鬼神惩罚，才能独自一人也不会行恶。重视内心修养的人，做事不求名声；重视身外之物的人，一心想占有所有钱财。做事不求名声的人，即使做平常事也充满了道德光彩；一心想占有钱财的人，不过是个商人而已，人们见他踮起脚跟站着，还误以为他真的身材高大。以清静心态顺应万物的人，万物将归依于他；与万物冲突的人，自身将不被容纳，又如何去容纳别人！不能包容别人的人就不会有亲近的人，没有亲近的人就会被人们抛弃。任何兵器都没有悲伤情绪更为伤人，与悲伤情绪相比镆铘的伤人程度算是轻的；最大敌人就是阴阳不调，生活于天地间无处逃避。其实并非阴阳伤害人，而是不良情绪伤害了自己。

【原文】

道通其分也①，其成也毁也。所恶乎分者②，其分也以备；所以恶乎备者，其有以备③。故出而不反④，见其鬼⑤；出而得，是谓得死。灭而有实⑥，鬼之一也。以有形者象无形者而定矣⑦。

【注释】

①　通：普遍；普遍赋予。其：指万物。分：本分。
②　恶：讨厌；不满。
③　其有以备：他有自己的完备标准。也即贪得无厌，永无满足。
④　出：向外追逐名利。反：同"返"。返回；收敛。
⑤　鬼：死亡。
⑥　灭：丧失天性。实：指肉体。
⑦　有形者：指万物。象：效法。无形者：指道。

【译文】

道赋予万物本分，事物形成就意味着走向毁灭。不满于自己本分，因为想得到更完备的东西；得到的东西已经完备而依然不满，因为他对"完备"有着个人标准。向外追逐名利而不知收敛，将看到他走向死亡；向外追逐名利即使获取名利，也只能说是获取了死亡。丧失天性者即便肉体还在，那也是一种死亡。有形体的人应效法没有形体的道才能安定无事。

【原文】

出无本①，入无窍②；有实而无乎处③，有长而无乎本剽④，有所出而无窍者有实⑤。有实而无乎处者，宇也⑥。有长而无本剽者，宙也⑦。有乎生，有乎死，有乎出，有乎入，入出而无见其形，是谓天门。天门者，无有也⑧，万物出乎无有，有不能以有为有⑨，必出乎无有，而无有一无有⑩。圣人藏乎是。

【注释】

① 出无本：找不到产生源。指空间。

② 入无窍：不知从哪个孔洞流逝。指时间。

③ 有实句：确实存在却又无法确定它的所在之处。指空间。

④ 有长而无乎本剽（piāo）：有长度却又找不到它的开端和终结。指时间。剽，终结。

⑤ 有所句：有产生处却找不到它们消失处，是真实存在的。一说本句为衍文，应删去。

⑥ 宇：上下四方叫"宇"。即空间。

⑦ 宙：古往今来叫"宙"。即时间。

⑧ 无有：没有事物。即虚无。有，有形体的事物。

⑨ 有不能以有为有：任何具体事物都不能主使别的事物再去产生事物。比如人只能生育出人，不可能生育出其他物种。

⑩ 无有：虚无。一：完全。

【译文】

不知空间产生的本源，不知时间从哪个孔洞流失；空间确实存在却无法确定所在之处，时间确实有长度却找不到开端与终点，它们都有产生处却找不到消失处，但确实存在。确实存在却无法确定所在之处，是空间；确实有长度却找不到开端与终点，是时间。有的在那里产生，有的在那里死亡，有的在那里出现，有的在那里消失，无论消失还是出现都无从寻觅其形迹，此处叫自然之门。自然之门，就是虚无，万物产生于虚无，因为任何具体事物都不可能主使别的事物再去产生事物，所以万物必定产生于虚无，而虚无就是一无所有。圣人立身于这种虚无境界之中。

【原文】

古之人，其知有所至矣。恶乎至？有以为未始有物者，至矣，尽矣，弗可以加矣。其次以为有物矣，将以生为丧也，以死为反也，是以分已①。其次曰始无有，既而有生，生俄而死②；以无有为首，以生为体，以死为尻。孰知有无死生之一守者③，吾与之为友。是三者虽异④，公族也⑤。昭景也⑥，著戴也⑦，甲氏也⑧，著封也⑨，非一也⑩。

【注释】

① 分：区分。已：通"矣"。

② 俄而：不久。

③ 一守：即"守一"。处于一体。

④ 三者：指上文说的三种看法。

⑤ 公族：属于同一个高贵家族。比喻以上三种看法虽有小异，本质一样。

⑥ 昭景：楚国王族的两个姓氏。楚国王族共分昭、景、屈三个姓氏，属于同一个祖先。

⑦ 著戴：受人拥戴的名族。著，著名。

⑧ 甲氏：最尊贵的姓氏。

⑨ 著封：显贵的封号。

⑩ 非一：相同处不是一点。

【译文】

古时的人，其智慧达到最高境界。达到何等最高境界？有人心中从不存在事物，这是最高境界，尽善尽美，无以复加。其次认为存在事物，认为产生就意味着消亡，把死亡视为返归自然，因此事物有了分别。再次一等的认为最初一片虚无，不久有了生命，生命很快又走向死亡；他们把虚无视为头部，把生存视为身躯，把死亡视为臀部。谁懂得有无、死生本是一体，我就与他交友。这三种看法虽然不同，但本质一样。就好比楚国王族昭、景二姓，都是受拥戴的名族，是高贵的姓氏，都有显赫封号，他们相同点很多啊。

【原文】

有生，黬也①。披然曰移是②。尝言移是，非所言也。虽然，不可知者也。腊者之有腺胲③，可散而不可散也。观室者周于寝庙④，又适其偃焉⑤。为是举移是。

【注释】

① 飘（àn）：一点黑色尘土。

② 披然：分离貌。指看法不同。移是：漂移不定的是非观。

③ 腊：年终大祭。腺胲（pí gāi）：用来祭祀的牛。腺，牛胃。胲，牛蹄。

④ 周：周旋。引申为饮酒吃饭。寝庙：宗庙。这里泛指饮食场所。

⑤ 适：到。偃：厕所。寝庙与厕所有雅俗之分，在寝庙活动是对的，进厕所也是对的。

【译文】

身体，是物质凑合而成的一点尘埃。因看法不同而出现各种漂移不定的是非观。我曾谈过漂移不定的是非观，不必再说了。虽已谈过，但是非观仍难以明白。比如腊祭的祭牛，祭祀后把它分割送人是正确的，但祭祀时又不可把它分割。到别人家里做客，在厅堂用餐是对的，到厕所去方便也是对的。对此可用是非漂移观加以说明。

【原文】

请常言移是①。是以生为本，以知为师，因以乘是非②，果有名实③，因以己为质④，使人以为己节⑤，因以死偿节。若然者，以用为知，以不用为愚，以彻为名⑥，以穷为辱。移是，今之人也，是蜩与学鸠同于同也⑦。

【注释】

① 常：同"尝"。试着。

② 乘：驾驭。

③ 名实：主次。名为次，实为主。

④ 质：主体。

⑤ 为己节：为自己守节。即让别人忠于自己。

⑥彻：达，生活得意。

⑦蜩：蝉。学鸠：小鸟名。比喻浅薄而自以为是的人。同于同：蜩与学鸠见识相同，今之人又与蜩、学鸠的见识相同，故言"同于同"。

【译文】

请再试着谈谈是非不定的问题。这是因为把生存看作根本，把才智当作老师，以此驾驭是非，结果有了主次之分，有人以自我为主体，要别人为他守节，甚至要别人为守节而献身。这样的人，把受重用的人看作聪明，把未受重用的人看作愚笨，把生活得意视为荣耀，把生活困窘视为耻辱。是非漂移不定，这即今人的认识，这种认识与蜩和学鸠的见识一样。

【原文】

蹍市人之足①，则辞以放骜②，兄则以妪③，大亲则已矣。故曰：至礼有不人④，至义不物⑤，至知不谋，至仁无亲，至信辟金⑥。

【注释】

①蹍（zhǎn）：踩踏。市人：市场上的陌生人。

②辞：道歉。放骜（ào）：放肆。骜，通"傲"。放肆。

③妪（yù）：表爱抚的声音。

④不人：不分彼此。

⑤不物：不分物我。

⑥至信辟金：最高诚信不需金钱抵押。辟，除去；不需要。

【译文】

在市场上踩了陌生人的脚，马上道歉说自己不小心；踩了兄长脚，只需表示一下爱抚就行；踩了父母脚，什么表示都不需要。所以说：最高的礼没有人我之分，最高的义没有物我之分，最高智慧不用谋略，最高仁爱没有偏爱，最高诚信无须金钱抵押。

【原文】

彻志之勃①，解心之谬②，去德之累，达道之塞③。贵、富、显、严、名、利六者，勃志也；容、动、色、理、气、意六者，谬心也；恶、欲、喜、怒、哀、乐六者，累德也；去、就、取、与、知、能六者，塞道也。此四六者不荡胸中则正④，正则静，静则明，明则虚，虚则无为而无不为也。

【注释】

① 彻：消除。勃（bèi）：通"悖"。错误。

② 谬（móu）：通"缪"。束缚。

③ 达道之塞：疏通自己与道之间的阻碍。达，疏通。塞，阻碍。

④ 四六：指上述四个方面、每方面各六种情况。荡：扰乱。正：平正。

【译文】

消除错误志愿，解脱心灵束缚，清除天性牵累，疏通与道之间的阻碍。高贵、富有、显赫、威严、名声、财利六种情况，是错误志愿；姿容、举止、表情、辞理、气度、情意六种情况，是心灵束缚；憎恶、欲望、欢喜、愤怒、悲哀、快乐六种情况，是天性牵累；抛弃、追求、贪取、给予、智慧、才能六种情况，是与道之间的障碍。这四个方面、每方面各六种情况都不来扰乱内心，内心就会平正，平正就能安静，安静就会明智，明智就会处于虚静无欲状态，虚静无欲就能做到无为而又无所不能为。

【原文】

道者，德之钦也①；生者，德之光也；性者，生之质也②。性之动，谓之为；为之伪，谓之失。知者，接也；知者，谟也③。知者之所不知，犹睨也④。动以不得已之谓德，动无非我之谓治⑤，名相反而实相顺也⑥。

【注释】

① 德之钦：是德所尊崇的。德来自道，德尊崇道。钦，尊崇。

② 质：根本。

③ 谟：谋划。

④ 睨（nì）：斜视，所见少。比喻俗智的局限性。

⑤ 无非我：无不出自我的天性。治，合理。

⑥ 名相反句："德"和"治"名字不同而实质相同。"德"指内在天性，"治"是外部表现，故曰"名相反"。

【译文】

道，为德所尊崇；生命，是德的光辉；本性，是生命根本。顺应本性活动，叫行为；行为虚伪，叫过失。知觉，用来感知外物；智慧，用来谋划事情。智者也有很多东西无法知道，其智慧就像斜视一样所见有限。出于不得已的行为符合德，出于天性的行为符合理，"德"与"合理"名字不同，但实质一样。

【原文】

羿工乎中微而拙乎使人无己誉①，圣人工乎天而拙乎人。夫工乎天而俍乎人者②，唯全人能之。唯虫能虫，唯虫能天。全人恶天，恶人之天，而况吾天乎人乎③！

【注释】

① 羿（yì）：古代神箭手。工乎：善于。己誉：即"誉己"。赞美自己。

② 俍（liáng）：善；精通。

③ 而况句：何况是某个人说的天道和人事。吾，泛指个人。

【译文】

羿善于射中微小目标而拙于使人不称赞自己，圣人善于顺应天道而拙于处理人事。既善于顺应天道又善于处理人事，只有完人能做到。唯有禽兽能保持原始生活，唯有禽兽生活能体现天道。完人讨厌天道，讨厌的是人们所谓的"天道"，更何况只是某人说的天道和人事！

【原文】

一雀适羿，羿必得之，或也①；以天下为之笼，则雀无所逃。是故汤以庖人笼伊尹②，秦穆公以五羊之皮笼百里奚③。是故非以其所好笼之而可得者，无有也。

【注释】

① 或：同"惑"。迷惑；欺骗。

② 汤：商汤王。庖人：厨师。伊尹：善于烹调，后被举荐为相。

③ 百里奚：虞国大夫。虞亡后，百里奚逃到宛被楚人捉住，秦穆公以五张羊皮赎回，后委以国政，号"五羖大夫"。

【译文】

任何一只鸟朝羿飞来，羿都说一定能射中，这是骗人；如把天下看作鸟笼，就没有鸟能逃脱。因此商汤用聘为厨师的办法笼络伊尹，秦穆公用五张羊皮换取百里奚的自由以笼络百里奚。因此不用投其所好的办法去笼络而可以成功的，从来没有过。

【原文】

介者拸画①，外非誉也；胥靡登高而不惧②，遗死生也。夫复谓不馈而忘人③，忘人，因以为天人矣。故敬之而不喜，侮之而不怒者，唯同乎天和者为然④。出怒不怒，则怒出于不怒矣；出为无为⑤，则为出于无为矣。欲静则平气，欲神则顺心⑥。有为也欲当⑦，则缘于不得已。不得已之类，圣人之道。

【注释】

① 介者：只有一只脚的人。拸（chǐ）：不重视。画：修饰。

② 胥靡：服苦役的囚犯。

③ 复谓（xí）：反复受人语言威吓。复，反复。谓，用语言恐吓。馈：赠给；反击。

④ 天和：最高平和状态。为然：做到这一点。然，这样。

⑤ 出为：表面上忙碌做事。

⑥ 神：养神。

⑦ 欲当：想做得恰当。

【译文】

独脚之人不重外表修饰，因为他把批评和赞美置之度外了；服役囚犯登高不觉恐惧，因为他不再顾及生死了。反复受语言威吓而不反击，并且忘了威吓自己的人，能忘掉威吓自己的人，可算是圣人。尊敬他而不感到高兴，侮辱他而不感到生气，只有具备最高平和心态的人才能做到。表面发怒而内心平静，发怒出于平静心态；表面忙碌而内心清静无为，忙碌是出于清静无为的心境。想安静就要心平气和，想养神就要心情顺畅。想有所行动而且想做得恰当，那么做事就应出于不得已。不得已而行动，符合圣人原则。

徐无鬼第二十四

【题解】

徐无鬼，魏国隐士。本篇阐述无为原则、知音的重要与自我炫耀的危害等。

【原文】

徐无鬼因女商见魏武侯①，武侯劳之曰："先生病矣②！苦于山林之劳，故乃肯见于寡人。"徐无鬼曰："我则劳于君，君有何劳于我！君将盈耆欲③，长好恶，则性命之情病矣；君将黜耆欲，掔好恶④，则耳目病矣。我将劳君，君有何劳于我！"武侯超然不对⑤。

【注释】

① 徐无鬼：魏国隐士。因：通过。女商：魏国大臣。魏武侯：魏国君主。

② 病：困顿。

③ 盈：满足。耆（shì）：通"嗜"。嗜好。

④ 挈（qiān）：放弃。

⑤ 超然：怅然。

【译文】

徐无鬼通过女商见到魏武侯。武侯慰劳他说："您太辛苦了，因为山林生活太苦，所以才肯见我！"徐无鬼说："我来慰劳您，您何必慰劳我！您要满足嗜欲，增添好恶之情，那么您的天性会受伤害；您放弃嗜欲，摒除好恶，那么您的身体就不舒服。我想慰劳您，您何必慰劳我！"武侯怅然若失不知如何回答。

【原文】

少焉，徐无鬼曰："尝语君，吾相狗也。下之质执饱而止，是狸德也①；中之质若视日；上之质若亡其一②。吾相狗，又不若吾相马也。吾相马，直者中绳，曲者中钩，方者中矩，圆者中规，是国马也③，而未若天下马也。天下马有成材④，若恤若失⑤，若丧其一，若是者，超轶绝尘⑥，不知其所。"武侯大悦而笑。

【注释】

① 狸德：野猫一样的禀性。

② 亡：忘记。一：全部；一切。

③ 国马：一个地区最好的马。国，诸侯国。代指某一地区。

④ 成材：天生的好素质。

⑤ 恤：犹豫顾惜。形容缓行貌。失（yì）：同"佚"。快速。

⑥ 超轶（yì）绝尘：脚不沾地飞越其他马匹。轶，超越。绝，隔绝。

【译文】

过一会儿，徐无鬼说："我告诉您，我善于相狗。下品狗只知填饱肚子，这是野猫样的禀性；中品狗高傲地仰望天空；上品狗看似忘却一切。我相狗，不如我相马。我选中的马，跑直线时合乎墨绳，跑曲线时合乎钩尺，跑方形时合乎曲尺，跑圆形时合乎圆规，这是地区性好马，但不如天下好马。天下好马具备天生素质，无论缓步还是快跑，都像忘却一切。这样的马，能脚不沾地超越所有马匹，而不知其原因。"武侯极为高兴地笑了。

【原文】

徐无鬼出，女商曰："先生独何以说吾君乎？吾所以说吾君者，横说之则以《诗》《书》《礼》《乐》①，从说之则以《金板》《六弢》②，奉事而大有功者不可为数，而吾君未尝启齿。今先生何以说吾君，使吾君说若此乎③？"徐无鬼曰："吾直告之吾相狗马耳。"女商曰："若是乎？"曰："子不闻夫越之流人乎④？去国数日，见其所知而喜；去国旬月，见所尝见于国中者喜；及期年也⑤，见似人者而喜矣。不亦去人滋久，思人滋深乎？夫逃虚空者⑥，藜藋柱乎鼪鼬之径⑦，踉位其空⑧，闻人足音跫然而喜矣⑨，又况乎昆弟亲戚之謦欬其侧者乎⑩！久矣夫，莫以真人之言謦欬吾君之侧乎！"

【注释】

① 横：横向的。指近代。

② 从（zòng）：同"纵"。纵向的。指时代较远的。《金板》《六弢（tāo）》：相传为姜太公所著兵法。一说是《周书》篇名。

③ 说（yuè）：通"悦"。

④ 越之流人：流放到远处的人。越，远。一说指越国。

⑤ 期（jī）年：一整年。

⑥ 虚空：空无人烟。

⑦ 藜藋（lí diào）：两种野草。柱：堵塞。鼪鼬（shēng yòu）：黄鼠狼。泛指野兽。

⑧ 踉（liàng）：踉跄。形容生活艰难。位：处于。空：无人。

⑨ 跫（qióng）然：脚步声。

⑩ 謦欬（qǐng kài）：谈笑声。

【译文】

徐无鬼出来后，女商问："您究竟对我们国君说了什么？我对国君谈论的内容是：近代的谈《诗》《书》《礼》《乐》，古代的谈《金板》《六弢》，我奉命办事立下大功的次数无法计算，而我们国君从未开口笑过。今天您对国君说了什么，使我们国君如此高兴？"徐无鬼说："我不过告诉他相狗、相马的事而已。"女商问："仅仅说了这些？"徐无鬼说："您没听说被流放远方的人吗？离开国都几天后，看到老友会非常高兴；离开国都十天、一月后，看到曾在国都见过的人便大喜过望；一年后，看到像是同乡人便欣喜若狂，这不是因为离开故人越久，思念故人之情越深吗？逃往空无人烟之处的人，满眼都是丛生野草覆盖着野兽出没的小路，艰难孤独地生活在无人之地，听到人的脚步声就会高兴，何况是兄弟亲人在身边谈笑呢！很久了，没人用纯真语言在我们君主身边谈笑了！"

【原文】

徐无鬼见武侯，武侯曰："先生居山林，食芧栗①，厌葱韭②，以宾寡人③，久矣夫！今老邪？其欲干酒肉之味邪④？其寡人亦有社稷之福邪？"徐无鬼曰："无鬼生于贫贱，未尝敢饮食君之酒肉，将来劳君也。"君曰："何哉？奚劳寡人？"曰："劳君之神与形。"武侯曰："何谓邪？"徐无鬼曰："天地之养也一，登高不可以为长，居下不可以为短。君独为万乘之主，以苦一国之民，以养耳目鼻口，夫神者不自许也。夫神者好和而恶奸，夫奸，病也，故劳之。唯君所病之，何也？"

【注释】

① 芧（xù）：橡树果。栗：栗树果。

② 厌：吃饱。葱韭：两种蔬菜。

③ 宾：同"摈"。抛弃。

④ 干：求。

【译文】

徐无鬼见魏武侯，武侯说："您住在山林，啃野果，吃青菜，却不愿与我交往，这已很久了！如今您是因为老了？还是想吃点儿酒肉？还是想造福我的国家？"徐无鬼说："我出身贫贱，从不奢望享用您的酒肉，我来慰问您。"武侯说："为何？为何慰问我？"徐无鬼说："慰劳您的心神和形体。"武侯说："什么意思？"徐无鬼说："天地对人的养育一样，身居高位不该认为高人一等，身处下位不可认为低人三分。您身为大国君主，盘剥全国百姓，以满足肉体享受，您的心神对此并不认可。心神喜欢和谐、讨厌奸邪，干奸邪之事，就是患上了疾病，所以来慰问你。只有您患上这种疾病，原因是什么？"

【原文】

武侯曰："欲见先生久矣。吾欲爱民而为义偃兵①，其可乎？"徐无鬼曰："不可。爱民，害民之始也；为义偃兵，造兵之本也。君自此为之，则殆不成②。凡成美③，恶器也。君虽为仁义，几且伪哉！形固造形④，成固有伐⑤，变固外战⑥。君亦必无盛鹤列于丽谯之间⑦，无徒骥于锱坛之宫⑧，无藏逆于得⑨，无以巧胜人，无以谋胜人，无以战胜人。夫杀人之士民，兼人之土地，以养吾私与吾神者，其战不知孰善？胜之恶乎在？君若勿已矣⑩，修胸中之诚，以应天地之情而勿撄⑪。夫民死已脱矣，君将恶乎用夫偃兵哉！"

【注释】

① 偃兵：停止打仗。偃，平息。

② 殆：大概。

③ 成美：已经形成的美名。

④ 形固造形：有了仁义形迹，就会有人伪造仁义形迹。即用假仁假义谋取私利。

⑤ 成固有伐：成功了必会自我夸耀。伐，夸耀。

⑥ 变固外战：有了变故必会发动对外战争。

⑦ 鹤列：鹤鸟队列。比喻军阵。丽谯（qiáo）：壮丽的城楼。

⑧ 徒：步兵。骥：好马；骑兵。锱（zī）坛：宫殿名。

⑨ 逆：逆理。得：通"德"。

⑩ 勿已：不得已；不得不做事。

⑪ 情：真情；本性。撄：扰乱。

【译文】

武侯说："我很久就想见您。我想爱民并为道义而不再打仗，行吗？"徐无鬼说："不行。有意去爱民，是害民的开始；为道义而不再打仗，是制造战争的根源。您如从这里着手，大概难以成功。大凡已有的美名，会成为作恶工具；您虽想推行仁义，但近似虚伪！推行仁义，就会有人伪造仁义以谋利；成功了就会自我夸耀，出现变故就会发动战争。您一定不要在高大城楼下摆开强盛军阵，不要在锱坛宫前陈列步卒骑兵，不要在品德中包含逆理之心，不要用智巧战胜别人，不要用谋略打败别人，不要用战争征服别人。屠杀别人的士卒百姓，兼并别人的土地，以满足私欲和精神需要的人，他们的争战不知谁是正义？不知胜利意义何在？您如必须做事，不如修养内心诚意，以顺应万物本性而不去扰乱。百姓已经摆脱了死亡威胁，您哪里还用得着制止战争呢！"

【原文】

黄帝将见大隗乎具茨之山①，方明为御②，昌寓骖乘③，张若、谓朋前马④，昆阍、滑稽后车⑤。至于襄城之野，七圣皆迷，无所问涂。

【注释】

① 大隗（tài wěi）：虚构人名。喻指道。具茨（cí）：山名。

② 方明：虚构人名。为御：为他驾车。

③ 昌寓（yǔ）：虚构人名。骖（cān）乘：陪乘。

④ 张若、谙（xí）朋：虚构人名。前马：走在马前作引导。

⑤ 昆阁（hūn）、滑稽：虚构人名。后车：在车后跟随。

【译文】

黄帝去具茨山拜访大隗，方明为他驾车，昌寓当陪乘，张若、谙朋在马前引导，昆阁、滑稽在车后跟随。走到襄城的野外，这七位圣人迷了路，找不到问路的人。

【原文】

适遇牧马童子，问涂焉，曰："若知具茨之山乎？"曰："然。""若知大隗之所存乎？"曰："然。"黄帝曰："异哉小童！非徒知具茨之山①，又知大隗之所存。请问为天下。"小童曰："夫为天下者，亦若此而已矣②，又奚事焉！予少而自游于六合之内③，予适有瞀病④，有长者教予曰：'若乘日之车而游于襄城之野⑤。'今予病少痊，予又且复游于六合之外。夫为天下，亦若此而已。予又奚事焉！"

【注释】

① 非徒：不仅。

② 若此：像牧马一样。

③ 六合之内：天地四方之内。即人间。

④ 瞀（mào）病：头晕目眩之病。

⑤ 日之车：太阳之车。指白天。

【译文】

刚好遇上一位牧马少年，便向少年问路："你知道具茨山吗？"少年说："知道。""你知道大隗的住地吗？"少年说："知道。"黄帝说："这位少年非同一般啊！不仅知道具茨山，还知道大隗的住地。请问如何治天下。"少年说："治天下的方法，不过与牧马的道理一样而已。又何须多事！我从小独自生活于人间，患上头晕眼花的毛病，一位长者告诉我：'你每天白天都到襄城的原野里走一走！'如今我的病稍有好转，我还想游于人间之外！治天下，不过如此而已。再说我又何必多事操心治天下呢？"

【原文】

黄帝曰："夫为天下者，则诚非吾子之事。虽然，请问为天下。"小童辞。黄帝又问，小童曰："夫为天下者，亦奚以异乎牧马者哉！亦去其害马者而已矣！"黄帝再拜稽首①，称天师而退。

【注释】

① 稽（qǐ）首：叩头至地。

【译文】

黄帝说："治天下，确实不是您的事。虽说如此，还想请教如何治天下。"少年拒绝回答。黄帝坚持请教，少年说："治天下，与牧马有何不同！也就是排除害马的事情而已！"黄帝连拜两拜，叩头至地，称之为"天师"，然后告辞而去。

【原文】

知士无思虑之变则不乐，辩士无谈说之序则不乐①，察士无凌谇之事则不乐②，皆囿于物者也③。招世之士兴朝④，中民之士荣官⑤，筋力之士矜难⑥，勇敢之士奋患，兵革之士乐战⑦，枯槁之士宿名⑧，法律之士广治，礼教之士敬容，仁义之士贵际⑨，农夫无草莱之事则不比⑩，商贾无市井之事则不比，庶人有旦暮之业则劝⑪，百工有器械之巧则壮⑫。钱财不积则贪者忧，权势不尤则夸者悲⑬。势物之徒乐变⑭，遭时有所用⑮，不能无为也。此皆顺比于岁⑯，不物于易者也⑰。驰其形性，潜之万物，终身不反，悲夫！

【注释】

① 序：条理。

② 察士：明察的人。凌（líng）：侵犯。谇（suì）：责问。

③ 囿（yòu）：局限。物：指才能和爱好。

④ 招世：招揽社会人才。兴朝：在朝中得势。

⑤ 中：不偏不倚；恰当。引申为善于治理。荣：荣耀。

⑥ 筋力之士：强壮有力的人。矜：骄傲。指骄人表现。

⑦ 兵革之士：将士。兵，兵器。革，皮制甲衣。

⑧ 枯槁之士：隐士。隐士生活艰苦，形如枯木。宿：住宿。引申为追求。

⑨ 贵际：看重人际关系。

⑩ 草莱（lái）：除草耕耘。莱，草名。比：愉快。

⑪ 庶人：百姓。旦暮：代指一天。劝：勤劳。

⑫ 百工：各类工匠。壮：盛。指工效高。

⑬ 尤：突出。夸者：喜欢炫耀的人。

⑭ 势物之徒：追求权势名利之人。物，外物。指名利。

⑮ 遭时：遇上机会。

⑯ 顺比于岁：依附于时机。比，依附。岁，时机。

⑰ 不物于易：不能主宰外物于变化之中。即不能摆脱外物的牵累。易，变化。

【译文】

智士如不让他进行复杂多变的思考就不快乐，辩士如不让他进行有条理的论辩就不快乐，明察之士如不让他对人进行欺凌责难他就不快乐，他们都受到各自才能爱好的拘限。善于揽才的人能在朝中得势，善于治民的人容易获取高官厚禄，强壮人希望在国难中有骄人表现，勇敢人希望在灾难中表现勇气，将士喜欢打仗，隐士爱好名声，重法的人推广法治，重礼的人注重容貌，崇尚仁义的人看重人际关系。农夫没农活就感到不安，商人没贸易就不高兴，庶民每天有事做会变得勤奋，工匠有巧妙机械会提高工效。钱财积累不多那么贪婪的人就会伤心，权势不大那么喜欢炫耀的人就会悲哀。追求权势名利的人喜欢多生变故，这样就容易找时机而有所作为，他们无法做到清静无为。这些人都需要依附于有利时机，不能主宰外物于变化之中。他们身心奔波不安，沉溺于外物而不能自拔，终身不会醒悟，可悲啊！

【原文】

庄子曰："射者非前期而中①，谓之善射，天下皆羿也。可乎？"惠子曰："可。"庄子曰："天下非有公是也②，而各是其所是，天下皆尧也。可乎？"惠子曰："可。"庄子曰："然则儒、墨、杨、秉四③，与夫子为五，果孰是邪？或者若鲁遽者邪④？其弟子曰：'我得夫子之道矣，吾能冬爨鼎而夏造冰矣⑤。'鲁遽曰：'是直以阳召阳、以阴召阴，非吾所谓道也。吾示子乎吾道。'于是为之调瑟，废一于堂⑥，废一于室，鼓宫宫动⑦，鼓角角动，音律同矣。夫或改调一弦，于五音无当也⑧，鼓之，二十五弦皆动，未始异于声，而音之君已⑨。且若是者邪⑩？"惠子曰："今夫儒、墨、杨、秉，且方与我以辩，相拂以辞⑪，相镇以声⑫，而未始吾非也⑬，则奚若矣⑭？"

【注释】

① 前期：事先设定目标。

② 公是：公认的正确标准。是，正确。

③ 儒：郑儒，名缓。一说指儒家。墨：墨翟。墨家创始人。杨：杨朱。秉：公孙龙，字子秉。

④ 鲁遽：周初人。

⑤ 冬爨（cuàn）鼎：据说鲁遽冬季能使千年灰烬冒出火来，此火还可烧鼎煮食。爨，烧火做饭。夏造冰：把水放入瓦器，在开水中加热，然后把瓦器放入深井，据说很快就会结冰。

⑥ 废：放置。

⑦ 鼓宫宫动：弹奏一张瑟的宫音，另一张瑟的宫音也随之响起。宫，五音之一。

⑧ 无当：不合。

⑨ 音之君：音调之王。庄子用冬烧鼎、鼓宫宫动比喻世俗学派只能做到同声相应、同气相求，而得不到其他学派认同。用"音之君"比喻能得到所有人支持的学说，那就是道。

⑩ 是：代指"音之王"。

⑪ 拂：辩驳。

⑫ 镇：压倒。

⑬ 未始吾非：不曾认为自己错了。非，错误。

⑭ 奚若：如何。

【译文】

庄子说："射箭时没事先设定目标，无论射到哪里都算射中，还称赞他善射，那么人人都成了羿一样的神箭手。可以吗？"惠子说："可以。"庄子说："如天下没有公认的正确标准，人人都把自己的标准拿来作为正确标准，那么天下人都成了尧一样的圣人。可以吗？"惠子说："可以。"庄子说："那么郑缓、墨翟、杨朱、公孙龙四位先生，加上您一共五位，你们究竟谁正确？还是像鲁遽那样？鲁遽弟子说：'我学到您的学问，我能在冬天以火烧鼎而在夏天造出冰块。'鲁遽说：'这不过是用具有阳气的东西招引具有阳气的东西、用具有阴气的东西招引具有阴气的东西而已，不是我的真正学问。现在我把我的真正学问展示给你看。'于是调整瑟弦，放一张瑟在堂上，放一张瑟在内室，弹奏一张瑟的宫调而另一张瑟的宫调也随之响应，弹奏一张瑟的角调而另一张瑟的角调也随之响应，这是音调相同的缘故。他又改动一根弦的音调，这个音调与五音都不同，然后去弹奏这根弦，所有二十五根弦全都颤动起来，发出同样声音，而这根弦的音调是音调之王了。你像'音调之王'吗？"惠子说："如今郑缓、墨翟、杨朱、公孙龙，与我辩论，想用言辞责难我，想用声音压倒我，而都驳不倒我，可以吗？"

【原文】

庄子曰："齐人蹢子于宋者①，其命阍也不以完②；其求钘钟也以束缚③，其求唐子也而未始出域④，有遗类矣夫⑤？夫楚人寄而蹢阍者⑥，夜半于无人之时而与舟人斗，未始离于岑而足以造于怨也⑦。"

【注释】

① 蹢 (zhí) 子：把儿子放在。蹢，通"擿"。放。

② 命：任命。阍 (hūn)：看门人。不以完：身体残缺不全。

③ 鈃 (xíng) 钟：一种长颈小钟。束缚：包扎。

④ 唐子：流落在外的儿子。唐，亡失；流落在外。

⑤ 遗类：后代。齐人轻儿子、爱小钟，颠倒了轻重次序，还自以为正确。用来讽刺惠子颠倒了是非，根本不懂道，还自以为是。

⑥ 寄：寄居。蹢：赶走。阍者：守门人。

⑦ 岑 (cén)：岸。造于怨：结怨。楚人是非颠倒，赶走守门人，不到开船时即登船，因而船未离岸就与舟人打斗。用来讽刺惠子是非颠倒，还未做实际工作就因口舌与人结怨。

【译文】

庄子说："有个齐国人让儿子滞留在宋国，儿子成了一个看门的残疾人；这个齐国人找到一口小钟却小心包裹生怕损坏，他在寻找流落外地的儿子时，从未走出过国门，他还会有后代吗？有个楚国人寄居在外却赶走为他看门的人，半夜无人时跑到船上与船夫打斗，船还未离岸就与船夫结下怨恨。"

【原文】

庄子送葬，过惠子之墓，顾谓从者曰："郢人垩漫其鼻端①，若蝇翼，使匠石斫之②。匠石运斤成风③，听而斫之④，尽垩而鼻不伤，郢人立不失容⑤。宋元君闻之⑥，召匠石曰：'尝试为寡人为之。'匠石曰：'臣则尝能斫之。虽然，臣之质死久矣⑦。'自夫子之死也⑧，吾无以为质矣！吾无与言之矣！"

【注释】

① 郢 (yǐng)：楚国都城，在今湖北江陵。垩 (è)：白色泥土。漫：沾到。

② 匠石：名叫石的木匠。斫 (zhuó)：用斧头砍削。

③ 运：挥动。斤：斧头。

④ 听：随意。

⑤ 不失容：没有失去常态。即毫不害怕。

⑥ 宋元君：宋国君主。

⑦ 质：对；对象。指郢人。

⑧ 夫子：指惠子。

【译文】

庄子送葬，路过惠子坟墓，回头对随从说："郢都有个人不小心把白泥弄到鼻尖上，白泥薄得像苍蝇翅膀，他请匠石用斧头把白泥削去。匠石抡起斧头带着风声随手砍去，白泥被砍得干干净净，而鼻子没受任何伤害，郢人站在那里没有丝毫害怕表情。宋元君听说了，就把匠石召来，说：'试着为我表演一下。'匠石说：'我过去确实能砍削鼻尖上的白泥。虽然能砍，可与我配合默契的郢人已去世了。'自从惠先生去世后，我也失去了一位配合默契的朋友，我再也找不到可以交谈的人了。"

【原文】

管仲有病，桓公问之，曰："仲父之病病矣①，可不讳云，至于大病，则寡人恶乎属国而可②？"管仲曰："公谁欲与？"公曰："鲍叔牙③。"曰："不可。其为人絜廉善士也④，其于不己若者不比之⑤，又一闻人之过，终身不忘。使之治国，上且钩乎君⑥，下且逆乎民。其得罪于君也，将弗久矣！"公曰："然则孰可？"对曰："勿已⑦，则隰朋可⑧。其为人也，上忘而下畔⑨，愧不若黄帝，而哀不己若者。以德分人谓之圣，以财分人谓之贤。以贤临人，未有得人者也；以贤下人，未有不得人者也。其于国有不闻也，其于家有不见也。勿已，则隰朋可。"

【注释】

① 仲父：对管仲的尊称。病病：病重。第二个"病"作病重解。

② 恶（wū）：什么；谁。属（zhǔ）：通"嘱"。托付。

③ 鲍叔牙：齐国大臣。

④ 絜 (jié) 廉：廉洁。絜，通"洁"。

⑤ 不己若：即"不若己"。比：亲近。

⑥ 钧：牵连。引申为冒犯。

⑦ 勿已：不得已。意思是一定要让自己举荐。

⑧ 隰 (xí) 朋：齐国大臣。

⑨ 上忘：身处高位能忘怀高位。下畔：应为"下不畔"。身处下位也不会背叛。畔，叛。

【译文】

管仲生病，桓公去看望，说："仲父病重，讲话就不再忌讳了。到您大病不起时，我把国事交给谁才合适？"管仲问："您想交给谁？"桓公说："鲍叔牙。"管仲说："不行。鲍叔牙是位廉洁的好人，然而他不愿亲近不如自己的人，另外一听说谁犯了错，就会终身不忘。让他治国，对上将会冒犯君主，对下将会违背民意。他得罪了君主，恐怕就活不长了！"桓公问："那么谁可以？"管仲说："一定让我推荐，隰朋可以。隰朋这人，身处高位时能忘怀高位，身处下位时不会背叛，他惭愧自己比不上黄帝，能同情不如自己的人。用美德感化别人的人叫圣人，用财物接济别人的人叫贤人。凭着贤能而凌驾于别人之上的人，不会得到别人拥护；具有才能而又谦虚下人的人，不会得不到别人拥护。隰朋对于国事不是巨细都去过问，对于家事也不是大小都去操心。一定让我推荐，隰朋可以。"

【原文】

吴王浮于江，登乎狙之山①。众狙见之，恂然弃而走②，逃于深蓁③。有一狙焉，委蛇攫搔④，见巧乎王⑤。王射之，敏给搏捷矢⑥。王命相者趋射之⑦，狙执死⑧。顾谓其友颜不疑曰："之狙也，伐其巧、恃其便以敖予⑨，以至此殛也⑩。戒之哉！嗟乎，无以汝色骄人哉！"颜不疑归而师董梧以锄其色⑪，去乐辞显，三年而国人称之。

【注释】

① 狙（jū）：猴。

② 恂（xún）然：惊慌貌。

③ 榛（zhēn）：荆棘。

④ 委蛇（yí）：从容貌。攫揉（jué zǎo）：跳跃攀抓。

⑤ 见（xiàn）巧：炫耀技巧。见，同"现"。

⑥ 敏给：敏捷。搏：接住。捷：飞快。矢：箭。

⑦ 相者：协助自己打猎的人。即随从。相，帮助。

⑧ 执死：抱树而死。执，抱。

⑨ 伐：夸耀。便：敏捷。敖：通"傲"。傲慢。

⑩ 殛（jí）：处死。

⑪ 董梧：吴国贤人。锄：除去。色：傲慢表情。

【译文】

　　吴王在长江巡游，登上猴群聚居的山。众猴看到吴王，吓得四散逃走，躲进深深的树丛。有一只猴却留在原地，从容地抓着树枝跳来跳去，在吴王面前炫耀灵巧。吴王用箭射它，那只猴敏捷地接住飞射的利箭。吴王令随从一起向那只猴发箭，猴抱树而死。吴王回头对朋友颜不疑说："那只猴，炫耀它的灵巧，依仗它的敏捷，在我面前傲慢异常，以至于被乱箭射死。要以此为戒啊！唉，你不要在别人面前显示你的傲气呀！"颜不疑回去后拜董梧为师，消除自己的傲慢神情，弃绝淫靡音乐，辞去显贵官位，三年后受到全国人的赞美。

【原文】

　　南伯子綦隐几而坐①，仰天而嘘。颜成子入见②，曰："夫子，物之尤也③。形固可使若槁骸，心固可使若死灰乎？"曰："吾尝居山穴之中矣，当是时也，田禾一睹我④，而齐国之众三贺之。我必先之⑤，彼故知之；我必卖之，彼故鬻之⑥。若我而不有之，彼恶得而知之？若我而不卖之，彼恶得而鬻之？嗟乎！我悲人之自丧者⑦，吾又悲夫悲人者，吾又悲夫悲人之悲者，其后而日远矣。"

【注释】

① 南伯子綦（qí）：得道之人。隐：靠。

② 颜成子：南伯子綦的弟子。

③ 物：指人。尤：突出。

④ 田禾：齐国君主。

⑤ 先之：先有了名声。

⑥ 鬻（yù）：收买。引申为利用。

⑦ 自丧者：丧失自我天性的人。

【译文】

南伯子綦靠着几案坐着，仰面呼了口气。颜成子进来看见了，问："您是出类拔萃的人。形体固然可以像枯骨一样，而心灵也真的可以像死灰一样？"子綦说："我曾隐居山洞，那时，齐君田禾来见我一次，而齐国民众就再三向他祝贺。我肯定先有名声，所以他才知道我；我肯定'出卖'了名声，所以他才能'买去'利用我的名声。如我没有名声，他如何知道我？如我不'出卖'名声，他如何'买去'利用我的名声？唉，我同情丧失天性的人，我又同情那些同情别人的人，我还同情那些同情别人的同情者，此后我便一天天远离尘世了。"

【原文】

仲尼之楚，楚王觞之①，孙叔敖执爵而立②，市南宜僚受酒而祭③，曰："古之人乎④，于此言已。"曰："丘也闻不言之言矣，未之尝言⑤，于此乎言之。市南宜僚弄丸而两家之难解⑥，孙叔敖甘寝秉羽而郢人投兵⑦，丘愿有喙三尺⑧！"

【注释】

① 觞（shāng）：酒器。这里指喝酒。

②孙叔敖：楚国丞相。孙叔敖与孔子非同时代的人。爵：酒器。

③市南宜僚：楚国勇士。受，接受。

④古之人：古代圣贤。即市南宜僚祭祀对象。

⑤未之尝言：即"未尝言之"。之，代指"不言之言"。

⑥市南句：楚贵族白公想杀大臣子西，派人请宜僚帮忙，宜僚从容玩耍弹丸以示拒绝，致其事不成。

⑦甘寝：安睡。秉：手拿。羽：羽毛扇。郢：楚国都城，代指楚国。投兵：弃置武器。

⑧喙（huì）：嘴。本句是说我想有个长嘴巴去辩析市南宜僚和孙叔敖行为的妙处，可惜自己没有，因此就不说了。这即"不言之言"。

【译文】

孔子到了楚国，楚王宴请他，孙叔敖拿着酒器站立一旁，市南宜僚接过酒来祭祀古代圣贤，说："古代圣贤啊，我们在此要谈论一番了。"孔子说："我听说有不用语言的谈论，还未从事过这种谈论，今天就说说吧。市南宜僚玩耍弹丸而使两家危难化解，孙叔敖安然入寝、手持羽扇却使楚国太平无事不用征战。我真想有张三尺长的嘴对这些事评论几句！"

【原文】

彼之谓不道之道①，此之谓不言之辩②。故德总乎道之所一③，而言休乎知之所不知，至矣。道之所一者，德不能同也；知之所不能知者，辩不能举也④；名若儒、墨而凶矣。故海不辞东流，大之至也；圣人并包天地，泽及天下，而不知其谁氏。是故生无爵，死无谥⑤，实不聚⑥，名不立，此之谓大人。狗不以善吠为良，人不以善言为贤，而况为大乎！夫为大不足以为大，而况为德乎！夫大备矣，莫若天地；然奚求焉？而大备矣。知大备者，无求，无失，无弃，不以物易己也⑦。反己而不穷⑧，循古而不摩⑨，大人之诚。

【注释】

① 彼：指市南宜僚和孙叔敖。道：第一个"道"是道说，第二个意思是方法。

② 此：指孔子。

③ 故德总句：万物天性都统一于道。

④ 举：描绘出来。

⑤ 谥（shì）：古代帝王、大臣等死后被授予的带有褒贬意义的称号。

⑥ 实：财富。

⑦ 易己：改变自己天性。易，改变。

⑧ 反己而不穷：恢复自己天性能进入无穷境界。

⑨ 摩：摩擦；矛盾。

【译文】

宜僚和孙叔敖的做法可称为妙不可言的方法，孔子的做法可称为不用语言的谈论。万物天性统一于道，言论止于智慧无法知晓的领域，最明智。道统领万物天性，而万物天性各不相同；智慧不能知道的，语言就不能加以描绘；如果获取儒、墨那样博学好辩的名声就不好。大海不拒绝东流之水，使自己成为最大事物；圣人胸怀天地，恩泽施及天下，而百姓不知圣人是谁。因此圣人生前没有爵位，死后没有谥号，财物不曾积累，名声不曾建立，这才是伟人。狗并不因它善叫就是良狗，人并不因他善辩就是贤人，更何况想成为伟人！有心想成为伟人是无法成为伟人的，又何况想修养好天性！最完备的事物，莫过于天地，而天地何曾求取什么？可天地又无所不备。知道无所不备道理的人，就不去求取，也没有丧失，也不会舍弃，不因外物而改变天性。恢复天性就会进入无穷境界，遵循自古存在的道就不会与外物冲突，这即伟人的真实情况。

【原文】

子綦有八子①，陈诸前，召九方歅曰②："为我相吾子，孰为祥？"九方歅曰："梱也为祥③。"子綦瞿然喜曰④："奚若？"曰："梱也将与国君同食以终其身。"子綦索然出涕曰⑤："吾子何为以至于是极也⑥?"九方歅曰："夫与国君同食,泽及三族⑦,而况父母乎!今夫子闻之而泣,是御福也⑧。子则祥矣,父则不祥。"

【注释】

① 子綦(qí):一说为司马子綦,一说即南伯子綦。

② 九方歅(yīn):善于相面者。

③ 梱(kǔn):子綦的儿子。

④ 瞿然:高兴貌。

⑤ 索然:伤心落泪貌。

⑥ 是极:这种绝境。极,最坏处境。

⑦ 三族:指父族、母族、妻族。

⑧ 御福:拒绝福气。

【译文】

子綦有八个儿子,让他们站在面前,把九方歅请来说:"给我儿子看看相,哪个最有福?"九方歅说:"梱最有福。"子綦高兴地问:"什么福?"九方歅说:"梱将终身与国君一起吃饭。"子綦伤心地流着泪说:"我儿子为何会落到如此绝境呢?"九方歅说:"与国君一起吃饭,其恩泽将施及三族,何况父母!如今您听到如此好事却哭泣,这是拒绝福气呀!看来你儿子有福,你这位父亲没有福。"

【原文】

子綦曰:"歅,汝何足以识之?而梱祥邪?尽于酒肉,入于鼻口矣,而何足以知其所自来?吾未尝为牧而牂生于奥①,未尝好田而鹑生于宎②,若勿怪,何邪?吾所与吾子游者,游于天地。吾与之邀乐于天③,吾与之邀食于地;吾不与之为事④,不与之为谋,不与之为怪;吾与之乘天地之诚而不以物与之相撄⑤,吾与之一委蛇而不与之为事所宜⑥。今也然有世俗之偿焉⑦!凡有怪征者,必有怪行,殆乎!非我与吾子之罪,几天与之也⑧!吾是以泣也。"

【注释】

① 牂（zāng）：母羊。生：出现。奥：屋里的西南角。

② 田：打猎。鹑：鹌鹑鸟。宎（yāo）：屋内的东南角。

③ 邀乐于天：在大自然中寻求快乐。

④ 为事：做事。指建功立业。

⑤ 乘：顺应。诚：真实情况；规律。以：因为。物：名利。之：指规律。撄：矛盾。

⑥ 一：完全。委蛇（yí）：顺应貌。为事所宜：做世俗认为的适宜的事。即建功立业。

⑦ 偿：回报。指与国君同食。

⑧ 几：基本上；大概是。

【译文】

子綦说："九方歅，你如何明白此事？梱真有福吗？终身能吃酒肉，而酒肉确实进入他的口腹，然而又怎知酒肉是如何得来的？我从未放牧而羊却出现在我屋里西南角，我从不打猎而鹌鹑却出现在我屋里东南角，你不对此感到奇怪，为何？我与儿子的生活之处，在天地之间。我与他在自然中寻求快乐，我与他在大地上寻求食物；我和他不去建功立业，不去筹划世事，不去标新立异；我和他顺应自然规律而不为名利与规律相矛盾，我和他完全顺应天性而不去做世俗所认为的适宜事情。然而如今却得到世俗的回报！大凡有怪异征兆，一定会有怪异事情，真危险啊！这并非我和儿子的过错，大概是上天降下的灾难！我为此哭泣啊！"

【原文】

无几何而使梱之于燕，盗得之于道，全而鬻之则难①，不若刖之则易②，于是乎刖而鬻之于齐，适当渠公之街③，然身食肉而终。

【注释】

① 全：保全身体。鬻（yù）：卖。身体健全则容易逃跑，所以卖他比较困难。

② 刖（yuè）：砍掉脚。

③ 适：刚好。渠公：齐国君主。

【译文】

没多久派梱到燕国去，强盗在半道劫持了他，保全他身体去卖比较困难，不如砍去双脚更易卖掉。于是砍去双脚把他卖到齐国，出卖地点刚好是齐渠公居住的大街，于是被渠公买去而终身吃肉。

【原文】

啮缺遇许由，曰："子将奚之？"曰："将逃尧。"曰："奚谓邪？"曰："夫尧畜畜然仁①，吾恐其为天下笑。后世其人与人相食与！夫民，不难聚也，爱之则亲，利之则至，誉之则劝，致其所恶则散。爱利出乎仁义，捐仁义者寡②，利仁义者众。夫仁义之行，唯且无诚③，且假乎禽贪者器④。是以一人之断制利天下，譬之犹一覕也⑤。夫尧知贤人之利天下也，而不知其贼天下也，夫唯外乎贤者知之矣⑥。"

【注释】

① 畜畜然：仁慈貌。

② 捐：放弃。

③ 唯且无诚：不仅没有诚意。

④ 假：借。禽贪者：像禽兽一样贪婪的人。

⑤ 覕（piē）：通"瞥"。形容时间短暂。

⑥ 外：置之度外；不重视。

【译文】

啮缺遇见许由，问："您去哪里？"许由说："打算逃避尧。"啮缺问："说的什么意思?"许由说:"尧竭力推行仁义,我担心他被天下人耻笑。后世大概会出现人吃人的事情！百姓,不难召集,予以爱护就会亲近,予以好处就会到来,予以表扬就会勤奋,予以厌恶的东西就会离散。爱戴和利益都出自仁义,那么放弃仁义的人就少,利用仁义的人就多。推行仁义,不仅毫无诚意,还会被禽兽一样贪婪的人借用为谋利工具。因此某个人决定以此使天下受益,打个比方,这种益处不过如短暂一瞥而已。尧只知贤人有益于天下,却不知贤人伤害了天下,只有不重视贤人的人才懂得这个道理!"

【原文】

有暖姝者①,有濡需者②,有卷娄者③。

【注释】

① 暖姝 (shū):沾沾自喜貌。

② 濡需:偷安自得貌。

③ 卷娄:劳身自苦貌。

【译文】

有沾沾自喜的人,有偷安自得的人,有劳身自苦的人。

【原文】

所谓暖姝者,学一先生之言,则暖暖姝姝而私自说也①,自以为足矣,而未知未始有物也,是以谓暖姝者也。

【注释】

① 暖暖姝姝:沾沾自喜貌。说 (yuè):通"悦"。

【译文】

所谓沾沾自喜的人,学到某位先生的学问,就沾沾自喜地私下得意,自以为十全十美了,而并不知道自己其实什么也不懂,因此把他们叫做沾沾自喜的人。

【原文】

濡需者，豕虱是也①。择疏鬣自以为广宫大囿②；奎蹄曲隈③，乳间股脚，自以为安室利处。不知屠者之一旦鼓臂布草、操烟火④，而己与豕俱焦也。此以域进⑤，此以域退，此其所谓濡需者也。

【注释】

① 豕（shǐ）：猪。

② 疏鬣（liè）：稀疏的鬃毛。囿（yòu）：园林。

③ 奎（kuí）蹄曲隈（wēi）：猪后腿和蹄子弯曲处。奎，猪后腿。曲隈，弯曲处。

④ 鼓臂：挥动手臂。

⑤ 此以域进：这种人因为环境好而显荣。域，生活环境。进，显荣。

【译文】

偷安自得的人，像猪身上的虱子一样。找到鬃毛稀疏处还以为找到了高大宫殿和广阔园林；后腿和蹄子弯处，乳房和腿脚夹缝，被看作安宁居室和美好住所。殊不知屠夫一旦挥起双臂安排柴草、生起烟火，自己便与猪一起被烧焦。这种人因环境好而荣显，也因环境差而毁灭，这即所谓的偷安自得的人。

【原文】

卷娄者，舜也。羊肉不慕蚁，蚁慕羊肉，羊肉膻也①。舜有膻行②，百姓悦之，故三徙成都，至邓之墟而十有万家③。尧闻舜之贤，举之童土之地④，曰："冀得其来之泽⑤。"舜举乎童土之地，年齿长矣，聪明衰矣，而不得休归，所谓卷娄者也。

【注释】

① 膻 (shān)：羊肉的气味。

② 膻行：带有膻味的行为。比喻吸引百姓的仁义行为。

③ 邓：地名。

④ 童土之地：不毛之地；荒僻之处。童，秃；不长草木。

⑤ 冀：希望。泽：恩泽。

【译文】

劳身自苦的人，指舜那样的人。羊肉不爱慕蚂蚁，蚂蚁喜欢羊肉，因羊肉有膻味。舜有膻味般的仁义行为，百姓喜欢他，所以舜三次搬迁，其住地都因追随的百姓多而形成都市，舜到邓地时已有十万余家。尧听说舜贤能，便提拔他到荒僻之处当官，说："希望那里百姓能因舜的到来而得到恩泽。"舜到荒僻之地当官后，一直到年纪老了，听力和视力衰退了，仍不能退休歇息，这就是所谓的劳身自苦的人。

【原文】

是以神人恶众至，众至则不比①，不比则不利也。故无所甚亲，无所甚疏，抱德炀和以顺天下②，此谓真人。于蚁弃知，于鱼得计③，于羊弃意④。以目视目⑤，以耳听耳，以心复心⑥，若然者，其平也绳，其变也循，古之真人。以天待人，不以人入天⑦，古之真人。

【注释】

① 比：和睦。

② 炀 (yáng) 和：平和。

③ 得计：得意。

④ 于羊弃意：让羊肉失去膻味。意，意愿。根据上文，引申为味道。

⑤ 以目视目：用眼睛看应该看的东西。

⑥ 复：收回；收敛。

⑦ 入：进入。引申为干扰。

【译文】

因此圣人讨厌众人追随，追随者多了会不和睦，不和睦会发生不利的事。所以圣人不会对谁特别亲近，也不会对谁特别疏远，持守天性、心境平和以顺应天下万物，这可称为真人。真人能使蚂蚁放弃才智，使鱼生活得意，使羊肉消除膻味。用眼睛去看该看的东西，用耳朵去听该听的声音，用心灵去收敛外驰的心神，这样的人，心像墨绳一样平正，顺应着外物变化，这即古代真人。用自然法则处理人事，不用人事干扰自然法则，这即古代真人的做法。

【原文】

得之也生，失之也死；得之也死，失之也生，药也。其实堇也①，桔梗也，鸡癕也，豕零也，是时为帝者也②，何可胜言！

【注释】

① 堇 (jǐn)：中药名。俗称乌头。下文的桔梗、鸡癕 (yōng)、豕 (shǐ) 零均为中药名。

② 是：正确；恰当。帝：形容贵重。

【译文】

吃了它就能活，没有它就会死；有时吃了它就会死，没有它反而活了下来，这就是药。其实像乌头、桔梗、鸡癕、豕零这些药，适当时使用才贵重，这些复杂情况一言难尽。

【原文】

句践也以甲楯三千栖于会稽①，唯种也能知亡之所以存②，唯种也不知其身之所以愁③。故曰：鸱目有所适④，鹤胫有所节⑤，解之也悲⑥。故曰：风之过，河也有损焉；日之过，河也有损焉；请只风与日相与守河⑦，而河以为未始其撄也⑧，恃源而往者也。故水之守土也审⑨，影之守人也审，物之守物也审⑩。

【注释】

① 句（gōu）践：越国君主。甲楯（dùn）：甲衣和盾牌。代指将士。栖：栖居。这里指困守。会（kuài）稽：山名。在今浙江境内。句践被吴国击败，困守会稽山。

② 种：文种。句践的谋臣，辅佐句践灭吴后被句践所杀。

③ 所以愁：痛苦的原因。指被杀原因。

④ 鸱（chī）：猫头鹰。猫头鹰只能在晚上看清东西。

⑤ 节：适当。

⑥ 解：改变。

⑦ 请只：纵使；即便。

⑧ 未始其撄：不曾干扰自己。撄，干扰。

⑨ 审：明白；明显。

⑩ 物之守物：物与物相互依赖。

【译文】

句践率三千将士困守会稽山时，只有文种知道如何保存即将灭亡的越国，他却不知道自己为何被杀。所以说：猫头鹰的眼在适当时才能看清东西，鹤的腿在适当环境中才能发挥作用，但要改变这些特性，它们又感到悲哀。所以说：风吹过时，河水会减少；阳光照射时，河水也会减少；即便风和阳光一同吹晒黄河，而黄河没感到有何损失，因为黄河依靠水源不断流来。因此水依赖大地是清楚的，身影依赖人体是清楚的，物与物相互依赖也是清楚的。

【原文】

故目之于明也殆①，耳之于聪也殆，心之于殉也殆②。凡能其于府也殆③，殆之成也不给改，祸之长也兹萃④，其反也缘功⑤，其果也待久⑥，而人以为己宝，不亦悲乎！故有亡国戮民无已⑦，不知问是也⑧。

【注释】

① 明：视力好。殆：危险。

② 殉：追逐。

③ 能其于府：内心藏着聪明才智。府，指内心。

④ 兹：同"滋"。增多。萃：聚集。

⑤ 反：同"返"。恢复。缘：牵扯。

⑥ 果：成功。

⑦ 戮（lù）民：被杀的人。

⑧ 问：探寻。是：指国破人亡的原因。

【译文】

眼睛一味追求视力好就危险，耳朵一味追求听力好就危险，心里一味追求名利就危险。凡是心藏机巧的人就危险，危险形成就来不及悔改，灾祸不断增多并降临其身，想恢复天性又受功名牵扯，想建功立业又须等待很久，人们把功名视为自己的宝贵之物，不很可悲吗！因此国破人亡的事不断发生，而不知探索其中原因。

【原文】

故足之于地也践①，虽践，恃其所不蹍而后善博也②；人之于知也少，虽少，恃其所不知而后知天之所谓也③。知大一④，知大阴⑤，知大目⑥，知大均⑦，知大方⑧，知大信，知大定⑨，至矣。大一通之⑩，大阴解之⑪，大目视之，大均缘之⑫，大方体之，大信稽之，大定持之。

【注释】

① 践：踏。这里指所踏地面很小。

② 蹍（zhǎn）：踏。博：旷远；遥远。

③ 天之所谓：自然的语言。即自然规律。

④ 大（tài）一：即"太一"。指大道。

⑤ 大阴：至柔。古人认为阳为刚，阴为柔。

⑥ 大目：最高眼光。

⑦ 大均：万物一齐。

⑧ 大方：最高原则。方，原则。

⑨ 大定：最高的平静。

⑩ 通：普遍；统领。之：代指万物。

⑪ 解之：解决万物之间的矛盾。

⑫ 缘：顺应。

【译文】

　　脚踏的地面很小，虽然很小，可依赖没踏的地面到达远方；人所知很少，虽然少，可依赖不知的东西懂得自然规律。懂得道，懂得至柔，懂得最高眼光，懂得万物一齐，懂得最高原则，懂得最高诚信，懂得最高平静，这是最高境界。用道统领万物，用至柔态度去解决万物纷争，用最高眼光看待万物，用万物一齐观去顺应万物，用最高原则体察万物，用最高诚信去考核万物，用最平静心态去引导、保持万物安定。

【原文】

　　尽有天①，循有照②，冥有枢③，始有彼④，则其解之也似不解之者，其知之也似不知之也，不知而后知之。其问之也，不可以有崖，而不可以无崖。颉滑有实⑤，古今不代，而不可以亏，则可不谓有大扬榷乎⑥！阖不亦问是已⑦，奚惑然为⑧！以不惑解惑，复于不惑，是尚大不惑⑨。

【注释】

① 尽：全部事物。天：天性。

② 循：顺；顺应天性。照：光明；明智。

③ 冥：指高深的道理。枢：枢要；关键。

④ 始有彼：万物一开始就有彼我之分。

⑤ 颉（xié）滑：万物纷乱繁多貌。

⑥ 扬：揭示。榷（què）：大概。

⑦阖（hé）不：何不。阖，通"盍"。怎么。

⑧奚惑然为：为何如此迷惑呢？然，此；如此。为，语气词。

⑨是：代指"以不惑解惑，复于不惑"的做法。尚：重视。引申为追求。

【译文】

万物都有天性，遵循天性就会明智，深奥之理都有关键部分，万物开始就有彼此之分，理解这些道理的人似乎并不真正理解，懂得这些道理的人似乎并不真正懂得，承认自己不懂然后才能慢慢懂得。探索这些道理，不可有限制，也不可漫无边际。纷纭复杂的万物真实存在，它们像古代与现代一样不可相互替代，任何事物都不可缺少，这些可以说是万物的大概情况。人们何不探索其中奥秘，为何如此迷惑！让不迷惑的人去教育迷惑的人，使迷惑的人也变得不迷惑，这样做的目的是让所有人都不迷惑。

则阳第二十五

【题解】

则阳，鲁国人。本篇阐述清静无为、淡泊名利的生活原则和处世态度。

【原文】

则阳游于楚①，夷节言之于王②，王未之见，夷节归。彭阳见王果曰③："夫子何不谭我于王④？"王果曰："我不若公阅休。"彭阳曰："公阅休奚为者邪？"曰："冬则擉鳖于江⑤，夏则休乎山樊。有过而问者，曰：'此予宅也。'夫夷节已不能，而况我乎！吾又不若夷节。夫夷节之为人也，无德而有知，不自许⑥，以之神其交⑦，固颠冥乎富贵之地⑧，非相助以德，相助消也⑨。夫冻者假衣于春⑩，暍者反冬乎冷风⑪。夫楚王之为人也，形尊而严；其于罪也，无赦如虎；非夫佞人正德⑫，其孰能桡焉⑬！故圣人，其穷也，使家人忘其贫；其达也⑭，使王公忘爵禄而化卑；其于物也，与之为娱矣；其于人也，乐物之通而保己焉⑮。故或不言而饮人以和⑯，与人并立而使人化，父子之宜。彼其乎归居⑰，而一闲其所施⑱。其于人心者，若是其远也。故曰待公阅休。"

【注释】

① 则阳：姓彭名阳，字则阳。故又称"彭阳"。

② 夷节：楚国大臣。

③ 王果：楚国贤人。

④ 谭：通"谈"。引申为推荐。

⑤ 擉（chuō）：刺；扎。

⑥ 自许：自我约束。

⑦ 以之：以此。神其交：巧妙地与人交往。神，巧妙。

⑧ 颠冥：沉溺于。

⑨ 消：毁损。指毁损美德。

⑩ 假衣于春：向春天借衣服。即盼望春天。

⑪ 暍（yē）：中暑。

⑫ 佞人：有才智、善言谈的人。

⑬ 桡（náo）：通"挠"。说服。

⑭ 达：生活得意。

⑮ 乐物之通：乐于与别人沟通。保己：保全自己天性。

⑯ 饮人以和：把平和美德灌输给别人。

⑰ 彼其乎归居：使他们各得其所。归居，各归其位。

⑱ 一：完全。闲：清静。施：施加；对待。

【译文】

则阳到楚国游历，夷节把他推荐给楚王，楚王没接见他，夷节只好回去。则阳去见王果说："您为何不把我推荐给楚王？"王果说："我不如公阅休。"则阳问："公阅休是什么人？"王果说："他冬天到江里刺鳖，夏天到山边憩息。有人看望他，他说：'这里是我的住宅。'夷节无法推荐成功，何况我呢！我还不如夷节。夷节这人，没美德有智巧，从不自我约束，以此巧妙地与人周旋，他沉溺于富贵之中，不仅无助于美德培养，反而会毁损原有美德。受冻者盼望温暖的春天，中暑者反而需要冬天冷风。楚王这人，外表高贵威严；对于犯错的人，凶如猛虎从不宽恕；除了极有才辩、品行端正的人，谁能说服他！圣人困难时，使家人忘却贫苦；飞黄腾达时，使王公忘却爵禄而变得谦卑；圣人对于万物，可以与其一同欢娱；对于别人，乐于沟通而又能保全自己天性。圣人一言不发却把平和美德灌输给别人，与世人一起能使世人受到感化，让大家如父子一样和谐。世人各得其所，而圣人完全以清静态度对待别人。圣人思想与常人思想，差距如此之远。所以推荐之事还要依靠公阅休。"

【原文】

圣人达绸缪①，周尽一体矣②，而不知其然，性也。复命摇作而以天为师③，人则从而命之也。忧乎知④，而所行恒无几时，其有止也，若之何？

【注释】

① 绸缪（móu）：纠缠貌。指纷纭复杂的人事。

② 周尽：全部；万物。

③ 复命：返回本根。指死亡。摇作：活动。指活在世上。

④ 忧乎知：忧患出于智巧。即多智多忧。知，同"智"。

【译文】

圣人明白世事纠纷，却能视万物为一，而不知为何能做到这些，大概是出于天性。圣人无论生死都以自然为师，人们也因此称之为圣人。常人多智多忧，行为无法持久，总是半途而废，对他们又能如何呢？

【原文】

生而美者，人与之鉴①，不告则不知其美于人也。若知之，若不知之；若闻之，若不闻之，其可喜也终无已，人之好之亦无已，性也。圣人之爱人也，人与之名，不告则不知其爱人也。若知之，若不知之；若闻之，若不闻之，其爱人也终无已，人之安之亦无已②，性也。

【注释】

① 鉴：镜子。

② 安之：安于这种爱护。

【译文】

生来漂亮的人，别人即使给他镜子，如不告诉他就不知道自己比别人漂亮。无论知道，还是不知道；无论听说了，还是没听说，他都永远可爱，人们也永远喜欢他，其漂亮是天生的。圣人爱别人，即使人们给他一个圣人名称，如别人不告诉他就不知道自己在爱别人。无论他知道，还是不知道；无论他听说了，还是没听说，他永远爱别人，别人也永远愿意与他交往，其爱人是天生的。

【原文】

旧国旧都①，望之畅然。虽使丘陵草木之缗②，入之者十九③，犹之畅然。况见见闻闻者也④，以十仞之台县众间者也⑤。

【注释】

① 旧国旧都：祖国与故乡。比喻养育人的圣人。

② 缗（mín）：昏暗不清。

③ 入：掩没；遮挡。

④ 见见：看到想看的一切。

⑤ 仞：七尺或八尺为一仞。台：高台。比喻圣人。县（xuán）：同"悬"。高悬。

【译文】

祖国与故乡，一看到就心情舒畅，即使因山陵草木遮挡而看不清楚，甚至遮挡了十分之九，依然舒畅。何况在圣人那里能看到想看的一切，能听到想听的一切，圣人就像一座数丈高台那样高耸于世人之间啊！

【原文】

冉相氏得其环中以随成①，与物无终无始，无几无时②，日与物化者，一不化者也③，阖尝舍之④！夫师天而不得师天，与物皆殉⑤，其以为事也，若之何？夫圣人未始有天⑥，未始有人，未始有始，未始有物，与世偕行而不替⑦，所行之备而不洫⑧，其合之也⑨，若之何？

【注释】

① 冉相氏：远古圣王。环中：虚空。指虚静心态。随成：随任万物自由成长。

② 几：通"期"。一整年。时：季。

③ 一不化：指空静心态没丝毫变化。一，完全。

④ 阖（hé）尝：何曾。阖，通"盍"。何。之：指虚静心态。

⑤ 物：指人。殉：追逐名利。

⑥ 未始有天：不曾把自然放在心上。

⑦ 偕行：一起发展变化。替：废止。

⑧ 备：完备；尽善尽美。洫（xù）：败坏。

⑨ 合之：合乎道。

【译文】

冉相氏以虚静心态随任万物成长，与万物永远融为一体，既非一年，更非一季，每天顺物而变，而虚静心态毫无改变，他何曾舍弃过虚静心态！

有意效法自然却不能效法自然，这种人与别人一起追逐名利，并以此为事业，这样可以吗？圣人没想过自然，没想过人事，没想过开始，没想过万物，与世人一起变化而从未停止，做得尽善尽美而从未失败，一切合乎道，这样可以吧？

【原文】

汤得其司御门尹登恒为之傅之①，从师而不囿②；得其随成，为之司其名③；之名赢法④，得其两见⑤。仲尼之尽虑⑥，为之傅之。容成氏曰⑦："除日无岁，无内无外⑧。"

【注释】

① 汤：商汤。司御：官名。门尹登恒：人名。为之傅之：当他的老师。

② 囿（yòu）：拘限。指限制百姓。

③ 为之司其名：做事只占有天子之名。汤虽名为天子，但不干涉天下之事，施行无为而治。为，做。之，代指事。司，主。

④ 之名：天子的好名声。之，代指天子。赢：盛。引申为正确。

⑤ 得其两见（xiàn）：得到双重成功。两，指"名"和"法"。见，同"现"。显著。

⑥ 尽虑：完全排除思虑。

⑦ 容成氏：远古圣王。

⑧ 无内无外：忘却自我，也就忘却了外物。无，忘却。内，自我。

【译文】

商汤拜司御门尹登恒为师，听从老师教诲而不干涉百姓，随任百姓自由发展，做事只占有天子名声，他既得到"天子"美名，又找到正确治国原则，获得双重成功。孔子如能消除思虑，也可当天子老师。容成氏说："没有一天就不会形成一年，忘却自我也就忘却外物。"

【原文】

魏莹与田侯牟约①，田侯牟背之。魏莹怒，将使人刺之。

【注释】

① 魏莹：魏惠王。田侯牟：齐王。旧注指齐威王。

【译文】

魏惠王与齐威王订立盟约，齐威王却背叛盟约。魏惠王大怒，打算派人刺杀齐威王。

【原文】

犀首公孙衍闻而耻之①，曰："君为万乘之君也，而以匹夫从仇②。衍请受甲二十万③，为君攻之，虏其人民，系其牛马，使其君内热发于背④，然后拔其国。忌也出走⑤，然后抶其背⑥，折其脊。"

【注释】

① 犀首：官名。公孙衍：魏国将军。耻之：为此感到羞耻。

② 从仇：报仇。

③ 甲：甲士；将士。

④ 内热发于背：心急如焚而毒疮发于脊背。内，心里。

⑤ 忌：田忌。齐国主帅。

⑥ 抶（chì）其背：击打他的脊背。即跟在后面追击。抶，击打。

【译文】

犀首公孙衍知道后为此感到羞耻，说："您身为大国君主，却用百姓手段报仇。我愿统率二十万大军，替您伐齐，俘获齐国百姓，牵走齐国牛马，使齐君心急如焚而背上长出毒疮，然后攻占他的国家。齐将田忌望风出逃，我就从背后追击他，消灭他的主力。"

【原文】

季子闻而耻之①，曰："筑十仞之城，城者既十仞矣，则又坏之，此胥靡之所苦也②。今兵不起七年矣，此王之基也。衍，乱人，不可听也。"

【注释】

① 季子：魏国贤臣。

② 胥靡：服役之人。即修城的人。这几句用修城比喻建立王业，王业即将成功，却因发动战争而被毁掉，就像即将修好的城墙被毁掉一样。

【译文】

季子听说后又为公孙衍感到羞耻，说："想建造七八丈高的城墙，当城墙建造到七八丈高的时候，又把它毁掉，这是筑城苦役们最痛苦的事。如今七年没有打仗，这是成就王业的基础。公孙衍是个挑起祸乱的人，不可听从。"

【原文】

华子闻而丑之①，曰："善言伐齐者，乱人也；善言勿伐者，亦乱人也②；谓'伐之与不伐乱人也'者，又乱人也。"君曰："然则若何？"曰："君求其道而已矣！"

【注释】

① 华子：魏国贤臣。

② 乱人：指季子。下一个"乱人"指华子自己。

【译文】

华子听说后深为公孙衍和季子感到羞耻，说："巧言劝说伐齐的人，是挑起祸乱的人；巧言劝说不要伐齐的人，也是挑起祸乱的人；认为'伐齐和不伐齐的都是挑起祸乱之人'的人，也是挑起祸乱的人。"魏惠王说："那该怎么办？"华子说："您求助于道吧！"

【原文】

惠子闻之，而见戴晋人①。戴晋人曰："有所谓蜗者，君知之乎？"曰："然。""有国于蜗之左角者，曰触氏；有国于蜗之右角者，曰蛮氏。时相与争地而战，伏尸数万，逐北旬有五日而后反②。"君曰："噫！其虚言与！"曰："臣请为君实之。君以意在四方上下有穷乎③？"君曰："无穷。"曰："知游心于无穷，而反在通达之国④，若存若亡乎？"君曰："然。"曰："通达之中有魏，于魏中有梁⑤，于梁中有王。王与蛮氏，有辩乎⑥？"君曰："无辩。"客出⑦，而君惝然若有亡也⑧。

【注释】

① 见（xiàn）：引见。戴晋人：魏国贤人。

② 逐：追赶。北：败；战败者。旬有五日：十五天。有，通"又"。反，通"返"。

③ 以意：以为。

④ 通达：人迹所到。

⑤ 梁：在今河南开封。当时为魏都。

⑥ 辩：通"辨"。区别。

⑦ 客：客人。指戴晋人。

⑧ 惝（chǎng）然：怅然若失貌。

【译文】

惠子听说后，就把戴晋人引荐给惠王。戴晋人说："有名叫蜗牛的小虫，您知道吗？"惠王说："知道。""蜗牛左边触角上有个国家，叫触氏国；蜗牛右边触角上有个国家，叫蛮氏国。两国常为争夺地盘而征战，伤亡数万士兵，战胜者追赶战败者长达十五日而后撤兵。"惠王说："噫！在编故事吧！"戴晋人说："请让我为您证实！您认为四方上下有无穷尽？"惠王说："没有。"戴晋人说："您知道游心于无穷的空间里，而身体还要生活于人间，那么人间是否小得若有若无？"惠王说："是的。"戴晋人说："在小小的人间有个魏国，在魏国有个梁城，在梁城里有您。您与蛮氏国君相比，有何不同？"惠王说："没有不同。"戴晋人出去后，惠王怅然若失。

【原文】

客出，惠子见。君曰："客，大人也，圣人不足以当之①。"惠子曰："夫吹管也②，犹有嘀也③；吹剑首者④，映而已矣⑤。尧舜，人之所誉也，道尧舜于戴晋人之前⑥，譬犹一映也。"

【注释】

① 圣人：指尧舜一类的世俗圣人。当：相比。

② 管：管乐器。

③ 嘀（xiāo）：形容吹管乐器所发出的较大声音。

④ 剑首：指剑柄上的小环孔。

⑤ 映（xuè）：形容细微的声音。

⑥ 道：谈论。

【译文】

戴晋人走后，惠子见惠王。惠王说："那位客人，伟人啊！圣人比不上他。"惠子说："吹管乐，能发出很大的'嘀'声；吹剑柄的小环，只能发出微弱的'映'声。尧舜，是人人赞誉的圣人，如在戴晋人面前谈论尧舜功德，就好比微弱的'映'声。"

【原文】

孔子之楚，舍于蚁丘之浆①。其邻有夫妻臣妾登极者②，子路曰："是稷稷何为者邪③？"仲尼曰："是圣人仆也。是自埋于民④，自藏于畔⑤，其声销，其志无穷，其口虽言，其心未尝言，方且与世违，而心不屑与之俱。是陆沉者也⑥，是其市南宜僚邪？"子路请往召之，孔子曰："已矣！彼知丘之著于己也⑦，知丘之适楚也，以丘为必使楚王之召己也，彼且以丘为佞人也。夫若然者，其于佞人也，羞闻其言，而况亲见其身乎！而何以为存⑧？"子路往视之，其室虚矣。

【注释】

① 舍：住宿。蚁丘：山丘名。浆：饮料。这里指饮料店。

② 臣：男仆。妾：女仆。登极：登上房顶。一说登上山顶以逃避孔子。

③ 稯（zōng）稯：聚集貌。

④ 自埋：自我隐藏。

⑤ 畔：田界；田园。

⑥ 陆沉：无水而自沉。比喻自愿隐居。

⑦ 著于己：了解自己。著，了解。己，指市南宜僚。

⑧ 而：你。存：在家。

【译文】

　　孔子到楚国，住在蚁丘饮料店里。邻居的夫妻奴仆都登上屋顶观望。子路问："这些人聚在一起干吗？"孔子说："这些人是圣人的仆从。这位圣人藏于民间，隐于田园。其名声虽然消失，其志向依然远大；他口里虽然讲话，但心里什么也没说；他逃避社会，心里不屑于与世人为伍。这是位隐士，他大概是市南宜僚吧？"子路请求去召见他，孔子说："算了！他知道我了解他，也知道我到了楚国，他认为我一定会让楚王召见他，并且认为我是个花言巧语的人。他那样的人，对于花言巧语人，连声音都羞于听到，何况亲见其人！你凭什么认为他还在家中？"子路前去探视，市南宜僚的住室果然空无一人。

【原文】

　　长梧封人问子牢曰①："君为政焉勿卤莽②，治民焉勿灭裂③。昔予为禾④，耕而卤莽之，则其实亦卤莽而报予⑤；芸而灭裂之⑥，其实亦灭裂而报予，予来年变齐⑦，深其耕而熟耰之⑧，其禾蘩以滋，予终年厌飧⑨。"

【注释】

① 长梧：地名。封人：守边的人。子牢：孔子弟子。

② 卤莽：粗疏；不用心。

③ 灭裂：轻率；不用心。

④ 为禾：种庄稼。

⑤ 实：指庄稼的果实、收成。

⑥ 芸：通"耘"。锄草。

⑦ 齐（jì）：通"剂"。方式；方法。

⑧ 耰（yōu）：农具名。用作动词，泛指整地除草。

⑨ 厌：同"餍"。吃饱。飧（sūn）：熟食；食物。

【译文】

在长梧守边的人对子牢说："您从政不要粗疏，治民不要轻率。从前我种庄稼，耕地时粗疏，而庄稼收成也以'粗疏'态度报复我；锄草时轻率，而庄稼收成也以'轻率'态度报复我。我来年改变耕种方法，深耕细作，结果庄稼繁茂、果实累累，我终年丰衣足食。"

【原文】

庄子闻之曰："今人之治其形，理其心，多有似封人之所谓：遁其天①，离其性，灭其情，亡其神，以众为②。故卤莽其性者，欲恶之孽为性③，萑苇、蒹葭始萌④，以扶吾形⑤，寻擢吾性⑥，并溃漏发⑦，不择所出，漂疽疥痈⑧，内热溲膏是也⑨。"

【注释】

① 遁其天：脱离天道。遁，逃避。

② 众为：多为多事。

③ 欲恶（wù）：好恶。欲，爱好。孽：祸根。

④ 萑（huán）苇、蒹葭（jiān jiā）：两种芦苇类植物。比喻各种欲念。

⑤ 扶：养护。

⑥ 寻：不久。擢（zhuó）：拔除；毁掉。

⑦ 溃漏：各种毒疮。

⑧ 漂疽（jū）：毒疮流脓。疥痈（yōng）：脓疮。

⑨溲（sōu）膏：遗精。

【译文】

庄子听到后说："如今人们保养自己形体，调理自己心性，多像这位守边人说的：脱离天道，背离天性，泯灭真情，丧失精神，多事多为。以粗疏态度对待自己天性的人，把各种好恶祸根植入天性，这些祸根像萑苇、蒹葭一样生长起来，以此养护我们形体，不久就毁掉我们天性，从而长出许多毒疮，布满全身，流出脓水，心急如焚以至于遗精，都是这个原因。"

【原文】

柏矩学于老聃，曰："请之天下游。"老聃曰："已矣！天下犹是也①。"又请之，老聃曰："汝将何始？"曰："始于齐。"至齐，见辜人焉②，推而强之③，解朝服而幕之④，号天而哭之曰："子乎！子乎！天下有大菑，子独先离之⑤。曰'莫为盗，莫为杀人'。荣辱立，然后睹所病⑥；货财聚，然后睹所争。今立人之所病，聚人之所争，穷困人之身，使无休时，欲无至此，得乎？古之君人者，以得为在民⑦，以失为在己；以正为在民，以枉为在己⑧，故一形有失其形者，退而自责。今则不然，匿为物而愚不识⑨，大为难而罪不敢⑩，重为任而罚不胜，远其涂而诛不至。民知力竭，则以伪继之，日出多伪，士民安取不伪！夫力不足则伪，知不足则欺，财不足则盗，盗窃之行，于谁责而可乎？"

【注释】

①是：代指老聃师徒所住的地方。

②辜人：罪人。指被杀后陈尸示众的犯人。辜，罪。

③推：挪动。强（jiāng）：通"僵"。躺卧。

④朝服：上朝时穿的礼服。幕：覆盖。

⑤离：通"罹"。遭遇。

⑥所病：所忧心的事情。病，忧愁。有了荣辱标准，就会为受辱而忧愁。

⑦ 得：通"德"。美德。

⑧ 枉：错误。

⑨ 匿为物：隐藏事情真相。愚不识：愚弄不知道的人。

⑩ 大为难：加大做事难度。罪：归罪；惩罚。

【译文】

柏矩跟着老聃学习，说："请让我到各处游历。"老聃说："算了，整个天下和这里一样。"柏矩再次请求，老聃说："你打算先去哪里？"柏矩说："先去齐国。"柏矩到了齐国，看到一具罪犯尸体，他把尸体摆正，脱下朝服盖在尸体上，仰天大哭说："您啊！您啊！天下出现大灾祸，偏偏您先遇上。常说'不要做强盗，不要杀人'。荣辱标准建立，就会出现忧心的事；财物聚积起来，就会看到人们争斗。如今建立让人忧心的荣辱标准，聚集人们争夺的财物，让人们受尽贫苦，且无休止，想不出现这种灾难，怎么可能呢？古代君主，把美德归于百姓，把过失归于自己；把正确归于百姓，把错误归于自己，如有一人失去生命，便会反身自责。如今不是这样，统治者隐藏事情真相而去愚弄不知的人，加大办事难度却去怪罪人们不敢承担，加重任务分量而去惩罚无法胜任的人，把路途安排得十分遥远却去谴责不能到达的人。百姓的智慧和力量已经用尽，只好做假应付，每天都有那么多虚假事情，百姓怎能做到诚实？力量不够只好做假，智慧不足只好欺诈，财物不够只好盗抢。出现盗抢行为，该责备谁呢？"

【原文】

蘧伯玉行年六十而六十化①，未尝不始于是之而卒诎之以非也②，未知今之所谓是之非五十九非也。万物有乎生而莫见其根，有乎出而莫见其门。人皆尊其知之所知，而莫知恃其知之所不知而后知，可不谓大疑乎！已乎已乎！且无所逃，此所谓然与③，然乎？

【注释】

① 蘧（qú）伯玉：卫国贤臣。化：指思想变化。

② 是：正确；认为正确。卒：最后。诎（qū）：曲。引申为错误。非：批评。

③ 然：正确。

【译文】

蘧伯玉年近六十岁而六十年思想一直在变，未尝不是开始认为某事正确而最终又认为它错了并加以批评，不知如今肯定的事就不是五十九岁时所否定的事。万物生长却看不到它们生长的根源，万物出现却看不到它们出现的门径。人们看重智慧所能掌握的知识，而没人懂得依靠智慧所没掌握的知识去获得更多知识，这不是大迷惑吗！算了算了！没法逃避这种情况，这是人们所说的正确做法，但它正确吗？

【原文】

仲尼问于大史大弢、伯常骞、狶韦曰①："夫卫灵公饮酒湛乐②，不听国家之政，田猎毕弋③，不应诸侯之际，其所以为灵公者④，何邪？"大弢曰："是因是也⑤。"伯常骞曰："夫灵公有妻三人，同滥而浴⑥。史鰌奉御而进所⑦，搏币而扶翼⑧。其慢若彼之甚也⑨，见贤人若此其肃也，是其所以为灵公也。"狶韦曰："夫灵公也死，卜葬于故墓，不吉，卜葬于沙丘而吉⑩。掘之数仞，得石椁焉，洗而视之，有铭焉，曰：'不冯其子⑪，灵公夺而埋之。'夫灵公之为灵也久矣，之二人何足以识之⑫！"

【注释】

① 大（tài）史：即太史。大弢（tāo）、伯常骞（qiān）、狶（xī）韦：三人均为史官。

② 湛（dān）：通"耽"。沉溺。

③ 田：打猎。毕：捕兽大网。弋：用系有丝绳的箭射鸟兽。

④ 灵公：是死后谥号。"灵"的内涵很多，有褒有贬，如"不勤成名"、"死而志成"、"死见神能"等都可谥为"灵"，所以这几位史官对卫灵公的"灵"给出不同解释。

⑤ 是因是：这种谥号是因为他有这种德行。大弢把"灵"理解为贬义。

⑥ 滥：浴盆。

⑦ 史鰌（qiū）：卫国贤臣。奉御：奉命。

⑧ 搏：拿。币：泛指礼物。扶翼：搀扶。

⑨ 慢：散漫。指行为不合礼节。

⑩ 沙丘：地名。

⑪ 冯（píng）：通"凭"。依靠。

⑫ 之二人：那两个人。指大弢和伯常骞。这个故事说明世间是非难定。

【译文】

孔子问太史大弢、伯常骞、狶韦："卫灵公饮酒作乐，不理政事，经常外出打猎，不关心外交，死后被谥为'灵公'，为什么？"大弢说："有这种谥号是因为他有你说的这种德行。"伯常骞说："灵公有三位妻子，他们在一个浴盆洗澡。史鰌奉命来到灵公住所，灵公总是赠送礼物并亲自搀扶。灵公平时行为那样散漫，见贤人却如此恭敬，这就是被谥为'灵公'的原因。"狶韦说："灵公死后，占卜说葬在原定墓地不吉利，占卜说葬在沙丘吉利。挖到数丈深时，发现一具石棺，洗去泥土一看，上面有铭文，说：'不依靠子孙，灵公占有并葬于此地。'灵公被谥为'灵'，很早就被这种灵异之事确定了，他们两人如何知道这些！"

【原文】

少知问于大公调曰①："何谓丘里之言②？"大公调曰："丘里者，合十姓百名而以为风俗也③。合异以为同，散同以为异。今指马之百体而不得马，而马系于前者，立其百体而谓之马也。是故丘山积卑而为高④，江河合水而为大，大人合并而为公。是以自外入者，有主而不执；由中出者，有正而不距⑤。四时殊气，天不赐故岁成⑥；五官殊职，君不私，故国治；文武，大人不赐，故德备；万物殊理，道不私，故无名⑦。无名故无为，无为而无不为，时有终始，世有变化。祸福淳淳⑧，至有所拂者而有所宜⑨；自殉殊面⑩，有所正者有所差。比于大泽，百材皆度⑪；观于大山，木石同坛。此之谓丘里之言。"

【注释】

① 少知：含有知识浅薄义的虚构人名。大（tài）公调：含有博大公正义的虚构人名。

② 丘里之言：乡里公论。八家为井，四井为邑，四邑为丘。五家为邻，五邻为里。

③ 十姓百名：十来个族姓，一百来个人。泛指众多的家族和百姓。

④ 卑：卑小。指很小的土石。

⑤ 距：疏远；矛盾。

⑥ 赐：恩赐。这里指偏私。岁成：庄稼丰收。岁，收成。

⑦ 名：形容；描述。

⑧ 淳淳：不断转化貌。

⑨ 拂：乖背；不适宜。

⑩ 殉：追逐。殊面：不同方面、东西。

⑪ 材：树木。度：居；生长。

【译文】

少知问大公调："什么叫乡里公论？"大公调说："所谓乡里公论，就是各种族姓、众多百姓聚居形成的风俗习惯。聚集不同的人形成一个共同体，这个共同体分散开又成为不同的个人。单指马体每个部位，无法得出马的印象；把马拴在面前，使各个部位合成一个整体呈现眼前，这才是马！因此山岭聚积小土石而成就了高大，江河汇聚小河流才成就了宽广，伟人兼取各种私论而形成公论。当外界意见进入心中时，即使自己有主见也不要固执主见；内心有看法，即使这些看法正确，也不要与外界冲突。四季气候不同，上天不偏私某个季节而每年庄稼才能丰收；各种官职不同，国君不偏私某种官职，国家才能安定；文才武略不同，伟人不偏重某种才能，而能做到文武兼备；万物规律不同，道不偏重某种规律，因此没法对道进行描述。没法描述的道清静无为，正因为清静无为，才能做到无所不为。季节有终始，时代有变化。祸与福不停地相互转化，任何事物都有不利一面也有有利一面；人所追逐的东西不同，所以任何事物都有正确一面也有错误一面。乡里公论好比大泽，各种树木都在那里生长；还好比看到的大山，树木和石块共处一处。这就叫乡里公论。"

【原文】

少知曰："然则谓之道，足乎？"大公调曰："不然。今计物之数，不止于万，而期曰'万物'者①，以数之多者号而读之也。是故天地者，形之大者也；阴阳者，气之大者也；道者为之公②。因其大以号而读之则可也，已有之矣，乃将得比哉！则若以斯辩③，譬犹狗马，其不及远矣！"

【注释】

① 期：限于。

② 公：王公；领导者。

③ 斯：代指乡里公论与道。辩：通"辨"。区别。

【译文】

少知问："那么把乡里公论叫做道，可以吗？"大公调说："不可。现在计算物种数量，不止一万，而限于用'万物'称呼的原因，是用大数字来概述它们。天地，是形体中较大的；阴阳，是气体中较大的，而道是它们的主宰者。因它太大就用'道'称呼是可以的，既然有了道，谁还能与它相比！如拿乡里公论与道比较，就好比拿狗与马相比，其差别太大了！"

【原文】

少知曰："四方之内，六合之里，万物之所生恶起？"大公调曰："阴阳相照、相盖、相治①，四时相代、相生、相杀②，欲恶去就于是桥起③，雌雄片合于是庸有④。安危相易⑤，祸福相生，缓急相摩⑥，聚散以成。此名实之可纪⑦，精微之可志也⑧。随序之相理⑨，桥运之相使⑩，穷则反，终则始，此物之所有。言之所尽，知之所至，极物而已⑪。睹道之人，不随其所废⑫，不原其所起⑬，此议之所止。"

【注释】

① 照：照应。盖：压倒。如阳气压倒阴气则为春夏，阴气压倒阳气则为秋冬。

② 相杀：相互克制。

③ 桥：兴起貌。

④ 片：分离。庸有：常有；永存。庸，常。

⑤ 易：转变。

⑥ 摩：接近。引申为交替。

⑦ 纪：绪；头绪。

⑧ 志：记载。

⑨ 随序之相理：顺应事物发展秩序更相治理。如夏天由阳气主导，冬季由阴气主导。

⑩ 相使：相互制约。

⑪ 极物：限于具体事物。极，限于。

⑫ 随：追逐；追究。废：消亡。

⑬ 原：推究；探索。

【译文】

少知问："四方之内，天地之间，万物从哪里生出？"大公调说："阴阳二气相互照应、相互压倒、相互调治，四季相互交替、相互产生、相互克制，于是欲求、厌恶、离弃、靠近等现象兴起，雌性、雄性、分别、合拢等现象不断出现。安危相互转化，祸福相互催生，缓急相互替换，聚散相互促成。这些事情的名称和内容可以理出头绪，精微处也可记载下来。事物按照次序发展并交相治理，事物兴起后的运动彼此制约，事物发展到尽头就会折回，走到终点就会重新开始，这是万物共有规律。语言能表达的，智慧能明白的，都局限于具体事物而已。懂道的人，不追究万物消亡原因，不探索万物产生缘故，这些无法讨论。"

【原文】

少知曰："季真之莫为①，接子之或使②，二家之议，孰正于其情？孰偏于其理？"大公调曰："鸡鸣狗吠，是人之所知，虽有大知，不能以言读其所自化，又不能以意其所将为。斯而析之③，精至于无伦④，大至于不可围。或之使，莫之为，未免于物而终以为过⑤。或使则实，莫为则虚。有名有实，是物之居⑥；无名无实，在物之虚⑦。可言可意，言而愈疏。未生不可忌⑧，已死不可阻，死生非远也，理不可睹。或之使，莫之为，疑之所假⑨。吾观之本，其往无穷；吾求之末，其来无止。无穷无止，言之无也⑩，与物同理。或使莫为，言之本也，与物终始。道不可有，有不可无。道之为名，所假而行⑪。或使莫为，在物一曲⑫，夫胡为于大方⑬？言而足，则终日言而尽道；言而不足，则终日言而尽物。道物之极，言默不足以载⑭；非言非默，议有所极。"

【注释】

① 季真：齐国贤人。莫为：没有造物者。

② 接子：齐国贤人。或使：有主宰者。或，有人。

③ 斯而析之：由此可分析出。斯，此。

④ 无伦：无与伦比。

⑤ 未免于物：未免受外物拘限。过：过分；偏于一端。

⑥ 居：实有；具体。

⑦ 在物之虚：属无形事物。如道、空间。

⑧ 忌：禁止。

⑨ 疑之所假：疑惑因此而产生。假，借；因此。

⑩ 言之：谈论事物起源与终结。无：一无所知。

⑪ 所假而行：借一个名称以便表述它。假，借。行，推行；表述。

⑫ 在物一曲：偏于事理一端。曲，隅；端。

⑬ 大方：大道。

⑭ 言默：谈论与沉默。载：称说；表述。

【译文】

少知问："季真认为没有造物主，接子认为有造物主，两位的看法，哪个正确？哪个偏离真理？"大公调说："鸡鸣狗叫，是人们熟知的事，即使具有大智，也无法说清鸡狗是如何化育出来的，也无法预测它们今后演变成什么。由此推论，小东西可达到无法破析的程度，大东西可达到不可围量的地步。一说有造物主造物，一说没有造物主造物，这两种看法都受外物拘限而最终偏执一端。有造物主的观点讲得太具体，没造物主的观点又太玄虚。有名称有实体，那属于有形事物；没名称没实体，那属于无形事物。可以谈论、意会无形事物，但是越谈论就越远离其真实情况。未产生的事物，无法禁止它产生；已死亡的事物，无法阻止它死亡，生死现象离我们并不远，然而却不明白生死原因。一说造物主主使这一切，一说没造物主主使，这就造成疑惑。我观察事物本源，其本源可一直上溯而无穷无尽；我探索事物未来，而事物可一直发展而无休无止。事物的本源和未来，可说是一无所知，万物都是如此。有造物主和没造物主，讲的都是事物本源问题，而这个问题与万物的终始相伴。道不是有形事物，如是有形事物就不可能是空虚无形的。道被称为'道'，不过是借用一个名字以便表述而已。有造物主和没造物主这两种观点，都偏执一端，怎能算是道呢？语言功能如果完美，那么用一天时间也许能说清道；语言功能如不完美，即使用一天时间也只能说清一些具体事物。道是万物最高规律，无论是言谈还是沉默，都无法表述它，而非言非默、似言似默的方式，才是最好的谈论方式。"

外物第二十六

【题解】

外物，身外之事。本篇讨论外界事情无法把握、做事要有大志、反对提倡仁义等等。

【原文】

外物不可必，故龙逢诛①，比干戮②，箕子狂③，恶来死④，桀、纣亡。人主莫不欲其臣之忠，而忠未必信，故伍员流于江⑤，苌弘死于蜀⑥，藏其血，三年而化为碧⑦。人亲莫不欲其子之孝⑧，而孝未必爱，故孝己忧而曾参悲⑨。

【注释】

① 龙逢（páng）：夏桀时贤臣，因进谏被杀。

② 比干：商纣王的叔父，因进谏被剖心。

③ 箕（jī）子：商纣王的叔父，担心被害而装疯。狂：疯。

④ 恶来：商纣王的佞臣，与纣王一起被杀。

⑤ 伍员（yún）：即伍子胥。因进谏吴王夫差而被赐死，尸体被抛入江中。

⑥ 苌弘：周朝贤臣。被流放蜀地后剖腹而死。

⑦ 碧：碧玉。

⑧ 人亲：父母。

⑨ 孝己：商高宗之子。受后母虐待而死。曾参：孔子弟子。生性孝顺而受父虐待。

【译文】

身外之事无法把握，贤人关龙逢被杀，比干被剖心，箕子装疯，而坏人恶来同样被杀，夏桀和商纣同样灭亡。君主都希望臣子效忠，而忠臣未必能得到信任，所以伍子胥被赐死后抛尸江中，苌弘死于蜀地，人们收藏他的血，三年后变为碧玉。父母都希望子女孝顺，而孝子未必能得到爱惜，所以孝己忧愁而曾参悲伤。

【原文】

木与木相摩则然①，金与火相守则流。阴阳错行，则天地大绞②，于是乎有雷有霆，水中有火③，乃焚大槐。有甚忧两陷而无所逃④，螴蜳不得成⑤，心若县于天地之间⑥，慰暋沈屯⑦，利害相摩，生火甚多⑧，众人焚和，月固不胜火⑨，于是乎有偾然而道尽⑩。

【注释】

① 然：同"燃"。

② 绞（hài）：通"骇"。惊动。

③ 水中有火：雨中有闪电。

④ 甚（dān）：通"媅"。欢乐。

⑤ 螴蜳（chén dūn）：恐惧不安貌。

⑥ 县（xuán）：同"悬"。悬挂。

⑦ 慰暋（mín）：忧愁。沈（chén）屯：沉闷。沈，通"沉"。

⑧ 火：欲火。

⑨ 月：喻清明恬淡的心境。

⑩ 偾（tuí）然：即"颓然"。精神崩溃貌。

【译文】

木与木相互摩擦就会燃烧，金属与火相遇就会熔化。阴阳运行错乱，天地受到惊动，于是出现雷霆，雨中夹杂闪电，甚至击毁大树。有人深陷乐与愁的矛盾情绪中而无法自拔，恐惧不安而一事无成，其心像悬于半空之中，忧愁苦闷，充满利害矛盾，产生许多欲火，众人的平和心境被欲火烧掉，因为清明恬淡的心境无法战胜欲火，于是有人精神崩溃而失去道。

【原文】

庄周家贫，故往贷粟于监河侯①。监河侯曰："诺。我将得邑金②，将贷子三百金③，可乎？"庄周忿然作色，曰："周昨来，有中道而呼者。周顾视车辙中，有鲋鱼焉④。周问之曰：'鲋鱼来⑤！子何为者邪？'对曰：'我，东海之波臣也，君岂有斗升之水而活我哉？'周曰：'诺。我且南游吴、越之王，激西江之水而迎子，可乎？'鲋鱼忿然作色曰：'吾失我常与⑥，我无所处，吾得斗升之水然活耳，君乃言此，曾不如早索我于枯鱼之肆⑦！'"

【注释】

① 贷：借。监河侯：负责黄河水务的官员。一说指魏文侯。

② 邑金：封地的税金。邑，封地。

③ 金：二十两或二十四两黄金为一金。

④ 鲋（fù）鱼：即鲫鱼。

⑤ 来：语气词。

⑥ 常与：经常生活的环境。指水。

⑦ 曾：还。肆：商店。

【译文】

庄子家境贫寒，于是向监河侯借粮。监河侯说："行！我将收取封地税金，那时借你三百金，行吗？"庄子气得变了面容，说："我昨天来时，半路上有声音叫我。我回头看看车辙，里面有条鲋鱼。我问它：'鲋鱼，你要干吗？'鲋鱼说：'我是东海水中的一员，您是否有斗升之水救我一命？'我说：'行！我将去南方游说吴、越君主，那时把长江水引来迎接你回东海，行吗？'鲋鱼气得变了面容，说：'我失去经常需要的水，我没法活下去，我得到斗升之水就能活下来，而您却说出这样的话，还不如早点儿到干鱼店里找我！'"

【原文】

任公子为大钩巨缁①，五十犗以为饵②，蹲乎会稽，投竿东海，旦旦而钓，期年不得鱼③。已而大鱼食之，牵巨钩，錎没而下④，鹜扬而奋鬐⑤，白波若山，海水震荡，声侔鬼神⑥，惮赫千里。任公子得若鱼，离而腊之⑦，自制河以东⑧，苍梧已北⑨，莫不厌若鱼者⑩。

【注释】

① 任公子：任国公子。任，国名。缁（zī）：黑色钓鱼绳。

② 犗（jiè）：阉割过的公牛。

③ 期（jī）年：一整年。

④ 锼（xiàn）没：潜入海里。锼，通"陷"。

⑤ 鹜（wù）扬：腾身而起。奋：扬起。鬐（qí）：鱼鳍。

⑥ 侔（móu）：等同。

⑦ 离：剖开。腊（xī）之：制成鱼干。腊，干肉；制干肉。

⑧ 制河：即浙江。在今浙江境内。

⑨ 苍梧：山名。已北：以北。

⑩ 厌：通"餍"。吃饱。

【译文】

任公子做了大钩和黑色大钓绳，用五十头公牛做鱼饵，蹲在会稽山上，把钓竿投向东海。他天天钓鱼，一年也没钓到鱼。后来有大鱼吞了鱼饵，大鱼牵着鱼钩向海底逃去，又奋起鱼鳍腾身而出，掀起如山白浪，海水急剧震荡，声音如鬼神吼叫，方圆千里的人都感到震惊。任公子钓得这条大鱼后，剖开制成干肉，从制河以东，苍梧山以北，人人都饱吃了一餐鱼肉。

【原文】

已而后世辁才讽说之徒①，皆惊而相告也。夫揭竿累②，趋灌渎，守鲵鲋③，其于得大鱼难矣。饰小说以干县令④，其于大达亦远矣。是以未尝闻任氏之风俗，其不可，与经于世亦远矣⑤。

【注释】

① 辁（quán）才：小才。讽说：道听途说。

② 揭：高举。累：小钓鱼绳。

③ 鲵（ní）鲋：两种小鱼。

④ 小说：浅薄琐碎的言论。干：求；求官。

⑤ 经于世：即"经世"。治国。

【译文】

后世知识浅薄、道听途说的人，都吃惊地奔走相告。他们举着鱼竿钓绳，跑到渠水小溪边，守着小鱼，他们想钓到大鱼实在太难了。学习琐碎知识而到县令那里求官，如此要想取得大成功实在太难了。因此不了解任公子志趣的人，是不行的，他们想治好天下也太难了。

【原文】

儒以《诗》《礼》发冢①。大儒胪传曰②："东方作矣③，事之何若?"小儒曰："未解裙襦④。""口中有珠。《诗》固有之曰：'青青之麦，生于陵陂⑤。生不布施，死何含珠为⑥！'接其鬓⑦，压其颏⑧。"儒以金椎控其颐⑨，徐别其颊⑩，无伤口中珠。

【注释】

① 《诗》《礼》：儒家的两部经书。发冢（zhǒng）：盗墓。

② 大儒：儒生老师。胪（lú）传：向下传话。大儒在墓上望风，对墓中弟子喊话。

③ 作：起。指太阳升起。

④ 襦（rú）：短上衣。

⑤ 陵陂（bēi）：山坡。

⑥ 含珠：在死人口中放颗宝珠。古代葬礼，天子含珠，诸侯含玉，大夫含碧，士人含贝。

⑦ 接：挤压。

⑧ 颏（huì）：胡须。一说指面颊。

⑨ 金椎（chuí）：金属锤。控：敲击。颐：面颊。

⑩ 徐：慢慢地。别：撬开。其颊：死者面颊。

【译文】

一群儒生用《诗》《礼》的知识去盗墓。老师对墓坑里的弟子说:"太阳就要升起,事情做得如何?"弟子说:"裙子和短衣还没扒下来。""嘴里有珠。《诗经》有这样的话:'青青的麦苗,生长在山坡。生前不布施,死后为何还含珠!'挤压住他的鬓角,按住他的胡须。"弟子用金属锤轻轻敲打尸体面部,慢慢撬开面颊,把口中珠子完整地抠了出来。

【原文】

老莱子之弟子出薪①,遇仲尼,反以告,曰:"有人于彼,修上而趋下②,末偻而后耳③,视若营四海④,不知其谁氏之子。"老莱子曰:"是丘也,召而来。"

【注释】

① 老莱子:楚国隐士。
② 修:长。趋(cù):通"促"。短。
③ 末偻:脊背弯曲。后耳:两耳后贴。
④ 营四海:志在天下。营,治理。

【译文】

老莱子的弟子外出打柴,遇见孔子,回去后告诉老莱子说:"那里有个人,上身长而下身短,脊背弯曲而两耳后贴,眼神似乎有平天下之志,不知那位先生姓什么。"老莱子说:"这人是孔丘,把他叫来。"

【原文】

仲尼至。曰:"丘,去汝躬矜与汝容知①,斯为君子矣。"仲尼揖而退,蹙然改容而问曰②:"业可得进乎?"老莱子曰:"夫不忍一世之伤而骜万世之患③,抑固窭邪④?亡其略弗及邪⑤?惠以欢为骜⑥,终身之丑,中民之行进焉耳⑦,相引以名,相结以隐⑧。与其誉尧而非桀,不如两忘而闭其所誉。反无非伤也⑨,动无非邪也。圣人踌躇以兴事⑩,以每成功,奈何哉其载焉终矜尔⑪！"

【注释】

① 躬：身体。矜：傲慢。容知：聪明面容。知，通"智"。

② 蹙（cù）然：惊恐貌。

③ 骜（ào）：放纵。指仁义思想干扰后人生活。

④ 抑：连词。相当于"还是"。窭（jù）：贫乏。指知识贫乏。

⑤ 亡其：连词。相当于"还是"。略：忽略。

⑥ 惠以欢：施恩惠以博欢心。骜：奔腾。形容努力做。

⑦ 中民：智慧中等的人；常人。行进：追求。

⑧ 隐：私；私利。

⑨ 反无非伤：违道无不受到伤害。反，违背。

⑩ 蹲踌：从容貌。

⑪ 奈何：为何。其：指孔子。载：推行。焉：指仁义之业。矜：自豪。

【译文】

　　孔子来了，老莱子说："孔丘，消除你的傲慢模样和聪明面容，就是君子了。"孔子作揖后退几步，吃惊得改变了面容，说："我的仁义事业还有进展吗？"老莱子说："不忍心一代人受害而为万世留下灾祸，你确实无知？还是忽略了这事而没想到呢？努力施惠以博取欢心，这是一生的羞愧，是常人所追求的事，他们为美名而相互交往，为私利而相互结纳。与其赞美尧而批评桀，不如忘掉其是非而不再赞美。违背道就会受损，扰乱心灵就会产生邪念。圣人从容不迫地循道做事，因此总是成功，你为何要推行仁义并为此自豪终身呢！"

【原文】

　　宋元君夜半而梦人被发窥阿门①，曰："予自宰路之渊②，予为清江使河伯之所③，渔者余且得予。"元君觉，使人占之，曰："此神龟也。"君曰："渔者有余且乎？"左右曰："有。"君曰："令余且会朝。"明日，余且朝。君曰：

"渔何得?"对曰:"且之网得白龟焉,其圆五尺。"君曰:"献若之龟。"龟至,君再欲杀之,再欲活之,心疑,卜之,曰:"杀龟以卜吉。"乃刳龟④,七十二钻而无遗策⑤。

【注释】

① 宋元君:宋国君主。被(pī):通"披"。阿门:旁边的小门。

② 宰路:深渊名。

③ 清江:一说即扬子江。使:出使。河伯:黄河神。

④ 刳(kū):剖开后挖空。

⑤ 钻:指占卜时灼钻龟甲。遗策:失策;失误。

【译文】

宋元君半夜梦见一个披发人站在侧门旁向里窥视,那人说:"我来自宰路深潭,为清江神出使到河伯那里,打鱼人余且把我捉住了。"元君醒后,让人占卜,占卜人说:"那是只神龟。"元君问:"有名叫余且的渔夫吗?"侍臣说:"有。"元君说:"叫余且入朝。"次日,余且朝见。元君问:"你捉到什么了?"余且说:"我的渔网捉到一只白龟,周长五尺。"元君说:"把你的龟献上!"龟送来后,元君两次想杀它,两次想放掉它,犹豫不决,让人占卜,占卜人说:"杀龟用它占卜,大吉。"于是把龟剖开挖空,用它占卜七十二次没一次失误。

【原文】

仲尼曰:"神龟能见梦于元君①,而不能避余且之网;知能七十二钻而无遗策,不能避刳肠之患。如是,则知有所困,神有所不及也。虽有至知,万人谋之。鱼不畏网而畏鹈鹕②,去小知而大知明,去善而自善矣。婴儿生无石师而能言③,与能言者处也。"

【注释】

① 见(xiàn)梦:托梦。见,同"现"。

② 鹈鹕（tí hú）：一种吃鱼的鸟。鱼知鹈鹕可怕，却不知渔网更可怕，因此鱼属小智。

③ 石（shuò）师：大师。石，通"硕"。大。

【译文】

孔子说："神龟能托梦给元君，却不能避开余且的渔网；智慧能做到占卜七十二次而无失误，却不能逃脱剖腹灾难。如此说来，智慧有困窘之时，神也有考虑不到之处。即使有最高智慧，也应付不了万人算计。鱼不知怕渔网而只知怕鹈鹕，可见只有丢弃小聪明才能获取大智慧，只有消除自以为美好的想法才能变得真正美好。婴儿出生后没有语言大师教育而能说话，是因为整天与会说话的人在一起。"

【原文】

惠子谓庄子曰："子言无用。"庄子曰："知无用而始可与言用矣。夫地非不广且大也，人之所用容足耳①，然则厕足而垫之致黄泉②，人尚有用乎？"惠子曰："无用。"庄子曰："然则无用之为用也亦明矣。"

【注释】

① 容足：放下双脚的一小块地方。

② 厕：通"侧"。旁边。垫：挖掘。黄泉：黄土下的泉水。指极深处。

【译文】

惠子对庄子说："您的话无用。"庄子说："知道无用才能和他讨论有用。大地不是不广大，人所使用的不过是放脚的一小块地方，然而如把双脚周围土地挖到极深之处，放脚的一小块地方还有用吗？"惠子说："没用。"庄子说："那么无用的用处也就明白了。"

【原文】

庄子曰："人有能游①，且得不游乎？人而不能游，且得游乎？夫流遁之志②，决绝之行③，噫，其非至知厚德之任与④！覆坠而不反⑤，火驰而不顾，虽相与为君臣，时也，易世而无以相贱⑥。故曰：至人不留行焉⑦。夫尊古而卑今，学者之流也。且以豨韦氏之流观今之世⑧，夫孰能不波⑨？唯至人乃能游于世而不僻⑩，顺人而不失己。彼教不学，承意不彼⑪。

【注释】

① 游：任心而游；精神自由。

② 流遁：逃避；违背。指违背道。

③ 决绝：与道决裂。

④ 任：作为；行为。

⑤ 覆坠：颠覆坠落。指失败。

⑥ 相贱：对别人看不起。

⑦ 不留行：行为不固执。

⑧ 豨（xī）韦氏：远古圣王。

⑨ 波：波动；震惊。

⑩ 僻：邪僻；错误。

⑪ 承意：表面接受世人意见。不彼：内心不与他们一致。

【译文】

庄子说："人如能做到精神自由，怎会不进行自由遨游？人如不能做到精神自由，怎能进行自由遨游？不合道的思想，违背道的行为，唉，都不是大智厚德之人所做之事！失败不知反省，还急切追逐名利而不顾一切，虽然他们当了君主或大臣，但只是碰上好机遇，换个时代他们就没资格小视别人。所以说：圣人行为不固执。尊古薄今，是世俗学者的做法。豨韦氏之类的人看到今天情况，怎不震惊？只有圣人才能生活于世而不犯错误，顺应众人而不丧失自己天性。世人的教育而圣人不学，表面接受世人意见而内心不会同他们一样。

【原文】

"目彻为明①，耳彻为聪，鼻彻为颤②，口彻为甘③，心彻为知，知彻为德。凡道不欲壅④，壅则哽⑤，哽而不止则跈⑥，跈则众害生。物之有知者恃息，其不殷⑦，非天之罪，天之穿之，日夜无降⑧，人则顾塞其窦⑨。胞有重阆⑩，心有天游⑪。室无空虚，则妇姑勃溪⑫；心无天游，则六凿相攘⑬。大林丘山之善于人也，亦神者不胜⑭。

【注释】

① 彻：明彻；敏锐。

② 颤（shān）：通"膻"。嗅觉好。

③ 甘：感到甜美。

④ 壅（yōng）：堵塞。

⑤ 哽（gěng）：不通。

⑥ 跈（zhěn）：乖背；违背。

⑦ 殷：盛。指呼吸畅通，气息充足。

⑧ 降：减少。

⑨ 顾：反而。窦：鼻孔。天赋予鼻孔呼吸而人自塞鼻孔，比喻道无处不在而人自绝于道。

⑩ 胞：包裹胎儿的囊膜。泛指腹内。重阆（làng）：多重空间。

⑪ 天游：指精神遨游的空间。

⑫ 妇：媳妇。姑：婆婆。勃溪：争吵。

⑬ 六凿：人体的六种孔窍，代指各种情欲。攘：矛盾。

⑭ 神者不胜：精神状况不佳。如精神生活丰富，就不需到山林寻求欢乐了。

【译文】

"目光敏锐叫'明'，耳朵敏锐叫'聪'，鼻子敏锐叫'颤'，味觉敏锐叫'甘'，心灵敏锐叫'智'，智慧明达叫'德'。道不可堵塞，堵塞就会梗阻不通，梗阻不排除就会违背道，违背道而就会产生灾害。有智的物类靠的是呼吸，如气息不足，不是天的过错，天已给予通畅的鼻孔，无论昼夜都没有缩小鼻孔，是人自己堵塞了呼吸通道。腹腔有多重空间，内心有神游之处。房屋没有足够空间，婆媳就会争吵；内心没有神游空间，七情六欲就会相互冲突。高山密林之所以能使人愉快，是因为人的精神生活不够丰富。

【原文】

"德溢乎名①，名溢乎暴②，谋稽乎谊③，知出乎争，柴生乎守④，官事果乎众宜⑤。春雨日时，草木怒生，铫鎒于是乎始修⑥，草木之到植者过半⑦，而不知其然。

【注释】

① 德：世俗美德。溢乎：产生于。世人认为人有名了就有美德。

② 暴（pù）：同"曝"。外露。

③ 稽：停留。引申为产生。谊（xián）：危急。

④ 柴（zhài）：通"砦"。用于防守的栅栏。比喻闭塞。

⑤ 果乎：产生于。宜：事宜；事情。

⑥ 铫鎒（yáo nòu）：两种锄草农具。

⑦ 到植：锄掉后又生长起来。到，同"倒"。植，生长。比喻情欲如野草一样难以清除。

【译文】

"世人所谓美德来自名声，名声来自炫耀，计谋出自危急，智略来自争斗，闭塞由于保守，官府出现由于事情太多。春雨降临，阳光普照，草木勃然而生，人们修理农具开始锄草，然而锄过后仍有大半野草生长，而不知其中原因。

【原文】

"静然可以补病，眦搣可以休老①，宁可以止遽②。虽然，若是劳者之务也，非佚者之所未尝过而问焉③；圣人之所以骇天下④，神人未尝过而问焉⑤；贤人所以骇世，圣人未尝过而问焉；君子所以骇国，贤人未尝过而问焉；小人所以合时⑥，君子未尝过而问焉。

【注释】

① 眦搣（zì miè）：按摩。

② 遽（jù）：急躁。

③ 非：为衍文。应删去。

④ 骇（hài）：通"骇"。惊扰。实际指治理。庄子认为圣人治天下，实际是惊扰天下。

⑤ 神人：得道之人。

⑥ 合时：媚世。

【译文】

"静心可以保养病体，按摩可以延缓衰老，安宁可以消除急躁。虽然如此，这些是操劳者的事，悠闲自得的人从不过问这些事；世俗圣人治天下的办法，得道神人从不去过问；贤人治理社会的办法，圣人从不去过问；君子治理国家的办法，贤人从不去过问；小人用来媚世的办法，君子从不去过问。

【原文】

"演门有亲死者①，以善毁爵为官师②，其党人毁而死者半③。尧与许由天下，许由逃之；汤与务光④，务光怒之；纪他闻之⑤，帅弟子而踆于窾水⑥，诸侯吊之⑦；三年，申徒狄因以踣河⑧。

【注释】

① 演门：宋国都城的东门。亲：父母。

② 善毁：因悲伤而损伤身体。官师：官名。

③ 党人：乡人。党，五百家为一党。

④ 务光：商代隐士。

⑤ 纪他：商代隐士。

⑥ 踆（cūn）：蹲。引申为隐居。窾（kuǎn）水：河名。

⑦ 吊：慰问。

⑧ 申徒狄：商代隐士。踣（bó）河：投河。申徒狄因担心商汤让位于自己而投河。

【译文】

"演门有个人的父母去世，此人因悲伤过度损害了身体而当了官师，乡亲们也损害自己身体，结果死了一半。尧把天下让给许由，许由逃走了；商汤把天下让给务光，务光发怒了；纪他听到后，带着弟子跑到窾水一带隐居起来，诸侯们前去慰问；三年后，申徒狄因担心商汤让天下给自己而干脆投河自杀了。

【原文】

"荃者所以在鱼①，得鱼而忘荃；蹄者所以在兔②，得兔而忘蹄；言者所以在意，得意而忘言。吾安得夫忘言之人而与之言哉！"

【注释】

① 荃（quán）：通"筌"。竹编的捕鱼器具。

② 蹄：兽网。

【译文】

"鱼筌是用来捕鱼的，捕到鱼后可以忘掉鱼筌；兔网是用来捕兔的，捕到兔后可以忘掉兔网；言语是用来表达思想的，领会思想后可以忘掉言语。我怎能找到一位忘掉语言的人而和他一起交谈呢！"

寓言第二十七

【题解】

寓言，有寓意之言。本篇解释"三言"含义，阐述弃绝俗智、顺应外物等思想。

【原文】

寓言十九①，重言十七②，卮言日出③，和以天倪④。

【注释】

① 寓言：假借故事或别人言论表达个人思想的文字。

② 重（chóng）言：引用先哲的言论。重，重复。

③ 卮（zhī）言：无心的言论。卮，酒器。卮中酒满后自然溢出，比喻自然讲出的言论。

④ 天倪（ní）：即天道。

【译文】

寓言占十分之九，重言占十分之七，卮言每天都讲，目的是阐述大道以调和万物。

【原文】

寓言十九，藉外论之①。亲父不为其子媒，亲父誉之，不若非其父者也；非吾罪也，人之罪也。与己同则应，不与己同则反；同于己为是之，异于己为非之。

【注释】

① 藉：借助。外：外界的言论和故事。

【译文】

占十分之九的寓言，是借助外界言论、故事来论述个人思想。亲父不为其子做媒，因为父亲夸奖儿子，不如别人夸奖可信，这不是父亲的过错，是别人猜疑的过错。与自己看法相同就应和，与自己看法不同就反对；与自己看法一致就肯定它，与自己看法不一致就否定它。

【原文】

重言十七，所以已言也，是为耆艾①，年先矣，而无经纬本末以期年耆者②，是非先也。人而无以先人，无人道也；人而无人道，是之谓陈人③。

【注释】

① 耆（qí）艾：老人。六十岁叫"耆"，五十岁叫"艾"。
② 经纬：治国经验。本末：事情本末，指历史经验。期：符合；相称。
③ 陈人：陈腐无用的人。

【译文】

占十分之七的重言，是已经讲过的话，讲话者都是老人，是先辈长者。如没治国本领和历史经验以与其年龄相称，不能称为先辈长者。一个人如没过人之处，就是不懂做人原则；一个人不懂做人原则，他只能称为陈腐之人。

【原文】

卮言日出，和以天倪，因以曼衍①，所以穷年②。不言则齐③，齐与言不齐④，言与齐不齐也，故曰无言。言无言，终身言，未尝言；终身不言，未尝不言⑤。有自也而可⑥，有自也而不可；有自也而然⑦，有自也而不然。恶乎然？然于然；恶乎不然？不然于不然。恶乎可？可于可；恶乎不可？不可于不可。物固有所然，物固有所可，无物不然，无物不可。非卮言日出，和以天倪，孰得其久！万物皆种也⑧，以不同形相禅⑨，始卒若环，莫得其伦⑩，是谓天均⑪，天均者，天倪也。

【注释】

① 因：顺应。曼衍：变化。

② 穷：尽；过完。

③ 不言则齐：不发言表态才能贯彻万物齐一的观点。

④ 齐与言不齐：万物齐一的观点与发言表态是矛盾的。不齐，矛盾。

⑤ 终身二句：有人终身不说话，未尝不是在说话。如圣人不言，但其行为已说明一切。

⑥ 自：由；缘由。

⑦ 然：正确。

⑧ 种：同种，同一种起源。万物都来自道和气。

⑨ 相禅：相互转化。

⑩ 伦：理。

⑪ 天均：天道；道。

【译文】

每天都讲卮言，用道调和万物，并顺物而变，以此度过一生。不发言表态才能落实万物一齐思想，万物一齐思想与发言表态是矛盾的，反过来发言表态与万物一齐思想也是矛盾的，所以不要发言。有人说了等于没说，虽然一生都在说，但等于什么也没说；有人一生什么也没讲，而什么都讲清楚了。事物有一定原因而被认可，也有一定原因而不被认可；有一定原因而被肯定，也有一定原因而被否定。为何认为它正确？因为它有正确一面所以认为它正确；为何认为它不正确？因为它有不正确一面所以认为它不正确。为何要认可它？认可它是因为它有被认可的一面；为何不去认可它？不去认可它是因为它有不被认可的一面。任何事物都有正确一面，任何事物都有值得认可的一面，因此没有事物不是正确的，没有事物不是可以被认可的。如果每天不谈论这类卮言，不用道调和万物，怎能长期生存！万物有共同起源，其形状不同但可以相互转化，这种转化终始反复犹如循环，却找不到其中规律，这即天道的作用。所谓天道，就是道啊。

【原文】

庄子谓惠子曰："孔子行年六十而六十化，始时所是，卒而非之，未知今之所谓是之非五十九非也。"惠子曰："孔子勤志服知也①。"庄子曰："孔子谢之矣②，而其未之尝言。孔子云：'夫受才乎大本③，复灵以生④。鸣而当律⑤，言而当法。利义陈乎前，而好恶是非直服人之口而已矣。使人乃以心服，而不敢蘁立⑥，定天下之定⑦'。已乎！已乎！吾且不得及彼乎！"

【注释】

① 勤：辛苦。志：理想。服：从事；寻求。

② 谢：弃绝。

③ 大本：重要本源。指道。

④ 复灵以生：恢复灵性以保全生命。

⑤ 当：符合。

⑥ 蘁（wù）：通"牾"。背逆。立：做事。

⑦ 定：第一个"定"为确定，第二个"定"为定规、准则。

【译文】

庄子对惠子说："孔子六十岁而六十年不断变化，开始认为正确的，最终又认为是错误的，不知他如今肯定的事就不是他五十九岁时所否定的事。"惠子说："孔子辛苦地追求理想、学习俗知！"庄子说："孔子已放弃这种做法，只是他没讲过这一点而已。孔子说：'人们从道那里获取才智，应恢复灵性以保全生命。声音应合乎乐律，讲话应合乎法度。当利和义摆在面前时，进行好恶、是非辩论，不过只能使人口服而已。要使人心悦诚服，而不敢丝毫违背，这应被确定为治国准则。'不说了！不说了！我还比不上他呢！"

【原文】

曾子再仕而心再化①，曰："吾及亲仕，三釜而心乐②；后仕，三千钟而不洎③，吾心悲。"弟子问于仲尼曰："若参者，可谓无所县其罪乎④?"曰："既已县矣。夫无所县者，可以有哀乎? 彼视三釜、三千钟，如观雀蚊虻相过乎前也!"

【注释】

① 曾子：即曾参。孔子弟子，以孝闻名。再：两次。化：不同。

② 釜（fǔ）：六斗四升为一釜。

③ 钟：六斛四斗为一钟。洎（jì）：通"及"。赶上。指赶上赡养父母。

④ 县（xuán）其罪：因牵挂爵禄而犯错。县，同"悬"。悬念；牵挂。指牵挂爵禄。

【译文】

曾子两次出仕而心情不同，说："父母在世时出仕，虽仅三釜粮食的微薄俸禄而我非常快乐；后来出仕，虽有三千钟的丰厚俸禄可无法用它赡养父母，所以我悲伤。"弟子问孔子："像曾参那样，可说没有牵挂俸禄的错误了?"孔子说："已经在牵挂了。毫无牵挂的人，会有悲伤吗? 他们看待三釜、三千钟，就像看待鸟雀、蚊虻从面前飞过一样。"

【原文】

颜成子游谓东郭子綦曰："自吾闻子之言，一年而野①，二年而从②，三年而通，四年而物③，五年而来④，六年而鬼入⑤，七年而天成，八年而不知死、不知生，九年而大妙。""生有为，死也。劝公⑥，以其死也，有自也⑦；而生阳也⑧，无自也。而果然乎⑨? 恶乎其所适⑩? 恶乎其所不适? 天有历数，地有人据⑪，吾恶乎求之? 莫知其所终，若之何其无命也? 莫知其所始，若之何其有命也? 有以相应也⑫，若之何其无鬼邪? 无以相应也，若之何其有鬼邪?"

【注释】

① 野：质朴。

② 从：顺从。指顺应外物。

③ 物：指做到物我为一。

④ 来：为众人所归。

⑤ 鬼入：神灵进入心中。能做到神悟。

⑥ 公：不看重自我。

⑦ 自：缘由；原因。原因就是太看重自我。

⑧ 阳：阳气。阳主生，阴主杀。

⑨ 而：你。果：真的。然：那些。

⑩ 恶（wū）：哪里；什么。适：追求。

⑪ 人据：人赖以生存的环境。据，依赖。

⑫ 有以：有力量。应：指回应人事。如善恶有报。

【译文】

颜成子游对东郭子綦说："自从我听了您的教诲，一年后变得质朴，两年后能顺应外物，三年后能通达不执，四年后能物我为一，五年后为众人所归，六年后能做到神悟，七年后能做到自然成功，八年后能忘却生死，九年后达到极高妙的境界。""人恣意妄为，会很快死亡。劝告别太看重自我，是因为人的死亡，往往是因太看重自我而引起的；人的出生是由于阳气聚集，而不知聚集原因。你真做到你说的那些吗？你究竟追求什么？不追求什么？天有自己的运行规律，地有人们的生存环境，我们还要寻求什么？没人能知道自己的生命归宿，怎能说没有命运安排呢？也没人知道自己的生命起源，又怎能说有命运安排呢？似乎有神秘力量在回应人事，怎能说没鬼神呢？又似乎没有什么力量回应人事，又怎能说有鬼神呢？"

【原文】

众罔两问于景曰①："若向也俯而今也仰②，向也括撮而今也被发③，向也坐而今也起，向也行而今也止，何也？"景曰："搜搜也④，奚稍问也⑤！

予有而不知其所以。予，蜩甲也⑥，蛇蜕也，似之而非也⑦。火与日，吾屯也⑧；阴与夜，吾代也⑨。彼，吾所以有待邪，而况乎以无有待者乎⑩！彼来则我与之来，彼往则我与之往，彼强阳则我与之强阳⑪。强阳者又何以有问乎！"

【注释】

① 罔两：影外的微影。景（yǐng）：通"影"。

② 若：你。向：刚才。

③ 括撮：指括发。把头发束成发髻。被（pī）：通"披"。

④ 搜搜：无心而动貌。

⑤ 奚：何必。稍：小。

⑥ 蜩（tiáo）：蝉。甲：壳；皮。

⑦ 似之而非：与本体事物相似但又不是本体事物。如人影像人，又不是人。

⑧ 屯：聚集；出现。

⑨ 代：被替代；消失。

⑩ 无有待者：不需任何依赖的事物。指精神。影子必须依赖他物，尚可因无心而得自由，何况精神无所依赖，更应获得自由。

⑪ 强阳：徜徉；徘徊不定。

【译文】

众多罔两问影子："你刚才低头而现在仰头，刚才束发而现在披发，刚才坐着而现在站着，刚才行走而现在停下，为什么？"影子说："我在无心地活动！又何必问这类小问题！我行动而不知为何行动。我，像蝉蜕下的壳、蛇蜕下的皮，与本体事物相似却又不是。有了火光和太阳，我就出现；遇到阴天和夜晚，我就消失。火光与太阳，是我依赖的，更何况无须任何依赖的精神！火光与太阳出现我就随之出现，火光与太阳消失我就随之消失，火光与太阳徘徊不定我就随之徘徊不定。对于徘徊不定的事物，有什么值得询问的！"

【原文】

阳子居南之沛①，老聃西游于秦。邀于郊②，至于梁而遇老子③。老子中道仰天而叹曰："始以汝为可教，今不可也。"阳子居不答。至舍，进盥漱巾栉④，脱屦户外，膝行而前，曰："向者弟子欲请夫子，夫子行不闲，是以不敢。今闲矣，请问其过？"老子曰："而睢睢盱盱⑤，而谁与居？大白若辱⑥，盛德若不足。"阳子居蹴然变容曰："敬闻命矣！"其往也，舍者迎将⑦，其家公执席⑧，妻执巾栉，舍者避席，炀者避灶⑨。其反也，舍者与之争席矣⑩。

【注释】

① 阳子居：即杨朱。之：到。沛：在今江苏沛县。

② 邀：迎候。郊：野外；半道。

③ 梁：在今河南开封。

④ 盥（guàn）：盥洗。漱：漱口水。栉（zhì）：梳子。

⑤ 而：你。睢（suī）睢盱（xū）盱：骄矜自负貌。

⑥ 辱：通"黵"。黑色。

⑦ 舍者：旅店的人。迎将：迎送。

⑧ 其家公：那家旅店的男主人。执席：亲自安排座席。

⑨ 炀（yáng）：烤火。

⑩ 争席：争抢座席。说明阳子居除去傲气，韬光养晦，看起来与常人一样了。

【译文】

阳子居到南方的沛，老子到西方秦国游历。阳子居在半道迎候，到梁地时遇到老子。老子半路上仰天长叹说："从前我认为你可以教诲，现在看来不可以。"阳子居没作声。到了旅店，阳子居送上洗漱用水和手巾梳篦，把鞋脱在门外，双膝跪地前行到老子跟前，说："刚才我就想向您请教，您匆匆赶路没有空闲，所以不敢。现在您有了空闲，请问我的过失？"老子说："你一副傲慢自负的模样，谁还愿与你相处？最白的看起来好像发暗，大德之人看起来似乎有缺陷。"阳子居羞愧得变了面容,说:"我接受教诲。"当阳子居来时,旅店人恭敬地迎送他,旅店男主人亲自为他安排座席,女主人亲自拿来手巾梳篦,旅店客人慌忙起身致敬,烤火人让出灶头让他取暖。他回去时,旅客们敢于同他争抢座席了。

让王第二十八

【题解】

本篇多以辞让王位、爵禄来展开故事和议论,故取"让王"为篇名。本篇主要阐述生命重于天下、道义重于名利两个问题。

【原文】

尧以天下让许由,许由不受。又让于子州支父,子州支父曰:"以我为天子,犹之可也。虽然,我适有幽忧之病①,方且治之,未暇治天下也。"夫天下至重也,而不以害其生,又况他物乎!唯无以天下为者②,可以托天下也。舜让天下于子州支伯③,子州支伯曰:"予适有幽忧之病,方且治之,未暇治天下也。"故天下大器也,而不以易生④,此有道者之所以异乎俗者也。

【注释】

① 幽:深;很。

② 无以:没有心思;不愿意。

③ 子州支伯:即子州支父。

④ 易:交换。

【译文】

尧想把天下让给许由，许由不接受。又让给子州支父，子州支父说："让我做天子，还是可以的。虽说可以，我刚患上令人发愁的病，正想治治，没闲工夫去治天下。"天下最重要，他却不愿为治天下而损害生命，更何况其他事情！只有不愿治天下的人，才可把天下托付给他。舜想把天下让给子州支伯，子州支伯说："我患有令人发愁的病，正想治治，没闲时间去治天下。"天下是最贵重器物，而不愿用天下交换健康，这即得道之人与世人的不同。

【原文】

舜以天下让善卷，善卷曰："余立于宇宙之中，冬日衣皮毛，夏日衣葛绤①；春耕种，形足以劳动；秋收敛，身足以休食；日出而作，日入而息，逍遥于天地之间，而心意自得。吾何以天下为哉！悲夫，子之不知余也！"遂不受。于是去而入深山，莫知其处。舜以天下让其友石户之农②，石户之农曰："捲捲乎后之为人③，葆力之士也④！"以舜之德为未至也，于是夫负妻戴，携子以入于海，终身不反也。

【注释】

① 葛：植物名。其茎皮的纤维可以织布。绤（chī）：细葛布。

② 石户：地名。农：农夫。

③ 捲（quán）捲乎：辛苦貌。后：君主。指舜。

④ 葆（bǎo）力：勤劳用力。

【译文】

舜想把天下让给善卷，善卷说："我生活于宇宙之中，冬天披兽皮袄，夏天穿葛布衣；春天耕种，身体可以劳动；秋天收获，身体可以得到休息和食物；太阳升起下地劳作，太阳下山回家歇息，我自由自在地生活于天地之间，心满意足。我为何去治天下！可悲呀，您不了解我！"于是不接受。善卷接着离家进入深山，没人知道他隐居何处。舜想把天下让给石户的一位农夫朋友，农夫说："舜帝真是不辞辛苦，是个勤苦劳累的人！"农夫认为舜的品德没达到最高境界，于是夫妻背着农具，顶着家具，带着子女逃到海岛上，终身没有回来。

【原文】

大王亶父居邠①，狄人攻之②。事之以皮帛而不受，事之以犬马而不受，事之以珠玉而不受，狄人之所求者土地也。大王亶父曰："与人之兄居而杀其弟③，与人之父居而杀其子，吾不忍也。子皆勉居矣！为吾臣与为狄人臣，奚以异！且吾闻之，不以所用养害所养④。"因杖策而去之⑤。民相连而从之，遂成国于岐山之下⑥。夫大王亶父可谓能尊生矣。能尊生者，虽贵富不以养伤身⑦，虽贫贱不以利累形。今世之人居高官尊爵者，皆重失之，见利轻亡其身，岂不惑哉！

【注释】

① 大（tài）王亶（dǎn）父：周文王的祖父。邠（bīn）：在今陕西境内。

② 狄（dí）人：古代西北地区的一个民族。

③ 居：生活。杀其弟：让他的弟弟上战场送命。

④ 所用养：用来养人的东西。指土地。所养：所养育的。指人。

⑤ 杖策：拄着拐杖。策，拐杖。

⑥ 岐山：在今陕西岐山。

⑦ 养：指丰厚的衣食。

【译文】

大王亶父住在邠地，狄人来进攻。奉送皮毛丝帛而狄人不接受，奉送犬马也不接受，奉送珠玉还是不接受，狄人想要的是土地。大王亶父说："和别人兄长一起生活却让他的弟弟上战场被杀，和别人父亲一起生活却让他的儿子上战场被杀，我不忍心。你们努力在这里生活吧，当我的臣民与当狄人的臣民，有何不同！而且我听说，不要为了养育百姓的土地而去伤害被土地养育的百姓。"于是拄着拐杖离开邠地。百姓一个接一个地追随着大王亶父，在岐山下建立了新的国家。大王亶父可以说能尊重生命。能尊重生命的人，即使富贵也不会因衣食丰厚而伤害身体，即使贫贱也不会因贪图财利而损害健康。如今人们一旦占有高官显位，就害怕失去它们，见到财利就轻易献上生命，这难道不是糊涂吗！

【原文】

越人三世弑其君，王子搜患之①，逃乎丹穴②。而越国无君，求王子搜不得，从之丹穴③。王子搜不肯出，越人熏之以艾，乘以王舆。王子搜援绥登车④，仰天而呼曰："君乎！君乎！独不可以舍我乎！"王子搜非恶为君也，恶为君之患也。若王子搜者，可谓不以国伤生矣，此固越人之所欲得为君也。

【注释】

① 王子搜：越王之子，名搜，故称"王子搜"。

② 丹穴：山洞名。

③ 从之：追踪他。

④ 援：拉着。绥（suí）：登车时供人攀拉的绳子。

【译文】

越国人先后杀了三代国君，王子搜担忧此事，便逃到丹穴。越国没有君主，找不到王子搜，最后追踪到丹穴。王子搜不肯出洞，越人点燃艾草用烟熏他出来，让他乘坐国王车子。王子搜抓着车上绳子登上车子，仰天大呼："君位啊！君位啊！难道就不能放过我吗！"王子搜不是讨厌当君主，而是讨厌当君主的灾难。像王子搜这样的人，可以说是不为当君主而伤害生命，而这正是越人想让他当君主的原因。

【原文】

韩、魏相与争侵地。子华子见昭僖侯①，昭僖侯有忧色。子华子曰："今使天下书铭于君之前②，书之言曰：'左手攫之则右手废③，右手攫之则左手废，然而攫之者必有天下。'君能攫之乎?"昭僖侯曰:"寡人不攫也。"子华子曰:"甚善! 自是观之，两臂重于天下也，身亦重于两臂。韩之轻于天下亦远矣，今之所争者，其轻于韩又远。君固愁身伤生以忧戚不得也!"僖侯曰:"善哉! 教寡人者众矣，未尝得闻此言也。"子华子可谓知轻重矣。

【注释】

① 子华子:魏国贤人。昭僖侯:韩国君主。

② 书铭:写下盟约。铭，铭记;盟约。

③ 攫 (jué):抓取。之:指盟约。

【译文】

韩国和魏国争夺一块土地。华子见韩昭僖侯，昭僖侯满面愁容，华子说:"如今让天下人在您面前写下盟约，盟约说:'左手拿盟约就砍去右手，右手拿盟约就砍去左手，然而拿到盟约的人定能占有天下。'您愿意拿吗?"昭僖侯说:"我不拿。"华子说:"很好! 由此看出，两只手臂比天下重要，整个身体又比两臂重要。韩国和天下相比微不足道，如今您想争到的那块土地，和韩国相比更是微不足道。而您却为得不到那块土地而忧愁伤身!"昭僖侯说:"说得好! 劝导我的人很多，从没听过如此言论。"华子可说是懂得轻重了。

【原文】

鲁君闻颜阖得道之人也，使人以币先焉。颜阖守陋闾①，苴布之衣而自饭牛②。鲁君之使者至，颜阖自对之③。使者曰:"此颜阖之家与?"颜阖对曰:"此阖之家也。"使者致币，颜阖对曰:"恐听者谬而遗使者罪④，不若审之⑤。"使者还，反审之，复来求之，则不得已。故若颜阖者，真恶富贵也。

【注释】

① 守:居住。闾:巷口的门。代指小巷子。

② 苴（jū）：麻。饭：喂养。

③ 对：接待。

④ 听者谬：听错了。遗：留给；带来。

⑤ 审之：核实此事。

【译文】

鲁君听说颜阖是得道之人，就派使者带着礼物先去看望。颜阖住在简陋的小巷里，穿着麻布衣在喂牛。鲁君使者来了，颜阖亲自接待。使者问："这是颜阖家吗？"颜阖说："这是颜阖家。"使者送上礼物，颜阖说："担心您听错了误送礼物而受责备，不如再核实一下。"使者回去了，等核实后再来找颜阖时，却找不到了。像颜阖这样的人，是真讨厌富贵。

【原文】

故曰：道之真以治身①，其绪余以为国家②，其土苴以治天下③。由此观之，帝王之功，圣人之余事也，非所以完身养生也。今世俗之君子，多危身弃生以殉物，岂不悲哉！凡圣人之动作也，必察其所以之与其所以为④。今且有人于此，以随侯之珠弹千仞之雀⑤，世必笑之。是何也？则其所用者重而所要者轻也。夫生者，岂特随侯之重哉！

【注释】

① 真：真谛；精华。

② 绪余：剩余部分。为：治理。国：诸侯国。家：大夫的封地。

③ 土苴：泥土和草芥。喻糟粕部分。

④ 所以之：所追求的目标。之，往；追求。所以为：行动原因。

⑤ 随侯之珠：宝珠名。随侯为受伤大蛇医治，蛇衔珠为报，此珠被称为"随侯珠"。

【译文】

所以说：用道的精华养身，用道的残余治国，用道的糟粕治天下。由此来看，帝王功业，只是圣人的业余之事，不可用来保身养生。如今世俗君子，大多都冒着生命危险去追逐名利，这难道不悲哀吗！大凡圣人有所行动，必定要弄清自己的追求目标和行动原因。如有这样的人，用随侯珠做弹丸去打飞得很高的小麻雀，世人一定笑话他。为什么？因为他花费的东西太贵重，而所得到的东西微不足道。生命，难道只有随侯珠那样贵重吗！

【原文】

子列子穷，容貌有饥色，客有言之于郑子阳者①，曰："列御寇，盖有道之士也，居君之国而穷，君无乃为不好士乎②？"郑子阳即令官遗之粟③。子列子见使者，再拜而辞。使者去，子列子入，其妻望之而拊心曰④："妾闻为有道者之妻子，皆得佚乐，今有饥色，君过而遗先生食⑤，先生不受，岂不命邪！"子列子笑谓之曰："君非自知我也，以人之言而遗我粟，至其罪我也，又且以人之言，此吾所以不受也。"其卒⑥，民果作难而杀子阳。

【注释】

① 子阳：郑国的相国。

② 无乃：岂不是；大概是。

③ 遗（wèi）：赠送。

④ 望：抱怨。拊（fǔ）心：拍打胸口。表示生气、痛心。

⑤ 君：指子阳。过：看望。

⑥ 其卒：其后。

【译文】

列子穷困不堪，饿得面黄肌瘦。有人对郑相国子阳说："列子是有道之人，住在您的国家里而穷困潦倒，您岂不落下不重士人的名声吗？"子阳立即令官员给列子送去粮食。列子见使者，连拜两拜但拒绝接受。使者走后，列子回到屋里，他妻子拍打着胸口抱怨说："我听说当有道人的妻子儿女，过得幸福安逸，而现在都饿得面黄肌瘦。子阳君派人看望并送你粮食，你却不接受，这岂不是命中注定挨饿吗？"列子笑着对她说："子阳君并不了解我，因为听了别人的话才送粮食给我，将来他加罪于我时，同样会因听信别人的话。这是我不接受的原因。"后来，百姓果然发难杀死子阳。

【原文】

楚昭王失国①，屠羊说走而从于昭王②。昭王反国，将赏从者，及屠羊说，屠羊说曰："大王失国，说失屠羊；大王反国，说亦反屠羊。臣之爵禄已复矣③，又何赏之有！"王曰："强之。"屠羊说曰："大王失国，非臣之罪，故不敢伏其诛；大王反国，非臣之功，故不敢当其赏。"王曰："见之。"屠羊说曰："楚国之法，必有重赏大功而后得见，今臣之知不足以存国，而勇不足以死寇④。吴军入郢⑤，说畏难而避寇，非故随大王也。今大王欲废法毁约而见说，此非臣之所以闻于天下也。"

【注释】

① 楚昭王句：楚昭王之父平王杀伍奢，其子伍子胥后来率吴兵伐楚，昭王逃往随国。

② 屠羊说（yuè）：职业为宰羊，名说，故称"屠羊说"。

③ 爵禄：实指宰羊的职业和宰羊赚的钱。

④ 死寇：战死疆场。一说是杀死敌寇。

⑤ 郢（yǐng）：楚国都城。在今湖北境内。

【译文】

楚昭王失去国土，屠羊说跑去跟随昭王流亡。昭王返国后，要赏赐跟随逃亡的人。赏到屠羊说时，屠羊说说："大王丢了国土，我丢了宰羊职业；大王返回楚国，我也恢复了宰羊职业。我的'爵禄'已经恢复了，还赏什么！"昭王说："强令他接受！"屠羊说说："大王失去楚国，不是我的过错，所以不愿伏法受诛；大王返回楚国，不是我的功劳，所以不该接受赏赐。"昭王说："我想见他。"屠羊说说："按照楚国法律，一定是建大功受重赏的人才被国王接见，如今我的才智不能保全国家，勇气不能使我战死疆场。吴军攻入郢都，我是害怕灾难而躲避敌寇，并非有意追随大王。如今大王违反制度接见我，我不愿因这种失礼行为而名闻天下。"

【原文】

王谓司马子綦曰①："屠羊说居处卑贱而陈义甚高②，子綦为我延之以三旌之位③。"屠羊说曰："夫三旌之位，吾知其贵于屠羊之肆也④；万钟之禄⑤，吾知其富于屠羊之利也。然岂可以贪爵禄而使吾君有妄施之名乎！说不敢当，愿复反吾屠羊之肆。"遂不受也。

【注释】

① 司马子綦（qí）：名子綦，官居司马。

② 陈义：陈述的道义。

③ 延：请。三旌：三卿。指司徒、司马、司空。

④ 肆：店铺。

⑤ 钟：六斛四斗为一钟。

【译文】

昭王对司马子綦说："屠羊说地位卑贱而陈述的道义很高尚，你替我去请他来就任三卿吧！"屠羊说说："三卿之位，我知道比店里宰羊职业要高贵；万钟俸禄，我知道比宰羊赚的钱要丰厚。然而我怎能因贪图爵禄而使国君蒙受胡乱赏赐的坏名声呢，我不敢接受，只希望回到我的宰羊店。"于是屠羊说没接受赏赐。

【原文】

原宪居鲁①，环堵之室②，茨以生草③，蓬户不完④，桑以为枢⑤，而瓮牖二室⑥，褐以为塞⑦，上漏下湿，匡坐而弦⑧。子贡乘大马⑨，中绀而表素⑩，轩车不容巷⑪，往见原宪。原宪华冠縰履⑫，杖藜而应门⑬。子贡曰："嘻！先生何病？"原宪应之曰："宪闻之，无财谓之贫，学而不能行谓之病。今宪，贫也，非病也。"子贡逡巡而有愧色⑭。原宪笑曰："夫希世而行⑮，比周而友⑯，学以为人⑰，教以为己，仁义之慝⑱，舆马之饰，宪不忍为他。"

【注释】

① 原宪：孔子弟子。

② 堵：土墙长高各一丈为一堵。

③ 茨（cí）：用草盖房。生草：青草。

④ 蓬：草名。户：门。

⑤ 桑以为枢：即"以桑为枢"。用桑条做门上转轴。枢，转轴。

⑥ 瓮牖（wèng yǒu）：用破瓦罐做窗户。瓮，瓦罐。牖，窗。

⑦ 褐（hè）以为塞：用粗布破衣堵住窗口。褐，粗布衣。

⑧ 匡：端正。弦：弹琴。

⑨ 子贡：孔子弟子。

⑩ 中绀（gàn）：暗红色内衣。绀，深青带红的颜色。表：外衣。素：白色。

⑪ 轩车：贵族坐的马车。

⑫ 华冠：桦树皮做的帽子。华，通"桦"。继（xǐ）履：没有后跟的鞋。

⑬ 藜（lí）：植物名。这里指藜茎做的拐杖。应门：应声而开门。

⑭ 逡（qūn）巡：后退貌。

⑮ 希世：迎合世俗。

⑯ 比周：勾结。

⑰ 为人：为了让别人知道。即炫耀自己。

⑱ 慝（tè）：奸恶；伤害。

【译文】

原宪住在鲁国，一丈见方的房子，房顶盖的是青草，蓬草编的门残破不全，转轴用桑条制作，窗户用破罐做成，房子隔成两间，窗里塞着破衣，屋顶漏雨而地面潮湿，原宪端坐着弹琴。子贡坐着大马车，穿着暗红色内衣和雪白外衣，马车无法进入窄巷子，子贡便徒步去看原宪。原宪戴着桦树皮帽子，穿着没后跟的鞋，拄着藜木拐杖出门迎接。子贡问："哎！您出了什么毛病？"原宪说："我听说，没钱叫贫穷，学了不能践行叫毛病。如今的我，是贫穷，不是毛病。"子贡后退几步面露愧色。原宪笑着说："迎合世俗做事，视勾结为交友，学习是为了在人前炫耀，收徒是为了谋取私利，伤害仁义，装饰车马，我不忍心做这些事。"

【原文】

曾子居卫，缊袍无表①，颜色肿哙②，手足胼胝③，三日不举火，十年不制衣，正冠而缨绝④，捉衿而肘见⑤，纳屦而踵决⑥。曳纚而歌《商颂》⑦，声满天地，若出金石。天子不得臣，诸侯不得友。故养志者忘形，养形者忘利，致道者忘心矣。

【注释】

① 缊（yùn）袍：用乱麻做絮里的袍子。表：衣面。

② 颜色：面色。肿哙（kuài）：浮肿。

③ 胼胝（pián zhī）：手脚的老茧。

④ 正：扶正。缨：帽带。绝：断。

⑤ 见（xiàn）：通"现"。露出来。

⑥ 纳：穿。屦（jù）：鞋。踵：鞋后跟。

⑦ 曳：拖。纚（xǐ）：没后跟的鞋。《商颂》：《诗经》的一部分，赞颂先哲和神灵的诗。

【译文】

曾子住在卫国，乱麻絮做的袍子衣面全部烂掉，面部浮肿，手脚长满老茧，三天没生火做饭，十年没添制新衣，正一正帽子而帽带断了，拉一拉衣襟遮住胸口而胳膊肘又露了出来，穿鞋时而鞋跟裂开了。当拖着烂鞋高歌《商颂》时，歌声充满天地之间，像从金石乐器中发出一样。天子无法让他当臣下，诸侯不能与他交朋友。所以说养志的人忘却形体，养身的人忘却名利，修道的人空净无心。

【原文】

孔子谓颜回曰："回来，家贫居卑，胡不仕乎？"颜回对曰："不愿仕。回有郭外之田五十亩，足以给馕粥①；郭内之田十亩，足以为丝麻；鼓琴足以自娱，所学夫子之道者足以自乐也。回不愿仕。"孔子愀然变容曰②："善哉，回之意！丘闻之：'知足者，不以利自累也；审自得者，失之而不惧；行修于内者，无位而不怍③。'丘诵之久矣，今于回而后见之。是丘之得也。"

【注释】

① 馕（zhān）粥：泛指食物。馕，稠粥。

② 愀（qiǎo）然：感动貌。

③ 怍（zuò）：羞愧。

【译文】

孔子对颜回说："颜回啊，你家贫位卑，为何不出仕？"颜回说："不想出仕。我有城外地五十亩，足以供给粮食；城内地十亩，足够种麻养蚕；弹琴足以使我欢娱，跟您学的知识足以使我快乐。我不愿出仕。"孔子满面感动，说："好啊，颜回的想法！我听说：'知足的人，不为名利而受牵累；真正悠闲自得的人，失去名利不忧惧；注重修心的人，没有地位也不会羞愧。'我吟诵这些话很久了，如今在颜回身上看到这种品质。这是我的收获！"

【原文】

中山公子牟谓瞻子曰①："身在江海之上，心居乎魏阙之下②，奈何？"瞻子曰："重生。重生则利轻。"中山公子牟曰："虽知之，未能自胜也。"瞻子曰："不能自胜则从③，神无恶乎④！不能自胜而强不从者，此之谓重伤⑤，重伤之人，无寿类矣。"魏牟，万乘之公子也，其隐岩穴也，难为于布衣之士⑥，虽未至乎道，可谓有其意矣。

【注释】

① 中山公子牟：魏君之子，名牟，封于中山，故称"中山公子牟"。瞻

子：魏国贤人。

②居：留在；想着。魏阙：宫门外的阙门，代指宫廷。

③从：从心所欲；干自己想干的事。

④神无恶：精神不会受伤害。恶，不好。

⑤重（chóng）伤：双重伤害。欲望强烈是一重伤害，强迫自己禁欲又是一重伤害。

⑥难为于：更难做到。布衣：百姓。

【译文】

中山公子牟对瞻子说："我虽隐居在江海边，心里总惦着宫里的富贵，怎么办？"瞻子说："看重生命！看重生命就会轻视名利。"公子牟说："虽知这个道理，但克制不住自己。"瞻子说："克制不住就从心所欲，这样精神就不会受伤害。克制不住还要勉强克制，这可以说是双重伤害，受双重伤害的人，不可能长寿。"魏牟，是大国君主的儿子，他隐居在山洞中，比平民隐士更难做到，虽然还没得道，但可以说他有了修道意愿。

【原文】

孔子穷于陈、蔡之间，七日不火食，藜羹不糁①，颜色甚惫，而弦歌于室。颜回择菜。子路、子贡相与言，曰："夫子再逐于鲁，削迹于卫，伐树于宋，穷于商周，围于陈蔡②，杀夫子者无罪，藉夫子者无禁③，弦歌鼓琴，未尝绝音，君子之无耻也若此乎？"颜回无以应，入告孔子。孔子推琴，喟然而叹曰④："由与赐⑤，细人也。召而来，吾语之。"

【注释】

①藜（lí）：野菜名。糁（shēn）：粮食小渣。

②再逐五句：见《山木》注。

③藉：践踏；凌辱。

④喟（kuì）然：叹气貌。

⑤由与赐：子路和子贡。子路姓仲名由，字子路。子贡姓端木名赐，

字子贡。

【译文】

孔子被围在陈、蔡两国之间，七天没生火做饭，野菜汤里没一粒粮食，面容疲惫不堪，而在室内不停地弹琴唱歌。颜回整理野菜，子路和子贡一起议论："老师两次被赶出鲁国，在卫国无法立足，在宋国受到伐树的惊吓和羞辱，在宋国和东周穷困潦倒，如今又被围在陈、蔡之间，杀老师的人没被治罪，凌辱老师的人没被禁止，还在那里弹琴唱歌，从未停止，作为君子的老师如此没有羞耻心吗？"颜回不知如何反驳，便进去告诉孔子。孔子推开琴，长叹口气说："子路与子贡，小人啊！叫他们进来，我有话对他们说。"

【原文】

子路、子贡入，子路曰："如此者，可谓穷矣！"孔子曰："是何言也！君子通于道之谓通①，穷于道之谓穷②。今丘抱仁义之道以遭乱世之患，其何穷之为③！故内省而不穷于道，临难而不失其德，天寒既至，霜雪既降，吾是以知松柏之茂也。陈、蔡之隘④，于丘其幸乎！"孔子削然反琴而弦歌⑤，子路扢然执干而舞⑥。子贡曰："吾不知天之高也，地之下也。"

【注释】

① 通：通晓。

② 穷：不通；不懂。

③ 为：通"谓"。说。

④ 隘：困厄。

⑤ 削然：安详貌。一说是取琴的声音。反琴：把琴拿过来。

⑥ 扢（xì）然：勇武貌。干：盾牌。

【译文】

子路和子贡进去，子路说："目前处境，可说是走投无路！"孔子说："这是什么话！君子通晓道叫通达，不通晓道才叫走投无路。如今我信守仁义之道却遭遇乱世灾难，这怎能说是走投无路！自我反省不是不通晓道，面临危难不失美德。寒冷到来，霜雪降临，我才知松柏依然郁郁葱葱。在陈、蔡之间被困，对我来说真是幸事！"孔子安详地拿过琴来边弹边唱，子路奋勇地拿着盾牌随着歌声跳舞。子贡说："我不知老师的精神像天那样崇高，我的品德像地一样卑下。"

【原文】

古之得道者，穷亦乐，通亦乐。所乐非穷通也，道德于此，则穷通为寒暑风雨之序矣！故许由娱于颍阳①，而共伯得乎丘首②。

【注释】

① 许由：尧时隐士。颍阳：颍水北岸。为许由隐居处。

② 共伯：共伯和。周王之子。周厉王被国人驱逐后，共伯执政，退位后隐居丘首山。

【译文】

古时得道之人，困窘时快乐，顺利时也快乐。快乐原因不在于困窘或顺利，而在于具备了道德，至于困窘和顺利，在他们眼中就像寒暑、风雨交替出现那样正常。因此许由快乐地隐居在颍水北岸，共伯优游自得地生活在丘首山上。

【原文】

舜以天下让其友北人无择，北人无择曰："异哉后之为人也①！居于畎亩之中而游尧之门②，不若是而已，又欲以其辱行漫我③。吾羞见之。"因自投清泠之渊④。

【注释】

① 后：君主。指舜。

② 畎（quǎn）：田间小沟。舜曾在历山农耕。游尧之门：与尧交往。

③ 漫：玷污。

④ 清泠：深渊名。

【译文】

舜想把天下让给他的朋友北人无择，北人无择说："舜帝这人真奇怪！住在农村却偏要到尧那里接受禅让。不仅如此，还想用他的丑行玷污我。我羞于见他。"于是跳入清泠渊。

【原文】

汤将伐桀，因卞随而谋，卞随曰："非吾事也。"汤曰："孰可？"曰："吾不知也。"汤又因务光而谋，务光曰："非吾事也。"汤曰："孰可？"曰："吾不知也。"汤曰："伊尹何如①？"曰："强力忍垢②，吾不知其他也。"汤遂与伊尹谋伐桀。

【注释】

① 伊尹：商初贤人。辅佐商汤建商。

② 忍垢：忍受羞辱。

【译文】

商汤将讨伐夏桀，便去和卞随商量，卞随说："不是我的事。"商汤问："该找谁商量？"卞随说："我不知道。"商汤又去和务光商量，务光说："不是我的事。"商汤问："该找谁商量？"务光说："我不知道。"商汤问："伊尹如何？"务光说："他毅力坚强，能忍羞辱，其他我就不知道了。"商汤于是就与伊尹商议讨伐夏桀的事。

【原文】

克之，以让卞随，卞随辞曰："后之伐桀也谋乎我，必以我为贼也；胜桀而让我，必以我为贪也。吾生乎乱世，而无道之人再来漫我以其辱行①，吾不忍数闻也。"乃自投稠水而死②。

【注释】

① 无道之人：指商汤。再：两次。

② 椆（zhōu）水：水名。

【译文】

打败夏桀后，商汤想把天下让给卞随，卞随拒绝说："商汤伐桀时找我商量，肯定认为我喜欢害人；战胜夏桀后又把天下让给我，肯定认为我贪婪。我生于乱世，而无道之人两次用他的丑行玷污我，我受不了听他多次饶舌。"于是跳入椆水而死。

【原文】

汤又让务光，曰："知者谋之，武者遂之①，仁者居之，古之道也。吾子胡不立乎？"务光辞曰："废上②，非义也；杀民，非仁也；人犯其难，我享其利，非廉也。吾闻之曰：'非其义者，不受其禄；无道之世，不践其土。'况尊我乎！吾不忍久见也。"乃负石而自沈于庐水③。

【注释】

① 遂之：完成这件事。遂，完成。之，指打天下的事。

② 废上：废除君主。商汤本是夏桀的臣子，所以说商汤推翻夏桀是"废上"。

③ 沈（chén）：通"沉"。庐水：水名。

【译文】

商汤又想把天下让给务光，说："智者谋划取天下，武人完成取天下的任务，仁人则当天子，这是自古以来的原则。您怎能不当天子呢？"务光拒绝说："废除君主，不符合道义；残害百姓，不符合仁爱；别人冒险打天下，我坐享其成，这不廉洁。我听说：'不合道义的人，不接受他的俸禄；无道的国家，不踏它的领土。'何况还尊我为天子！我不忍心长期看到这种情况。"于是背着石块沉入庐水。

【原文】

昔周之兴，有士二人处于孤竹①，曰伯夷、叔齐②。二人相谓曰："吾闻西方有人③，似有道者，试往观焉。"至于岐阳④，武王闻之，使叔旦往见之⑤，与盟曰："加富二等⑥，就官一列。"血牲而埋之⑦。

【注释】

① 孤竹：国名。相传在今河北迁安。

② 伯夷、叔齐：孤竹国君的两位儿子。

③ 有人：指周文王。当伯夷、叔齐到周国时，文王已去世，在位的是周武王。

④ 岐阳：岐山南麓。在今陕西岐山。

⑤ 叔旦：姓姬名旦。周武王之弟，故称"叔旦"，史称"周公"。

⑥ 加富：增加俸禄。

⑦ 血牲而埋之：用牲口血涂于盟书，然后把盟书埋于祭坛下，以示信守不渝。

【译文】

当年周朝兴起时，孤竹国有两位贤人，叫伯夷、叔齐。两人商议："我们听说西方有个人，似乎是有道之人，何不前去看看。"到了岐山南面时，周武王知道了，便派叔旦去迎接，与他们签下盟约："增加两级俸禄，授予一等官职。"用牲口血涂在盟书上埋在祭坛下。

【原文】

二人相视而笑，曰："嘻，异哉！此非吾所谓道也。昔者神农之有天下也，时祀尽敬而不祈喜①；其于人也，忠信尽治而无求焉。乐与政为政，乐与治为治，不以人之坏自成也②，不以人之卑自高也，不以遭时自利也。今周见殷之乱而遽为政③，上谋而下行货④，阻兵而保威⑤，割牲而盟以为信，扬行以说众⑥，杀伐以要利，是推乱以易暴也⑦。吾闻古之士，遭治世不避其任，遇乱世不为苟存。今天下阖⑧，周德衰，其并乎周以涂吾身也⑨，不如避之以絜吾行⑩。"二子北至于首阳之山⑪，遂饿而死焉。

【注释】

① 时：按时。尽：竭力。祈：求。喜：福。

② 坏：失败。

③ 遽（jù）：急速。为：夺取。一说整顿义。

④ 上：崇尚。下行货：对下用财物收买人心。一本无"下"字。

⑤ 阻：依靠。

⑥ 扬行：宣扬自己德行。说（yuè）众：取悦大众。说，通"悦"。

⑦ 易暴：替代暴政。易，替代。

⑧ 阐（àn）：黑暗。

⑨ 并：依傍；投靠。涂：玷污。

⑩ 絜（jié）：通"洁"。高洁。

⑪ 首阳：山名。一说在今河南，一说在今山西。

【译文】

二人相视而笑，说："嘻，真奇怪！这不符合我们的道。从前神农氏治天下，尽心按时祭祀而不求福；对于百姓，诚心诚意地尽心治理而不索取。乐于参政的人就让他参政，乐于治国的人就让他治国，不趁别人失败而去获取自己成功，不因别人卑微而显示自己高贵，不因遇上时机而谋取私利。如今周人一见商朝混乱就马上去夺取政权，崇尚谋略，收买人心，依赖武力保持自己权威，宰杀牺牲签订盟约以示诚信，宣扬德行以取悦大众，征伐杀戮以获取私利，这实际是用混乱政治去替代残暴政治。我们听说古代贤人，遇到治世不逃避责任，遇到乱世不苟且偷生。如今天下黑暗，周人品德衰败，与其投靠周人玷污自身，不如离开他们以保持高洁品行。"两人向北走到首阳山，饿死在那里。

【原文】

若伯夷、叔齐者，其于富贵也，苟可得已①，则必不赖②。高节戾行③，独乐其志，不事于世，此二士之节也。

【注释】

① 苟：如果；即使。已：通"矣"。

② 赖：取。

③ 戾行：与众不同的行为。戾，不同。

【译文】

像伯夷、叔齐这样的人，他们对于富贵，即使能得到，也决不去获取。具有高尚气节和超俗行为，自得其乐，不事俗务，这就是二位贤人的节操啊！

盗跖第二十九

【题解】

盗跖，先秦的强盗，名跖，故称"盗跖"。

【原文】

孔子与柳下季为友①，柳下季之弟名曰盗跖②。盗跖从卒九千人，横行天下，侵暴诸侯，穴室枢户③，驱人牛马，取人妇女，贪得忘亲，不顾父母兄弟，不祭先祖。所过之邑，大国守城，小国入保④，万民苦之。

【注释】

① 柳下季：鲁国人。姓展名禽，字季。柳下季与孔子不是同时代人，此故事为虚构。

② 盗跖（zhí）：名跖，身份为强盗，故称"盗跖"。

③ 穴：挖洞。枢（kōu）：通"抠"。撬。

④ 保：同"堡"。城堡。

【译文】

孔子与柳下季是朋友，柳下季的弟弟叫盗跖。盗跖率领九千喽啰，横行天下，侵扰诸侯，挖墙撬门，掠夺别人牛马，抢走别人妻女，贪得无厌，忘掉亲情，不顾父母兄弟，不祭祖先。他们经过的地方，大国避守城池，小国躲入城堡，百姓被他们搞得痛苦不堪。

【原文】

孔子谓柳下季曰："夫为人父者，必能诏其子①；为人兄者，必能教其弟。若父不能诏其子，兄不能教其弟，则无贵父子兄弟之亲矣。今先生，世之才士也，弟为盗跖，为天下害，而弗能教也，丘窃为先生羞之。丘请为先生往说之。"柳下季曰："先生言为人父者必能诏其子，为人兄者必能教其弟，若子不听父之诏，弟不受兄之教，虽今先生之辩，将奈之何哉！且跖之为人也，心如涌泉，意如飘风，强足以距敌②，辩足以饰非，顺其心则喜，逆其心则怒，易辱人以言。先生必无往。"孔子不听，颜回为驭，子贡为右③，往见盗跖。

【注释】

① 诏：训导。

② 距：通"拒"。对抗。

③ 右：车右，又叫骖乘。古时驾车者居中，尊者居左，另一人居右。

【译文】

孔子对柳下季说："做父亲的，一定要能训导儿女；做兄长的，一定要能教育弟弟。如父亲不能训导儿女，兄长不能教育弟弟，就没必要看重父子兄弟亲情了。如今您是社会贤士，弟弟叫做盗跖，成为天下祸害，而不能管教，我为您羞愧。我愿替您去劝劝他。"柳下季说："您说父亲一定能训导子女，兄长一定能教育弟弟，如果子女不听父亲训导，弟弟不接受兄长教育，即便像您今天这样能言善辩，又拿他如何？跖这个人，心思如喷涌泉水，情绪像突起暴风，强悍足以抗击对手，善辩足以掩饰过错，顺从他心意就高兴，违背他意愿就发怒，还轻易地用语言侮辱别人。您别去见他。"孔子不听，让颜回驾车，子贡当车右，去见盗跖。

【原文】

盗跖乃方休卒徒大山之阳①，脍人肝而铺之②。孔子下车而前，见谒者曰③："鲁人孔丘，闻将军高义，敬再拜谒者。"谒者入通，盗跖闻之大怒，目如明星，发上指冠，曰："此夫鲁国之巧伪人孔丘非邪？为我告之：'尔作言造语，妄称文武④，冠枝木之冠⑤，带死牛之胁⑥，多辞谬说，不耕而食，不织而衣，摇唇鼓舌，擅生是非，以迷天下之主，使天下学士不反其本，妄作孝悌，而侥幸于封侯富贵者也。子之罪大极重⑦，疾走归！不然，我将以子肝益昼铺之膳⑧！'"

【注释】

① 休卒徒：休整部下。大（tài）山：即泰山。大，通"太"。

② 脍（kuài）：切细的肉。铺（bǔ）：吃。

③ 谒者：负责传达的人。

④ 妄称文武：假托是周文王和周武王的主张。

⑤ 冠：戴。枝木：形容华丽装饰如繁茂的树枝。

⑥ 带：束。死牛之胁：指牛皮带。

⑦ 极重：罪重。极，通"殛"。诛杀。引申为罪过。

⑧ 益：增加。昼铺：午餐。

【译文】

盗跖正在泰山南边休整队伍，吃的是切碎的人肝。孔子下车走上前去，见到负责通报的人说："我是鲁国孔丘，久仰将军大名，敬请您通报一声。"

通报人进去禀告，盗跖听后大怒，两眼闪如明星，头发直冲帽顶，说："这不就是鲁国那个巧诈虚伪的孔丘吗？替我告诉他：'你编造许多言辞，假托文武二王的主张，头戴装饰繁杂的帽子，腰缠死牛皮带，满口胡言乱语，不耕而食，不织而衣，摇唇鼓舌，制造是非，以蛊惑天下君主，使天下读书人无法恢复本性，胡乱制定孝悌原则，想侥幸获取侯爵富贵。你罪大恶极，快回去！不然，我将挖你心肝为午餐添点食物！'"

【原文】

孔子复通曰："丘得幸于季，愿望履幕下①。"谒者复通，盗跖曰："使来前！"孔子趋而进，避席反走②，再拜盗跖。盗跖大怒，两展其足，案剑瞋目③，声如乳虎④，曰："丘来前！若所言，顺吾意则生，逆吾心则死。"

【注释】

① 愿望履幕下：希望能进帐拜望足下。望履，是非常客气的说法，表示不敢正视对方。

② 避席反走：离开坐席向后跑几步。这是尊敬对方的礼节。走，跑。

③ 瞋（chēn）目：怒睁双目。

④ 乳虎：处于哺乳期的母老虎。

【译文】

孔子再次请求通报："我荣幸地与柳下季结为朋友，希望进入大帐拜见足下。"通报人再次禀报，盗跖说："叫他进来！"孔子快步进来，又离开座席向后跑了几步，向盗跖拜了两拜。盗跖大怒，伸开双腿，握着剑柄，怒睁双眼，吼声如哺乳的母老虎，说："孔丘上前来！你说的话，合我心意就放你一条生路，不合我心意就要你的命！"

【原文】

孔子曰："丘闻之，凡天下有三德：生而长大，美好无双，少长贵贱见而皆说之①，此上德也；知维天地②，能辩诸物③，此中德也；勇悍果敢，聚众率兵，此下德也。凡人有此一德者，足以南面称孤矣。今将军兼此三者，身长八尺二寸，面目有光，唇如激丹④，齿如齐贝⑤，音中黄钟⑥，而名曰盗跖，丘窃为将军耻不取焉。将军有意听臣，臣请南使吴、越，北使齐、鲁，东使宋、卫，西使晋、楚，使为将军造大城数百里，立数十万户之邑，尊将军为诸侯，与天下更始，罢兵休卒，收养昆弟，共祭先祖⑦。此圣人才士之行，而天下之愿也。"

【注释】

① 说（yuè）：通"悦"。

② 知：同"智"。维：包罗。

③ 辩：通"辨"。分辨。

④ 激：鲜明。丹：朱砂。一种红色矿物。

⑤ 齐贝：整齐的贝壳。

⑥ 中：合于。黄钟：古乐十二律之一，声调最洪大响亮。

⑦ 共：同"供"。供奉。

【译文】

孔子说："我听说，天下有三种天赋：生得魁梧高大，长得漂亮无双，无论老少贵贱见了都喜欢，这是上等天赋；才智能通晓天文地理，能力可分辨万事万物，这是中等天赋；英武果敢，能聚众率兵，这是下等天赋。人具备其中一种天赋，就可南面称王。而如今将军具备三种天赋，您身高八尺二寸，满面红光而两眼有神，嘴唇鲜红犹如朱砂，牙齿洁白好像编贝，声音洪亮合于黄钟，而名叫盗跖，我为将军深感羞耻并认为不该有此恶名。将军如愿意听我劝告，我愿向南出使吴、越，向北出使齐、鲁，向东出使宋、卫，向西出使晋、楚，让他们为将军修筑数百里大城，建立数十万户的封地，立将军为诸侯，与天下人一起重新开始，遣散士卒，收养兄弟，供祭祖先。这才是圣人贤士的行为，也是天下心愿。"

【原文】

盗跖大怒曰："丘来前！夫可规以利而可谏以言者，皆愚陋恒民之谓耳①！今长大美好，人见而悦之者，此吾父母之遗德也，丘虽不吾誉，吾独不自知邪？且吾闻之，好面誉人者，亦好背而毁之。今丘告我以大城众民，是欲规我以利而恒民畜我也②，安可久长也！城之大者，莫大乎天下矣。尧舜有天下，子孙无置锥之地；汤武立为天子，而后世绝灭，非以其利大故邪？

【注释】

① 恒：普通。

② 畜：畜养。引申为看待。

【译文】

盗跖大怒说："孔丘向前走走！可用财利诱惑、可用言辞说服的人，都是愚昧的常人！身材高大、面目英俊，人见人爱，这是我父母给的美好天赋，你即使不吹捧我，我难道不知道？而且我听说，喜欢当面夸奖人的人，也喜欢背后诋毁人。如今你告诉我要送大城众民，是想用财利诱惑我，把我当常人看待，我又怎能长久享有这些！城池再大，也没天下大。尧、舜占有天下，而子孙没立锥之地；商汤、周武王贵为天子，而后代都灭绝了，这不正是因为他们占有的财利太多的缘故吗？

【原文】

"且吾闻之，古者禽兽多而人少，于是民皆巢居以避之，昼拾橡栗①，暮栖木上，故命之曰'有巢氏之民'。古者民不知衣服，夏多积薪，冬则炀之②，故命之曰'知生之民'。神农之世，卧则居居③，起则于于④，民知其母，不知其父，与麋鹿共处，耕而食，织而衣，无有相害之心，此至德之隆也。然而黄帝不能致德，与蚩尤战于涿鹿之野⑤，流血百里。尧舜作⑥，立群臣，汤放其主⑦，武王杀纣。自是之后，以强陵弱，以众暴寡。汤、武以来，皆乱人之徒也。

【注释】

① 橡栗：橡树和栗树的果实。这里泛指野果。

② 炀（yáng）：烤火。

③ 居居：安静貌。

④ 于于：安闲貌。

⑤ 蚩（chī）尤：传说中的部落首领。涿（zhuó）鹿：在今河北涿县。

⑥ 作：兴起。这里指称帝。

⑦ 主：指夏桀。商汤把夏桀流放到南巢。

【译文】

"我听说，古时禽兽多而人少，于是人在树上筑巢而居以躲避野兽，白天采野果，晚上住树上，所以称之为有巢氏之民。古人不知制作衣服，夏天多积柴草，冬天用来烤火，所以称之为懂生存之民。神农时，人们睡觉时安静无忧，起床后悠闲自得，人知其母，不知其父，和麋鹿共同生活，种地吃饭，织布穿衣，没害人之心，这是道德最盛美的时代！然而黄帝没能具备这种美德，与蚩尤在涿鹿的原野打了一仗，血流百里。尧、舜在位时，开始设置百官。商汤流放他的君主，周武王杀了商纣王。从此以后，人们便以强凌弱，以众欺少。从商汤、周武王以来，君主都是祸国殃民之徒。

【原文】

"今子修文、武之道，掌天下之辩，以教后世。缝衣浅带①，矫言伪行，以迷惑天下之主，而欲求富贵焉。盗莫大于子，天下何故不谓子为盗丘，而乃谓我为盗跖？子以甘辞说子路而使从之②，使子路去其危冠③，解其长剑，而受教于子，天下皆曰孔丘能止暴禁非。其卒之也，子路欲杀卫君而事不成④，身菹于卫东门之上⑤，是子教之不至也⑥。子自谓才士圣人邪？则再逐于鲁，削迹于卫，穷于齐，围于陈、蔡，不容身于天下，子教子路菹此患，上无以为身，下无以为人，子之道岂足贵邪！

【注释】

① 缝、浅：皆宽大义。

② 甘辞：甜言蜜语。

③ 危：高。

④ 子路句：卫灵公死后，公子辄立为卫君，蒯聩废卫君辄自立。子路因反对蒯聩被杀。

⑤ 菹（zū）：剁成肉酱。

⑥ 不至：不成功。

【译文】

"如今你研修文王和武王的学问，控制天下舆论，以此教育后人。穿着宽大衣服，扎着宽大腰带，说假话做假事，以迷惑天下君主，想获取荣华富贵。你是最大盗贼，天下为何不称你为盗丘，而称我为盗跖？你用甜言蜜语说服子路跟你学习，让子路摘下高帽子，解下长佩剑，接受你的教导，天下都称颂你能制止暴力、消除罪恶。可最后呢，子路想杀死卫君而没成功，自己在卫都的东门上被剁为肉酱，这是你教育的失败。你不是自称才士和圣人吗？而你两次被鲁国驱逐，在卫国无法立足，在齐国穷困潦倒，在陈、蔡两国之间受困，无法存身于天下，你教育的子路又遭到被剁成肉酱的惨祸，上不能为自己获福，下不能为别人谋利，你的学问难道值得重视吗！

【原文】

"世之所高，莫若黄帝，黄帝尚不能全德，而战涿鹿之野，流血百里。尧不慈①，舜不孝②，禹偏枯③，汤放其主，武王代纣，文王拘羑里④。此六子者，世之所高也，孰论之⑤，皆以利惑其真而强反其情性⑥，其行乃甚可羞也！

【注释】

① 尧不慈：尧没把天下传给儿子丹朱，所以指责他"不慈"。

② 舜不孝：舜为父亲所憎恶，所以说他"不孝"。

③ 偏枯：半身不遂。

④ 羑（yǒu）里：监狱名。周文王因不满纣王暴行，被关入羑里监狱。

⑤ 孰：同"熟"。仔细。

⑥ 真：真性；本性。反其情性：违背自己天性。

【译文】

"世人所崇拜的，莫过于黄帝，黄帝尚未具备完美品德，在涿鹿原野挑起战争，血流百里。尧不爱儿子，舜不孝父母，禹半身不遂，商汤流放其君主，武王讨伐商纣，文王被囚于羑里。这六人，是世人所尊崇的，仔细想想，他们都为了财利而迷失了自己真性，为追求强大而违背自己天性，其行为极为可耻。

【原文】

"世之所谓贤士，伯夷、叔齐。伯夷、叔齐辞孤竹之君而饿死于首阳之山，骨肉不葬。鲍焦饰行非世①，抱木而死。申徒狄谏而不听②，负石自投于河，为鱼鳖所食。介子推至忠也③，自割其股以食文公，文公后背之，子推怒而去，抱木而燔死④。尾生与女子期于梁下⑤，女子不来，水至不去，抱梁柱而死。此六子者，无异于磔犬流豕、操瓢而乞者⑥，皆离名轻死⑦，不念本养寿命者也⑧。

【注释】

① 鲍焦：周代隐士。他不满时政，子贡说："批评当政者就不该脚踏他们的土地。"鲍焦便抱着树不肯下地而死。

② 申徒狄：商代隐士。河：黄河。

③ 介子推：春秋晋人。曾随晋文公流亡，文公返国后行赏却遗漏了介子推，介子推怒而隐入介山，文公为逼他出来而放火烧山，介子推抱着树被烧死。

④ 燔（fán）：烧。

⑤ 尾生：即尾生高。鲁人。期：约会。梁：桥。

⑥ 磔 (zhé)：肢解。流豕 (shǐ)：漂在水上的死猪。豕，猪。

⑦ 离：通"利"。一本即作"利"。贪图。

⑧ 本：指身体。

【译文】

"世人说的贤士，如伯夷、叔齐。伯夷、叔齐辞去孤竹君位而饿死首阳山，尸体未能埋葬。鲍焦故作清高，批评时政，最后抱树而死。申徒狄进谏而未被接受，便背着石块跳进黄河，被鱼鳖吃掉。介子推最忠诚，曾割下大腿肉供晋文公食用，文公返国后背弃了他，他一怒之下离开文公，结果抱住大树被火烧死。尾生与女子相约在桥下见面，女子没来，洪水来了，而尾生为守约不肯离去，抱住桥柱被淹死。这六人，和被肢解的狗、抛入水中的死猪、拿着破瓢乞讨的乞丐没什么两样，他们都是重名声轻生命、不顾惜身体和寿命的人。

【原文】

"世之所谓忠臣者，莫若王子比干、伍子胥。子胥沉江，比干剖心，此二子者，世谓忠臣也，然卒为天下笑。自上观之，至于子胥、比干，皆不足贵也。

【译文】

"世人所说的忠臣，没人能比上王子比干、伍子胥。子胥被赐死后抛尸江中，比干被剖心。这两人，是世人所说的忠臣，然而最终被天下嘲笑。从上述事实看，像子胥、比干这类人，都不值得推崇。

【原文】

"丘之所以说我者，若告我以鬼事，则我不能知也；若告我以人事者，不过此矣，皆吾所闻知也。今吾告子以人之情：目欲视色，耳欲听声，口欲察味，志气欲盈①。人上寿百岁，中寿八十，下寿六十，除病瘦死丧忧患②，其中开口而笑者，一月之中不过四五日而已矣。天与地无穷，人死者有时，操有时之具而托于无穷之间，忽然无异骐骥之驰过隙也③。不能说其志意、养其寿命者，皆非通道者也。丘之所言，皆吾之所弃也，亟去走归，无复言之！子之道，狂狂汲汲④，诈巧虚伪事也，非可以全真也，奚足论哉！"

【注释】

① 欲盈：要求满足。

② 病瘦：疾病。

③ 忽然：快速貌。骐骥：骏马。

④ 狂狂汲汲：颠狂失性、四处钻营貌。

【译文】

"你用来劝我的话，如果讲的是鬼神，我不知道；如果讲的是人事，不过如此而已，我都知道。现在我告诉你人之常情：眼睛想看绚丽色彩，耳朵想听优美声音，嘴巴想吃甜美食物，心愿想得到满足。人高寿百岁，中寿八十，下寿六十，除去生病、死丧、忧患的时间，其余能开口欢笑的日子，一月之中不过四五天而已。天地无穷，人生有限，以有限的生命生活在无限的天地之间，短暂得犹如骏马跃过缝隙一样。凡是不能使心情愉快、不能养护寿命的人，都不是懂道的人。你说的那些，都是我要抛弃的，赶快离开回去，不要再说了！你说的那些话，颠狂失理，钻营投机，都是巧诈虚伪之事，不可用来保全真性，怎么值得谈论！"

【原文】

孔子再拜趋走，出门上车，执辔三失①，目芒然无见，色若死灰，据轼低头②，不能出气。归到鲁东门外，适遇柳下季。柳下季曰："今者阙然数日不见③，车马有行色，得微往见跖邪④？"孔子仰天而叹曰："然。"柳下季曰："跖得无逆汝意若前乎⑤？"孔子曰："然。丘所谓无病而自灸也，疾走料虎头、编虎须⑥，几不免虎口哉！"

【注释】

① 辔（pèi）：马缰绳。

② 据：靠。轼：车前用作扶手的横木。

③ 阙然：空缺貌。指多日没见到。

④ 得微：即"得无"。莫不是。

⑤ 若前：像我以前说的那样。

⑥ 料：料理。编：编理。用"料虎头、编虎须"比喻孔子想对盗跖进行改造。

【译文】

　　孔子连连拜辞快步跑出，出门登车时，三次拿起缰绳都掉了下来，两眼茫茫然看不清楚，面如死灰，低头靠在车前横木上，无法喘气。回到鲁国都城东门外，正巧遇到柳下季。柳下季说："最近多日不见，车马好像有外出的模样，您莫不是去见跖了？"孔子仰天长叹说："是啊。"柳下季说："跖莫不是像我先前说的那样没听您的劝告？"孔子说："是啊。我可以说是没病而自去针灸，急忙跑去料理虎头、编理虎须，差点儿被老虎吃了！"

【原文】

　　子张问于满苟得曰①："盍不为行②？无行则不信，不信则不任，不任则不利。故观之名，计之利，而义真是也③。若弃名利，反之于心，则夫士之为行，不可一日不为乎！"满苟得曰："无耻者富，多信者显。夫名利之大者，几在无耻而信④。故观之名，计之利，而信真是也。若弃名利，反之于心，则夫士之为行，抱其天乎⑤！"

【注释】

① 子张：孔子弟子。满苟得：虚构人名。含有苟且贪得以满足欲望的寓义。

② 盍：何。为行：修养德行。

③ 义：仁义。是：正确。

④ 几：几乎；全部。

⑤ 抱其天：持守天性。

【译文】

子张问满苟得："何不修养德行？没有德行就没人信任，没人信任就没人任用，没人任用就没有利禄。无论从名誉角度观察，还是从利禄角度考虑，修行仁义都是对的。即使抛开名利不谈，好好反省一下，士人处世，也不可一天不修行仁义啊！"满苟得说："无耻的人才会富有，善于取得信任的人才能显贵。最大的名声和财富，几乎都被没有羞耻而善于取信的人所占有。无论从名誉角度观察，还是从利禄角度考虑，善于取得信任最重要。如果抛开名利不谈，好好反省一下，士人处世，还是要坚守天性啊！"

【原文】

子张曰："昔者桀、纣贵为天子，富有天下，今谓臧聚曰①：'汝行如桀、纣。'则有怍色，有不服之心者，小人所贱也。仲尼、墨翟穷为匹夫，今谓宰相曰：'子行如仲尼、墨翟。'则变容易色称不足者②，士诚贵也。故势为天子，未必贵也；穷为匹夫，未必贱也；贵贱之分，在行之美恶。"满苟得曰："小盗者拘，大盗者为诸侯，诸侯之门义士存焉③。昔者桓公小白杀兄入嫂而管仲为臣④，田成子常杀君窃国而孔子受币⑤。论则贱之，行则下之，则是言行之情悖战于胸中也⑥，不亦拂乎⑦！故《书》曰：'孰恶孰美？成者为首，不成者为尾。'"

【注释】

① 臧聚：奴仆。男奴叫"臧"，当马夫叫"聚"。

② 变容易色：改变面容。指变得谦恭。易，改变。色，表情。

③ 诸侯句：只有诸侯门下才有义士。因为贵族控制舆论，把自己打扮成义士。

④ 桓公小白：齐桓公。小白是其名字。杀兄：杀死兄长公子纠。入嫂：娶嫂子为妻。

⑤ 田成子常：田常，谥"成子"。田常杀君主齐简公，篡夺齐国政权。
币：泛指礼物。

⑥ 悖战：矛盾斗争。

⑦ 拂：违背。

【译文】

子张说："从前夏桀、商纣贵为天子，富有天下，如今对奴仆说：'你的品行如同桀、纣一般。'他们就会羞愧，感到不服，连奴仆都瞧不起桀、纣。孔子、墨子困为百姓，如对宰相说：'您的品行如同孔子、墨子一样。'他们会变得满脸谦恭连说自己不配，这是因为孔、墨得到士人敬重。因此拥有天子权势，未必高贵；当穷困百姓，未必低贱；贵贱的区别，在于品行好坏。"满苟得说："小盗被逮捕，大盗当诸侯，只有诸侯门下才有义士。从前齐桓公杀兄娶嫂而管仲却做了他的臣子，田成子杀害君主窃取齐国而孔子接受他的礼物。言论上鄙视他们，行为上却服从他们，这种言行不一的情况在心中相互矛盾，岂不是太不合情理了！因此《书》中说：'谁坏谁好？成功者尊贵，失败者卑贱。'"

【原文】

子张曰："子不为行，即将疏戚无伦①，贵贱无义，长幼无序，五纪六位②，将何以为别乎？"满苟得曰："尧杀长子③，舜流母弟④，疏戚有伦乎？汤放桀，武王杀纣，贵贱有义乎？王季为适⑤，周公杀兄⑥，长幼有序乎？儒者伪辞，墨者兼爱⑦，五纪六位将有别乎？且子正为名，我正为利，名利之实，不顺于理，不监于道⑧。吾日与子讼于无约曰⑨：'小人殉财，君子殉名，其所以变其情、易其性，则异矣，乃至于弃其所为而殉其所不为⑩，则一也。'"

【注释】

① 戚：亲近。伦：人伦关系。

② 五纪：指君臣、父子、兄弟、夫妇、朋友关系。六位：指君、臣、

父、子、夫、妇。

③ 长子：指丹朱。

④ 母弟：同母弟弟。舜的弟弟叫象，传说因品行不修而被流放。

⑤ 王季为适（dí）：立王季为王位继承人。王季是周太王幼子，周文王之父。王季的兄长太伯、仲雍按照父亲意愿让位，故王季被立为太子。适，通"嫡"。指嫡子、太子。

⑥ 周公杀兄：周公杀死兄长。周公之兄管叔反叛被杀。

⑦ 兼爱：不分亲疏相互爱护。

⑧ 监：通"鉴"。镜子。引申为明白。

⑨ 日：往日。讼：争论。无约：虚构人名。含有不受名利约束之义。

⑩ 所为：所应该做的。

【译文】

子张说："您不修养品行，将会使亲疏关系失常，贵贱关系不当，长幼关系无序，五纪六位，又如何区别？"满苟得说："尧杀长子，舜流放同母弟弟，亲疏关系正常吗？商汤流放夏桀，周武王杀死商纣，贵贱关系恰当吗？王季立为太子，周公杀了兄长，长幼关系有序吗？儒家讲假话，墨家讲兼爱，五纪六位还有区别吗？再说您一心为了名，我一心为了利，而追求名利的实质，既不合于理，又不合于道。我往日与您在无约面前争论说：'小人为利献身，君子为名献身，导致他们放弃真情、改变天性的原因不同，但在舍弃该做的事而追求不该做的事这一点上，却是一样。'"

【原文】

故曰：无为小人，反殉而天①；无为君子，从天之理。若枉若直②，相而天极③；面观四方，与时消息④。若是若非，执而圆机⑤；独成而意，与道徘徊⑥。无转而行⑦，无成而义，将失而所为。无赴而富，无殉而成，将弃而天。比干剖心，子胥抉眼⑧，忠之祸也；直躬证父⑨，尾生溺死，信之患也；鲍子立干⑩，申子不自理⑪，廉之害也；孔子不见母⑫，匡子不见父⑬，义之失也。此上世之所传，下世之所语，以为士者正其言⑭，必其行，故服其殃、离其患也⑮。

【注释】

① 殉：追求。而：你。天：天性。

② 若：或。枉：曲。

③ 相：视。引申为顺应。天极：自然原则。

④ 消息：消长变化。息，生长。

⑤ 而：你。圆机：圆通机变。

⑥ 与道徘徊：与大道保持一致。

⑦ 转：通"专"。固执。

⑧ 子胥抉（jué）眼：伍子胥被挖出双眼。

⑨ 直躬证父：直躬出面证明自己父亲盗窃别人的羊。

⑩ 鲍子：鲍焦。干：枯干。指死亡。

⑪ 申子：即申生。晋献公太子。遭后母陷害而不申辩，自缢而死。

⑫ 孔子句：母亲去世时，孔子正在外地推行仁义，故母子未能见面。

⑬ 匡子句：匡章之父不善，匡章劝谏，反被赶出家门，此后匡章再没见过父亲。

⑭ 正其言：以其言为正。即把这些事情当作正确榜样。

⑮ 服：受。离：通"罹"。遭受。

【译文】

所以说，不当小人，要寻回自己天性；不当世俗君子，一切顺从天理。或曲或直，顺其自然；观察四方，随时变化。或对或错，做到圆通；独自实现自己心愿，与道一致。不要固执你的行为，不要推行你的仁义，否则行为就会失败。不要追求财富，不要追求个人成功，否则会失去天性。比干被剖心，子胥被挖眼，这是忠君的灾难；直躬证明父亲偷羊，尾生被大水淹死，这是诚实的祸患；鲍子抱树站立而死，申子不申辩冤屈，这是清高的危害；孔子未见到临死母亲，匡子终生不见父亲，这是推行仁义的过错。以上事情为前人所传，成为今人话题，都认为士人要以此为榜样，一定要像他们那样做，因此受其害、遭其难。

【原文】

无足问于知和曰①："人卒未有不兴名就利者②。彼富则人归之，归则下之③，下则贵之。夫见下贵者④，所以长生、安体、乐意之道也。今子独无意焉，知不足邪？意知而力不能行邪？故推正不忘邪？"知和曰："今夫此人，以为与己同时而生，同乡而处者，以为夫绝俗过世之士焉⑤，是专无主正⑥，所以览古今之时，是非之分也，与俗化世⑦。去至重⑧，弃至尊⑨，以为其所为也⑩，此其所以论长生、安体、乐意之道，不亦远乎！惨怛之疾⑪，恬愉之安，不监于体⑫；怵惕之恐，欣欢之喜，不监于心。知为为而不知所以为⑬，是以贵为天子，富有天下，而不免于患也。"

【注释】

① 无足：含有不知足义的虚构人名。知和：含有懂得中和义的虚构人名。

② 卒：最终。就：追求。

③ 下之：处于其下。

④ 见下贵者：受别人尊敬。见，被。下，指处于其下的人。

⑤ 绝俗过世：超越世俗人。

⑥ 专：完全。主正：正确主见。

⑦ 与俗化世：与俗人混同为一了。

⑧ 至重：指生命。

⑨ 至尊：指道。

⑩ 为其所为：追求他所想追求的东西。

⑪ 惨怛（dá）：悲伤。疾：痛苦。

⑫ 不监于体：不影响身体健康。监，通"鉴"。显明；影响。

⑬ 为为：做自己想做的事。

【译文】

无足问知和："人终究没有不求名求利的。富有了别人就会依附于他，依附于他就会处于他之下，处于他之下就会尊敬他。受人尊敬，这是长寿、安逸、愉快的办法。如今只有您对此不关心，是您的智慧太低？还是您心里知道而力量不足？还是您把心思都用在推行正确原则上了？"知和说："如今那些富人，因为与你生于同一时代，住在同一地方，于是就认为他们出类拔萃，这说明你完全没有正确主见，也是你评价历史、分辨是非时的看法与世人一样的原因。你忽略最重要的生命，放弃最尊贵的道，为所欲为，把这种做法看作长寿、安逸、愉快的办法，不也错得太远了吗！要使悲伤带来的痛苦，安逸带来的愉悦，不影响身体健康；要使恐惧造成的惊慌，欢欣形成的喜悦，不影响平静心境。只知去做想做的事而不知为何这样做，即使贵为天子、富有天下，也难逃灾难。"

【原文】

无足曰："夫富之于人，无所不利，穷美究执①，至人之所不得逮②，贤人之所不能及。侠人之勇力而以为威强③，秉人之知谋以为明察④，因人之德以为贤良⑤，非享国而严若君父。且夫声色、滋味、权势之于人，心不待学而乐之，体不待象而安之⑥。夫欲恶避就，固不待师，此人之性也。天下虽非我，孰能辞之？"知和曰："知者之为，故动以百姓⑦，不违其度，是以足而不争，无以为⑧，故不求。不足故求之，争四处而不自以为贪；有余故辞之，弃天下而不自以为廉。廉贪之实，非以迫外也⑨，反监之度⑩。势为天子而不以贵骄人，富有天下而不以财戏人。计其患，虑其反⑪，以为害于性，故辞而不受也，非以要名誉也。尧、舜为帝而雍⑫，非仁天下也，不以美害生也；善卷、许由得帝而不受，非虚辞让也，不以事害己。此皆就其利，辞其害，而天下称贤焉，则可以有之，彼非以兴名誉也。"

【注释】

① 穷美：享尽美好事物。究执（shì）：拥有最大权力。究，最大。执，通"势"。

② 逮：赶上。

③ 侠（xié）：通"挟"。依仗。

④ 秉：把握；依靠。

⑤ 因：凭借。

⑥ 象：效仿。引申为被指导。

⑦ 以：因；顺应。

⑧ 无以：没有目的。

⑨ 迫外：外界逼迫。

⑩ 反监之度：反省自己思想。监，通"鉴"。照；反省。度，气度；思想。

⑪ 反：回报；报应。

⑫ 雍：和睦。一说"雍"为"推"之误。推，辞让天下。

【译文】

无足说："富贵对于人，百利而无一害，享尽美好事物，拥有最高权势，圣人也无法做到，贤人也力所不及。富贵者依仗别人勇力以持有权威，凭借别人智慧而做到明察，依靠别人美德而赢得贤良名声，没拥有国家却像君主、父亲那样具有威严。再说音乐、色彩、美味、权势对于人来说，不用学习就自然喜欢，不用指导就乐于接受。欲望、厌恶、躲避、追求等情感，本来就不需老师传授，这是人的天性。即使天下人都批评我，可谁能摆脱这些？"知和说："智者做事，顺从百姓意愿，不违法度，知足而不争夺，行为没有个人目的，从不追求私利。不知足所以贪求，到处争夺却不自以为贪婪；自觉富裕所以辞让，舍弃天下也不自以为廉洁。廉洁和贪婪的实际起因，并非迫于外界压力，而应反省自己思想。贵为天子却不因高贵而傲视别人，富有天下却不因富裕而戏侮别人。想想富贵带来的灾难，考虑富贵带来的报应，知道这些会损害天性，所以加以拒绝而不接受，并非以此求名。尧舜在位时天下和睦，并非他们想行仁政，而是不想追求美好衣食以伤害自己生命；善卷、许由能获得帝位却不接受，不是虚情假意地谢绝帝位，而是不想为处理政事损害自己健康。他们都是寻求利益，躲避灾害，而天下都称之为贤人。他们可以获取这一名声，但他们这样做的目的绝非沽名钓誉。"

【原文】

无足曰："必持其名，苦体、绝甘、约养以持生①，则亦久病长厄而不死者也②。"知和曰："平为福③，有余为害者，物莫不然，而财其甚者也。今富人，耳营钟鼓管籥之声④，口嗛于刍豢醪醴之味⑤，以感其意⑥，遗忘其业，可谓乱矣！侅溺于冯气⑦，若负重行而上阪也⑧，可谓苦矣！贪财而取慰⑨，贪权而取竭⑩，静居则溺，体泽则冯⑪，可谓疾矣！为欲富就利，故满若堵耳而不知避⑫，且冯而不舍⑬，可谓辱矣！财积而无用，服膺而不舍，满心戚醮⑭，求益而不止，可谓忧矣！内则疑劫请之贼⑮，外则畏寇盗之害，内周楼疏⑯，外不敢独行，可谓畏矣！此六者，天下之至害也，皆遗忘而不知察，及其患至，求尽性竭财⑰，单以反一日之无故而不可得也⑱。故观之名则不见，求之利则不得，缭意体而争此⑲，不亦惑乎！"

【注释】

① 绝甘：不吃甜美食物。约：节俭。养：指衣食。

② 厄：困窘。

③ 平：平均；不多不少。

④ 营：营求；想听。管籥（yuè）：箫笛类乐器。

⑤ 嗛（qiè）：吃。刍豢（chú huàn）：用草豢养的牛羊等。醪（láo）醴：泛指酒。

⑥ 感（hàn）：通"撼"。动摇。

⑦ 侅（gāi）溺：沉溺。冯（píng）气：愤懑之气。指因贪婪而引起的抑郁之情。

⑧ 阪（bǎn）：山坡。

⑨ 慰：怨恨。

⑩ 竭：灭亡。

⑪ 体泽：身体好。冯（píng）：盛满。指盛气凌人。

⑫ 堵耳：齐耳的高墙。堵，墙。

⑬ 冯（píng）：满。指财多。

⑭ 戚：痛苦。醮（jiāo）：通"焦"。焦虑。

⑮ 内：家里。劫请：强行索取。贼：伤害。

⑯ 楼：防盗的塔楼。即碉堡。疏：窗。指射箭用的孔眼。

⑰ 尽性：竭尽心思。

⑱ 单：只；仅仅。无故：无事。

⑲ 缭意体：困扰自己身心。缭，缠绕；困扰。

【译文】

无足说："一定要保持自己美名，为此劳苦身体、放弃美味、衣食简朴以维持生命，这不就像长期生病、困苦不堪而只是还没死的人吗！"知和说："维持平均水平才是幸福，占有太多就是祸害，事物都是如此，而钱财尤其突出。如今那些富人，耳朵听着钟鼓、箫笛演奏的音乐，嘴巴吃着酒肉之类的美味，这些使他们意志动摇，放弃事业，可说是迷乱极了！沉溺于抑郁之中，生活如同背着沉重东西爬山，可说是痛苦极了！贪取钱财以招来怨恨，贪图权势以自取灭亡，闲居时沉溺于嗜欲，强壮时就盛气凌人，可说是病重极了！因为太贪图财富，所以金钱堆积得如同齐耳高墙也不知满足，而且越多越不知足，可说是耻辱极了！财物囤积而不舍得花，放在心上不忍割舍，为此满腹烦恼，却还在无休止地追求财富，可说是忧愁极了！在家担心窃贼伤害，出门害怕强盗劫杀，房屋四周筑起布满箭孔的碉堡，从不敢一人外出，可说是恐惧极了！迷乱、痛苦、病重、耻辱、忧愁、恐惧这六种情况，是人间最大祸害，而人们忘掉这些祸害不知反省，等到灾难降临，即使用尽心思、竭尽钱财，只求过一天安宁日子也不可能了。想看看这些人的名声又看不到，想看看他们获得的好处也看不到，劳神费力去争名夺利，难道不是糊涂吗！"

说剑第三十

【题解】

说剑，论剑术。本篇写庄子劝说赵文王放弃斗鸡般的剑术，用心治理国家。

【原文】

昔赵文王喜剑①，剑士夹门而客三千余人，日夜相击于前，死伤者岁百余人，好之不厌。如是三年，国衰，诸侯谋之。太子悝患之②，募左右曰："孰能说王之意止剑士者，赐之千金。"左右曰："庄子当能。"

【注释】

① 赵文王：即赵惠文王。著名的赵武灵王之子。

② 悝（kuī）：赵文王太子。

【译文】

从前赵文王爱好剑术，住在宫门两边的剑客有三千多，日夜在文王面前比剑，每年死伤一百多人，文王乐此不疲。如此三年，赵国贫弱，其他诸侯谋划攻取它。太子悝为此担忧，召集身边人说："谁能说服大王停止对剑客的喜好，赏千金。"身边人说："庄子应该能做到。"

【原文】

太子乃使人以千金奉庄子，庄子弗受，与使者俱，往见太子曰："太子何以教周①，赐周千金？"太子曰："闻夫子明圣，谨奉千金以币从者②。夫子弗受，悝尚何敢言！"庄子曰："闻太子所欲用周者，欲绝王之喜好也。使臣上说大王而逆王意，下不当太子，则身刑而死，周尚安所事金乎③？使臣上说大王，下当太子，赵国何求而不得也！"太子曰："然。吾王所见，唯剑士也。"庄子曰："诺。周善为剑。"太子曰："然吾王所见剑士，皆蓬头突鬓④，垂冠⑤，曼胡之缨⑥，短后之衣，瞋目而语难⑦，王乃说之⑧。今夫子必儒服而见王，事必大逆。"庄子曰："请治剑服。"治剑服三日，乃见太子，太子乃与见王。王脱白刃待之。

【注释】

① 何以教周：对我有何见教。

② 币从者：赠送您的随从。这是尊敬的说法，实际即送给庄子。币，礼物；送礼物。

③ 事金：用这些金钱。

④ 突鬓：鬓毛翘起。

⑤ 垂冠：帽子下垂。一说指遮住面部的铁冠。

⑥ 曼胡之缨：粗实的帽带。

⑦ 瞋（chēn）目：怒睁双眼。语难：说话令人畏惧。一说指因愤怒而讲话不流利。

⑧ 说（yuè）：通"悦"。

【译文】

太子派人送千金给庄子，庄子不接受，随使者去见太子说："太子有何赐教，要赐给我千金？"太子说："听说您圣明，因此敬献千金给您的随从。您不接受，我怎敢开口！"庄子说："听说太子用我的原因，是让我说服大王放弃剑术爱好。如果我劝说大王时上违背大王心愿，下不合太子心意，我会受刑而死，哪里还用得上金钱？如果我上能说服大王，下能合太子心愿，那么我向赵国要什么而得不到满足呢！"太子说："是的。我们大王接见的，只有剑客。"庄子说："好。我善于剑术。"太子说："不过大王所见的剑客，都是头发蓬乱，鬓毛翘起，帽子低垂，帽带粗实，后衣短小，怒睁双眼，讲话令人恐惧，这样大王才喜欢。如今您一定要穿着儒服去见大王，事情一定弄糟。"庄子说："请准备剑服！"三天后做好剑服，庄子去见太子，太子与庄子一起去见文王，文王抽出明晃晃的利剑等着庄子。

【原文】

庄子入殿门不趋，见王不拜。王曰："子欲何以教寡人，使太子先①。"曰："臣闻大王喜剑，故以剑见王。"王曰："子之剑何能禁制？"曰："臣之剑，十步一人，千里不留行②。"王大悦之，曰："天下无敌矣！"庄子曰："夫为剑者，示之以虚，开之以利③，后之以发，先之以至。愿得试之。"王曰："夫子休就舍待命，令设戏请夫子④。"王乃校剑士七日⑤，死伤者六十余人，得五六人，使奉剑于殿下，乃召庄子。王曰："今日试使士敦剑⑥。"庄子曰："望之久矣。"王曰："夫子所御杖⑦，长短何如？"曰："臣之所奉皆可⑧。然臣有三剑，唯王所用，请先言而后试。"

【注释】

① 先：事先推荐。

② 留行：受阻。

③ 开：引诱。

④ 设戏：安排比赛。戏，比赛。

⑤ 校（jiào）：同"较"。比赛。

⑥ 敦剑：比剑。

⑦ 御：用。杖：刀戟总称。这里专指剑。

⑧ 奉：捧；用。

【译文】

庄子缓步走进殿门，见文王也不跪拜。文王说："您想如何指教我，还让太子事先引荐。"庄子说："我听说大王喜欢剑术，特地以剑术见大王。"文王说："您如何用剑制伏对手？"庄子说："我的剑术，每十步可杀一人，横行千里而无人抗衡。"文王十分高兴，说："天下无敌啊！"庄子说："懂剑术的人，故意把弱点显露给对手，用可乘之机引诱对手，后于对手进攻，却抢先击中对手。希望能试试我的剑法。"文王说："您先回馆舍休息待命，我安排好比剑事宜就去请您比试。"文王花七天时间让剑客比武，死伤六十多人，最后选出五六个，让他们拿着剑在宫殿下等待，这才去召见庄子。文王说："今天可让剑客与您比武了。"庄子说："我盼望很久了。"文王问："您用的剑，长短如何？"庄子说："我用的剑，长短都行。不过我有三种剑，任大王选用，请让我先介绍然后比试。"

【原文】

王曰："愿闻三剑。"曰："有天子剑，有诸侯剑，有庶人剑。"王曰："天子之剑何如？"曰："天子之剑，以燕溪、石城为锋①，齐岱为锷②，晋魏为脊③，周宋为镡④，韩魏为夹⑤，包以四夷⑥，裹以四时，绕以渤海，带以常山⑦，制以五行，论以刑德，开以阴阳⑧，持以春夏，行以秋冬。此剑，直之无前⑨，举之无上⑩，案之无下⑪，运之无旁⑫，上决浮云⑬，下绝地纪⑭。此剑一用，匡诸侯，天下服矣。此天子之剑也。"

【注释】

① 燕溪：地名。在燕国。石城：山名。在塞外。

② 齐：齐国。岱：即泰山。锷（è）：剑刃。

③ 脊：剑背。

④ 镡（tán）：剑环。

⑤ 夹：通"铗"。剑柄。

⑥ 四夷：四方夷族地区。

⑦ 常山：即恒山。

⑧ 开：打开；使用。

⑨ 直之无前：向前直刺，前无所阻。

⑩ 举之无上：向上刺，上无所阻。

⑪ 案之无下：向下刺，下无所阻。案，通"按"。向下刺。

⑫ 运之无旁：挥动起来，四周无物可阻。

⑬ 决：割裂。

⑭ 地纪：又叫"地维"。维系大地的绳子。传说地有大绳维系四角，使地固定不动。

【译文】

文王说："愿意听听三种剑。"庄子说："有天子之剑，有诸侯之剑，有匹夫之剑。"文王问："天子之剑如何？"庄子说："天子之剑，以燕溪、石城为剑尖，以齐国泰山为剑刃，以晋魏为剑背，以周宋为剑环，以韩魏为剑柄，用四方夷族地区进行包扎，用四季进行围裹，用大海进行缠绕，用常山做系带，用五行掌握它，以刑德为标准讨论如何使用它，根据阴阳变化运用它，遵循春夏时令保护它，按照秋冬特点挥舞它。这种剑，向前直刺无物可阻，向上举起无物可挡，向下劈去无物可拦，挥舞起来四周无物可以对抗，这种剑上可割裂浮云，下可斩断地维。这种剑一旦使用，可以匡正诸侯，天下归服。这即天子之剑。"

【原文】

文王芒然自失，曰："诸侯之剑何如？"曰："诸侯之剑，以知勇士为锋，以清廉士为锷，以贤良士为脊，以忠圣士为镡，以豪桀士为夹。此剑，直之亦无前，举之亦无上，案之亦无下，运之亦无旁。上法圆天，以顺三光①；下法方地，以顺四时；中和民意，以安四乡②。此剑一用，如雷霆之震也，四封之内③，无不宾服而听从君命者矣。此诸侯之剑也。"

【注释】

① 三光：日、月、星。

② 四乡：四方。

③ 四封：四境。封，边境。

【译文】

文王怅然若失，问："诸侯之剑如何？"庄子说："诸侯之剑，以智勇之士为剑尖，以清廉之士为剑刃，以贤良之士为剑背，以忠圣之士为剑环，以豪杰之士为剑柄。这种剑，向前直刺也无物可阻，向上举起也无物可挡，向下劈去也无物可拦，挥舞起来四周也无物可以对抗。上面效法圆形苍天，顺应日月星辰；下面效法方形大地，顺应四季变化；在天地之间顺应民意，安定四方。这种剑一旦使用，犹如雷霆震撼，四境之内，无不归服而听从大王命令。这即诸侯之剑。"

【原文】

王曰："庶人之剑何如？"曰："庶人之剑，蓬头突鬓，垂冠，曼胡之缨，短后之衣，瞋目而语难，相击于前，上斩颈领，下决肝肺。此庶人之剑，无异于斗鸡，一旦命已绝矣，无所用于国事。今大王有天子之位而好庶人之剑①，臣窃为大王薄之②。"

【注释】

① 天子之位：赵文王是诸侯，而非天子。庄子这样讲是恭维夸饰。
② 薄：鄙薄；看轻。

【译文】

文王问："匹夫之剑如何？"庄子说："匹夫之剑，头发蓬乱，鬓毛翘起，帽子低垂，帽带粗实，后衣短小，怒睁双眼，喊着恐吓人的话，在人前拼杀，上能砍断脖子，下能刺破肝肺。这即匹夫之剑，像斗鸡一样，一旦丢了性命，就无法为国服务。如今大王拥有天子之位却喜欢匹夫之剑，我认为大王应鄙视这种剑。"

【原文】

王乃牵而上殿，宰人上食①，王三环之。庄子曰："大王安坐定气，剑事已毕奏矣。"于是文王不出宫三月，剑士皆服毙其处也②。

【注释】

① 宰人：掌管膳食的官员。

② 服毙：自杀。

【译文】

文王拉着庄子走上宫殿，宰人摆上酒肉，文王羞愧地绕着宴席走了几圈。庄子说："大王坐下静静心，剑术事启奏完毕。"于是文王三个月没出宫门，而剑客都在住处羞愧得自杀了。

渔父第三十一

【题解】

渔父，打鱼老人。本篇通过渔父与孔子对话，批评儒家主张，提倡清静无为。

【原文】

孔子游乎缁帷之林①，休坐乎杏坛之上②。弟子读书，孔子弦歌鼓琴。奏曲未半，有渔父者，下船而来，须眉交白，被发揄袂③，行原以上④，距陆而止⑤。左手据膝，右手持颐以听。曲终而招子贡、子路二人俱对⑥。

【注释】

① 缁（zī）：黑色。帷：帷幕。形容树林遮天蔽日如帷幕。借此为地名。

② 杏坛：长着杏树的高台。

③ 被（pī）：通"披"。揄（yú）：卷起。袂（mèi）：袖子。

④ 原：岸边。以：而。

⑤ 距：到。陆：高地。

⑥ 对：答话；谈话。

【译文】

孔子到缁帷林游览，坐在杏坛上休息。弟子读书，孔子弹琴唱歌。还没弹奏到一半，有位渔父，走下渔船而来，头发眉毛全白了，披发卷袖，沿河岸走来，在一块高地坐下，左手放在膝盖上，右手托着下巴听孔子弹琴。曲子完毕，渔父招唤子贡、子路二人过来交谈。

【原文】

客指孔子曰①："彼何为者也？"子路对曰："鲁之君子也。"客问其族，子路对曰："族孔氏。"客曰："孔氏者何治也？"子路未应，子贡对曰："孔氏者，性服忠信，身行仁义，饰礼乐，选人伦②，上以忠于世主，下以化于齐民，将以利天下。此孔氏之所治也。"又问曰："有土之君与？"子贡曰："非也。""侯王之佐与？"子贡曰："非也。"客乃笑而还，行言曰："仁则仁矣，恐不免其身，苦心劳形以危其真。呜呼，远哉其分于道也③。"

【注释】

① 客：指渔父。

② 选：安排；制定。

③ 分：离。

【译文】

渔父指着孔子问："他是干什么的？"子路说："是鲁国君子。"渔父问孔子姓氏，子路说："姓孔。"渔父问："孔氏做何事？"子路未答，子贡说："孔氏生来敬奉忠信，亲行仁义，修习礼乐，制定人伦规范，上忠于君主，下教化百姓，想以此造福天下。这即孔氏做的事。"渔父问："他是拥有国土的君主吗？"子贡说："不是。""是王侯的辅佐大臣吗？"子贡说："不是。"渔父于是笑着转身而去，边走边说："孔氏仁爱是仁爱，自身恐怕难免灾祸，他如此费心操劳地危害自己的真实天性。唉，他离道太远了。"

【原文】

子贡还，报孔子，孔子推琴而起，曰："其圣人与！"乃下求之，至于泽畔，方将杖拏而引其船①，顾见孔子，还乡而立②。孔子反走，再拜而进。客曰："子将何求？"孔子曰："曩者先生有绪言而去③，丘不肖，未知所谓，窃待于下风④，幸闻咳唾之音以卒相丘也⑤。"客曰："嘻！甚矣子之好学也！"孔子再拜而起，曰："丘少而修学，以至于今，六十九岁矣，无所得闻至教，敢不虚心！"

【注释】

① 杖：船篙。拏（ráo）：通"拿"。引：撑开。

② 乡：通"向"。面向。

③ 曩（nǎng）者：刚才。绪言：刚开始的话。

④ 窃：我。表谦虚。下风：下方。卑下位置。

⑤ 幸：希望。咳唾：咳嗽吐唾。形容随便谈谈。卒：最终。相：帮助。

【译文】

子贡回去，把此事告诉孔子。孔子推琴站起，说："大概是圣人啊！"于是走下杏坛寻找渔父。来到水边，渔父正手持船篙撑船离岸，回头看见孔子，便转身面对孔子站着。孔子后退几步，连拜两拜后走向前。渔父问："您有什么事？"孔子说："刚才您刚讲个开头就走了，我不聪敏，不知说的是何意思，于是我就来这里恭候，希望听到您的教诲以便最终对我有所帮助。"渔父说："咦！您实在太好学了！"孔子连拜两拜站起身来，说："我从小学习，以至于今，已六十九岁了，还没学到最高真理，怎敢不虚心！"

【原文】

客曰："同类相从，同声相应，固天之理也。吾请释吾之所有而经子之所以①。子之所以者，人事也。天子、诸侯、大夫、庶人，此四者自正，治之美也，四者离位而乱莫大焉。官治其职，人忧其事，乃无所陵②。故田荒室露，衣食不足，征赋不属③，妻妾不和，长少无序，庶人之忧也；能不胜任，官事不治，行不清白，群下荒怠，功美不有，爵禄不持，大夫之忧也；廷无忠臣，国家昏乱，工技不巧，贡职不美，春秋后伦④，不顺天子，诸侯之忧也；阴阳不和，寒暑不时，以伤庶物，诸侯暴乱，擅相攘伐，以残民人，礼乐不节，财用穷匮，人伦不饬⑤，百姓淫乱，天子有司之忧也⑥。今子既上无君侯有司之势，而下无大臣职事之官，而擅饰礼乐，选人伦，以化齐民，不泰多事乎⑦？且人有八疵，事有四患，不可不察也。非其事而事之，谓之摠⑧；莫之顾而进之⑨，谓之佞⑩；希意道言⑪，谓之谄；不择是非而言，谓之谀；好言人之恶，谓之谗；析交离亲⑫，谓之贼；称誉诈伪以败恶人⑬，谓之慝⑭；不择善否，两容颊适⑮，偷拔其所欲⑯，谓之险。此八疵者，外以乱人，内以伤身，君子不友，明君不臣。所谓四患者：好经大事，变更易常，以挂功名⑰，谓之叨⑱；专知擅事，侵人自用，谓之贪；见过不更，闻谏愈甚，谓之很⑲；人同于己则可，不同于己，虽善不善，谓之矜⑳。此四患也。能去八疵，无行四患，而始可教已。"

【注释】

① 释：说明。所有：所有看法。经：经营；分析。所以：所为。

② 陵：侵扰。

③ 属：交付。

④ 春秋：朝觐。春天朝见天子叫"朝"，秋天叫"觐"。伦：同类。指其他诸侯。

⑤ 饬（chì）：整顿。

⑥ 有司：有关部门。

⑦ 泰：太。

⑧ 摠（zǒng）：通"总"。包揽。

⑨ 顾：理会。进之：说给别人听。

⑩ 佞：花言巧语。引申为饶舌。

⑪ 希：迎合。道：通"导"。顺着。

⑫ 析：分开；离间。

⑬ 败恶：伤害。

⑭ 慝（tè）：奸邪。

⑮ 容：容纳。颊适：讨好的面容。颊，面容。适：适意；讨好。

⑯ 偷拔：暗中攫取。

⑰ 挂：钓取；获取。

⑱ 叨（tāo）：贪婪。

⑲ 很：执拗；固执。

⑳ 矜：骄傲；自以为能。

【译文】

渔父说："同类事物相聚，同类声音相应，本是自然之理。就让我说说我的看法而分析您的活动。您的活动，属于人事。天子、诸侯、大夫、百姓，这四种人摆正各自位置，就是美好社会；偏离各自位置，就是最大混乱。官吏干好各自职责，人人操心各自事务，就不会相互侵扰。田荒房漏，衣食不足，赋税未交，妻妾不和，长幼失序，这是百姓应担忧的事；能力无法胜任，政务没有做好，品行不够清白，部下消极怠工，无法建功立名，不能保有爵禄，这是大夫应担忧的事；朝廷没有忠臣，封地一片混乱，缺乏能工巧匠，贡事没能办好，朝觐落在后面，不能顺从天子，这是诸侯应担忧的事；阴阳不和谐，寒暑不合时，伤害了万物，诸侯暴乱，擅自攻伐，残害百姓，礼乐不合制度，财用匮乏，人伦没有理顺，百姓荒淫混乱，这是天子和有关大臣应担忧的事。如今您上无君主、公卿地位，下没大臣官职，却擅自整顿礼乐，制定人伦规范，想以此教化百姓，不太多事吗？人有八种毛病，事有四种错误，对此要有清醒认识。不是自己的事硬要做，叫包揽；没人理睬却还要说，叫饶舌；迎合别人讲话，叫谄媚；不分是非都赞成，叫阿谀；喜欢说别人坏话，叫谗言；离间朋友亲人，叫伤害；用称颂或欺诈去损害别人，叫奸邪；不分善恶，两面三刀左右讨好，暗中攫取自己想要的东西，叫阴险。这八种毛病，对外搞乱别人，对内伤害自己，君子不与交往，圣君不去任用。所谓四种错误，就是喜欢做大事，随意改变常规，以此获取功名，这叫贪得无厌；自恃聪明独断专行，侵害他人刚愎自用，这叫利欲熏心；知道错了不愿改正，听到劝告却更加固执，这叫顽固不化；别人意见与己相同就认可，与己不同，即使正确也硬说不正确，这叫傲慢自负。这即四种错误。如能去掉八种毛病，改正四种错误，他才值得教诲。"

【原文】

孔子愀然而叹①，再拜而起，曰："丘再逐于鲁，削迹于卫，伐树于宋，围于陈蔡。丘不知所失，而离此四谤者何也②？"客凄然变容曰："甚矣子之难悟也！人有畏影恶迹而去之走者③，举足愈数而迹愈多④，走愈疾而影不离身⑤，自以为尚迟，疾走不休，绝力而死。不知处阴以休影⑥，处静以息迹，愚亦甚矣！子审仁义之间，察同异之际，观动静之变，适受与之度⑦，理好恶之情，和喜怒之节，而几于不免矣。谨修而身⑧，慎守其真，还以物与人⑨，则无所累矣！今不修之身而求之人，不亦外乎！"

【注释】

① 愀（qiǎo）然：凄悲貌。

② 离：通"罹"，遭遇。谤：讥谤。引申为灾难。

③ 迹：足迹。走：跑。

④ 数（shuò）：频繁；多。

⑤ 疾：快。

⑥ 处阴：停留在阴暗处。

⑦ 适：使……恰当。与：送与。度：度数；分寸。

⑧ 而：你。

⑨ 物：身外之物。

【译文】

孔子凄然长叹，拜两拜站起身说："我两次被鲁国驱逐，在卫国难以立足，在宋国受到伐树惊吓，围于陈蔡之间。我不知有何过错，却遭受四次灾难，原因何在？"渔父满面同情，说："您太难醒悟了。有人害怕自己身影、厌恶自己足迹，为逃避身影和足迹而快步跑开，然而迈步越多而足迹越多，跑得再快而影不离身，他以为跑得太慢，于是加速奔跑不敢停下，结果疲惫而死。他不知停在阴暗处使身影消失，停于静止状态使足迹消失，实在太愚笨了！您研究仁义内容，考察同异关系，观察动静变化，掌握取舍分寸，理顺好恶情感，调和喜怒程度，然而还没能免于灾祸。你要认真修养身心，细心保护真情，把名利等身外之物还给别人，就没牵累了。如今不注重自身修养却要求别人，不也太远离道吗!"

【原文】

孔子愀然曰："请问何谓真?"客曰："真者，精诚之至也。不精不诚，不能动人。故强哭者虽悲不哀，强怒者虽严不威，强亲者虽笑不和。真悲无声而哀，真怒未发而威，真亲未笑而和。真在内者，神动于外，是所以贵真也。其用于人理也，事亲则慈孝①，事君则忠贞，饮酒则欢乐，处丧则悲哀。忠贞以功为主，饮酒以乐为主，处丧以哀为主，事亲以适为主。功成之美，无一其迹矣②；事亲以适，不论所以矣③；饮酒以乐，不选其具矣；处丧以哀，无问其礼矣。礼者，世俗之所为也；真者，所以受于天也，自然不可易也。故圣人法天贵真，不拘于俗。愚者反此，不能法天而恤于人④，不知贵真，禄禄而受变于俗⑤，故不足。惜哉，子之蚤湛于人伪而晚闻大道也⑥!"

【注释】

① 慈：敬爱。

② 一其迹：同一轨迹；同一做法。

③ 所以：所为。

④ 恤：担心。

⑤ 禄禄：即"碌碌"。平庸貌。

⑥ 蚤：通"早"。湛（chén）：通"沉"。沉溺。人伪：人们制定的虚伪礼仪。

【译文】

孔子凄凉地说："请问何为真情？"渔父说："真情，就是精诚之至。做不到精诚，就不能感动别人。因此勉强哭泣的人虽外表悲痛而不使人哀伤，勉强发怒的人虽外表严厉而不使人畏惧，勉强亲热的人虽笑容满面却不使人感到可亲。真悲痛即使没哭声也使人哀伤，真愤怒即使没有表现出来也令人畏惧，真亲热即使没笑容也使人感到可亲。真情存于内心，神情流露于外，这是真情可贵的原因。把真情用于人事，侍奉双亲会孝敬，辅佐君主会忠贞，饮酒会高兴，居丧会哀伤。忠君以建功为主，饮酒以高兴为主，居丧以哀伤为主，孝亲以双亲舒心为主。忠君以建功为主，不必采用同一种方式；孝亲以使双亲舒心为主，不必考虑方法；饮酒以高兴为主，不必考虑酒器；居丧以哀伤为主，不必考虑礼仪。礼仪，是世人制定的；真情，来自天性，出于自然而不可改变。因此圣人效法自然看重真情，不受世俗约束。而愚人相反，不能效法自然而总是担心俗人指责，不知重视真情而总是平庸地随俗人变化，因此有很多不足。真可惜了，您过早沉溺于虚伪礼仪而很晚才听说道啊！"

【原文】

孔子又再拜而起曰："今者丘得遇也，若天幸然①。先生不羞而比之服役②，而身教之！敢问舍所在，请因受业而卒学大道。"客曰："吾闻之，可与往者与之，至于妙道；不可与往者，不知其道，慎勿与之，身乃无咎③。子勉之！吾去子矣！吾去子矣！"乃刺船而去，延缘苇间④。

【注释】

① 幸：宠幸；宠爱。然：这样；一样。

② 比：看作；当作。服役：奴仆。代指弟子。

③ 咎：灾难。

④ 延：伸延。指船向前行去。缘：沿着。

【译文】

孔子拜两拜站起身说："今天我能遇上您，似乎是天在宠爱我。如您不以此为羞能把我视为弟子，亲自教诲我吧！请问住在何处，请让我趁此机会到您门下受业以最终学到道。"渔父说："我听说，可与他一起就与他一起，直至领悟妙道；不可与他一起，他也无法懂道，千万不可和他交往，自身才无灾祸。您努力吧！我和您告辞！我和您告辞！"于是渔父撑船离去，沿着芦苇丛划向远方。

【原文】

颜渊还车，子路授绥①，孔子不顾，待水波定，不闻拏音而后敢乘。子路旁车而问曰②："由得为役久矣，未尝见夫子遇人如此其威也③。万乘之主，千乘之君，见夫子未尝不分庭伉礼④，夫子犹有倨敖之容。今渔父杖拏逆立⑤，而夫子曲要磬折⑥，言拜而应，得无太甚乎⑦？门人皆怪夫子矣，渔父何以得此乎？"孔子伏轼而叹曰："甚矣由之难化也！湛于礼义有间矣，而朴鄙之心至今未去。进，吾语汝：夫遇长不敬，失礼也；见贤不尊，不仁也。彼非至人，不能下人⑧；下人不精，不得其真，故长伤身。惜哉，不仁之于人也，祸莫大焉，而由独擅之⑨。且道者，万物之所由也，庶物失之者死，得之者生；为事逆之则败，顺之则成。故道之所在，圣人尊之。今渔父之于道，可谓有矣，吾敢不敬乎！"

【注释】

① 绥（suí）：登车时攀拉的绳子。

② 旁（bàng）：同"傍"。靠着。

③ 威：通"畏"。敬畏。

④ 分庭伉礼：即"分庭抗礼"。以平等的礼节相见。

⑤ 逆立：对面站立。逆，迎面。

⑥ 要：通"腰"。磬（qìng）：用石、玉做成的乐器，形状弯曲如矩尺。折：弯曲。

⑦ 得无：莫不是。

⑧ 下人：使人对他表示谦下。

⑨ 擅：具有。

【译文】

颜回掉转车头，子路递过登车的绳子，孔子没理睬，一直到水波平静，划船声听不到时才登车。子路靠着车问："我当您弟子很久了，从未见过您对人如此敬畏。大国诸侯，小国君主，见您都是平等相待，而您还一副傲慢神情。今天渔父手持船篙与您对面而立，而您却像石磬那样弯腰鞠躬，先表达敬意他才开口答话，这是否太过分了？弟子对您深感奇怪，渔父凭什么能够使您如此敬畏？"孔子靠在车前横木上，叹口气说："你太难教化！你埋头学习礼仪也有些时日，而粗野性格至今也没改掉。上前来，我告诉你：遇老人不尊敬，是失礼；见贤人不尊重，是不仁。渔父如不是得道之人，就不能让人对他谦下；谦下如不出于诚心，就失去自己真情，如此久了会伤害自身。可惜呀！不仁对人来说，是最大祸患，而你偏偏就有这种毛病。道是万物遵循的，万物失道就会死亡，得道就能生存；做事违背道就会失败，顺应道就能成功。因此谁获得道，圣人就尊重谁。今天渔父对于道，可说是已经体悟了，我怎敢不尊敬他！"

列御寇第三十二

【题解】

列御寇，即列子。郑国人，现留有《列子》一书。

【原文】

列御寇之齐，中道而反，遇伯昏瞀人。伯昏瞀人曰："奚方而反①？"

曰："吾惊焉。"曰："恶乎惊?"曰："吾尝食于十浆②，而五浆先馈。"伯昏瞀人曰："若是则汝何为惊已?"曰："夫内诚不解③，形谍成光④，以外镇人心，使人轻乎贵老，而鳌其所患⑤。夫浆人特为食羹之货，无多余之赢，其为利也薄，其为权也轻，而犹若是，而况于万乘之主乎！身劳于国而知尽于事，彼将任我以事而效我以功，吾是以惊。"伯昏瞀人曰："善哉观乎！女处已⑥，人将保女矣。"

【注释】

① 奚方：什么事。方，事。

② 浆：卖酒浆的铺店。浆，酒。也泛指饮料。

③ 解：融化；与道融为一体。

④ 谍 (xiè)：通"渫"。泄漏。光：光彩；才华。

⑤ 鳌 (jī)：通"赍"。导致。

⑥ 女 (rǔ)：通"汝"。处：安居。已：通"矣"。

【译文】

列子到齐国去，半道返回，遇到伯昏瞀人。瞀人问："为何回来了?"列子说："我受了惊吓!"瞀人问："什么惊吓?"列子说："我曾在十家酒店喝酒，就有五家先声明不收酒钱。"瞀人说："这种事你为何受惊?"列子说："内心真诚学道，还未与道融为一体时，会在外表显露自己才华，靠外表才华镇服人心，使人们不去尊老而来尊我，这会招致祸患。卖酒人不过做些食品买卖，没太多利润，他们赚的利益如此菲薄，手中权力如此轻微，尚如此敬我，何况大国君主！他们操劳国事竭尽智力，他们会把国事委托给我而检验我的功效。我为此受惊!"瞀人说："观察得很好，你安居在家吧，人们会来依附你的。"

【原文】

无几何而往，则户外之屦满矣①。伯昏瞀人北面而立，敦杖蹙之乎颐②，立有间，不言而出。宾者以告列子。列子提屦，跣而走③，暨乎门，曰："先生既来，曾不发药乎④？"曰："已矣！吾固告汝曰人将保汝，果保汝矣。非汝能使人保汝，而汝不能使人无保汝也，而焉用之感⑤？豫出异也⑥，必且有感，摇而本性，又无谓也⑦。与汝游者又莫汝告也，彼所小言，尽人毒也。莫觉莫悟，何相孰也⑧？巧者劳而知者忧，无能者无所求，饱食而敖游，泛若不系之舟，虚而敖游者也。"

【注释】

① 屦（jù）：鞋。列子门前摆满鞋子，说明依附他的人很多。

② 敦：竖起。戚（cù）：抵住。颐：下巴。

③ 跣（xiǎn）：赤脚。

④ 发药：比喻提批评意见。

⑤ 而：你。焉：何。感：感召别人。

⑥ 豫：通"预"。

⑦ 无谓：没意义。

⑧ 相：观察。孰：通"熟"。仔细。

【译文】

督人没过多久去看望列子，列子门前摆满鞋子。督人面朝北站着，竖起拐杖抵着下巴，站了一会儿，没讲话就走了。迎宾人告诉列子。列子提着鞋、赤着脚追到门口，说："您既然来了，难道不教导几句吗？"督人说："算了！我本来就告诉你人们会来依附你，现在真来依附你了。不是你能使人依附你，而是你不能使人不来依附你，你哪里用得着感召别人？先表现与众不同，必会感召别人，这样会损害你的本性，毫无意义。与你交往的人没有谁能告诉你有益知识，他们讲的琐碎言论，全是毒害人心的货色。如不觉悟，怎能观察清楚？灵巧人多受劳而有智人多操心，无能的人也没什么追求，填饱肚子到处游荡，飘飘悠悠地像没有拴系的小船一样，这是心境虚寂而自由遨游的人啊。"

【原文】

郑人缓也呻吟裘氏之地①，只三年而缓为儒，河润九里②，泽及三族③，使其弟墨。儒、墨相与辩，其父助翟④，十年而缓自杀。其父梦之曰："使而子为墨者，予也。阖胡尝视其良⑤？既为秋柏之实也⑥。"夫造物者之报人也⑦，不报其人而报其人之天⑧，彼故使彼⑨。夫人以己为有以异于人，以贱其亲。齐人之井饮者相捽也⑩。故曰今之世皆缓也。自是，有德者以不知也，而况有道者乎！古者谓之遁天之刑⑪。圣人安其所安，不安其所不安；众人安其所不安，不安其所安。

【注释】

① 缓：人名。呻吟：吟诵；读书。裘氏：地名。

② 河润：其思想像河水滋润土地一样。九里：泛指周围地区。

③ 三族：父、母、妻三族。

④ 翟（dí）：即墨翟。墨家创始人。这里代指墨家。

⑤ 阖：通"曷"。何不。胡：为何。其：指自己。良（làng）：通"埌"。坟墓。

⑥ 既为句：已变成秋天柏树的果实。庄子认为人死后，其尸体会变为其他事物。

⑦ 造物主：大自然。报：赋予。

⑧ 人：人为的东西。天：天性。缓的弟弟成为墨家，是由其天性决定的，与人为无关，而缓以为是自己的教育使弟弟成为墨家，这是贪天之功。

⑨ 彼故使彼：他具有那样的天性，所以才使他成为那样的人。

⑩ 捽（zuó）：扭打。井中有水是出于自然，而挖井人把井中有水归功于自己，所以殴打前来饮水的人。比喻缓的弟弟能成为墨家，是其天性使然，而缓却把这些视为自己的功劳。

⑪ 遁：违背。

【译文】

郑国缓在裘氏读书，只用三年就成了儒生，其思想像河水滋润土地一样影响着周围人们，恩惠施及父、母、妻三族，又让弟弟去学习墨家学说。儒家与墨家争论，缓的父亲站在墨家一边。十年后缓愤而自杀。父亲梦见他说："使你儿子成为墨家学者，是我的功劳。你为何不来看看我的坟墓？我已变成秋天柏树果实了。"大自然赋予人的，并非人为之物，而是人的天性，他具备那样天性才使他成为那样的人。缓认为自己与众不同，所以轻辱其父，就像一个齐国人自以为挖井有功而扭打前来饮水的人一样。所以说如今世人都是与缓一样的人。自以为是，有美德的人认为这是不明智的，何况懂道的人！古人把缓的行为叫做违背自然受到的惩罚。圣人安于应该安于接受的自然，不安于所不应该安于接受的人为；而世人安于不应该安于接受的人为，不安于所应该安于接受的自然。

【原文】

庄子曰："知道易，勿言难①。知而不言，所以之天也②；知而言之，所以之人也。古之人，天而不人。"

【注释】

① 勿言难：不谈道困难。反对谈道，一是因为道不可言说，二是谈道人带有功利目的。

② 之：走向。

【译文】

庄子说："懂道比较容易，不谈道就困难。懂道而不谈道，这是通向自然境界的道路；懂道而去谈道，这是通向人为境界的道路。古人，向往自然而不追求人为。"

【原文】

朱泙漫学屠龙于支离益①，单千金之家②，三年技成而无所用其巧。

【注释】

① 朱泙（pēng）漫、支离益：两个虚构人名。

② 单：通"殚"。耗尽。

【译文】

朱泙漫向支离益学习宰龙术，耗尽千金家产，三年后学会了却没机会使用这门技术。

【原文】

圣人以必不必①，故无兵②；众人以不必必之，故多兵。顺于兵③，故行有求。兵，恃之则亡。

【注释】

① 必不必：对于必然的事也不固执己见。

② 兵：争战。这里指争执。

③ 顺：顺从；从事。

【译文】

圣人对必然的事也不固执己见，所以不会与人争执；众人对非必然的事也固执己见，所以总是与人争执。众人喜欢争执，因为他们有所求。争执，如一味依仗它就会灭亡。

【原文】

小夫之知①，不离苞苴、竿牍②，敝精神乎蹇浅③，而欲兼济道物④，太一形虚⑤。若是者，迷惑于宇宙，形累不知太初⑥。彼至人者，归精神乎无始⑦，而甘冥乎无何有之乡⑧。水流乎无形，发泄乎太清⑨。悲哉乎！汝为知在毫毛⑩，而不知大宁⑪。

【注释】

① 小夫：小人；世人。

② 苞苴（bāo jū）：包裹礼物的草包。代指礼物。竿牍：竹简。代指书信。

③ 謇（jiǎn）浅：浅薄。

④ 道：通"导"。

⑤ 太一：指博大而独一无二的道。

⑥ 太初：万物刚出现时的情况。

⑦ 无始：万物还未出现时的混沌状态。

⑧ 冥：通"瞑"。休眠；躺卧。无何有：空寂。

⑨ 发泄：流淌。太清：清虚空静。

⑩ 汝：你。指"小夫"。

⑪ 大宁：极为安宁。即清静无为。

【译文】

世人的智慧，离不开赠与酬答，耗费精神在浅薄小事上，还想兼济天下引导众生，获得虚寂的道。这样的人，迷茫地生活于天地之间，疲惫不堪也不知万物初始情况。那些圣人，让精神回归万物还没出现的混沌状态，甘心地躺卧于空静境界。他们像没有固定形状的流水，自由流淌在清虚的境域之中。可悲呀！世人把智慧用在毫毛般小事上，而不懂清静无为。

【原文】

宋人有曹商者，为宋王使秦。其往也，得车数乘。王说之①，益车百乘。反于宋，见庄子曰："夫处穷闾厄巷②，困窘织屦③，槁项黄馘者④，商之所短也；一悟万乘之主而从车百乘者，商之所长也。"庄子曰："秦王有病召医，破痈溃痤者⑤，得车一乘；舐痔者得车五乘⑥；所治愈下，得车愈多。子岂治其痔邪！何得车之多也？子行矣！"

【注释】

① 说 (yuè)：通"悦"。

② 穷：不通。闾：里巷大门。厄：通"隘"。狭窄。

③ 屦 (jù)：麻鞋；草鞋。

④ 槁：干枯。项：脖子。顑 (xù)：脸。

⑤ 痈 (yōng)：疮。痤 (cuó)：疖子。

⑥ 舐 (shì) 痔：舐痔疮。舐，舔。

【译文】

宋国有个人叫曹商，为宋王出使秦国。去的时候，只有几辆车。秦王赏识他，赐给他百辆车。回到宋国后，见庄子说："住在狭窄的死胡同，穷困得靠织草鞋糊口，饿得脖子干枯、面黄肌瘦，这是我的短处；一旦说服大国君主，身后就能跟着百辆车队，这是我的长处。"庄子说："秦王有病请医，能为他挤破毒疮、疖子，可得一辆车的赏赐；能为他舐舐痔疮，可得五辆车的赏赐；治疗手段越低贱，得到的车越多。您莫不是为他舐了痔疮吧！不然怎能得到这么多的车呢？您走开吧！"

【原文】

鲁哀公问乎颜阖曰："吾以仲尼为贞干①，国其有瘳乎②？"曰："殆哉圾乎③！仲尼方且饰羽而画④，从事华辞，以支为旨，忍性以视民⑤，而不知不信；受乎心⑥，宰乎神，夫何足以上民⑦！彼宜女与⑧？予颐与⑨？误而可矣。今使民离实学伪，非所以视民也，为后世虑，不若休之。难治也。"

【注释】

① 贞干：辅政大臣。贞，通"桢"。"桢""干"都是建筑物的支柱，比喻国家重臣。

② 瘳 (chōu)：病愈。比喻治理好国家。

③ 殆：危险。圾：通"岌"。危险。

④ 饰羽而画：比喻繁文缛节。羽毛用作装饰，再对它进行描画，说明

太重视外表。

⑤ 忍：抑制；扭曲。视：治理。

⑥ 受乎心：让百姓放在心里。

⑦ 上民：处于百姓之上。即当百姓的管理者。

⑧ 彼：指孔子。宜：适合。女：通"汝"。

⑨ 予：赐予；施恩惠。颐：养。

【译文】

鲁哀公问颜阖："我让孔子当辅政大臣，国家能治理好吗？"颜阖说："太危险了！孔子一直研究繁文缛节，追求华美辞藻，把枝节当主旨，扭曲天性以治理百姓，却不知这些做法不诚实。他让百姓从心里接受这些，以此控制百姓精神，他怎能管好百姓！他适合您吗？他能养育百姓吗？说他错了完全可以。他如今让百姓放弃诚实而学会虚伪，这不是治民的办法，为后世着想，不如放弃他。他很难治理好国家！"

【原文】

施于人而不忘，非天布也①，商贾不齿②，虽以事齿之，神者弗齿。为外刑者，金与木也③；为内刑者，动与过也④。宵人之离外刑者⑤，金木讯之；离内刑者，阴阳食之。夫免乎外内之刑者，唯真人能之。

【注释】

① 天布：大自然的无私恩赐。布，布施。

② 商贾（gǔ）：商人。不齿：不愿与之为伍。

③ 金与木：用金属和木头做成的刑具。

④ 动：烦躁不安。过：过错。用作动词。责备。

⑤ 宵人：小人。离：通"罹"。遭受。

【译文】

施惠予人而不忘回报，不符合大自然无私布施的原则，连商人都瞧不起这种人，即使有事必须与他们交往，但心里还是鄙视他们。惩罚肉体的，是金属和木制的刑具；惩罚内心的，是烦躁不安和自我责备。小人受肉体惩罚，是用金属和木制刑具拷问他；受内心惩罚，是不和谐的阴阳损害他。免于肉体和内心惩罚，只有真人能做到。

【原文】

孔子曰："凡人心险于山川①，难于知天。天犹有春秋冬夏旦暮之期，人者厚貌深情②。故有貌愿而益③，有长若不肖，有顺懁而达④，有坚而缦⑤，有缓而钎⑥。故其就义若渴者，其去义若热。故君子远使之而观其忠，近使之而观其敬，烦使之而观其能，卒然问焉而观其知⑦，急与之期而观其信，委之以财而观其仁，告之以危而观其节，醉之以酒而观其则，杂之以处而观其色⑧。九征至⑨，不肖人得矣。"

【注释】

① 险：险阻。

② 厚：多；复杂。

③ 愿：忠厚。益：通"溢"。骄横放纵。

④ 顺懁（huán）：随顺他人，没有主见。懁，通"环"。圆顺。

⑤ 缦（màn）：缓；散漫。

⑥ 钎（hàn）：通"悍"。

⑦ 卒（cù）然：突然。卒，通"猝"。

⑧ 杂之：指男女杂处。色：是否好色。

⑨ 九征至：九种情况都验证到了。征，验证。

【译文】

孔子说："大凡人心比险阻重重的山川还要难以看清，比了解天意还难。天尚有春夏秋冬和昼夜变化的周期，而人的面容复杂多变，情感隐藏极深。有人貌似忠厚而内心骄横，有人是忠厚长者而貌似邪恶，有人貌似无主见而内心通达，有人貌似坚强而内心散漫，有人貌似舒缓而内心强悍。有人追求正义犹如渴者思水一样，抛却正义又像逃避火灾一般。因此君子有时让人到远方办事以考察他的忠诚，有时让人在身边办事以考察他是否恭敬，有时给人安排许多任务以考察他的能力，有时突然提问以考察他的智慧，有时交给他期限紧迫的工作以考察他是否守信，有时把财产托付给他以考察他是否廉洁，有时把危难处境告诉他以考察他能否坚守节操，有时把他灌醉以考察他醉后能否坚持原则，有时让他与女人杂处以观察他是否贪色。这九种情况都验证到了，坏人自然被检验出来。"

【原文】

正考父一命而伛①，再命而偻②，三命而俯，循墙而走，孰敢不轨！如而夫者③，一命而吕钜④，再命而于车上儛，三命而名诸父⑤，孰协唐、许⑥！

【注释】

① 正考父：宋国大夫，孔子的远祖。一命：周代官制，一命为士，二命为大夫，三命为卿。伛（yǔ）：背弯曲。表示谦虚。

② 偻（lóu）：腰弯了下来。

③ 而夫：你们这些人。而，你。指世人。

④ 吕钜：挺直腰板的傲慢貌。

⑤ 名诸父：直呼诸位父辈的名字。

⑥ 协：合于；像……一样。唐：指尧。尧的国号为"唐"。许：指许由。

【译文】

正考父第一次被任命为士时弯下了脊背，第二次被任命为大夫时弯下了腰，第三次被任命为卿时弯下整个身体，平日沿着墙根快走，如此谦恭怎会做不轨之事！像那些凡夫俗子，第一次被任命为士就会挺直腰板，第二次被任命为大夫就会在车上手舞足蹈，第三次被任命为卿就会直呼父辈姓名，谁能像唐尧、许由那样谦让！

【原文】

　　贼莫大乎德有心而心有睫①，及其有睫也而内视②，内视而败矣。凶德有五③，中德为首。何谓中德？中德也者，有以自好也而吡其所不为者也④。穷有八极⑤，达有三必⑥，形有六府⑦。美、髯、长、大、壮、丽、勇、敢⑧，八者俱过人也，因以是穷⑨。缘循、偃佒、困畏不若人⑩，三者俱通达。知慧外通，勇动多怨，仁义多责。达生之情者傀⑪，达于知者肖⑫；达大命者随⑬，达小命者遭⑭。

【注释】

　　① 贼：祸害。德有心：有意去修德。心有睫：有心眼。睫，眼睫毛，代指眼睛。

　　② 内视：用心机观察。内，内在心机。

　　③ 德：指欲念。五：指心要思，耳要听，眼要看，舌要说，鼻要嗅。这是惹祸根源。

　　④ 自好：自以为是。吡（bǐ）：诋毁。

　　⑤ 八极：八个主要原因。见下文。极，屋脊的横梁。比喻主要原因。

　　⑥ 三必：三个必要条件。

　　⑦ 六府：即"六腑"。指胃、大肠、小肠、三焦、膀胱、胆。

　　⑧ 髯（rán）：胡须。古人以长须为美。敢：果断。

　　⑨ 因以是穷：因为这些长处而困窘。有长处则自恃傲人，所以困窘。是，代指八种长处。

　　⑩ 缘循：顺应。偃佒（yǎng）：俯仰。俯仰随人。困畏不若人：畏畏缩缩地感到不如人。

　　⑪ 傀（guī）：伟大。

　　⑫ 肖：小；渺小。

　　⑬ 大命：天命；天道。随：顺应。

　　⑭ 小命：与大命相对，指人为原则。遭：机遇。

【译文】

最大祸害是有意修德且长有心眼，有心眼就会用心机看待万物，用心机看待万物就会失败。惹祸欲念有五种，而心中欲念是祸首。何为心中欲念？所谓心中欲念，就是自以为是而诋毁自己不愿做的事。陷入困境有八个主要原因，生活顺利有三个必要条件，这就像身体必然具备六种腑脏一样。美貌、多须、高大、魁梧、健壮、艳丽、勇敢、果断，这八个方面都超过别人，就会骄纵以至陷入困境。顺应自然、俯仰随人、畏畏缩缩地总觉不如人，这三个必要条件具备了，生活就顺利。心中有俗智会炫耀于外，勇猛多为会招来怨恨，倡导仁义会招来苛求。懂得生命意义的人伟大，懂得世俗智慧的人渺小；懂得天道的人顺应自然，懂得人为原则的人全凭机遇。

【原文】

人有见宋王者①，锡车十乘②，以其十乘骄稚庄子③。庄子曰："河上有家贫恃纬萧而食者④，其子没于渊，得千金之珠。其父谓其子曰：'取石来锻之！夫千金之珠，必在九重之渊而骊龙颔下⑤，子能得珠者，必遭其睡也。使骊龙而寤，子尚奚微之有哉⑥？'今宋国之深，非直九重之渊也；宋王之猛，非直骊龙也。子能得车者，必遭其睡也；使宋王而寤，子为齑粉夫⑦！"

【注释】

① 宋王：指宋襄王。

② 锡（cì）：通"赐"。

③ 骄稚：傲慢。

④ 恃：靠。纬：编织。萧：一本作"苇"。芦苇。

⑤ 骊（lí）龙：黑龙。颔（hàn）：下巴。

⑥ 奚：什么。微：微小。指残留的一点身体部位。

⑦ 齑（jī）粉：粉末。齑，碎。

【译文】

有人见宋王，被赏给十辆车，他带着十辆车到庄子那里炫耀。庄子说："黄河边住着一位织苇席为生的穷人，他儿子潜入深渊，捞到一颗千金宝珠。父亲对儿子说：'拿石头砸碎它！千金宝珠，肯定出自极深的潭水中黑龙的下巴下面，你能拿到宝珠，一定遇到黑龙睡着了，假如黑龙醒着，你的身体还能残存一点吗？'如今宋国政局的险恶程度，远超深渊；宋王的凶残程度，远超黑龙。你能得到车辆，一定遇上宋王睡着了；假如宋王醒着，你就粉身碎骨了！"

【原文】

或聘于庄子，庄子应其使曰："子见夫牺牛乎①？衣以文绣，食以刍叔②，及其牵而入于大庙③，虽欲为孤犊④，其可得乎？"

【注释】

① 牺牛：用于祭祀的牛。

② 刍（chú）：草料。叔：通"菽"。豆。

③ 大（tài）庙：天子祖庙。为供祭先祖之处。大，通"太"。

④ 孤犊：没有父母的小牛。

【译文】

有人聘请庄子做官，庄子对来使说："您见过用作祭祀的牛吗？给它披着绣花丝绸，让它吃草料豆子，等到被牵入太庙做祭品时，即使想当一头没爹没妈的小牛，还能做得到吗？"

【原文】

庄子将死，弟子欲厚葬之。庄子曰："吾以天地为棺椁，以日月为连璧①，星辰为珠玑，万物为赍送②。吾葬具岂不备邪？何以加此？"弟子曰："吾恐乌鸢之食夫子也③。"庄子曰："在上为乌鸢食，在下为蝼蚁食，夺彼与此，何其偏也！"

【注释】

① 连璧：并联的玉璧。用作陪葬品。

② 赍（jī）送：送葬品。赍，送。

③ 乌鸢（yuān）：乌鸦和鹰。

【译文】

庄子将死，弟子想厚葬他。庄子说："我把天地当作棺椁，把日月当作一双玉璧，把星辰当作宝珠，万物都是陪葬品。我的陪葬品难道不完备吗？还能添加什么？"弟子说："我们担心乌鸦和鹰吃掉您的遗体！"庄子说："把遗体放在地上会被乌鸦和鹰吃掉，埋入地下会被蝼蛄和蚂蚁吃掉，从乌鸦和鹰口中夺走而送给蝼蛄和蚂蚁，你们为何如此偏心呢！"

【原文】

以不平平，其平也不平；以不征征①，其征也不征。明者唯为之使②，神者征之③。夫明之不胜神也久矣，而愚者恃其所见入于人，其功外也④，不亦悲乎！

【注释】

① 征：验证。

② 明者：世俗的聪明人。

③ 神者：得道圣人。

④ 功：事。外：疏远。远离道。

【译文】

用不公平原则去追求公平，这种公平不是真正公平；用没验证过的标准去验证别的事物，这种验证不是真正验证。世俗聪明人受这些原则、标准左右，只有圣人才能验证是非。世俗聪明人早就比不上圣人，而愚人还拿自己思想教导别人，他们做的事远离道，不很可悲吗！

天下第三十三

【题解】

本篇介绍儒家、墨子、宋钘、彭蒙、老子、庄子、惠施等人思想，被认为是中国最早的学术史论著。

【原文】

天下之治方术者多矣，皆以其有为不可加矣①。古之所谓道术者，果恶乎在？曰："无乎不在。"曰："神何由降？明何由出？""圣有所生，王有所成，皆原于一②。"

【注释】

① 以：认为。有：具有的学问。为：是。

② 一：指独一无二的道。

【译文】

天下研究学术的人很多，都认为自己的学问已达到无以复加的境界。古人说的道，究竟存于哪里？回答："无处不在。"问："神奇智慧从哪里降临？睿智从哪里产生？""圣贤能够产生，王业能够成功，都源于道。"

【原文】

不离于宗①，谓之天人；不离于精，谓之神人；不离于真，谓之至人。以天为宗，以德为本，以道为门，兆于变化②，谓之圣人；以仁为恩，以义为理，以礼为行，以乐为和，薰然慈仁③，谓之君子；以法为分，以名为表，以参为验④，以稽为决⑤，其数一二三四是也，百官以此相齿⑥；以事为常，以衣食为主，蕃息畜藏⑦，老弱孤寡为意，皆有以养，民之理也。

【注释】

① 宗：根本。指道的根本。

② 兆：预兆；预知。

③ 薰然：温和貌。

④ 参：校；考核。

⑤ 稽：稽考；考察。

⑥ 相齿：相互排列。即各守其职。

⑦ 蕃息畜藏：生儿育女，聚积财物。蕃，繁殖。息，生养。畜，通"蓄"。

【译文】

不脱离道的主旨，可称为天人；不抛弃道的精华，可称为神人；不违背道的真谛，可称为至人。把自然视为本原，把天性视为根本，把道视为做事途径，能预知事物变化，可称为圣人；以仁心施惠，以道义辨理，按礼仪做事，以音乐调和情感，温和而慈祥，可称为君子；依法规确定职分，按名分制定标准，用考核去检验行为，以考察进行决策，办事就像数一、二、三、四那样清楚，百官用这些办法各司其职；把做事当作日常事务，把织布种粮当作主业，生儿育女，积累财富，照料老弱孤寡，让他们得到赡养，这是百姓的生活内容。

【原文】

古之人其备乎！配神明，醇天地①，育万物，和天下，泽及百姓，明于本数②，系于末度③，六通四辟④，小大精粗，其运无乎不在⑤。其明而在数度者⑥，旧法世传之，史尚多有之。其在于《诗》《书》《礼》《乐》者，邹鲁之士、搢绅先生多能明之⑦。《诗》以道志，《书》以道事，《礼》以道行，《乐》以道和，《易》以道阴阳，《春秋》以道名分。其数散于天下而设于中国者⑧，百家之学时或称而道之。

【注释】

① 醇（zhǔn）：通"准"。效仿。

② 本数：根本规律。即道。

③ 末度：具体法度。道为本，法度为末。

④ 六：指六合，上下四方。泛指天下。四：四季。辟：畅通。

⑤ 运：用；作用。

⑥ 明：显示；体现。数度：规章制度。

⑦ 邹（zōu）鲁：两个国名。在今山东。是儒学发源、兴盛的地区。搢（jìn）绅先生：指士大夫。搢，插。指插笏。绅，宽大腰带。"搢绅"是士大夫的装束。

⑧ 数：内容；思想。设：施行。中国：中原各诸侯国。

【译文】

古人完美啊！他们神圣明哲，效法天地，养育万物，调和天下，恩施于民，懂得大道，熟悉法度，天下安定，四季顺畅，无论大小精粗之事，都有他们的作用。其思想体现在规章制度上，其规章制度还留传于社会，史书上也有很多记载。其中有些保存在《诗》《书》《礼》《乐》中，邹国和鲁国的学者和士大夫大多都知道。《诗》表达情感，《书》记述政事，《礼》描述行为规范，《乐》调和情感，《易》阐述阴阳变化，《春秋》讲述尊卑秩序。这些内容散见于天下，有的还在中原各国施行，各派学者时常在称颂、谈论这些内容。

【原文】

天下大乱，贤圣不明，道德不一，天下多得一察焉以自好。譬如耳目鼻口，皆有所明①，不能相通。犹百家众技也，皆有所长，时有所用。虽然，不该不遍②，一曲之士也。判天地之美③，析万物之理，察古人之全，寡能备于天地之美，称神明之容。是故内圣外王之道④，闇而不明⑤，郁而不发，天下之人各为其所欲焉以自为方⑥。悲夫，百家往而不反，必不合矣！后世之学者不幸不见天地之纯，古人之大体，道术将为天下裂。

【注释】

① 明：明白。引申为才能。

② 该：通"赅"。完备。

③ 判：评判。

④ 内圣：内心具备圣人品质。外王：对外具备治国才能。

⑤ 闉（àn）：昏暗。

⑥ 为其所欲：追求他们偏爱的东西。方：即"方术"。学术。

【译文】

天下大乱，圣贤隐没无闻，道德标准不同，天下学者多把一孔之见视为完美学问。譬如耳眼鼻嘴，都各有作用，但不能通用。好比各家学问，各有所长，都有适用之时。虽各有长处，却都不全面，只算是懂得某一方面知识的学者。在评判天地美德、分析万物之理、考察古人全貌时，很少能全面具备天地美德，很难与神明含义相称。因此内圣外王原则，就模糊不清而得不到阐明，受到忽略而得不到施行，天下学者根据各自偏爱去研究学问。可悲呀！各家越走越远而不知返归正道，其学问肯定不符合道！后世学者不幸，无法看到天地的纯真之美，看不到古人的思想全貌，道将被天下学者解释得支离破碎。

【原文】

不侈于后世，不靡于万物①，不晖于数度②，以绳墨自矫而备世之急。古之道术有在于是者，墨翟、禽滑厘闻其风而说之③。为之大过，已之大循④。作为《非乐》，命之曰《节用》，生不歌，死无服⑤。墨子泛爱兼利而非斗⑥，其道不怒，又好学而博，不异⑦，不与先王同。

【注释】

① 靡（mí）：浪费。

② 晖（huī）：阐明。引申为提倡。数度：等级制度。

③ 墨翟（dí）：即墨子。禽滑（gǔ）厘：墨子弟子。风：主张。说（yuè）：通"悦"。

④ 已：节制。之：指人的情欲。大循：太过分。

⑤ 死无服：不给死者穿戴质量好的衣帽。墨子提倡薄葬。

⑥ 泛爱兼利：兼爱互利。非斗：反对争斗。

⑦ 不异：不主张有差别。《墨子》有《尚同》篇，主张统一行为准则。

【译文】

不因奢侈而影响后人，不浪费万物，不提倡等级制度，用法度约束自己以备社会急需。古时道术有这方面内容，墨子、禽滑厘知道这些内容就非常喜欢。但施行时太过分，限制太严格。写了《非乐》，还有《节用》，主张生前不唱歌，死后不厚葬。墨子提倡博爱互利而反对争斗，其学说要求不怨恨，又勤奋博学，不主张有等级差异，其思想与前代圣王不太相同。

【原文】

毁古之礼乐。黄帝有《咸池》，尧有《大章》，舜有《大韶》，禹有《大夏》，汤有《大濩》①，文王有《辟雍》之乐，武王、周公作《武》。古之丧礼，贵贱有仪，上下有等，天子棺椁七重，诸侯五重，大夫三重，士再重。今墨子独生不歌，死不服，桐棺三寸而无椁，以为法式。以此教人，恐不爱人；以此自行，固不爱己。未败墨子道②，虽然，歌而非歌，哭而非哭，乐而非乐，是果类乎③？其生也勤，其死也薄，其道大觳④，使人忧，使人悲，其行难为也，恐其不可以为圣人之道，反天下之心，天下不堪。墨子虽独能任，奈天下何！离于天下，其去王也远矣⑤！

【注释】

① 大濩（huò）：乐曲名。

② 败：批判。

③ 类：合乎。指合乎人情。

④ 觳（què）：苛刻。

⑤ 去：离。王：治理天下。

【译文】

墨家反对古代礼乐制度。黄帝有《咸池》，尧有《大章》，舜有《大韶》，禹有《大夏》，商汤有《大濩》，周文王有《辟雍》之乐，武王和周公作《武》。古代丧礼，贵贱有不同仪式，上下有不同级别，天子棺椁七层，诸侯五层，大夫三层，士两层。如今墨子独自生前不唱歌，死时不厚葬，只用三寸厚桐木棺材而无外椁，并立为制度。以此教育别人，恐怕不是爱护别人；以此约束自己，不是爱惜自己。并非要批评墨子主张，虽然不想批评，但该唱时不许唱，该哭时不许哭，该奏乐不许奏乐，这真的合乎人情吗？他主张生前勤劳，死时薄葬，其学说太苛刻，使人忧愁，使人哀伤，这些事情很难做到，他的学说恐怕算不上圣人学说，因为它违背人的情感，人们难以忍受。即便墨子能够实行，又如何让天下人都去实行！他的主张脱离天下现实，想以此治理好天下是不可能的！

【原文】

墨子称道曰："昔者禹之湮洪水①，决江河而通四夷九州也②。名川三百③，支川三千，小者无数，禹亲自操橐耜而九杂天下之川④。腓无胈⑤，胫无毛，沐甚雨，栉疾风⑥，置万国。禹大圣也，而形劳天下也如此。"使后世之墨者，多以裘褐为衣⑦，以跂跷为服⑧，日夜不休，以自苦为极，曰："不能如此，非禹之道也，不足谓墨。"相里勤之弟子⑨，五侯之徒⑩，南方之墨者苦获、已齿、邓陵子之属，俱诵《墨经》⑪，而倍谲不同⑫，相谓别墨⑬，以坚白、同异之辩相訾⑭，以觭偶不仵之辞相应⑮，以巨子为圣人⑯，皆愿为之尸⑰，冀得为其后世⑱，至今不决。

【注释】

① 湮（yīn）：通"堙"。堵塞。引申为治理。

② 四夷九州：泛指天下。四夷，四方异族地区。九州，古代把天下分为冀、兖等九州。

③ 名川：大川。

④ 橐（tuó）：装土工具。耜（sì）：挖土工具。九：通"鸠"。聚合。杂：汇集。

⑤ 腓（féi）：胫后肌肉。胈（bá）：肉。

⑥ 栉（zhì）疾风：顶着狂风。栉，梳子；梳头。

⑦ 裘：粗皮衣。褐（hè）：粗布衣。

⑧ 跂（jī）：通"屐"。木屐。蹻（juē）：草鞋。

⑨ 相里勤：墨子弟子。墨子死后，墨家分为相里氏、相夫氏、邓陵氏三派。

⑩ 五侯：人名。与下文的苦获、已齿、邓陵子，均为墨子后学。

⑪《墨经》：为墨家早期作品，或为墨子本人所作。

⑫ 倍谲（jué）：矛盾。倍，通"背"。谲，乖违。

⑬ 别墨：非正统的墨家。

⑭ 坚白：论白石头的白和坚是合是离。同异：讨论事物之间的同异。訾（zǐ）：批评。

⑮ 觭（jī）偶不仵（wǔ）：意见不合。觭，通"奇"。奇数；单数。偶，双数。仵，同。

⑯ 巨子：墨家首领。

⑰ 尸：主。

⑱ 冀：希望。后世：继承人。

【译文】

墨子赞美说："从前禹治理洪水时，疏通长江、黄河，使天下畅通无阻。大河三百条，支流三千条，小河无数，禹亲自拿着土筐铲子把这些河水汇入大海。累得腿肚无肉，小腿汗毛磨掉，冒着大雨，顶着狂风，安置好众多国家。禹是大圣，为天下如此操劳。"这使后世墨家，大多身穿粗兽皮和粗布衣，脚穿木屐和草鞋，日夜不停劳作，把吃苦看作最高准则，说："不如此，就不符合禹的主张，就没资格称为墨家。"相里勤的弟子，五侯之类的人，南方墨家苦获、已齿、邓陵子之流，都读《墨经》，而观点相互矛盾，都指责对方非正统墨家。他们拿坚白、同异这些命题相互诋毁，用意见不同的言辞相互争辩。把巨子视为圣人，都希望能成为这样的首领，希望能成为墨子的继承人，至今也没个结果。

【原文】

墨翟、禽滑厘之意则是，其行则非也。将使后世之墨者，必自苦以腓无胈、胫无毛，相进而已矣①。乱之上也，治之下也。虽然，墨子真天下之好也②，将求之不得也，虽枯槁不舍也，才士也夫！

【注释】

① 相进：相互超过对方。

② 好：爱。

【译文】

墨子、禽滑厘用心很好，做法错误。将使后世墨家，一定要累得腿肚消瘦、小腿没汗毛，并以此相互竞赛。墨家主张是搞乱社会的上策，是治理天下的下策。虽然如此，墨子确是天下的博爱之人，追求理想如不能实现，即使面目憔悴也决不放弃，是位才学之士啊！

【原文】

不累于俗，不饰于物，不苟于人①，不忮于众②，愿天下之安宁以活民命，人我之养毕足而止，以此白心③。古之道术有在于是者，宋钘、尹文闻其风而悦之④。

【注释】

① 苟：为"苛"之误。苛求。

② 忮（zhì）：违背。

③ 此：代指以上主张。白：表白。

④ 宋钘（jiān）：战国宋人。尹文：战国齐人。

【译文】

不拖累社会，不用外物自我矫饰，不苛求别人，不违背大众，希望天下安宁以保全百姓生命，他人和自己的衣食都有保证就心满意足，并把这种心愿表白给大家。古时道术包含了这方面内容，宋钘、尹文听到这些内容就非常喜欢。

【原文】

作为华山之冠以自表①，接万物以别宥为始②；语心之容，命之曰"心之行"；以聏合欢③，以调海内，请欲置之以为主；见侮不辱，救民之斗；禁攻寝兵，救世之战。以此周行天下，上说下教，虽天下不取，强聒而不舍者也④，故曰上下见厌而强见也⑤。虽然，其为人太多，其自为太少，曰："请欲固置五升之饭足矣⑥！"先生恐不得饱，弟子虽饥，不忘天下。日夜不休，曰："我必得活哉！"图傲乎救世之士哉⑦！曰："君子不为苛察，不以身假物⑧。"以为无益于天下者，明之不如已也。以禁攻寝兵为外，以情欲寡浅为内，其小大精粗，其行适至是而止⑨。

【注释】

① 华山之冠：华山状帽子。山上小下大，而华山陡峭，上下一样，戴这种帽子以示均平。

② 别宥（yòu）：区别善恶，宽容别人。宥，宽容。

③ 聏（ér）：柔和。合欢：合作快乐。

④ 聒（guō）：声音嘈杂。这里指喋喋不休地说。

⑤ 见厌：被人讨厌。见（xiàn）：通"现"。表白。

⑥ 固：通"姑"。姑且。

⑦ 图傲：伟大貌。

⑧ 不以身假物：不假借外物成全自己。假，借助。

⑨ 适：刚好；只是。至是：至此。而止：而已。

【译文】

他们创制华山状帽子以表达均平心愿，接人待物首先区别善恶并宽容别人；讨论心理活动，称之为"内心行为"；态度柔和以求合作愉快，以调和社会矛盾，希望让这种人当君主；受欺负不认为这是羞辱，以此平息人们争斗；主张严禁攻伐停止暴力，平息世间战争。他们带着这些主张周游天下，上说下教，即使没人采纳，依然说个没完，所以说虽然上下都厌烦而他们还要勉强宣讲。虽说如此，他们替别人考虑太多，为自己考虑太少，说："请姑且准备五升米的饭就够了。"老师恐怕还不能吃饱，弟子只能忍饥挨饿，而他们依然不忘天下。他们日夜不停到处奔波，说："我们一定能生存下去！"他们是伟大的救世之士啊！说："君子不苛求别人，不借助外物成全自我。"认为对社会无益之事，研究它不如抛弃它。对外主张平息征战，对内主张清心寡欲。无论对待大小事情，其行为不过如此而已。

【原文】

公而不党，易而无私①，决然无主，趣物而不两②，不顾于虑，不谋于知，于物无择，与之俱往。古之道术有在于是者。彭蒙、田骈、慎到闻其风而悦之③。

【注释】

① 易：公平。

② 趣：通"趋"。接近。引申为对待。不两：不用两种标准。

③ 彭蒙、田骈（pián）：均为齐人。慎到：赵人。

【译文】

公正而不结党，公平而无偏私，坚决清除成见，对事物不用两种标准，不考虑个人想法，不使用个人智慧，对万物不加区别，与万物一同变化。古代道术包含这方面内容。彭蒙、田骈、慎到听到这方面内容就非常喜欢。

【原文】

齐万物以为首，曰："天能覆之而不能载之，地能载之而不能覆之，大道能包之而不能辩之。"知万物皆有所可，有所不可，故曰："选则不遍①，教则不至，道则无遗者矣。"是故慎到弃知去己，而缘不得已，泠汰于物以为道理②，曰："知不知，将薄知而后邻伤之者也③。"谋髁无任而笑天下之尚贤也④，纵脱无行而非天下之大圣⑤。椎拍辊断⑥，与物宛转⑦，舍是与非，苟可以免。不师知虑，不知前后，魏然而已矣⑧。推而后行，曳而后往，若飘风之还⑨，若羽之旋，若磨石之隧⑩，全而无非，动静无过，未尝有罪。是何故？夫无知之物，无建己之患，无用知之累，动静不离于理，是以终身无誉。故曰："至于若无知之物而已，无用贤圣，夫块不失道⑪。"豪桀相与笑之曰："慎到之道，非生人之行，而至死人之理，适得怪焉。"

【注释】

① 遍：全面。

② 泠（líng）汰：放任。

③ 薄知：追求知识。薄，接近；追求。邻伤之：几乎伤害自己了。邻，接近。

④ 谋髁（xǐ kē）：不正确。无任：无用。

⑤ 纵脱：放纵不羁。非：非议。

⑥ 椎（chuí）拍辊（wàn）断：泛指各种行为。椎，击打。辊，通"刓"。削割。

⑦ 宛转：变化貌。

⑧ 魏然：独立貌。

⑨ 飘风：大风。还（xuán）：旋转。

⑩ 隧：转动。

⑪ 块：土块。

【译文】

最重视同样看待万物，说："天能覆盖万物而不能托载万物，地能托载万物却不能覆盖万物，道能涵容万物却不能区分万物。"懂得万物都有适用之处，都有不适用之处，所以说："如对万物选择就不能全面获得有用之物，如进行教育就不能全讲解到，只有道能做到毫无遗漏。"因此慎到放弃智慧与成见，一切出于不得已，把放任万物作为原则，说："明知有些东西无法认识，却还去追求，这会伤害自己。"他思想错误、没有能力却嘲笑人们崇尚贤人，放纵不羁没有美行却批评公认的大圣。他一举一动，随外物变化；舍弃是非观念，以此免除灾祸。他不用智慧，不分前后，独立任性而已。推一推就向前走一走，曳一曳就向前挪一挪，就像无知的大风在飘荡、羽毛在回旋、磨石在转圈一样，以此保全自我而不受指责，动静都无过错，更没犯罪。这是何原因？因为无知的事物，不会因有所建树而招来灾难，不会因使用计谋而受到连累，动静不违事理，终身也不会得到赞誉。所以他说："能达到无知之物的境界就行了，不需圣贤，只要像土块那样就不会丧失道。"豪杰都嘲笑他说："慎到学说，不是活人准则，而是死人之理，自然被看做奇谈怪论。"

【原文】

田骈亦然，学于彭蒙，得不教焉。彭蒙之师曰："古之道人，至于莫之是、莫之非而已矣。其风窢然①，恶可而言？"常反人，不见观②，而不免于魭断③。其所谓道非道，而所言之韪不免于非④。彭蒙、田骈、慎到不知道。虽然，概乎皆尝有闻者也⑤。

【注释】

① 其风窢（xù）然：其思想像迅速刮过的风一样。窢然，迅速貌。

② 不见观：不受人关注。见，被。

③ 鈗（wǎn）断：即"轫断"。泛指行为。

④ 韪（wěi）：正确。与下文的"非"相对。

⑤ 概乎：大体。有闻：有些学问。

【译文】

田骈也如此，他学于彭蒙，学到不要教育的主张。彭蒙的老师说："古时得道之人，做到什么也不赞成、什么也不批评而已。其学说如迅速刮过的风一样，怎能用语言描述？"其主张常违背人情，不受关注，然而难免要做些世事。他们说的道不是道，所说的正确难免是错误。彭蒙、田骈、慎到不懂道。虽说如此，大体上讲都还是有些学问的人。

【原文】

以本为精①，以物为粗，以有积为不足，澹然独与神明居②。古之道术有在于是者。关尹、老聃闻其风而悦之③。建之以常无有④，主之以太一⑤，以濡弱谦下为表⑥，以空虚不毁万物为实。

【注释】

① 本：指道。

② 澹（dàn）然：恬淡貌。神明：指道。

③ 关尹：即尹喜。因担任过关令一职，故称"关尹"。是老子弟子。

④ 建：提出。常无有：永恒的"无（空间）"和"有（物质）"。

⑤ 太一：指道。

⑥ 濡（rú）弱：柔弱。表：外在行为。

【译文】

视道为精妙，视物为粗糙，认为喜欢积蓄反而更加贫困，恬淡地只与道为伍。古时道术包含这方面内容。关尹、老子听说这方面内容就非常喜欢。提出永恒的"无"和"有"，把道视为核心，把守柔作为行为准则，把清静无欲和不伤万物作为内在品质。

【原文】

关尹曰："在己无居①，形物自著②。其动若水，其静若镜，其应若响③。芴乎若亡④，寂乎若清。同焉者和⑤，得焉者失。未尝先人而常随人。"

【注释】

① 居：固执。

② 著：显露真相。

③ 响：回声。

④ 芴（hū）乎：恍惚貌。亡（wú）：通"无"。

⑤ 同焉：视万物为一体。

【译文】

关尹说："人不要固执，自能看清万物。行动时像流水那样顺应环境，安静时像明镜那样照物而不留痕，回应万物像回声那样恰如其分。恍恍惚惚好像无物存在，无思无虑好像清澈的水。混同万物就能和谐相处，有所得必有所失。从不抢先而常甘居人后。"

【原文】

老聃曰："知其雄，守其雌，为天下溪①；知其白②，守其辱，为天下谷。"人皆取先，己独取后，曰受天下之垢；人皆取实，己独取虚；无藏也故有余，岿然而有余③。其行身也，徐而不费，无为也而笑巧。人皆求福，己独曲全，曰苟免于咎④。以深为根，以约为纪，曰坚则毁矣，锐则挫矣。常宽容于物，不削于人，可谓至极。关尹、老聃乎！古之博大真人哉！

【注释】

① 溪：河沟。比喻卑下地位。

② 白：显明；荣耀。

③ 岿然：伟大貌。

④ 咎：灾祸。

【译文】

老子说："知道雄强，却坚守柔雌，甘做天下沟溪；知道荣耀，却安于屈辱，甘做天下川谷。"人人争先，自己独取在后，说要承受天下羞辱；人人求利，自己独守清贫；不贪就会感到富有，他们是如此伟大富足。他们做事时，从容闲适不耗精神，清静无为而嘲笑使用机巧。人人求福，他们却委曲求全，说是只求避免灾难。把深藏不露视为根本，把简朴节约当作原则，说是太坚硬了容易毁坏，太尖锐了容易折断。常宽容万物，不伤害别人，可以说达到最高境界。关尹、老子，是古代最博学伟大的真人！

【原文】

寂漠无形①，变化无常，死与生与，天地并与，神明往与。芒乎何之②？忽乎何适③？万物毕罗，莫足以归。古之道术有在于是者。庄周闻其风而悦之。

【注释】

① 寂漠：空寂。

② 芒乎：恍惚貌。之：到。

③ 忽乎：恍惚貌。适：往。这两句说明庄子顺应万物，无往不可。

【译文】

空寂无形，变化无常，无论生死，与天地共存，和大道同往。恍恍惚惚该向哪里去？恍恍惚惚该往哪里走？万物全在胸中，却无处可作归宿。古时道术包含这方面内容。庄子听到这方面内容就非常喜欢。

【原文】

以谬悠之说①，荒唐之言②，无端崖之辞③，时恣纵而不傥④，不以觭见之也⑤。以天下为沈浊⑥，不可与庄语，以卮言为曼衍⑦，以重言为真⑧，以寓言为广。独与天地精神往来而不敖倪于万物⑨，不谴是非⑩，以与世俗处。

【注释】

① 谬悠：虚远。

② 荒唐：夸张。

③ 无端崖：不着边际。

④ 恣纵：任意；放纵。傥（dǎng）：通"党"。偏执。

⑤ 觭（qí）：通"奇"。奇谈怪论。见（xiàn）：通"现"。表现；标榜。

⑥ 沈（chén）浊：沉迷而污浊。沈，通"沉"。

⑦ 卮（zhī）言：无心的言论。曼衍：自由变化。

⑧ 重言：先哲的言论。

⑨ 精神：精神境界。敖倪（nì）：傲视。敖，通"傲"。倪，通"睨"。视。

⑩ 谴：谴责。引申为评说。

【译文】

用玄远的话语，夸张的谈论，不着边际的言辞，时常任意发挥而不偏执，不用奇谈怪论标榜自我。认为人们迷茫污浊，无法用严肃语言交谈，就用无心言辞随意议论，用先哲话语以增强真实感，用含有寓意的言辞来推广主张。他独自与自然境界交往而不傲视万物，不谈是论非，以此与世人相处。

【原文】

其书虽瑰玮而连犿无伤也①，其辞虽参差而諔诡可观②，彼其充实不可以已③。上与造物者游，而下与外死生、无终始者为友。其于本也④，弘大而辟⑤，深闳而肆⑥；其于宗也⑦，可谓稠适而上遂矣⑧。虽然，其应于化而解于物也，其理不竭，其来不蜕⑨，芒乎昧乎⑩，未之尽者。

【注释】

① 瑰玮：瑰玮奇特。连犿（fān）：连续婉转。无伤：不伤害他人。

② 参差（cēn cī）：跌宕变化。諔（chù）诡：奇异。

③ 彼其：指庄子文章。已：穷尽。

④ 本：指道。

⑤ 弘大：博大；全面。辟：通达。

⑥ 深闳（hóng）：深刻。肆：不拘泥。

⑦ 宗：本。指道。

⑧ 稠（tiáo）适：合适。稠，通"调"。调和。上遂：达到很高境界。遂，达到。

⑨ 其来不蜕（tuì）：庄子学说的来源没有脱离道。蜕，解；离。

⑩ 芒乎昧乎：深不可测貌。

【译文】

他的书虽瑰玮奇特但也连续委婉而与物无伤，他的语言虽跌宕起伏但也奇异优美而引人入胜，书的内容充实而含义无穷。他上与天地交往，而下与忘却生死、泯灭终始的人交友。他对道的阐释，全面而通达，深刻而不拘泥；他对道的认识，可说是非常恰当且达到很高境界。虽然思想玄远，但能顺应万物变化而明白万物真相。其学说含义无穷，其根源没有脱离道，是那样深邃玄远，人们无法完全理解其中奥妙。

【原文】

惠施多方①，其书五车，其道舛驳②，其言也不中。历物之意曰③："至大无外，谓之大一；至小无内，谓之小一。无厚，不可积也，其大千里④。天与地卑⑤，山与泽平⑥。日方中方睨⑦，物方生方死。大同而与小同异⑧，此之谓'小同异'；万物毕同毕异⑨，此之谓'大同异'。南方无穷而有穷⑩，今日适越而昔来⑪。连环可解也⑫。我知天下之中央，燕之北、越之南是也⑬。泛爱万物，天地一体也。"

【注释】

① 方：学问。

② 舛（chuǎn）：违背常理。驳：杂乱。

③历：分析。

④无厚三句：没有厚度，不能累积成体积，可有千万里大。描述平面特征。

⑤天与地卑：天地一样低。人们认为天高地卑，但从宇宙角度看，天地都是低的。

⑥山与泽平：高山和大泽一样平。理由与上句同。

⑦方中：处于正中。睨（ní）：斜视。这里指偏斜。

⑧大同而与小同异：事物之间有大的共同点和小的共同点这种差异。这里讲的是类属和种属的关系。如松与柏之间共同点很多，这叫"大同"；松与草相同点少一些，这叫"小同"。

⑨万物毕同毕异：万物之间可说是完全相同，也可说是完全不同。讲的是观察角度问题。如从相同角度去看，万物都是相同的；如从不同角度去看，没有任何事物完全一样。

⑩南方无穷而有穷：南方是无穷的，如加以界定，南方就有尽头。

⑪今日适越而昔来：今天去越国也可说成昨天去越国。讲的是时间相对性。今天出发，可说是"今日适越"；但数日后到了越国，就可说是"昔来"。"今日"可以变为"昔日"。

⑫连环可解：连环可以解开。连环本不可解，但当连环毁坏之日，也即可解之时。

⑬我知二句：我知天下的中央，它可说是在燕国之北，也可说是在越国之南。古代"浑天说"认为天地都是圆的，状如鸟卵。既然地是圆的，那么任何一地都可被定为大地中心。

【译文】

惠施学问多，有五车书，其思想违背常理而杂乱无章，他的言论不合道。他分析万物之理说："最大的东西没有外围，可称为一种最大物体；最小的东西没有内核，可称为一种最小物体。平面没厚度，无法堆积，却有千里那么大。天和地一样低，山和泽一样平。太阳刚到正中就开始偏斜，事物刚产生就意味着走向死亡。事物之间有大的共同点和小的共同点这种差异，这叫'小同小异';万物可说是完全相同也可说是完全不同,这叫'大同大异'。南方没尽头也可说有尽头,今天到越国也可说是昨天到越国。连环可解开。我知道天下的中心,在燕国北边和越国南边。博爱万物,因为天地万物本为一体。"

【原文】

惠施以此为大,观于天下而晓辩者①,天下之辩者相与乐之。卵有毛②;鸡三足③;郢有天下④;犬可以为羊⑤;马有卵⑥;丁子有尾⑦;火不热⑧;山出口⑨;轮不蹍地⑩;目不见⑪;指不至,至不绝⑫;龟长于蛇⑬;矩不方⑭,规不可以为圆;凿不围枘⑮;飞鸟之景未尝动也⑯;镞矢之疾,而有不行、不止之时⑰;狗非犬⑱;黄马骊牛三⑲;白狗黑⑳;孤驹未尝有母㉑;一尺之捶㉒,日取其半,万世不竭。辩者以此与惠施相应,终身无穷。

【注释】

① 观:让人看;炫耀。晓:说明。

② 卵有毛:蛋里有毛。鸟从蛋中孵化出来,既然鸟有毛,可见蛋中已有毛的成分。

③ 鸡三足:鸡有三条腿。鸡有两条腿,加上"鸡腿"这一名称,故有三条腿。此为诡辩。

④ 郢(yǐng):楚国都城。郢小而天下大,但郢是天下的一部分,从"万物毕同"的观点出发,可以说郢就是天下。

⑤ 犬可以为羊:狗可叫做羊。名称是人定的,如人开始就称犬为羊,犬也就成了羊。

⑥ 马有卵:马可以产卵。理由同上条。

⑦ 丁子:青蛙。青蛙没尾巴,但它是从有尾巴的蝌蚪变化而来。

⑧ 火不热:火不感到热。热是人的感受,而火自身并无此感觉。

⑨ 山出口:山有嘴巴。一说山有洞穴、泉眼等;一说山中有声音,如山无口,声从何来。

⑩ 蹍(zhǎn)地:挨地。车轮着地的只是很小一部分,整个车轮没有

着地。

⑪ 目不见：眼睛看不到。如没有光亮和精神作用，眼睛一无所见。

⑫ 指不至二句：手指不能完全接触物体，如完全接触就不会再分离。绝，分离。一说指认事物不能达到事物本质，即使达到了也不能完全认清所有事物本质。

⑬ 龟长于蛇：乌龟比蛇长。蛇比龟长，然而小蛇却没有大龟长。

⑭ 矩不方：矩画不出方形。矩画出的方形只是相对方形，而不是绝对方形。

⑮ 凿不围枘（ruì）：榫眼不能与榫头完全吻合。凿，榫眼。枘，榫头。

⑯ 景（yǐng）：通"影"。把影子移动的过程分割成无数个小点，从每个小点上看，飞鸟影子都是不动的。

⑰ 镞（zú）矢二句：飞逝的箭有停止、不停止的时候。镞，箭头。矢，箭。疾，快速。从飞箭的整个运行过程看，它是"不止"；从运行过程的某点看，它是"不行"。

⑱ 狗非犬：狗不是犬。排除实物，仅从名称看，"狗"自然不是"犬"。

⑲ 黄马骊（lí）牛三：黄马加黑牛共三个。黄马、骊牛加上"黄马骊牛"这一名称，共三个。

⑳ 白狗黑：白狗是黑的。白狗是就毛色而言，但白狗的眼是黑的，故可称为"黑狗"。

㉑ 孤驹未尝有母：没有母亲的小马从来就没有母亲。既称之为"孤驹"，就说明它不曾有母亲。这是用名称含义去否定存在过的事实。

㉒ 捶：通"棰"。棍棒类东西。

【译文】

惠施以此为博大精深，到天下各处炫耀，并讲给善辩者听，天下善辩者都喜欢他的学说。蛋有毛；鸡有三条腿；郢内有天下；狗可叫做羊；马产卵；青蛙有尾巴；火不热；山有嘴巴；车轮没有着地；眼睛不能视物；手指不能完全接触物体，如完全接触就不可分离；乌龟比蛇长；曲尺画不出方形，圆规画不出圆形；榫眼与榫头不相吻合；飞鸟影子不动，飞箭有停止、不停止的时候；狗不是犬；黄马加黑牛共三个；白狗是黑色的；作为孤儿的小马从未有母亲；一尺长的棍棒，每天截去一半，万世截不完。善辩者拿这些命题与惠施论辩，一生没完没了。

【原文】

桓团、公孙龙辩者之徒①，饰人之心②，易人之意③，能胜人之口，不能服人之心，辩者之囿也④。惠施日以其知与人之辩⑤，特与天下之辩者为怪⑥，此其柢也⑦。

【注释】

① 桓团、公孙龙：均为赵人。名家代表人物。

② 饰：修饰。引申为迷惑。

③ 易：改变。

④ 囿（yòu）：局限。

⑤ 之：衍字。一本无"之"。

⑥ 特：仅仅。为怪：制造奇谈怪论。

⑦ 柢（dǐ）：通"抵"。大概。

【译文】

桓团、公孙龙等善辩之流，迷惑别人思想，改变别人想法，然而只能使人口服，不能使人心服，这是善辩者的局限。惠施每天用尽心智与人争论，不过是与天下善辩者制造奇谈怪论而已，这是其大致情况。

【原文】

然惠施之口谈，自以为最贤，曰天地其壮乎！施存雄而无术①。南方有倚人焉曰黄缭②，问天地所以不坠不陷，风雨雷霆之故，惠施不辞而应，不虑而对，遍为万物说，说而不休，多而无已，犹以为寡，益之以怪③。以反人为实④，而欲以胜人为名，是以与众不适也。弱于德，强于物，其涂隩矣⑤。由天地之道观惠施之能，其犹一蚊一虻之劳者也。其于物也何庸⑥！

夫充一尚可曰愈⑦，贵道几矣⑧。惠施不能以此自宁，散于万物而不厌，卒以善辩为名⑨。惜乎！惠施之才，骀荡而不得⑩，逐万物而不反，是穷响以声⑪，形与影竞走也，悲夫！

【注释】

① 存雄：心存雄心。

② 倚（qí）：通"奇"。

③ 益：增加。

④ 反人：违背人情。实：实质；内容。

⑤ 涂：通"途"。隩（ào）：曲折。

⑥ 庸：通"用"。

⑦ 充：充当；看作。一：某一方面。愈：可以。

⑧ 几：差不多。

⑨ 卒：最终。

⑩ 骀（dài）荡：放荡。

⑪ 穷响以声：用声音遏止回声。比喻徒劳无益。穷，消除。响，回声。

【译文】

惠施善辩，自以为最贤能，说自己像天地一样伟大！他心存雄心却不懂道。南方有位奇人叫黄缭，询问为何天不坠落、地不塌陷，风雨雷霆为何形成，惠施毫不谦让予以回答，不假思索就给出答案，全面阐述万物情况，说起来喋喋不休，多得没完没了，他还认为讲得少，又添加许多奇异之事。他把违背常情的东西当作学说内容，想以此压倒别人获取名声，因此与大众不和。他品德薄弱，物欲却很强烈，他的道路曲折狭窄。从天地之道看惠施才能，不过像蚊虻在那里徒劳而已，对万物有何用处！把他的学问当作某方面知识尚可，如能重道就好了。惠施不在道上安心下功夫，把精力分散在万物之上而不知厌倦，最终只落个善辩之名。可惜呀！惠施有才，却因放荡不羁而无所收获，追逐外物而不知返归正道，就像用声音遏止回音、拿身体与身影赛跑那样徒劳无益，可悲啊！

责任编辑:宫　共
封面设计:源　源
责任校对:吕　飞

图书在版编目(CIP)数据

庄子新解/张景 注译. —北京:人民出版社,2019.2(2022.1重印)
ISBN 978-7-01-020399-7

Ⅰ.①庄…　Ⅱ.①张…　Ⅲ.①道家②《庄子》-注释③《庄子》-译文
Ⅳ.①B223.5

中国版本图书馆 CIP 数据核字(2019)第 028521 号

庄子新解

ZHUANGZI XINJIE

张　景　注译

人民出版社 出版发行
(100706　北京市东城区隆福寺街99号)

北京兴星伟业印刷有限公司印刷　新华书店经销

2019年2月第1版　2022年1月第2次印刷
开本:710毫米×1000毫米 1/16　印张:33.75　字数:533千字

ISBN 978-7-01-020399-7　定价:92.00 元

邮购地址 100706　北京市东城区隆福寺街99号
人民东方图书销售中心　电话 (010)65250042　65289539